MANUEL
DES
JUSTICES DE PAIX.

Ouvrages qui se trouvent chez le même libraire.

MANUEL DES MAIRES, de leurs Adjoints, et des Commissaires de police, contenant, par ordre alphabétique, le texte ou l'analyse des lois, ordonnances, réglemens et instructions ministérielles, relatifs à leurs fonctions et à celles des membres des conseils municipaux; des officiers de gendarmerie, des bureaux de bienfaisance, des commissions d'hospices, etc.; avec les formules des actes de leur compétence; par M. Dumont; septième édition (1822), entièrement refondue et considérablement augmentée; 2 gros vol. in-8°, 13 fr.

MANUEL DU LIMONADIER, du Confiseur et du Distillateur, contenant les meilleurs procédés pour préparer le café, le chocolat, le punch, les glaces, boissons rafraîchissantes, liqueurs, fruits à l'eau-de-vie, confitures, pâtes, esprits, essences, vins artificiels, loochs, juleps, pâtisserie légère, bierre, cidre; eaux, pommades et poudres cosmétiques; vinaigres de ménage et de toilette, distillation de toutes les différentes espèces d'eaux-de-vie, etc., etc. Par M. Cardelli, ancien chef d'office du duc de***. Un gros vol. in-18, 1822. Prix, 2 fr. 50 c.

MANUEL DU CHASSEUR et des Gardes-Chasse, contenant un traité sur toutes les chasses; un vocabulaire des termes de vénerie, de fauconnerie et de chasse; les lois, ordonnances de police, etc., sur le port d'armes, la chasse, la pêche, la louveterie; les formules de procès-verbaux qui doivent être dressés par les gardes-de-chasse, forestiers et champêtre; suivi d'un Traité sur la pêche, par M. de Mersan; nouvelle édition, 1 gros vol. in-18, avec fig. et musique, 1822. 3 fr.

PRÉCIS HISTORIQUE sur les révolutions des royaumes de Naples et de Piémont, en 1820 et 1821, suivi de documens authentiques sur ces événemens, et orné d'une carte pour servir à l'intelligence des opérations militaires; par M. le comte D...., 1 vol. in-8°, 1821. 4 fr. 50 c.

CODE ADMINISTRATIF, ou Recueil, par ordre alphabétique des matières, de toutes les lois anciennes et nouvelles, relatives aux fonctions administratives et de police des préfets, sous-préfets, etc., par M. Fleurigeon, 6 vol. in-8°. 30 fr.

DICTIONNAIRE GÉOGRAPHIQUE de Vosgien, nouvelle édition, 1 gros vol. in-8°, 1821. 6 fr.

DICTIONNAIRE de l'Académie française, 2 vol. in-4°. 30 fr.

LOIS DES BATIMENS, ou le Nouveau Desgodets, par Lepage; nouvelle édition, 2 vol. in-8°. 6 fr.

MINISTÈRE (le) LE WAKEFIELD, 2 vol. in-12, 1821 4 fr.

ŒUVRES de Mad. Cottin, 12 vol. in-18, figures. 12 fr.

ŒUVRES de Pothier, 23 vol. in-8°. 115 fr.

PARFAIT NOTAIRE, (le) par A. J. Massé, 3 vol. in-4°. 35 fr.

PROCÉDURE CIVILE des tribunaux de France, par Pigeau, 3e édition, 1819, 2 vol. in-4°. 30 fr.

PLUTARQUE DE LA JEUNESSE, par Propiac, 2 vol. in-12, fig., 3e édition. 6 fr.

ROMAN COMIQUE de Scarron, 4 vol. in-12, portr., 1821. 8 fr.

MANUEL
DES
JUSTICES DE PAIX,
OU
TRAITÉ

DES FONCTIONS ET DES ATTRIBUTIONS DES JUGES DE PAIX,
DES GREFFIERS ET HUISSIERS ATTACHÉS A LEUR TRIBUNAL;

AVEC LES FORMULES ET MODÈLES DE TOUS LES ACTES QUI DÉPENDENT
DE LEUR MINISTÈRE;

Auquel on a joint un RECUEIL CHRONOLOGIQUE des Lois, des Décrets, des Ordonnances du Roi, et des Circulaires et Instructions officielles, depuis 1790 jusqu'en 1822; et un EXTRAIT DES CINQ CODES, contenant les Dispositions relatives à la compétence des Justices de Paix;

PAR M. LEVASSEUR, ANCIEN JURISCONSULTE.

QUATRIÈME ÉDITION,

Entièrement refondue et augmentée d'un grand nombre de Décisions royales et de la Cour de cassation, jusqu'en 1822.

A PARIS,
CHEZ RORET, LIBRAIRE-ÉDITEUR,
RUE PAVÉE SAINT-ANDRÉ-DES-ARCS, n°. 2.

1822.

Imprimerie de GUEDON.

AVIS DE L'ÉDITEUR.

Le Manuel des justices de paix de M. Levasseur est un de ces ouvrages de jurisprudence sur lesquels l'opinion publique est fixée, et dont on peut se dispenser de faire l'éloge. Trois éditions successives, imprimées à un grand nombre d'exemplaires, ont mis les officiers publics attachés aux justices de paix, à portée d'apprécier le mérite particulier de ce Traité d'une juridiction qui exerce en France, depuis 1790, une influence vraiment paternelle sur l'ordre public en général, et sur chaque famille en particulier.

Bien pénétré de son sujet, méthodique dans la division des matières dont son ouvrage se compose, précis mais clair dans sa rédaction, M. Levasseur indique et développe, en jurisconsulte, tous les moyens d'exécution des dispositions législatives et réglementaires qu'il présente sur les fonctions, les attributions, les droits et les devoirs du juge de paix, ainsi que du greffier et de l'huissier attachés à son tribunal.

Habile à coordonner toutes les parties du plan qu'il trace en tête de son Manuel, il l'exécute avec cet ordre, cette méthode qui attachent à la lecture, facilitent l'étude, et assurent l'instruction.

L'institution de la justice de paix, la nomination des officiers qui l'administrent, leur traitement, l'exercice et la durée de leurs fonctions, et les incompatibilités attachées à l'exercice de ces fonctions, sont les premiers objets dont il s'occupe; et sa doctrine est appuyée des dispositions textuelles des lois et des réglemens.

Il présente ensuite, d'après une distribution de matières qui se coordonnent parfaitement entr'elles, tout ce qui concerne la juridiction contentieuse du juge de paix, les affaires qui lui sont soumises, les demandes, l'instruction, les enquêtes, les visites des lieux, les incidens, l'appel en garantie, la récusation, le déclinatoire, et tout ce qui tient à la rédaction, à l'expédition et à l'exécution des jugemens, aux dépens, à l'appel et au recours en cassation, lorsqu'il y a lieu.

L'institution du bureau de conciliation, les affaires qui s'y portent, les citations et les procès-verbaux, font la matière d'un chapitre particulier.

Il traite, dans un autre chapitre, des fonctions du juge de paix qui ne tiennent ni au contentieux ni à la conciliation, telles que celles relatives aux conseils de famille, aux appositions et levées de scellés.

Enfin, considérant le juge de paix comme juge de police, comme officier de police judiciaire, il présente, il discute, il développe, sous tous les rapports d'exécution, les dispositions des Lois de police, des Codes de procédure, d'instruction criminelle et pénal, qui mettent dans les attributions du juge de paix, la connaissance, l'instruction et la poursuite des délits et des crimes, les différentes espèces de dénonciations officielles et privées, des plaintes et procès-verbaux dressés par les agens et officiers publics investis du droit d'exercer la police judiciaire.

Les nombreuses formules d'actes à rédiger par les juges de paix dans l'exercice de leurs différentes fonctions civiles, de police criminelle, ont toujours été considérées comme des modèles en ce genre, et sont conservées dans la nouvelle édition; mais elles sont mises en harmonie avec le gouvernement actuel, ainsi que le Recueil chronologique des lois, des décrets, etc., depuis 1790 jusqu'en 1822, et l'extrait des cinq codes, puisé dans l'édition officielle réimprimée en 1816.

TABLE GÉNÉRALE

DES LIVRES, TITRES, CHAPITRES, SECTIONS ET PARAGRAPHES CONTENUS DANS CET OUVRAGE.

PREMIÈRE PARTIE.

DES FONCTIONS CIVILES ET CRIMINELLES DES OFFICIERS PUBLICS ATTACHÉS A LA JUSTICE DE PAIX.

TITRE PREMIER.

	Notions préliminaires............pag.	1
	Des fonctions civiles des juges de paix...	2
Chapitre Ier.	De l'institution des justices de paix......	ibid.
Chapitre II.	De la nomination de chacun des officiers attachés à la justice de paix, et de quelques autres objets qui concernent l'exercice de leurs fonctions....	3
Section Ire.	De la nomination des juges de paix, des suppléans, des greffiers et des huissiers attachés à la justice de paix........	ibid.
—— II.	De l'exercice et de la durée des fonctions publiques attachées à la justice de paix...	10
—— III.	Du traitement des juges de paix, de leurs greffiers et huissiers, et des droits qui leur sont attribués sur différens actes de leur compétence....	14
—— IV.	Des incompatibilités prononcées contre les fonctionnaires publics attachés à la justice de paix.............	18
Chapitre III.	De la juridiction contentieuse du juge de paix.............	20
Section Ire.	Quelles affaires sont de la compétence de la justice de paix...........	ibid.
§. 1er.	Attributions primordiales de la justice de paix........	21
§. II.	Des attributions faites à la justice de paix depuis son origine........	40
Section II.	De la demande.............	44

Section III.	De l'instruction............	47
—— IV.	Des enquêtes.............	51
—— V.	De la visite du lieu contentieux et des appréciations	56
—— VI.	Des incidens.............	57
§. 1er.	De l'appel en garantie........	58
—— II.	De la récusation...........	60
—— III.	Du déclinatoire...........	64
Chapitre IV.	Des jugemens.............	66
Section Ire.	Règles communes à tous les jugemens..	ibid.
—— II.	Des jugemens par défaut.......	69
—— III.	Des jugemens sur actions possessoires..	72
—— IV.	Des jugemens qui ne sont pas définitifs...	76
—— V.	Des minutes et expéditions des jugemens...	78
—— VI.	Des dépens.............	83
—— VII.	Des suites des jugemens.......	85
§. 1er.	De l'appel.............	ibid.
—— II.	De la cassation...........	93
Chapitre V.	Du bureau de conciliation......	94
Section Ire.	Pour quelles affaires faut il passer au bureau de conciliation, et devant quel bureau...	ibid.
—— II.	De la citation............	100
—— III.	Du procès-verbal..........	103
Chapitre VI.	Des fonctions du juge de paix qui ne tiennent ni au contentieux ni à la conciliation....	110
Section Ire.	Du conseil de famille.........	ibid.
—— II.	Des scellés.............	118
§. 1er.	De l'apposition des scellés......	ibid.
—— II.	Du testament et des papiers cachetés trouvés chez le défunt............	124
—— III.	Des scellés en cas de faillite.....	125
—— IV.	Du référé..............	127
—— V.	De l'opposition aux scellés......	128
—— VI.	De la levée du scellé.........	ibid.
—— VII.	De la levée des scellés en cas de faillite....	133
Chapitre VII.	De différentes fonctions et attributions particulières du juge de paix, en matières civiles, fiscales et de police municipale et rurale...	135

TITRE SECOND.

Des fonctions criminelles des officiers publics attachés à la justice de paix.

	Notions préliminaires...........	147
Chapitre Ier.	Des fonctions du juge de paix relatives à la police judiciaire............	ibid.

Section Ire.	De quelles opérations est chargé le juge de paix par rapport à la police judiciaire.	150
—— II.	En quels lieux le juge de paix peut-il exercer les fonctions de la police judiciaire ?	161
—— III.	Actes qui sont la base de la procédure criminelle.	163
§ 1er.	De la dénonciation officielle.	ibid.
—— II.	De la dénonciation privée.	165
—— III.	De la plainte.	171
—— IV.	De la poursuite d'office.	172
Section IV.	De l'instruction à faire par le juge de paix.	173
§ 1er.	Des procès-verbaux et des témoins dont l'assistance est requise.	ibid.
—— II.	Des conditions nécessaires pour que le juge de paix puisse agir.	177
—— III.	De la saisie des effets et papiers qui peuvent servir à conviction.	180
—— IV.	De la forme de procéder contre le prévenu présent.	184
—— V.	Des poursuites à diriger contre le prévenu absent.	185
—— VI.	Des mandats à décerner contre le prévenu domicilié.	186
—— VII.	De ce qui constitue le flagrant délit.	187
—— VIII.	Des experts et gens de l'art appelés par le juge de paix, et de leurs rapports.	188
—— IX.	Du renvoi du procès-verbal au procureur du Roi.	191
—— X.	Des cas où le juge de paix peut agir hors le flagrant délit.	ibid.
Chapitre II.	Du tribunal de police.	195
Section Ire.	Quels officiers composent le tribunal de police.	ibid.
—— II.	De la compétence du tribunal de police.	197
—— III.	De la demande et de l'instruction.	205
—— IV.	Du jugement.	212
—— V.	De l'exécution du jugement.	218
—— VI.	Moyens pour arrêter l'exécution du jugement.	221

SECONDE PARTIE.

CONTENANT LES FORMULES D'ACTES, ET LE TEXTE DES LOIS, DÉCRETS, ORDONNANCES DU ROI, CIRCULAIRES ET INSTRUCTIONS MINISTÉRIELLES RELATIFS A LA JUSTICE DE PAIX.

LIVRE PREMIER.

———	Formules d'actes relatifs à la justice de paix.	1
Chapitre Ier.	Formules relatives aux matières civiles.	ibid.

CHAPITRE II. Formules d'actes relatifs aux matières criminelles. 66

LIVRE SECOND.

Recueil chronologique des lois, décrets, ordonnances du Roi, circulaires et instructions ministérielles intervenues sur la justice de paix, depuis 1790 jusqu'à 1822. . . 91

LIVRE TROISIÈME.

Extrait des cinq Codes ou dispositions textuelles des articles qui règlent les fonctions et attributions des juges de paix en matières civiles, commerciales et criminelles. 188
Code civil. *ibid*
Code de procédure civile. 193
Code de commerce. 210
Code d'instruction criminelle. 213
Code pénal. 231
Table alphétique des matières contenues dans l'ouvrage. 245

FIN DE LA TABLE DES TITRES ET CHAPITRES.

MANUEL
DES
JUSTICES DE PAIX.

PREMIÈRE PARTIE.

DES FONCTIONS CIVILES ET CRIMINELLES, DES OFFICIERS PUBLICS ATTACHÉS A LA JUSTICE DE PAIX.

NOTIONS PRÉLIMINAIRES.

1. La justice de paix conservée par l'article 61 de la Charte constitutionnelle, se compose du juge de paix, des deux suppléans, d'un greffier et d'un huissier.

Le juge de paix est l'officier principal de cette justice. On peut dire en un sens qu'il en est le seul magistrat, car les autres officiers qui remplissent les mêmes fonctions que lui, ne peuvent opérer que pour le suppléer, en cas d'absence ou d'empêchement.

Le juge de paix, au moment de son institution, étoit un fonctionnaire public dans l'ordre civil seulement. Depuis il lui a été conféré différentes attributions dans l'ordre criminel. Ces attributions ont été diminuées par la suite, puis supprimées entièrement. Enfin le Code d'instruction criminelle lui en rend quelques-unes, en le rangeant au nombre des officiers de police judiciaire.

2. Le juge de paix doit-il être considéré comme juge *ordinaire*, ou comme juge *extraordinaire* ?

Le juge *ordinaire* est celui institué par le législateur pour décider en général de toutes les contestations. Le juge *extraordinaire* est celui auquel telle matière est spécialement attribuée : cette matière n'appartient pas au juge ordinaire, est elle retranchée de son attribution générale ; mais aussi tout ce qui n'est pas spécialement attribué à un autre, reste dans sa compétence.

Dans l'état actuel, la distribution de la justice civile et celle de la justice criminelle, sont attribuées à des tribunaux différens : dans l'une et l'autre partie, il y a des juges ordinaires et des juges extraordinaires.

Dans les matières civiles, la justice de paix est tribunal extraordinaire : le tribunal civil, est la juridiction ordinaire de première instance ; « il connoît, (*Loi du* » 16-24 *août* 1790, *tit.* 4, *art.* 4) de toutes les affaires » personnelles, réelles et mixtes en toutes matières, ex-» cepté seulement celles attribuées aux juges de paix. »

Dans les matières criminelles, le tribunal de police est juridiction extraordinaire : « il connoît seulement » des délits dont la peine n'excède, ni une certaine » amende, ni trois jours d'emprisonnement ». (*Code* » *d'inst. crimin.*)

Ainsi, sous tous les points de vue, le juge de paix exerce toujours une juridiction extraordinaire ; puisque, soit en matière civile, soit en matière criminelle, il est juge d'atribution.

Cette première partie de l'ouvrage se divise naturellement en deux titres. Dans le premier, il sera traité des fonctions *civiles* ; et dans le second, des fonctions *criminelles*, des officiers composant la justice de paix.

TITRE PREMIER.

DES FONCTIONS CIVILES DES OFFICIERS ATTACHÉS A LA JUSTICE DE PAIX.

CHAPITRE PREMIER.

De l'institution des justices de paix.

3. LE juge de paix est un magistrat établi spécialement pour maintenir la paix entre les citoyens, soit en décidant sommairement les contestations, soit en essayant de concilier les parties qui sont sur le point de compa-

roître dans les tribunaux civils; soit en les invitant, en cas de non conciliation, (*acte const. du 22 frimaire an 8, art.* 60), à se faire juger par des arbitres : ainsi la justice de paix se divise, en *justice de paix proprement dite*, ou *tribunal de paix*, et en *bureau de conciliation*.

Le juge de paix remplissoit originairement ces deux fonctions, assisté de deux assesseurs : maintenant il les remplit seul., (*loi du 29 vent. an 9, art.* 2.) Il a en outre des fonctions particulières, distinctes du contentieux et de la conciliation.

Il n'y a pas de ministère public près la justice de paix. Il y a près le tribunal de police dont il sera question en la seconde partie, un officier chargé de remplir les fonctions du ministère public.

Trois chapitres particuliers traiteront, 1.º de la juridiction contentieuse du juge de paix ; 2.º du bureau de conciliation ; 3.º des autres fonctions du juge de paix.

CHAPITRE SECOND.

De la nomination de chacun des officiers attachés à la justice de paix, et de quelques autres objets qui les concernent.

Il sera traité, dans autant de sections, de leur nomination ; de l'exercice de leurs fonctions ; de leur traitement ; enfin, des incompatibilités de leurs fonctions avec d'autres fonctions publiques.

Section première.

De la nomination des juges de paix, de leurs suppléans, et des greffiers et huissiers attachés à la justice de paix.

4. « Chaque ressort de justice de paix a une assemblée
» de canton ». (*Sénat. org. de la constit.* 16 *therm. an*
» 10, *art.* 1.)

« L'assemblée de canton désigne deux citoyens sur
» lesquels le Roi choisit le juge de paix ». (*Ibid. art.* 8.)

Le citoyen nommé doit prêter serment à l'audience publique du tribunal civil de l'arrondissement communal. (29 *vent. an* 9, *art.* 8.)

Ce serment prêté, il est installé par le sous-préfet, *ibid.*, et à l'instant il entre en fonction.

Avant l'installation, le sous-préfet lui fait prêter la promesse de fidélité au Roi, et d'obéissance à la charte constitutionnelle et autres lois de l'état. (*Loi du 21. niv. an* 8).

Il est du tout dressé procès-verbal, qui reste au greffe de la justice de paix.

5. Les deux suppléans du juge de paix sont choisis de la même manière que lui. L'assemblée de canton désigne pour chaque place vacante, (*Sen. org.* 16 *ther. an* 10, *art.* 8), deux citoyens parmi lesquels le Roi choisit.

Les suppléans ne peuvent se dispenser, avant de commencer l'exercice de leurs fonctions, de faire la déclaration de fidélité et d'obéissance auxquelles la loi du 21 nivose an 8 assujettit nommément tous les fonctionnaires publics *de l'ordre judiciaire*.

Le vœu de la loi paroît être que les suppléans, à l'instar du juge de paix, prêtent serment devant le tribunal civil de l'arrondissement, et se fassent installer par le sous-préfet : il est à propos qu'ils s'y conforment. Comme la loi ne leur en impose pas l'obligation précise, on ne croyoit pas pouvoir arguer de nullité les actes qu'ils auroient faits sans avoir rempli ces formalités.

Mais un arrêt de la cour de cassation, du 12 Janvier 1809, a décidé que les suppléans des juges de paix ne peuvent, à peine de nullité, faire aucun acte d'autorité publique, ni rendre de jugement s'ils n'ont au préalable prêté le serment de fidélité ordonné par la loi.

Un autre arrêt de cette cour, en date du 6 avril 1819, décide, 1.° que les actes faits par un suppléant du juge de paix, bien qu'ils n'indiquent pas la cause légale de l'empêchement, ne sont pas nuls, pour présomption légale de remplacement sans nécessité. La présomption de droit étoit pour l'empêchement, sauf la preuve contraire. 2.° Que lorsqu'il existe une cause d'empêchement légal, la citation doit toujours être donnée devant le juge de paix, et non devant le suppléant *de plano*, sauf au juge de paix à se faire remplacer.

De la nomination des Juges de Paix, etc.

6. Lorsque la place de juge de paix vient à vaquer par mort, démission ou autrement, avant l'expiration du temps de son exercice, comment sera-t-il pourvu à son remplacement ?

Il faut distinguer si le temps qui reste à s'écouler de son exercice, est au-dessous, ou au-dessus d'une année.

Au premier cas, le premier suppléant exerce de droit ses fonctions pendant le temps qui reste à courir jusqu'à la prochaine assemblée ; (loi du 28 floréal an 10, art. 1) et il est remplacé, en cas d'empêchement, par le second suppléant devenu premier.

Au second cas, il doit être procédé à une nouvelle nomination de juge de paix pour le temps qui reste à expirer. Cette nouvelle nomination se fait comme la première. Les citoyens du canton y procèdent selon les formes établies, (28 floréal an 10., art. 1). En conséquence, suivant le sénatus organique de la constitution rendu quelque mois après, le 16 thermidor an 10, art. 8, l'assemblée de canton désigne deux sujets parmi lesquels le Roi choisit.

7. Comment sera-t-il pourvu au remplacement du suppléant en cas de vacance, soit par sa promotion de droit à la place du juge de paix, ainsi qu'il vient d'être expliqué, soit de toute autre manière ?

La loi du 28 floréal an 10, distinguoit si le procès-verbal de la dernière élection, faisant mention du citoyen qui avoit le plus de voix après les deux suppléans élus, énonçoit que le nombre de voix par lui obtenu s'élevoit à vingt au moins, ou si ce nombre étoit moindre ; dans le premier cas, elle vouloit que le citoyen qui avoit cet avantage fut proclamé suppléant par le sous-préfet de l'arrondissement ; au second, elle déféroit à sa Majesté la nomination du suppléant qui exerceroit jusqu'aux prochaines élections.

Mais le sénatus-consulte organique de la constitution du 16 thermidor an 10, ayant réglé que l'assemblée de canton présenteroit deux sujets au Roi pour chaque place vacante de suppléant de juge de paix, le remplacement de droit, par le citoyen qui avoit le plus de voix après celui à remplacer, souffre difficulté, parce qu'il n'y auroit plus la désignation du Roi sur ces deux sujets présentés : il y a donc lieu, depuis ce sénatus-consulte, de laisser au Roi, dans les deux cas que distinguoit la loi du 28 floréal, la pleine nomination du suppléant.

8. Dans l'origine, la loi laissoit au juge de paix la faculté d'avoir un greffier, ou de s'en passer s'il vouloit rédiger lui-même les actes de sa compétence. Mais on a bientôt senti la nécessité d'avoir un fonctionnaire chargé de rédiger, sous l'inspection du juge de paix, les différens actes, et de conserver provisoirement les minutes, jusqu'à ce qu'elles soient placées à demeure dans un dépôt public. Aussi la loi du 6-27 mars 1791 a-t-elle statué qu'il y auroit un greffier attaché à chaque justice de paix : l'art. 4 astreint le juge de paix à en nommer un.

En effet, dans tous les actes judiciaires, la fonction du greffier est nécessaire. C'est un témoin que la loi donne au juge de tous ses actes. C'est pour cela que la loi défend au juge en fonction de rien écrire lui-même, et l'astreint à faire écrire par son greffier, à peine de nullité.

9. Les greffiers des justices de paix n'étoient pas du nombre des fonctionnaires que la loi du 27 ventose an 8, assujettissoit (*art.* 97), à un cautionnement. Mais ils y sont assujettis par l'article 3 de la loi du 28 floréal an 10 : le même article en fixe le montant proportionnellement à la population du lieu où siège le tribunal. La fixation définitive des cautionnemens a été réglée par la loi des finances du 28 avril 1816.

Originairement, c'étoient les juges de paix qui nommoient eux-mêmes leurs greffiers. Depuis la loi du 27 ventose an 8, il s'étoit élevé des doutes sur la question de savoir s'ils conserveroient toujours cette faculté.

10. Il ne peut plus y en avoir; la loi du 28 floréal an 10 veut, (*art.* 3), que tous les greffiers des juges de de paix soient nommés par le Roi.

11. Le juge de paix peut-il avoir pour greffier un de ses parens dans les degrés ordinairement prohibés ?

On dira pour la *négative*. — L'article 4 de la loi du

De la nomination des Juges de Paix, etc.

6-27 mars 1791, enjoint au juge de paix « de nommer » un greffier, lequel ne pourra être son parent jusqu'au » troisième degré. » L'article premier de la loi du 27 germinal an 7, porte que « nul ne peut être élu greffier » ou commis-greffier assermenté d'un tribunal auquel la » loi attribue la nomination du premier de ces fonction- » naires, s'il est parent ou allié jusqu'au troisième degré, » de l'un des juges..... » Ces deux lois avoient pour but d'empêcher que les juges ne pussent avoir pour greffier des gens qui, à cause de la proximité de parenté, seroient trop à leur dévotion, et de la facilité desquels ils pourroient abuser au préjudice des parties. Que le greffier soit nommé par les juges eux-mêmes ou par une autorité étrangère au tribunal, la proximité de parenté entre eux a le même inconvénient : le motif d'exclusion subsiste; point de loi qui révoque cette exclusion ; elle continue donc d'avoir lieu. Si donc, par événement, le Roi nomme pour greffier un parent, au troisième degré du juge de paix, on peut lui faire des représentations à l'effet de faire révoquer sa nomination.

On dira pour *l'affirmative*. — Le principal motif de la loi a été l'influence résultante de la nomination que le juge fait de son greffier : la loi a redouté cette influence, non-seulement de la part du juge de paix qui nomme seul, mais de la part du juge du tribunal qui ne fait que concourir, même de la part de celui qui, après avoir sollicité ses confrères, s'abstient de voter. (27 *germ. an* 7, *art.* 1.) La nomination ayant été transportée à une autorité étrangère au tribunal, (au chef du gouvernement,) le motif des deux lois citées ne subsiste plus ; et les deux parens peuvent simultanément exercer leurs fonctions. C'est par cette raison de défaut de concours à la nomination, que la loi opposée du 27 germinal an 7 décide, *même art.* 1, que, si un parent ou allié du greffier ou commis-greffier vient à être nommé juge, ils peuvent simultanément exercer leurs fonctions respectives.

Cette dernière opinion mérite la préférence (1).

---

(1) Je ne suis point de cet avis. Je préfère la première opinion.

12. Il n'y a point d'huissier en titre auprès de la justice de paix : chaque juge de paix commet, pour être attaché particulièrement à son tribunal, un ou deux des huissiers déjà reçus par les cours Royales ou tribunaux de première instance, pourvu qu'ils résident dans le ressort de sa justice. (28 *floréal an* 10, art. 5 *et* 6.)

13. « Si cependant il n'y a point d'huissiers de cette
» qualité résidant dans le canton, le juge de paix peut
» nommer tous autres citoyens, (*ibid. art* 7). Mais ils
» ne peuvent entrer en exercice qu'après que le tribunal
» de première instance, s'étant fait rendre compte de
» leurs mœurs et de leur capacité, aura confirmé leur
» nomination. »

14. Pour pouvoir être nommé aux différentes places de la justice de paix, il y a diverses conditions exigées par la loi, et dont plusieurs sont communes à tous les fonctionnaires public. Ainsi il faut ;

Primo, être citoyen : on ne peut nommer celui qui ne jouit pas du droit de cité, (loi du 19 *oct.* 1792, art. 6.)

Soit, 1.°, parce qu'il n'a jamais été citoyen français (voyez les art. 2 et 3 de l'acte const. du 22 *frim. an* 8).

Soit, 2.°, parce qu'il a perdu cette qualité (voyez *ibid.* art. 4.)

Soit, 3.ª, parce que l'exercice de ses droits se trouve suspendu; (*ibid. art.* 5.)

Secundo, il faut n'être pas en état de domesticité ou de mendicité, *ibid.*

Tertio, être âgé de 30 ans accomplis, (27 *ventose an* 8, art. 4.)

Il est de principe que l'officier qui fait un acte ne peut prendre pour témoin un de ses parens dans les degrés prohibés. Cette règle a lieu à l'égard des notaires. A plus forte raison doit-elle être suivie pour les juges.

Si, dans les tribunaux composés de plusieurs juges, le greffier peut être parent de l'un d'eux, c'est que le nombre des magistrats détruit l'influence de la parenté ; mais le juge de paix étant seul, la règle ne peut pas fléchir.

De la nomination des Juges de Paix, etc. 9

En vain diroit-on que ces conditions n'étant pas exigées par la loi du 28 floréal an 10, relative aux justices de paix, ne sont plus nécessaires. Cette loi ne déroge pas aux lois précédentes sur les conditions d'exigibilité : l'article final au contraire, contient la disposition expresse que les lois relatives à l'organisation des justices de paix continueront d'être exécutées.

On opposeroit aussi vainement que le sénatus-consulte organique du 16 thermidor an 10, n'exige pas les conditions ci-dessus détaillées. Ce sénatus-consulte n'a pas eu pour but d'établir les conditions d'éligibilité, qui sont un objet purement réglementaire : il a seulement voulu assurer au chef du gouvernement la nomination des juges de paix, a désigner entre les deux sujets qui lui seront présentés par les assemblées de canton.

La loi du 19 octobre 1792, *art.* 6, veut que le promu à la place de juge de paix, soit résidant depuis un an dans l'étendue de la justice. Mais cette condition n'est plus nécessaire. Elle est implicitement révoquée par l'article de la loi du 8 floréal an 10 qui prévoit le cas ou le juge de paix ne résidera pas dans le canton au moment de sa nomination.

15. Si par événement, le Roi nomme un greffier, ou désigne un juge de paix, qui n'ait pas les qualités requises, c'est à S. M. seule qu'il faut s'adresser pour la supplier de révoquer sa nomination.

16. Les conditions qui viennent d'être détaillées, suffisent. Il n'est pas nécessaire d'être inscrit sur la liste communale de l'arrondissement. « L'inscription sur une » liste d'éligibles n'est nécessaire, (*acte constit. du 22* » *frimaire an 8, art.* 14), qu'à l'égard de celles des » fonctions publiques, pour lesquelles cette condition » est expressément exigée par la constitution ou par la » loi. » Pareille condition n'est exigée pour les fonctionnaires attachés à la justice de paix, ni par la constitution, (*art.* 60 *et autres*), ni par aucune loi subséquente.

Les fonctions du ministère public, près le tribunal de police, ne sont pas remplies par un fonctionnaire spécial; mais elles sont exercées par les commissaires de police et les adjoints du maire, ainsi qu'il sera expliqué en la deuxième partie.

SECTION II.

De l'exercice et de la durée des fonctions publiques attachées à la justice de paix.

17. LE juge de paix est magistrat. Il est juge. Il remplit seul les fonctions, soit judiciaires, soit de conciliation et autres, qui sont attribuées aux justices de paix par les lois. (29 *ventose an* 9, *art.* 2.)

En cas de maladie, absence ou autre empêchement, il est remplacé par un suppléant. (*ibid.*, *art.* 3.)

18. Le greffier rédige, sous l'inspection du juge, les différens actes. Il en délivre les expéditions nécessaires. Il en conserve provisoirement les minutes, ainsi qu'on le verra dans le cours du présent ouvrage.

L'huissier attaché au tribunal fait le service d'huissier audiencier.

19. Le juge de paix doit être assidu à l'exercice de ses fonctions. Il doit même se pénétrer de l'importance de la magistrature dont il est revêtu. C'est une des plus salutaires qui existent. Le juge de paix est un père que la loi indique à tous les habitans du canton. Elle le charge de prévenir leurs contestations, d'arranger leurs différends. Il doit toujours être prêt à les entendre. Son cabinet doit leur être ouvert à tout instant. C'est pour cela que la loi l'oblige de résider dans le canton. (*art.* 8 *de la loi du* 28 *floréal an* 10.) En cas de non résidence, ou d'absence longue, on peut lui appliquer l'art. 13 de la loi du 29 mars - 12 septembre 1791, qui répute démissionnaires, et ordonne le remplacement des fonctionnaires publics qui ne résident pas dans le lieu de leurs fonctions.

La loi du 28 floréal an 10 pourvoit en ce cas au remplacement du juge de paix de la manière suivante :

Tout juge de paix qui, après sa nomination, ne réside pas dans le canton, doit être averti par le pro-

De l'Exercice et de la Durée des fonctions.

cureur du Roi près le tribunal de première instance, d'y fixer son domicile dans le mois de l'avertissement. (*art.* 8.) — Passé ce délai, le procureur du Roi dénonce la non résidence au sous-préfet. (*ibid.*) — A la diligence de ce dernier, il est pourvu, conformément à l'article premier, au remplacement du juge de paix considéré comme démissionnaire. (*Ibid.*)

Les fonctions de juge de paix sont journalières et nécessitées par des occasions imprévues; aussi est-il obligé à la plus exacte résidence. Son absence du canton est réputée cessation de résidence; mais on ne peut considérer comme cessation de résidence l'absence autorisée. (*ibid. art.* 9.)

Lorsqu'un juge de paix veut s'absenter de son canton, il doit se munir d'une autorisation du procureur du Roi près le tribunal civil de son arrondissement. (*ibid.*) — Lorsqu'il a besoin de s'absenter plus d'un mois, il doit s'adresser au Ministre de la justice pour en obtenir un congé. (*ibid.*) — Dans les deux cas, il doit joindre à la demande un certificat du premier suppléant, et à son défaut, du second, constatant que le public n'en souffrira point. (*ibid.*)

20. Les autres officiers de la justice de paix sont pareillement assujettis à la résidence dans l'étendue de la juridiction. Comment, en effet, pourroient-ils vaquer à leurs fonctions, s'ils résidoient dans un autre canton?

Les suppléans sont astreints, pour la résidence, aux mêmes règles que le juge de paix. L'article 8 de la loi du 28 floréal an 10 ci-dessus cité pour ce dernier, leur est commun.

La nature des fonctions du greffier l'oblige aussi à résider dans le canton. Il doit être à la proximité du juge de paix, pour recevoir ses ordres, et l'accompagner dans la plupart de ses opérations. Aussi les articles 5, 6 et 7 de la loi du 28 floréal an 10, veulent-ils que les juges de paix n'aient pour greffiers que des personnes résidantes dans le canton.

21. Le juge de paix n'est pas obligé de résider dnas

la commune du chef-lieu. Il suffit qu'il réside dans le canton.

Le juge de paix doit indiquer au moins deux audiences par semaine. *(Cod. proc. civ. art. 8.)*

Outre ces audiences, il peut en donner d'extraordinaires, à tels jours et heures que bon lui semble : « Il » peut juger tous les jours, même ceux de dimanches » et fêtes, le matin et l'après-midi. » *(Ibid.)*

« Il peut donner audience chez lui, en tenant les » portes ouvertes, » *(ibid.)* pour qu'il y ait publicité. Peut-il tenir chez lui les audiences ordinaires?

La loi du 29 ventose an 9, l'obligeoit, *(art. 9.)* à donner ses audiences au chef-lieu du canton. Il ne pouvoit juger ailleurs que dans des cas particuliers. L'article cité du code de procédure civile, lui accorde, d'une manière générale et sans restriction la faculté de donner audience chez lui; et par suite, celle de donner audience hors de la commune du chef-lieu, lorsque par événement il n'y demeure pas.

22. Un arrêté du 4 nivose an 5, établit un mode de correspondance entre les ministres........ et les juges de paix et autres autorités constituées résidantes dans les lieux qui ne sont pas servis directement par la poste.

L'ordonnance du Roi du 6 août 1817 concernant les franchises et contre-seings, prend des mesures pour ne pas laisser à la charge des juges de paix le port des lettres qu'ils reçoivent concernant le service public.

On voit par l'état annexé à cette ordonnance, que le Gouvernement a étendu sa sollicitude jusqu'aux officiers qui exercent les fonctions du ministère public près le tribunal de police municipale.

23. Le juge de paix est du nombre des fonctionnaires publics auxquels le Bulletin des lois doit être envoyé. *(12 vendém. an 4, art. 4.)*

La justice paix doit recevoir de trois mois en trois mois, comme les autres tribunaux, dans la personne de son greffier, *(ibid. art. 6,)* un cahier des lois rendues pendant le dernier trimestre; ainsi qu'un exemplaire de chacun des recueils de lois par ordre de matière, quand il en est formé.

Ces cahiers et recueils destinés pour le service de la justice de Paix, passent de greffier en greffier, et restent au greffe à perpétuelle demeure, *(ibid.)* sans être envoyés au dépôt des minutes, établi par la loi du 6 frimaire an 4, dont il sera parlé ci-après. *(chap. 1, art. 5, § 3.)*

24. Les officiers de la justice de paix sont tenus, avant d'entrer en fonctions, de faire la déclaration de fidélité au Roi, et d'obéissance à la charte constitutionnelle et aux lois de l'état, en exécution de la loi du 21 nivose an 8.

Voyez ce qui a été dit à ce sujet ci-dessus pag. 4, à l'égard du juge de paix et de ses suppléans.

Le greffier fait sa déclaration devant le juge de paix, ainsi qu'il avoit été réglé dans l'origine pour le serment. *(Loi du 16-24 août 1790, tit. 9, art. 5.)*

L'huissier de la justice de paix n'est pas dans le cas de faire cette déclaration avant de pouvoir entrer en exercice pour la justice de paix; car étant choisi parmi les huissiers attachés aux autres tribunaux, il l'a précédemment faite.

Mais, lorsqu'à défaut d'huissier résidant dans le canton, le juge de paix se trouve dans le cas de nommer un autre citoyen du canton, ainsi qu'il y est autorisé par l'article 7 de la loi du 28 floréal an 10, le citoyen nommé par le juge de paix, et approuvé par le tribunal civil de l'arrondissement, ne peut se dispenser, avant d'entrer en fonctions, de promettre fidélité au Roi, obéissance à la charte, etc.

25. Les juges de paix et leurs suppléans sont nommés pour dix ans. *(Sénat. org. du 16 therm. an 10, art. 9.)*

Le greffier n'est pas institué, *(28 flor. an 10, art. 3,)* pour un temps déterminé. Nommé par le Roi, il n'exerce ses fonctions que pendant le temps qu'il plaît à Sa Majesté. Il est révocable à sa volonté.

26. La loi du 8 pluviose an 9, a ordonné la réduction du nombre des justices de paix, d'après les bases qui y sont posées.

D'après ces bases aussi, ont été rendus successivement

différens arrêtés qui fixent, dans chaque département, le nombre des justices de paix, leurs chefs-lieux, et les communes de leurs arrondissemens.

SECTION III.

Du traitement des juges de paix, et de leurs greffiers et huissiers, et des droits qui leur sont attribués sur différens actes de leur compétence.

27. Le juge de paix a un traitement fixe, plus ou moins considérable, suivant que l'importance du canton donne lieu de présumer que ses dépenses sont plus fortes et ses occupations plus multipliées.

Ce traitement est réglé, par la loi du 8 ventose an 7, ainsi qu'il suit :

Pour Paris....................	2,400 fr.
Dans les communes dont la population excède 100,000 âmes.............	1,600
Dans celles de 50,000 âmes et au-dessus, jusqu'à 100,000 âmes.............	1,200
Dans celles de 30,000 âmes et au-dessus, jusqu'à 50,000.................	1,000
Dans les communes au-dessous de 30,000 âmes........................	800

28. Outre le traitement fixe, il y a des rétributions casuelles pour les scellés et pour les avis de parens.

La rétribution est fixée pour l'apposition des scellés, à 2 francs pour une vacation de trois heures, et un franc pour toutes les vacations suivantes ; de manière qu'une apposition de scellés ne coûte pas plus de 3 fr. (*loi du* 6-27 *mars* 1791, *art.* 8.) Il en est de même de celles employées aux avis de parens. *Ibid.*

Les droits sont d'une moitié en sus dans les villes au-dessus de 25,000 âmes. *Ibid.*

Ils sont du double à Paris. *Ibid.*

29. Suivant cette loi, *ibid.*, la rétribution pour la levée des scellés étoit fixée comme celles de l'apposition à deux séances au plus. Cette disposition n'auroit pas dû être adoptée, parce que l'opération de la levée des

scellés est naturellement aussi longue que l'inventaire des effets mis sous les scellés, et qui doivent être décrits à l'instant de la levée. De ce précepte qui n'avoit point été assez réfléchi, il résultoit un abus très-dangereux. Lorsque l'inventaire devoit durer plusieurs jours, le juge de paix qui ne pouvoit exiger plus de deux vacations, reconnoissoit les scellés, les levoit en entier et se retiroit, laissant opérer le notaire seul. Ainsi de ce moment, jusqu'à la fin de l'inventaire de plusieurs jours, quelquefois de plusieurs semaines, il n'existoit plus sur les effets et titres à inventorier de scellés qui en empêchassent le divertissement, au moyen de quoi ils devenoient à peu près inutiles.

Le Code de procédure a corrigé cet inconvénient : « les scellés sont levés successivement à fur et à mesure » de la confection de l'inventaire, ils sont réapposés à » la fin de chaque vacation; » (*art.* 937.) Par suite de cette disposition, le juge de paix se trouve autorisé à exiger la rétribution d'un aussi grand nombre de vacations que celles employées à la confection de l'inventaire; mais tous les intérêts sont en sûreté.

3o. Les suppléans n'ont pas de traitement. Leurs fonctions ne sont que passagères.

Lorsque le suppléant remplace le juge de paix pour des commissions et actes auxquels des vacations sont attribuées, ces vacations lui appartiennent. Telle étoit la disposition de la loi du 6-27 mars 1791, *art.* 14, par rapport aux assesseurs : elle s'applique naturellement aux suppléans. Il est juste que celui qui remplit la fonction, jouisse de la rétribution qui y est attachée.

La même loi vouloit, (*ibid.*), que dans le cas auquel le juge de paix seroit plus de huit jours consécutifs sans remplir ses fonctions, il fût tenu de remettre à l'assesseur qui l'avoit remplacé, une part proportionnelle de son traitement fixe. Maintenant le juge de paix qui s'absente, et le suppléant qui le remplace momentanément, traitent ensemble de gré à gré. On a vu au §. précédent que le juge de paix ne peut s'absenter sans congé; et que, pour l'obtenir, il doit représenter un certificat du premier suppléant, et à son défaut, du second, constatant que le public n'en souffrira pas. Le suppléant ne donne son certificat, qu'après l'arrangement fait entre eux.

31. Les greffiers ont un traitement fixe; il est, *(loi du 21 prair. an 7, art. 1.)*, du tiers de celui réglé par la loi du 8 ventose précédent (dont les dispositions viennent d'être rapportées) pour les juges auprès desquels ils sont établis.

Indépendamment du traitement, ils ont du casuel. Il leur appartient, pour l'expédition des jugemens de la justice de paix, une rétribution dont il sera question en parlant des dépens, *(chap. IV, Sect. VI)*.

Les expéditions des jugemens en matière civile, et des procès-verbaux du bureau de paix leur sont payées 4 décimes le rôle, contenant 20 lignes à la page, et 8 à 10 syllabes à la ligne l'une portant l'autre; *(loi du 21 prair. an 7, art. 5)*.

Ils doivent mettre leur reçu au bas des expéditions; *(ibid. art. 4)*.

Ils ne peuvent percevoir *(ibid.)* autres et plus forts droits que ceux qui leur sont attribués par les lois, à peine de destitution et de restitution envers les parties; sauf, en cas de fraude ou de malversation évidente, à être poursuivis devant les tribunaux.

32. Dans toutes les opérations pour lesquelles il est attribué une rétribution au juge de paix, le greffier qui l'assiste a les deux tiers de la somme qui lui est attribuée; *(loi du 6-27 mars 1791, art. 8)*.

Cette rétribution n'empêche pas qu'il ne perçoive en outre les droits d'expédition du greffe, *(ibid)*.

Lorsqu'ils ne sont pas fixés par la loi, il est naturel de lui adjuger, comme au cas du numéro précédent, 4 décimes du rôle.

33. L'huissier n'a pas de traitement pour le service qu'il fait auprès de la justice de paix, mais il est payé par les parties de tous les actes qu'il fait à leur requête. Il sera parlé de ses droits en traitant des dépens; *(ch. IV, sect. VI)*.

34. Il ne peut instrumenter pour les matières relatives

à la justice de paix que dans le ressort de sa justice. (*Loi du 19 vendém. an 4, art. 27*) Mais il y instrumente pour le contentieux et le bureaux de conciliation, à l'exclusion des autres huissiers; (*ibid.*) il a été maintenu dans cette compétence exclusive par l'arrêté du conseil des cinq cents, du 18 *pluv. an* 5, qui passa à l'ordre du jour sur la pétition de plusieurs huissiers qui demandoient le rapport de l'art. 27, qui vient d'être cité. Il y est encore maintenu par le Code de procédure civile.

35. En cas de contravention au même art. 27, l'huissier contrevenant est condamné par le juge de paix des villes à une amende de 6 francs, (*loi du 6-27 mars 1791, art.* 13), dont moitié applicable à son huissier, l'autre moitié à verser dans la caisse du receveur des amendes.

Cette disposition n'a été décrétée qu'en faveur des juges de paix des villes, parce que les juges de paix des campages ne pouvoient pas alors commettre d'huissiers pour leurs justices. Maintenant qu'il y a des huissiers près les juges de paix des campagnes, il paroît naturel d'étendre en leur faveur la disposition ci-dessus, et il ne peut plus y avoir de doute d'après les dispositions du Code de procédure civile, comme nous le verrons ci-après.

36. Une question plus importante est celle de savoir, si les notifications faites en contravention au même article par un huissier autre que celui attaché à la justice de paix, sont nulles.

L'art. 13 de la loi du 6-27 mars 1791, relative aux huissiers des juges de paix des villes, portoit: « les » citations et jugemens des juges de paix seront signifiés » par eux et non par autres huissiers, à peine d'amende » de 6 livres . . . . . . » Cette loi, n'envisageant que l'intérêt pécuniaire de l'huissier, s'étoit contentée dans la phrase qui contenoit la prohibition, d'une amende contre le contrevenant, sans parler de la nullité de l'acte; et, par cette raison, on ne pouvoit la prononcer.

Il n'en est pas de même de la loi du 19 vendémiaire an 4, faite pour régler des objets majeurs d'ordre public;

entr'autres pour régler l'organisation judiciaire dont fait partie le pouvoir accordé aux huissiers d'exploiter dans tel arrondissement, dans les matières qui appartiennent à tel tribunal. L'exploit fait en contravention à ses dispositions est nul, comme fait par un officier sans pouvoir et sans qualité. La nullité de pareil exploit est d'ailleurs préjugée par l'art. 16 du Code de procédure civile dont il sera question ci-après, en parlant de l'appel, *chap.* IV, *sect.* VII.

SECTION IV.

Des Incompatibilités prononcées contres les fonctionnaires publics attachés à la justice de paix.

37. D'APRÈS la loi du 24 vendémiaire an 3, qui déroge, (*tit.* 4, *art.* 4,) aux dispositions contraires des lois précédentes, le juge de paix ne peut cumuler avec ses fonctions celles des places suivantes :

1.º De membre des administrations de département, (*tit.* 1, *art.* 1);

2.º D'officier municipal, maire ou adjoint, (*ibid.*)

3.º De Commissaire du Gouvernement près ces administrations, *ibid.*, et par suite, dans l'état actuel, de préfet ou sous-préfet;

4.º De greffier des administrations ci-dessus nommées, (*ibid.*);

5.º De notaire, (*ibid.*, *art.* 2);

6.º De membre d'une administration forestière, (*ibid.*);

7.º De receveur de l'enregistrement, (*ibid.*);

8.º D'employé dans le service des douanes, postes et messageries, (*ibid.*);

9.º De fonctionnaire public dans une place sujette à une comptabilité pécuniaire, (*ibid.*);

10.º De Membre de la cour de cassation; (*même loi, tit.* 1, *art.* 1.);

11.º De juge des tribunaux civils, (*ibid.*) de première instance et cour d'appel, et des tribunaux criminels, (*ibid.*);

12.º De juge d'un tribunal de commerce, (*ibid.*);

13.° De procureur du Roi près un tribunal quelconque, *(ibid.)* ;

14.° De greffier d'aucun tribunal, ou commis-greffier salarié, *(ibid.)* ;

15.° D'instituteur salarié, *(ibid. tit. 4, art. 1.)*

38. Les greffiers des Justices de paix sont exclus des mêmes fonctions que les juges de paix, *ibid.*, aux endroit cités.

La loi du 29 ventose an 9, qui a créé les suppléans des juges de paix, ne dit rien sur l'incompatibilité de leurs fonctions avec d'autres fonctions publiques. Il paroît raisonnable de leur appliquer les incompatibilités prononcées contres les juges de paix qu'ils sont appelés à remplacer. Elles avoient été étendues aux assesseurs par la loi ci-dessus citée, du 24 vendémiaire an 3, *(tit. 1, art. 1.)* Il y a même raison.

Nota. Un arrêt de rejet de la cour de cassation du 2 frimaire an 14, décide qu'il n'y a pas d'incompatibilité entre les fonctions de juge suppléant près le tribunal civil, et celle de suppléant de juge de paix.

39. Un ministre du culte catholique peut-il être juge de paix ?

Plusieurs raisons doivent détourner les ministres du culte catholique d'accepter les places de juge de paix. Ils doivent tout leur temps aux fonctions ecclésiastiques dont ils sont chargés. Ils sont en trop petit nombre, eu égard à celui des places à remplir. Les fonctions conciliatrices du juge de paix conviennent à la vérité à leur caractère, mais les fonctions contentieuses civiles répugnent aux paroles de paix et d'union qu'ils doivent annoncer ; encore plus les fonctions de police et les fonctions criminelles.

Néanmoins il n'y a pas d'obstacle légal à la réunion des deux états.

A la vérité, la loi du 2-11 septembre 1790, faisant suite à celle du 16 août précédent, portoit, *art. 1* : « Les ecclésiastiques ne peuvent être élus aux places » de juge dont les fonctions sont déclarées incompatibles » avec celles de leur ministère. » Mais cette disposition a cessé, lorsque le Gouvernement n'a plus reconnu de culte religieux exclusif : aussi la loi ci-dessus citée, qui règle les incompatibilités des différentes fonctions publiques n'en fait aucune mention.

Maintenant le Gouvernement, sans reconnoître un culte dominant, laisse à différens cultes un exercice public. La religion catholique est la plus répandue : elle est professée par le Roi, par la Maison-Royale, et par la grande partie des fonctionnaires publics de tout genre; ses ministres reçoivent un honoraire du Gouvernement; mais il n'a pas été prononcé à leur égard d'incompatibilité. On ne peut les assimiler aux instituteurs salariés.

Il est certain qu'il n'y a point d'incompatibilité de droit ni canonique, ni civile. Il n'y en a point de canonique, parce qu'aucun canon ne prononce de prohibition à cet égard, si ce n'est pour l'administration de la justice au grand criminel. Il n'y en a point de civile, et il y avoit autrefois dans les tribunaux royaux une partie des places affectées à des clercs.

Mais il y a incompatibilité de fait, parce que chacune des fonctions dont il s'agit demande tout le temps de celui qui se charge de les remplir. Un curé n'auroit aucun instant à donner à la justice de paix, *et vice versâ*. Il faut nécessairement opter. Point de doute qu'un ecclésiastique ne puisse être juge de paix. Mais alors il doit s'en tenir là. Il ne peut plus exercer le ministère.

CHAPITRE III.

De la juridiction contentieuse du juge de paix.

40. Nous examinerons successivement quelles affaires sont de la compétence de la justice de paix ; la demande à former ; l'instruction ; les incidens qui peuvent survenir ; le jugement ; les dépens ; enfin les suites du jugement.

Section première.

Quelles affaires sont de la compétence de la justice de paix.

Nous considérons séparément les attributions primor-

De la Compétence en Affaires Contentieuses.

diales de la justice de paix, et les attributions qui lui ont été faites depuis l'origine.

§. I.ᵉʳ *Attributions primordiales de la justice de paix.*

41. La compétence primordiale de la justice de paix a été réglée par la loi du 16-24 août 1790, *tit.* 3.

Le juge de paix connoît toutes les causes purement personnelles et mobilières, 1.º sans appel, jusqu'à la valeur de 50 fr. ; 2.º à la charge de l'appel jusqu'à la valeur de 100 fr.

42. Nous disons 50 *fr.* et 100 *fr.*, quoique la loi porte 50 *livres* et 100 *livres*. La *livre* et le *franc* exprimoient autrefois, et encore à l'époque de la loi, l'un et l'autre, la somme de 20 sous (1). Il n'en est plus de même. Le franc vaut $\frac{81}{80}$ de la livre, ou $\frac{1}{80}$ de plus que la livre, ce qui fait 20 sous 3 deniers de l'ancienne monnaie. Les 50 francs valent 50 livres 12 sous 6 deniers ; les 100 francs 101 livres 5 sous. La livre ne vaut pas le franc en entier, mais les $\frac{80}{81}$ du franc, ou en fraction décimales les 0,9876543 du franc. Les 50 liv. ne valent pas 50 fr., mais 49,382716 ; les 100 livres ne valent pas 100 fr., mais 98,765432. Malgré ces légères différences, on n'a pas hésité à penser que le juge de paix pouvoit connoître, sans appel, jusqu'à la concurrence de 50 francs, et à la charge de l'appel, jusqu'à concurrence de 100 francs : telle est l'intention manifeste des lois qui ont changé la dénomination des monnoies.

---

(1) Cela n'est pas tout-à-fait exact. Il y avoit originairement une différence entre le franc, ou la livre parisis, et la livre tournois. Celle-là valoit un peu plus que celle-ci. Mais dans la suite on les avoit confondues, parce que cette différence avoit disparu, toutes les monnoies ayant été frappées au même titre. On retint les mots, quoique les choses n'existassent plus, et on les employa indistinctement dans la même acception.

43. Dans les demandes en congé de location, faut-il avoir égard au prix du terme, ou au prix de l'année entière, pour décider la compétence de la justice de paix?

A défaut de congé, les parties ne sont liées que pour un terme; elles ne sont réciproquement engagées que pour le terme suivant. La demande en validité de congé a pour objet la valeur d'un seul terme. C'est donc par la valeur du terme de 50 francs et au-dessus, ou de 100 francs et au-dessus, qu'il faut déterminer la compétence de la justice de paix. Ainsi décidé par le ministre de la justice, dans une circulaire du 23 thermidor an 4.

44. La loi dit les actions *mobilières* : ainsi les actions immobilières, quelque soit leur peu d'importance, ne sont pas de la compétence de la justice de paix; telles que les demandes en revendication.

La loi dit les actions *purement personnelles* : ainsi, malgré le peu d'importance d'une action, on ne peut porter devant le juge de paix, ni les actions purement réelles, comme l'action hypothécaire contre le tiers détenteur; ni les actions mixtes qui sont tout-à-la-fois personnelles et réelles comme les actions en partage.

45. La justice paix connoît de même sans appel jusqu'à la valeur de 50 francs, et à la charge de l'appel à quelque somme que la demande puisse monter;

Primo, des actions pour dommages faits, soit par les hommes, soit par les animaux, aux champs, fruits et récoltes. (*Loi du* 16-24 *août* 1790, *art.* 10). Le juge de paix est compétent pour statuer sur une question de dommages causés aux champs, non-seulement lorsqu'il s'agit de constater l'existence et quotité d'un dommage causé par le fait immédiat et nuisible d'un homme ou d'un animal, mais encore lorsqu'il s'agit de décider si ce dommage est un tort; s'il est la violation du droit de la partie endommagée, ou le simple exercice d'un droit de propriété appartenant à l'auteur du dommage, lorsque le défendeur répond *jure feci*. Par exemple lorsqu'un propriétaire riverain, en tenant ses écluses fermées en temps d'orage, inonde les champs du voisin.

De la Compétence en Affaires Contentieuses

(*Arrêt de la Cour de cassation du 18 novembre 1817.*)

Ces dommages et intérêts donnent presque tous lieu à la partie lésée, d'intenter à son choix deux sortes d'actions, l'une civile devant la justice de paix; l'autre criminelle, qui, suivant la peine du délit, se forme devant le tribunal de simple police, où devant le tribunal de police correctionnelle. La partie lésée peut directement intenter son action devant ces derniers tribunaux.

46. Elle ne peut exercer concurremment les deux actions, civile et criminelle, qui à son égard tendent au même but, c'est-à-dire à la réparation du dommage qui lui a été causé; il lui suffit d'exercer l'une des deux.

Lorsqu'elle prend la voie criminelle, le ministère public doit être entendu: il requiert la punition du délit.

Cette réquisition n'est cependant pas absolument nécessaire. Il suffit que la partie civile se soit pourvue devant ces tribunaux pour qu'ils puissent, et doivent même appliquer la peine. C'est ce qui a été jugé par un arrêt de la Cour de cassation du 22 février 1811.

La partie civile avoit fait citer devant le tribunal de police correctionnelle pour un délit de pêche. Le tribunal, en accordant les dommages intérêts, avoit condamné le délinquant en l'amende portée par l'ordonnance des eaux et forêts.

Sur l'appel, la Cour de justice criminelle avoit infirmé quant à cette dernière disposition, sur le motif que la citation de la partie n'avoit saisi le tribunal que de l'action civile, et que le ministère public, qui seul pouvoit exercer l'action publique, n'ayant point été partie, la peine n'avoit pu être prononcée.

On s'est pourvu en cassation, et elle a été prononcée, attendu que par la citation de la partie, le tribunal avoit été suffisamment saisi de l'action criminelle; que le ministère public est partie de droit dès qu'un délit est dénoncé; et qu'en conséquence la peine doit être appliquée quoiqu'il n'ait point été entendu, parce que ses fonctions sont acquitées solidairement par tous les membres du tribunal.

47. Lorsque la partie lésée poursuit son action par

la voie civile, et qu'elle renonce entièrement à exercer celle criminelle, le ministère public n'en est pas moins recevable à poursuivre l'action publique qui a pour objet de faire punir l'atteinte portée à l'ordre social.

Une loi du 6 vendémiaire an 3 le décide nommément au deuxième cas pour les délits majeurs. Il en faut dire autant dans le premier cas, et pour les délits de simple police; la raison est la même : « les délits, porte le » considérant de la loi, sont poursuivis...... moins » parce qu'ils lèsent l'intérêt particulier que parce qu'ils » blessent l'ordre public..... Sous ce dernier rapport, il » ne dépend pas des citoyens, quand même ils seroient » désintéressés subséquemment à une accusation par eux » intentée, d'arrêter la vindicte publique, qui ne peut » être satisfaite que par un jugement. »

Le Code d'instruction criminelle consacre d'ailleurs cette maxime d'une manière qui s'applique aux simples délits, comme aux crimes qualifiés.

En vain dira-t-on que les délits de simple police, légers de leur nature, n'intéressent que foiblement l'ordre social, et ne méritent pas la vindicte publique, quand la partie lésée renonce à la poursuite criminelle.

Tout délit, quelque léger qu'il soit, intéresse directement la société entière, outre le particulier lésé. Il y a d'ailleurs nombre de délits de simple police qui concernent pricipalement l'ordre public; comme la dégradation de la voie publique, la divagation des furieux, des animaux malfaisans ou féroces, etc.

Au reste, quand personne ne se plaint, la conduite du ministère public doit lui être tracée par la prudence.

Il y a véritablement des délits qui ne blessent que l'intérêt particulier directement, et que, par cette raison, les Romains appeloient délits privés, *delicta privata*, et qui en conséquence ne donnoient d'action qu'à celui qui en avoit souffert.

Dans ce cas, le ministère public garde ordinairement le silence, parce que la société n'est blessée qu'indirectement, d'une manière éloignée, et qu'il est de son intérêt même de ne pas multiplier les procès qui alimentent les haines particulières.

De la Compétence en Affaires Contentieuses. 25

Lorsque la partie lésée ayant pris la voie civile, le ministère public intente l'action publique, alors l'exercice de l'action civile est suspendue, tant qu'il n'a pas été prononcé définitivement sur l'action publique. (*Code d'inst. crim.*)

Dans ce cas, si la partie lésée veut obtenir plus promptement la réparation du délit, elle peut, en abandonnant son action civile, intervenir dans l'instance formée par le ministère public, pour réclamer son indemnité. Il n'y a point de loi qui l'empêche de prendre ce parti. Lorsqu'un juge de paix a été saisi comme tribunal civil, il ne peut dépouiller ultérieurement sa qualité de juge civil, se transformer en tribunal de police, et prononcer une peine. (*Arrêt de la Cour de cassation, du premier avril* 1813.)

48. SECUNDO. Les juges de paix connoissent de toutes les actions possessoires. (*Loi du* 16-24 *août* 1790, *tit.* 3, *art.* 10.)

La loi en détaille plusieurs, 1.° les déplacemens de bornes faits dans l'année; 2.° les usurpations de terres, arbres, haies, fossés, et autres clôtures, commises dans l'année; 3.° les entreprises sur les cours d'eau, servant à l'arrosement des prés, commises pareillement dans l'année. Elle ajoute : et *toutes autres actions possessoires*; ainsi celles non détaillées dans l'article sont pareillement de la compétence de la justice de paix.

Celui qui est troublé doit, dans l'année, intenter son action possessoire : l'année écoulée, il n'est plus recevable à se pourvoir par action possessoire devant le juge de paix.

49. Les actions possessoires ont lieu en faveur de celui qui est troublé dans sa possession. S'il est troublé sans violence, on donne à son action le nom de *complainte* : s'il est troublé par violence ou voie de fait, l'action qu'il intente s'appelle *réintégrande*.

Celui qui est troublé dans sa possession doit intenter son action possessoire dans l'année du trouble. S'il laisse passer l'année sans actionner au possessoire, il n'a d'autre ressource que celle d'actionner le nouveau possesseur au *pétitoire.* Cette action, qui concerne la propriété, se porte au tribunal civil de première instance.

Celui qui a été dépossédé par violence ou voie de fait, a, dans l'origine, le choix de deux actions. Il peut demander la réintégrande par action civile et ordinaire, ou extraordinairement par action criminelle. Mais ces deux actions n'ont pas la même durée : l'action civile ne dure qu'un an : l'action criminelle dure trois ou dix ans, suivant la nature et les circonstances du fait, (*Code d'instruct. crim.* 637 et 638.) Elle devient l'unique ressource au possessoire de celui qui a été dépossédé par violence, après l'année pendant laquelle il pouvoit intenter l'action civile. Une action possessoire intentée par un possesseur précaire tel qu'un fermier, peut être régularisée par l'intervention du propriétaire qui prend le fait et cause du fermier. (*Arrêt de rejet de la Cour de cassation du 8 juillet* 1819.)

Un juge de paix est compétent pour statuer sur une demande en complainte, bien que le demandeur dise qu'il est non-seulement possesseur, mais encore propriétaire. Cette allégation du demandeur ne soumet pas la question de propriété au juge. (*Arrêt de la Cour de cassation du premier mars* 1819.)

5o. Le créancier de la rente foncière peut-il se pourvoir au possessoire, soit contre le débiteur de la rente, soit contre un tiers qui prétend avoir droit de la percevoir ?

Dans l'ancien régime, la rente foncière étoit immeuble comme étant une portion de la propriété que s'étoit réservée le bailleur dans l'héritage baillé à rente ; en conséquence, elle étoit de sa nature non rachetable ; et la faculté contraire s'éteignoit, malgré la convention, faute de l'avoir exercée dans un temps limité. Ainsi, comme immeuble, elle pouvoit donner lieu à l'action possessoire.

En est-il de même sous la législation actuelle ?

L'auteur de la compétence des justices de paix (qui a paru en 1805) est d'avis de l'affirmative, *pag.* 352, d'après nos anciens auteurs.

La solution de la question dépend de la nature actuelle des rentes réservées dans la concession d'un fonds, et que, pour cela, on appeloit rentes *foncières*.

Au conseil d'état on discuta longuement à la séance du 15 ventose an 12, les avantages et les inconvéniens du rétablissement des rentes *foncières*. Il fut décidé qu'elles ne seroient pas rétablies.

Dans la loi du 30 du même mois, (séance du 26,) on décréta sur les rentes, pour être inséré après le 529.e article du Code civil, un nouvel article qui porte : « Toute rente établie à perpétuité pour le prix de » la vente d'un immeuble, ou comme condition de la » cession, à titre onéreux ou gratuit d'un fonds immo- » bilier, est essentiellement rachetable ». Le législateur évite le mot *rente foncière*. Il déclare essentiellement rachetables toutes rentes créées, pour cession d'un fonds immobilier. Il leur enlève le caractère distinctif de la rente foncière. Il a donc entendu les classer parmi les meubles, quoiqu'il ne les ait pas expressément déclarées meubles. On ne peut douter que ce ne soit son inten- tion, ayant placé le nouvel article entre le 529 et le 531, relatifs à des objets déclarés meubles, l'ayant placé sous le chapitre des meubles, et non sous le chapitre des immeubles.

Les rentes constituées pour cession du fonds qui sont les seules auxquelles convient le nom de *foncières*, étant meubles, celui qui est troublé en la possession ne peut se pourvoir au possessoire devant le juge de paix.

(1) Cette question est encore controversée. L'opinion du plus grand nombre des jurisconsultes est à la vérité conforme à celle de l'auteur de cet ouvrage; mais celle des plus graves lui est contraire

Il est difficile, en effet, d'imaginer comment la rente, qui est par elle-même le prix d'un héritage, qui en est inséparable, qui le suit dans les mains de tous les pos-

---

(1) Article de la révision.

seurs, qui fait en conséquence, une partie de la propriété que conserve le créancier de la rente, peut ne pas être un immeuble.

La question n'est pas résolue, par les termes du Code civil.

La dernière disposition de l'article 529, ne déclare meubles, que les rentes sur l'Etat, ou sur particulier ; c'est-à-dire, les rentes constituées sur la nature desquelles les anciennes lois varioient. Or, les rentes dont il s'agit, ne sont ni sur l'Etat, ni sur particulier. Elles sont dus par la terre même. Elles sont donc d'une nature différente. Ce n'est pas la faculté du rachat qui peut déterminer leur nature, c'est leur assiette. La rente assise directement sur un immeuble doit être immeuble.

51. L'action possessoire peut-elle avoir lieu pour servitude ?

Les servitudes sont un droit attaché à l'héritage dominant : elles en font partie. Elles sont immeubles, (*Code civil, art.*526). Elles peuvent, en qualité d'immeubles, donner lieu à l'action possessoire.

Toutes néanmoins n'y donnent pas lieu, parce que l'action possessoire est fondée sur le principe que la possession fait présumer en faveur du possesseur un droit de propriété.

Il résulte de ce principe, qu'il faut distinguer, parmi les servitudes, celles qui ont lieu sans titre, et celles qui ne peuvent s'établir que par titre. Les premières sont les seules qui puissent donner lieu à l'action possessoire. Les secondes ne peuvent y donner lieu par leur nature, et ne peuvent être réclamées sans titre ; ainsi la possession est insuffisante, pour le faire présumer.

Il faut ranger dans la première classe les servitudes qui dérivent de la situation des lieux, ainsi que celles établies par la loi ; et parmi les servitudes conventionnelles, les servitudes continues et apparentes, (*Code civil, art.* 690).

Dans la seconde, il faut placer entre les servitudes conventionnelles, 1.º toutes les servitudes discontinues, apparentes, ou non apparentes, (*ibid., art.* 691,) 2.º les servitudes continues non apparentes, (*ibid.*)

La raison en est, qu'à l'égard de ces servitudes, l'usage n'est jamais regardé que comme une souffrance volontaire, qui ne peut point constituer de possession ; et parconséquent, il ne peut y avoir lieu à l'action possessoire, dont la base nécessaire et essentielle est la possession. Chaque fois que vous passez sur mon héritage, c'est de ma part une simple condescendance. Ainsi quand il seroit prouvé que vous auriez passé pendant dix, vingt ou trente ans, vous ne pourriez avoir acquis aucune possession.

Mais si vous avez fait des ouvrages extérieurs permanens qui attestent votre droit, alors la servitude peut devenir continue et apparente, car vous l'exercez par les ouvrages que vous avez fait faire ; et comme il y a alors possession, il peut y avoir lieu à l'action possessoire.

52. La dénonciation de nouvel œuvre, connue chez les Romains, sous le nom de *novi operis nuntiatio*, est la déclaration que fait un voisin à un autre, qu'il s'oppose à la continuation du nouvel œuvre, c'est-à-dire de la nouvelle construction qu'il a commencée, comme opérant un trouble à ses droits. Elle est accompagnée ou suivie d'assignation en justice, pour voir dire que le voisin sera tenu de cesser l'ouvrage commencé. A défaut d'assignation de la part de celui qui fait la dénonciation, le voisin s'adresse à la justice pour être autorisé à continuer l'ouvrage encommencé.

Dans ces deux cas, le demandeur se plaint du trouble à lui fait dans sa propriété. Il exerce une action possessoire. Il doit la porter devant le juge de paix du lieu de la situation des ouvrages à la continuation desquels il s'oppose.

Pour autoriser la dénonciation de nouvel œuvre, il faut le concours de cinq conditions.

1.º Qu'il y ait un commencement d'ouvrage, quoi qu'il ne soit pas encore assez avancé pour en déterminer la destination.

2.º Que l'ouvrage y soit joint au sol et soit adhérent, de manière que la face du terrain ou de l'édifice éprouve quelque changement ou altération par le fait de l'ouvrage commencé. S'il s'agissoit d'une moisson ou d'un abatis d'arbres, ce ne seroit pas la dénonciation de nouvel œuvre, mais une autre action.

3.° Que le nouvel ouvrage ne soit pas encore achevé, car autrement la dénonciation de nouvel œuvre ne seroit pas praticable, puisqu'elle ne pourroit produire aucun effet. C'est une précaution introduite contre un mal futur, et non un remède contre un mal déjà fait.

4.° Que l'ouvrage opère une innovation quelconque dans l'état des lieux.

5.° Que cet ouvrage ne soit pas du nombre de ceux qui ne souffrent aucun retard ni suspension, comme l'étayement d'une maison qui menace d'une ruine prochaine, ou toute autre opération qui intéresse la sûreté publique.

Cette action a pour objet, ou de se conserver sur l'héritage voisin un droit acquis que le nouvel ouvrage compromettroit, comme la servitude de vue, de passage, d'égout, etc. ou d'éloigner de son propre fonds un dommage dont il est menacé par le résultat de l'ouvrage commencé.

La dénonciation de nouvel œuvre appartient à toute personne qui a intérêt de prendre cette voie, même à l'usufruitier.

Elle peut être faite non-seulement à un voisin immédiat, mais même à un voisin médiat qui entreprend un ouvrage dont l'inconvénient peut se faire sentir à celui qui fait la dénonciation.

Il suffit que la dénonciation soit faite à celui qui entreprend l'ouvrage, quoiqu'il ne soit pas propriétaire du fonds; mais elle doit être faite à la requête de tous les co-propriétaires indivis du fonds que le nouvel ouvrage intéresse. S'il y en a plusieurs, elle seroit nullement faite à la requête de l'un d'eux seulement.

La dénonciation de nouvel œuvre n'appartient pas à l'un de plusieurs co-propriétaires du même fonds contre les autres, il y a dans ce cas une autre action.

Elle peut-être valablement faite au domicile de celui

qui a commandé le nouvel œuvre. Elle peut l'être aussi à l'architecte ou entrepreneur chargé de l'exécution ; mais alors il faut nécessairement que la signification soit faite sur le lieu même des travaux, parce, dans ce cas, elle se fait moins à la personne qu'à la chose.

L'acte de dénonciation doit contenir la désigation précise de l'objet sur lequel porte l'opposition, la nature des ouvrages commencés, le lieu de leur situation ; afin d'éviter au voisin toute méprise, et de le mettre à portée de connoître la portion de travaux qu'il doit suspendre, et celle qu'il peut continuer.

On conçoit que si l'opposition frappe sur l'universalité des travaux commencés, il n'est pas nécessaire de prendre tant de précaution pour l'indication, et qu'il suffit de désigner l'édifice ainsi que sa situation.

Le dénonçant doit prendre la précaution de faire constater sur-le-champ par un procès-verbal l'état des travaux commencés ; et pour cela il doit se munir de l'ordonnance du juge.

Le propriétaire qui commence un ouvrage à la continuation duquel on s'oppose, doit, aussitôt que la dénonciation lui est légalement connue, le faire cesser. S'il conteste la validité ou la justice de l'opposition, c'est la matière d'une discussion judiciaire qui se porte devant le juge de la situation du lieu où l'ouvrage est commencé, mais sous la condition que cet ouvrage sera suspendu. Si, au mépris de la dénonciation, il avait fait continuer l'ouvrage, toute audience doit lui être déniée, jusqu'à ce qu'il ait remis les choses dans l'état où elles étoient lorsqu'elle lui a été faite. Son existence suffit pour qu'on ordonne provisoirement la démolition de ce qui a été fait depuis, sans examiner si elle est bien ou mal fondée.

Quelquefois néanmoins, celui qui a commencé l'ouvrage peut obtenir provisoirement la permission de l'achever, à la charge de donner caution de réparer le dommage en définitif. Il y a eu plusieurs arrêts, rapportés par Brillon, au mot *dénonciation de nouvel œuvre*, par Lapeyrère, Lett. B. n.º 35, Dufail, Papon, et Bouchel, au mot *complainte*.

Cette permission peut avoir lieu lorsque l'opposant a tardé trop long-temps à faire sa déclaration, et que l'ouvrage est presqu'achevé. Il a à se reprocher sa négligence; et son action peut paroître suspecte de chicane : il a induit le voisin en erreur.

Au reste, rien n'empêche que le juge n'ordonne la visite des ouvrages et des lieux par des experts qui éclaireront sa religion.

Lorsqu'un voisin commence des ouvrages qu'un autre croit devoir lui être nuisibles, celui-ci doit prendre la voie de la dénonciation de nouvel œuvre avant qu'ils soient avancés, et il n'y manquera point s'il a un intérêt véritable et légitime.

Quand le provisoire, qui seul est de la compétence du juge de paix, est réglé, il s'agit d'examiner le mérite de la dénonciation ; c'est le fonds, ou le pétitoire sur lequel on doit renvoyer les parties à se pourvoir devant les juges ordinaires.

La possession, pour pouvoir servir de base à l'action possessoire, ne doit être ni violente, ni clandestine, ni précaire.

Non violente, cela est évident.

Non clandestine, parce que celui qui se cache ne possède pas de bonne foi, et ne peut en conséquence acquérir aucun droit.

Un particulier qui avoit ouvert une carrière sur son fonds, la poussa sous celui de son voisin. Il y avoit plus de dix ans qu'il en extrayoit de la pierre, et il étoit mort, lorsque le voisin s'apperçut de la fraude que continuoient les héritiers du défunt. Une voiture de pierre arrêtée donna lieu de la part de ceux-ci à une demande en complainte et maintenue devant le juge de paix. Le propriétaire lésé les soutint non-recevables attendu que la possession dont ils argumentoient et qu'ils offroient de prouver étoit clandestine, et il demanda lui-même la maintenue. Toutes ses conclusions lui furent adjugées par un jugement confirmé sur l'appel.

La possession ne doit point être précaire, parce que cette possession n'en est point une, mais une simple détention. Ainsi le fermier ne peut pas donner la demande en complainte ou réintégrande. Le juge devroit le déclarer purement et simplement non-recevable.

Mais le fermier doit dénoncer au propriétaire le trouble qu'il éprouve, et s'il ne le fait pas il s'expose à des dommages-intérêts.

Il n'est pas permis de cumuler le possessoire et le pétitoire. Le juge de paix ne doit absolument s'occuper que de la question de la possession, et adjuger soit la maintenue, soit la réintégrande à celui qui a la possession en sa faveur, quelqu'apparens que soient les droits de l'une ou de l'autre partie au fonds. L'action intentée par le possesseur d'un fonds, tendant à faire cesser le trouble que lui causent les travaux exécutés par le voisin, est une action possessoire de la compétence du juge de paix; encore que les travaux ne soient pas exécutés sur le fonds du plaignant, mais bien sur le fonds du voisin. (*Arrêt de rejet de la Cour de cassation du 13 avril* 1819.)

53. TERTIO, les juges de paix connaissent des réparations locatives des maisons et fermes, (*loi du 16-24 août 1790, tit.* 3, *art.* 10,) et à cet égard, la compétence n'est pas limitée ni bornée à une certaine somme.

QUARTO, de la fixation des indemnités prétendues par le fermier ou locataire pour non jouissance, lorsque le droit de l'indemnité ne sera pas contesté, (*ibid.*) ainsi ils ne peuvent pas statuer sur la question de savoir s'il est dû ou non une indemnité, mais seulement en fixer la quotité quand le droit est avoué.

Si l'indemnité est contestée, alors l'action, pour raison de cette indemnité, suit les règles de l'action purement personnelle.

QUINTO, des dégradations alléguées par le propriétaire, (*ibid.*)

SEXTO, du paiement des salaires des gens de travail, (*ibid.*) des gages des domestiques, de l'exécution des engagemens respectifs des maîtres et de leurs domestiques, ou gens de travail, (*ibid.*) autres néanmoins que les fabriquans, car aujourd'hui ces contestations se portent devant les prud'hommes.

Septimo, des actions pour injures verbales, rixes et voies de fait pour lesquelles les parties ne se seroient pas pourvues par la voie criminelle, (*ibid.*)

55. C'est la quotité de la somme demandée, et non pas la quotité de la somme adjugée, qui fixe la compétence du tribunal, soit en dernier ressort, soit à la charge de l'appel ; ainsi,

1.º La demande en paiement d'une somme de 90 fr. doit être jugée à la charge de l'appel, quand même le tribunal auroit adjugé une somme de 45 fr., ou toute autre au-dessous de 50 francs.

L'appel en ce cas a lieu, tant en faveur du demandeur qu'en faveur du défendeur qui soutient devoir moins ou ne rien devoir. La loi attribue à la charge de l'appel la connoissance des causes dont l'objet est de 50 francs à 100 francs. Le jugement du tribunal ne peut influer sur sa compétence une fois fixée par la demande originaire.

2.º La demande en paiement d'une somme de 120 francs n'est pas de la compétence du tribunal de la justice de paix : le jugement par lequel il auroit condamné le défendeur à une somme au-dessous de 100 francs ou de 50 francs, n'en seroit pas moins incompétemment rendu.

56. *Quid* des demandes dont l'objet est d'une valeur indéterminée ?

La demande ne fixant pas la somme demandée, ne peut être portée au tribunal d'exception auquel la connoissance des affaires est attribuée, seulement jusqu'à concurrence d'une somme déterminée. Il n'est pas certain, lors de la demande, si son objet est dans la limite de la compétence ; dans cette incertitude, elle doit être portée au tribunal ordinaire, dont l'attribution indéfinie ne laisse aucun doute sur la compétence. C'est par cette raison que, sous l'ancienne législation, les demandes dont l'objet étoit une somme indéterminée, ne pouvoient être jugées présidialement.

De la Compétence en Affaires Contentieuses. 35

Le même principe doit régler sous la législation actuelle la compétence des demandes dont l'objet est de valeur indéterminée. Il faut à cet égard distinguer si la compétence est limitée, tant en dernier ressort qu'à la charge de l'appel, ou si elle est limitée seulement pour le dernier ressort.

1.° Dans les matières où la compétence de la justice de paix est limitée, tant en dernier ressort qu'à la charge de l'appel, la demande dont l'objet est indéterminée, (par exemple, la demande en paiement, suivant le réglement à faire, d'ouvrages de menuiserie contenus dans un mémoire,) doit être portée devant le tribunal de première instance : elle ne peut être de la compétence de la justice de paix. Le jugement qui interviendroit en ce tribunal, seroit nul, quand même il ne seroit dû qu'une somme au-dessous de 100 francs ou au-dessous de 50 francs : quand même le prix des ouvrages seroit réglé à une somme au-dessous de 100 frans ou de 50 francs : ces circonstances particulières ne peuvent conférer la compétence que refusoit l'état de la demande.

57. 2.° Dans les matières où la compétence de la justice de paix, à la charge de l'appel, est indéfinie quant à la quotité de la somme demandée, comme réparation locative et autres objets marqués en l'article 10 du tit. 3 de la loi du 16-24 août 1790, la demande dont l'objet est une somme indéterminée, doit être jugée dans tous les cas à la charge de l'appel, quand même il ne seroit adjugé au demandeur qu'une somme de 50 francs.

58. En fait d'injures verbales, on seroit porté à croire que la justice de paix ne peut en connoître qu'à la charge de l'appel, parce que la réparation d'injures n'est pas appréciable à prix d'argent, ou au moins qu'elle ne peut en connoître sans appel, lorsque la personne injuriée a conclu pour réparation, à une somme au-dessus de 50 francs.

Malgré ces considérations, la quotité de la somme adjugée suffit pour déterminer la compétence en dernier ressort. Le législateur a voulu que pareilles affaires fussent terminées, autant qu'il seroit possible, par le tribunal paternel de la justice de paix : en conséquence il suffit, pour affranchir de l'appel les jugemens rendus « par les » justices de paix en cette matière, que les condam- » nations pécuniaires qu'ils contiennent n'excèdent pas » 50 francs. » Ce principe est textuellement consacré dans le considérant d'un décret du 19 pluv. an 2, rapporté à sa date, qui a déclaré nul et non avenu un jugement du tribunal de cassation qui avoit décidé sujets à l'appel trois jugemens d'un juge de paix, rendus en matières d'injures verbales, et dont le prononcé ne s'élevoit pas au-dessus de 50 francs.

59. La justice de paix ne peut connoître de l'inscription de faux incidente à une contestation de sa compétence. Lorsqu'une partie déclare vouloir s'inscrire en faux, il lui en est donné acte, (*Cod. proc. civ. art.* 14.) Le juge de paix paraphe la pièce arguée de faux, et renvoie la cause devant les juges qui en doivent connoître, (*ibid.*) il ne pourroit pas la retenir, même en vertu du consentement des parties. L'incompétence à cet égard est absolue. En effet il n'auroit aucune juridiction, aucun pouvoir pour contraindre les dépositaires des pièces de comparaison à les rapporter, etc.

Il en est de même de la dénégation d'écriture. La justice de paix ne peut ordonner la vérification de l'écriture déniée. Il est donné acte de la dénégation ; le juge paraphe la pièce dont l'écriture est déniée, et l'instance sur la dénégation est renvoyée devant le tribunal qui en doit connoître. (*Ibid.*)

Dans ces deux cas, l'instance sur le fond reste suspendue, jusqu'à la décision de l'instance sur l'incident : la justice de paix ne peut connoître du principal, qu'après le jugement sur l'incident.

60. Les parties peuvent se présenter, sans citation, devant le juge de paix, et lui déclarer qu'elles demandent jugement, (*cod. de procéd. civ. art.* 7.)

En ce cas il juge leur différend, soit en dernier ressort, si les lois ou les parties l'y autorisent, soit à la charge de l'appel, (*ibid.*)

De la Compétence en Affaires Contentieuses. 37

L'article disant, *les lois ou les parties*, il en résulte que les parties qui comparoissent devant le juge de paix sans citation, comme ici, ou même avec citation préalable, peuvent renoncer devant lui à la faculté d'appeler de son jugement.

Par la soumission volontaire des parties, le juge de paix devient juge compétent, encore qu'il ne soit leur juge naturel, soit à raison du domicile, soit à raison de la situation de l'objet litigieux, (*ibid.*)

La déclaration des parties qui demandent jugement doit être signée par elles, (*ibid.*) — A défaut de signature, mention sera faite qu'ils n'ont pu signer, (*ibid.*)

61. Pareille déclaration peut-elle rendre le juge de paix compétent pour connoître des matières qui ne sont pas de la compétence générale de la justice de paix; telles que les causes mobilières et personnelles au-dessus de 100 francs, les actions qui concernent la propriété des immeubles?

La loi ne lui donne pas cet effet; elle ne peut le produire. Au silence de la loi se joint son intention manifeste, de ne pas augmenter la compétence générale du juge de paix, dont, malgré la soumission volontaire des parties, elle soumet la décision à l'appel, *ibid.*, conformément aux règles ordinaires.

Si les parties consentent à ce que le juge de paix termine un différend qui n'est pas de sa compétence générale, alors il ne le décide pas comme juge de paix, mais comme particulier. C'est un arbitrage ordinaire qui suivra toutes les règles du compromis. Le juge de paix devant lequel les parties comparoissent pour se concilier, peut être choisi par elles, *arbitre* de leur différend, (*arr. de la Cour de Colmar du* 21 *décembre* 1813.)

Ainsi les partie peuvent amplier, c'est-à-dire augmenter par leur consentement la compétence du juge de paix, et se soumettre à sa juridiction pour des objets et des sommes qui, sans cela, ne seroient pas de son ressort.

C'est ainsi que, par arrêt du 5 mars 1807, rapporté

au Journal du Palais, 1.er sémestre 1807, *art.* 112, *page* 584, la Cour de cassation a jugé qu'un juge de paix avoit pu prononcer, du consentement des parties sur un droit de parcours.

Il y en a un autre de la même cour, du 21 germinal an 10, même Journal, 2.e *sém.*, *an* 10, n.º 105, *page* 497.

La cour de Rouen a jugé la même chose le 18 janvier 1806, par un arrêt rapporté dans la Collection 1806 du Journal du Palais, *page* 525. Autre arrêt de la Cour de cassation, du 10 janvier 1809, rapporté en la Bibliothèque du Barreau, 2.e *année*, n.º 5, *page* 283. Il y en a un autre de la cour de Paris rendu en 1810. Ainsi la jurisprudence est fixée sur ce point d'une manière irrévocable, et la maxime est constante.

Les parties peuvent proroger *ad libitum* la juridiction du juge de paix dans tous les cas où elle n'est que restreinte (1).

62. La décision du juge de paix, rendue sans citation préalable, est un jugement. Il doit en être fait minute, laquelle sera placée avec les autres au greffe.

Il doit aussi être fait minute de la déclaration préalable des parties, qu'elles demandent jugement; le juge de paix la fait signer aux parties, ou reçoit leur déclaration qu'elles ne savent signer; il la signe lui-même : c'est cet acte qui établit son droit de juger sans citation.

Ces deux actes ne peuvent être dressés par le juge de paix seul, sans être assisté de son greffier. L'article 1040 du Code de procédure veut que, dans tous les actes du ministère du juge, il soit assisté du greffier.

Le même article place dans l'exception les requêtes auxquelles, dans la justice de paix, répond la cédule.

63. Dans les matières de peu de conséquence, il arrive fréquemment qu'on ne rédige ni la déclaration, ni le jugement. Les parties exécutent de bonne foi, et souvent sur-le-champ, la décision verbale. Il n'y a pas d'inconvénient dans cette marche, qui ménage le temps pré-

---

(1) Article de l'éditeur.

cieux des juges de paix, très-occupés, sur-tout dans les villes.

Si l'une des parties requiert la rédaction par écrit, le juge de paix ne doit pas s'y refuser.

En matière sujette à l'appel, la rédaction par écrit est indispensable, quoique le jugement soit exécuté sur-le-champ (1).

64. La déclaration faite par les parties au juge de paix, qu'elles lui demandent jugement sans citation préalable, a, comme on vient de le voir, à certains égards, l'effet du compromis. Elle ne peut régulièrement se faire que par ceux qui sont entièrement maîtres de leurs droits.

Les mineurs, les hospices, les tuteurs, les administrateurs de biens d'autrui qui ne peuvent compromettre, ne peuvent passer pareille déclaration. Il faut à leur égard citation préalable, et ils ne peuvent pas proroger la juridiction.

Néanmoins lorsque le jugement rendu sur pareille déclaration est d'ailleurs conforme à tous égards aux règles de l'ordre judiciaire, le tuteur et l'administrateur seroient non-recevables à s'en plaindre, parce que le défaut de citation n'a apporté aucun changement aux droits de ceux dont ils défendent les intérêts.

65. Il en est de la justice de paix comme de tous les autres tribunaux. Elle ne peut connoître en aucune manière des matières administratives; et ce, quand même la modicité de la somme paroîtroit lui en attribuer la connoissance.

Un jugement rendu par un juge de paix sur une matière de valeur excédant sa compétence n'est pas *nul* et *sans* effet. Il est seulement *annullable*. Si donc ce jugement n'est pas attaqué dans les délais, ou s'il est acquiescé, il acquiert l'autorité de la chose jugée. L'hypothèque est acquise et valablement inscrite en vertu d'un tel jugement, (*arr. de la Cour de Toulouse du 24 février 1821*).

---

(1) On ne voit pas pourquoi, car l'exécution rend l'appel impossible. (*Note de l'éditeur.*)

§. II. Des attributions faites à la justice de paix depuis son origine.

66. Outre les attributions primordiales du juge de paix, il en est d'autres qui lui ont été successivement faites.

PRIMO, l'art. 10 du tit. 2 de la loi du 14-25 mai 1791, autorise le propriétaire d'un brevet d'invention, troublé dans l'exercice de son droit privatif, à se pourvoir devant le juge de paix, pour faire condamner le contrefacteur aux peines prononcées par la loi.

SECUNDO, la loi du 9-13 août 1791, sur la police de la navigation et les ports de commerce, règle au tit. 1.er la compétence sur les affaires maritimes. Suivant l'art. 2 de ce titre : « Dans tous les cantons où n'est pas situé » le tribunal de commerce, les juges de paix connoissent ; 1.° sans appel des demandes de salaires » d'ouvriers et gens de mer ; 2.° de la remise des marchandises et de l'exécution des actes de voiture, du » contrat d'affrètement, et autres objets de commerce ; » pourvu que la demande n'excède pas leur compétence. »

Les derniers mots, *pourvu que la demande n'excède pas leur compétence*, font voir que l'attribution *sans appel* est limitée au premier objet dont il s'agit dans l'article, aux salaires d'ouvriers et gens de mer.

67. TERTIO, en matière de douanes, le juge de paix connoît, 1.° de la saisie des marchandises pour contravention, (*loi du 4 germ. an 2, tit. 6, art. 12*) : il en connoît, (*ibid. art. 16,*) à la charge de l'appel au tribunal supérieur, qui est maintenant le tribunal civil de première instance.

2.° Pareillement à la charge de l'appel, du refus de payer les droits, (*loi du 14 fruct. an 3, art. 10 ;*) du non-rapport des acquits à caution, et des autres affaires relatives aux douanes, (*ibid.*)

Voyez dans le recueil chronologique la loi du 9 floréal an 7, dont le titre 4 renferme plusieurs dispositions sur la législation des douanes ; et une lettre du ministre de la justice, du 11 floréal an 4.

De la Compétence en Affaires Contentieuses.

En matière de douane, les marchandises saisies doivent être déposées dans le bureau le plus voisin, à moins d'empêchement. Le dépôt fait dans un autre bureau, sans motif valable, ne donne point juridiction au juge de paix dans le ressort duquel il est placé, pour prononcer sur la validité de la saisie. (*Arr. de rejet de la Cour de cass. du* 3 *déc.* 1817.)

68. QUARTO. Le décret du premier octobre 1793, attribuoit à la justice de paix, *art.* 45, la connoissance provisoire des contestations qui pourroient survenir, relativement aux ventes des prises. Si les parties ne déféroient pas au jugement, elles devoient, (*ibid.*) nommer des arbitres. Depuis est survenue la loi du 9 ventôse an 4, qui a aboli les arbitrages forcés.

La matière des prises a un rapport particulier à l'administration suprême du gouvernement : aussi a-t-elle été entièrement dévolue depuis à l'administration, par la loi du 26 ventôse an 8, qui a ôté aux tribunaux la connoissance des contestations relatives aux prises maritimes. Ainsi, les juges de paix ont perdu l'attribution que leur avoient donnée à cet égard les lois précédentes.

Mal-à-propos voudroit on objecter que la loi du 26 ventôse révoque la compétence des tribunaux pour les contestations relatives *à la validité* des prises seulement, et non pas pour les contestations relatives *à la vente* des marchandises prises, attribuées au juge de paix; d'où l'on concluroit que sa compétence n'est pas révoquée.

Ce subterfuge ne peut tenir contre l'intention manifeste du législateur de rendre cette matière purement administrative : en conséquence, c'est le cas de laisser à l'administration le pouvoir de décider, sans aucune exception, de toutes les contestations relatives aux prises.

69. QUINTO. Suivant la loi du 6 frimaire an 4, les citoyens exerçant sans patente, les professions qui y sont sujettes, étoient poursuivis en première instance devant les juges de paix (*art.* 17), sauf l'appel, (*ibid.*) Elle a été abrogé par la loi du premier brumaire an 7, art. 1. Suivant cette dernière loi, les citoyens connus pour exercer des professions sujettes à patentes, sont com-

pris dans un rôle et taxés d'office : ceux qui croient avoir des réclamations à faire se pourvoient, (*ibid.*, *art.* 23) par voie administrative.

70. Sexto. La justice de paix connoissoit en première instance de l'opposition au mariage (20 *sep.* 1792, *tit.* 4, *sect.* 3, *art.* 7), sauf l'appel au tribunal supérieur.

Maintenant c'est le tribunal de première instance, qui connoît, sauf l'appel, de la demande en main levée de l'opposition faite à un mariage, (*code civil art.* 177).

71. Septimo. La loi du 27 vendémiaire an 7, a ordonné, *art.* 1, qu'il seroit perçu au profit de la commune de Paris, un octroi de bienfaisance spécialement destiné à ses dépenses locales, et de préférence à celles des hospices et secours à domicile. Des loix subséquentes ont accordé à plusieurs communes pareils octrois destinés aux mêmes objets.

Le mode suivant lequel doivent être jugées les contestations relatives à ces droits, a été réglé d'une manière uniforme par la loi du 2 vendémiaire an 8.

Les contestations *civiles* qui peuvent s'élever sur l'application du tarif ou sur la quotité des droits, doivent être portées « devant le juge de paix de l'arrondissement, » à quelque somme que le droit contesté puisse s'élever, » pour être par lui jugées sommairement et sans frais, » soit en dernier ressort, soit à la charge de l'appel, » suivant la quotité de la somme, *art.* 1. » — Mais les amendes encourues sont prononcées par le tribunal de simple police ou de police correctionnelle, suivant la quotité de la somme, *art.* 2.

La loi distingue les contestations civiles et les contestations pour amendes encourues. Les premières relatives à l'application du tarif, ou à la quotité des droits, doivent être portées devant le juge de paix, tenant le tribunal de la justice de paix. Il en connoît en dernier ressort ou à la charge de l'appel suivant la quotité de la somme ; c'est-à-dire en dernier ressort, lorsqu'il s'agit d'un objet de 50 francs et au-dessous, et à la charge de l'appel lorsqu'il s'agit d'un objet au-dessus de 50 francs.

De la Compétence en Affaires Contentieuses.

Elles ne doivent pas être portées devant lui comme tenant le tribunal de police, ainsi que le décidoient les différentes lois locales intervenues sur cette matière, dont les dispositions se trouvent abrogées.

Lorsqu'il y a lieu à contestation sur l'application du tarif ou la quotité du droit, le porteur ou conducteur d'objets compris dans le tarif, est tenu de consigner entre les mains du receveur le droit exigé, (*art.* 3.)

Il ne peut être entendu qu'en rapportant au juge qui en doit connoître la quittance de la consignation, (*ibid.*)

72. OCTAVO. La loi du 24 ventôse an 10, concernant la construction à Paris, sur la Seine, de trois nouveaux ponts pour le passage desquels il est établi une taxe.

Suivant l'art. 9 de cette loi, les contestations sur le paiement de la taxe sont jugées comme celles sur la perception de l'octroi de bienfaisance, c'est-à-dire, ainsi qu'il vient être expliqué pour ledit octroi, par le juge de paix tenant le tribunal de la justice de paix.

73. NONO, suivant l'article 27 du titre 1er. de la loi du 28 juillet 1791, sur les décrets des 27 mars, 15 juin et 12 juillet, les contestations relatives aux mines; demandes en règlement d'indemnité et autres sur l'exécution de cette loi, sont portées par-devant les juges de paix, suivant l'ordre de compétence prescrit par les lois sur l'ordre judiciaire.

74. Le juge de paix peut-il connoître du possessoire d'une mine?

Sans examiner ici si le droit du concessionnaire est immeuble, et peut donner lieu à l'action possessoire, il est une raison particulière qui met le possessoire des mines hors de la compétence judiciaire.

Les mines sont un objet d'administration. On ne peut y avoir droit sans la concession du Gouvernement. La maintenue en possession d'une mine est, à cause de cela, du ressort de l'autorité administrative, ainsi qu'on le voit par le décret donné dans les circonstances suivantes.

Le sieur Calmuth se prétend seul concessionnaire

de la mine de fer dite *Inbreith* : il est en contestation avec les propriétaires du terrain. — 8 germinal an 13, jugement du juge de paix du canton de Gemund, qui le maintient en la possession de la mine dont il s'agit. — 31 janvier 1806 (*Bulletin IV*e, série 2, *pag.* 251.) un décret déclare ce jugement comme non avenu, sauf aux parties à se pourvoir devant l'autorité administrative. — Le motif énoncé dans le considérant est « que le » juge de paix de Gemund en maintenant ce particulier » en *possession* de ladite mine a excédé ses pouvoirs, » puisqu'il a, de fait, créé une concession qui ne peut » être accordée que par l'autorité administrative. »

Section II.

De la demande.

75. La demande est formée devant la justice de paix, par un exploit auquel on donne le nom de *citation*.

76. Le Code de procédure civile détaille ce qui doit être énoncé en la citation. Elle doit contenir ;

1.° La date des jour, mois et an, (*Cod. de proc. civ.* art. 1.).

2.° Les noms, profession et domicile du demandeur, (*ibid*).

Il est à propos d'y énoncer le prénom, quoique la loi ne le dise pas. Cette énonciation devient nécessaire lorsque plusieurs frères du même état, demeurant dans la même maison, ne sont distingués que par leurs prénoms ;

3.° Les noms, demeure et immatricule de l'huissier, (*ibid*).

4.° Les noms et demeure du défendeur, (*ibid*).

5.° L'objet de la demande, (*ibid*).

La somme demandée doit y être énoncée en francs, décimes et centimes, et non en monnoie ancienne, comme livres, sous et deniers ; ni en monnoies étrangères, dans les pays réunis, comme florins et autres.

Il faut pareillement énoncer les mesures nouvelles, dont on peut seulement exprimer le rapport avec les anciennes.

De la Demande.

6.º L'énonciation sommaire des moyens, (*ibid*);

7.º Le juge de paix qui doit connoître de la demande, (*ibid*);

8.º Le jour et l'heure de la comparution, (*ibid*);

9.º Le nom, au moins l'indication de la personne à qui la copie est remise au domicile.

Quoique le Code de procédure n'ordonne pas expressément cette indication, elle n'en doit pas moins être observée. En cas de non comparution, elle devient nécessaire pour constater que le défendeur a été légalement averti par la copie de l'original représenté.

77. La citation doit être notifiée par l'huissier de la justice de paix du défendeur, (*art.* 4) exclusivement à tous autres; en sorte qu'il y auroit nullité si elle étoit signifiée par un autre huissier, sans commission du juge de paix.

En cas d'empêchement, elle est notifiée par celui qui sera commis par le juge, (*ibid*.) Ce juge est le juge de paix du défendeur. C'est à lui qu'appartient la faculté de donner pouvoir d'instrumenter dans le ressort de sa justice.

Un des principaux empêchemens est celui de la parenté. L'huissier de la justice de paix ne peut, (*ibid*.), instrumenter 1.º pour ses parens en ligne directe, ses frères et sœurs, ni 2.º pour ses alliés aux mêmes degrés. Il faut ajouter, ni contre eux, parce que cela est contraire aux bonnes mœurs et à l'honnêteté publique. Il y en a plusieurs arrêts.

La copie doit être laissée à la partie, (*ibid*.) Elle peut être remise à sa personne, quelque part qu'on la trouve hors de son domicile.

Si la copie n'est pas remise à la personne du cité, elle peut être laissée à toute autre personne trouvée en son domicile, et ayant avec lui des relations soit de parenté, soit de domesticité.

S'il ne se trouve personne à son domicile, la copie sera laissée au maire ou adjoint de la commune, qui vise l'original sans frais; (*ibid*.) Il n'est pas nécessaire alors de requérir un voisin. L'huissier peut, après avoir constaté qu'il n'a trouvé personne, se retirer de suite pardevers le maire ou adjoint.

78. En matière purement personnelle ou mobilière, la citation est donnée devant le juge de paix du domicile du défendeur, (art. 2.) — S'il n'a point de domicile, devant le juge de paix de sa résidence, (*ibid.*)

Lorsque l'action, pour injures verbales, se poursuit par la voie civile, c'est une action purement personnelle. La citation doit être donnée devant le juge de paix du domicile du défendeur.

79. La citation est donnée devant le juge de paix de la situation de l'objet litigieux lorsqu'il s'agit;

1.º Des actions pour dommages aux champs, fruits et récoltes, (*art.* 3.)

2.º Des déplacemens de bornes, des usurpations de terres, arbres, haies, fossés et autres clôtures, commises dans l'année; des entreprises sur les cours d'eau faites pareillement dans l'année, (*ibib.*) et de toutes autres actions possessoires, (*ibid.*)

3.º Des réparations locatives, (*ibid.*)

4.º Des indemnités prétendues par le fermier ou locataire pour non-jouissance, lorsque le droit ne sera pas contesté, (*ibid.*) — Et des dégradations alléguées par le propriétaire, (*ibid.*)

80. Il doit y avoir un jour au moins entre celui de la citation et celui indiqué pour la comparution. Si la partie est domiciliée dans la distance de 3 myriamètres (6 lieues), *art.* 5, la citation à comparoir le 4, doit être notifiée au plus tard le 2 : elle ne seroit pas valablement notifiée le 3, quand même il y auroit un intervalle franc de 24 heures ; comme si l'assignation étoit donnée le 3 à 7 h. du matin, pour comparoir le 4, heure de midi.

81. Lorsque la partie est domiciliée au-delà de 3 myriamètres, il doit être ajouté au délai un jour de plus pour 3 myriamètres, (*ibid.*) En conséquence de 3 à 6 myriamètres, il faut au moins deux jours d'intervalle ; entre la citation et le jour de la comparution ; de 6 à 9 myriamètres il en faut trois; de 9 à 12 il en faut quatre; et ainsi de suite : la citation à comparoir le 14, doit être notifiée au plus tard le 11, dans le premier cas ; le 10, dans le second ; le 9, dans le troisième.

82. La distance dont il est ici question est celle qui se trouve entre le domicile du défendeur et le lieu de la comparution, c'est-à-dire, le lieu des séances du tribunal.

Dans les occasions où la personne est citée à comparoître sur le lieux contentieux, la distance dont il est ici question, est celle qui se trouve entre le domicile de la personne citée et le lieu contentieux.

83. Le délai est réglé en raison du domicile : ainsi, quand même le citoyen domicilié à plus de 3 myriamètres, seroit cité en parlant à sa personne trouvée au lieu du tribunal ou dans l'étendue des 3 myriamètres, on ne doit pas moins lui accorder le délai légal à raison de l'éloignement de son domicile. — Observez que tous ces délais doivent être francs.

84. Dans le cas où le délai de la loi n'a pas été observé, le défendeur au jour indiqué comparoît ou ne comparoît pas.

S'il se présente, sa comparution prouve qu'il a été averti à temps pour connoître l'objet de la demande et se présenter ; elle couvre le vice de la citation, et le rend non-recevable à alléguer le défaut d'intervalle légal.

Lorsqu'il ne comparoît pas, le juge de paix ordonne d'office qu'il sera réassigné, (*art* 5). — Les frais de la première citation restent à la charge du demandeur, (*ibid.*)

85. Dans les cas urgens, le juge de paix peut abréger les délais. Il donne à cet effet une cédule, (*art.* 6.) — Il peut même, suivant les circonstances, permettre de citer dans le jour et à heure indiquée, (*ibid.*)

86. La citation n'est pas absolument nécessaire pour saisir le juge de paix. Les parties peuvent se présenter devant lui, en déclarant qu'elles lui demandent jugement. Sur les effets d'une pareille déclaration, voyez ce qui a été dit ci-dessus pag. 36 et 37.

Section III.

De l'Instruction.

87. Au jour fixé par la citation, ou convenu entre

les parties, elles comparoissent en personne ou par leurs fondés de pouvoir, (*cod. proc. civ*, *art.* 9.)

88. La loi n'exige pas un pouvoir par-devant notaire : ainsi, un pouvoir sous seing-privé suffit dans les cas ordinaires.

Mais comme un pareil pouvoir ne présente pas à la partie adverse une certitude entière, à cause du désaveu que le mandant peut faire de sa signature, le juge de paix décidera, d'après les circonstances particulières du fait, si le pouvoir représenté est suffisant.

Le porteur ne peut se refuser à certifier véritable la signature du pouvoir qu'il représente.

Cette certification que la signature est véritable, n'est pas nécessaire pour rendre le porteur responsable de la véracité de la procuration. Il contracte cette responsabilité par le seul fait de la présentation. Aussi est-il à propos que le jugement fasse mention des prénoms, nom, profession et demeure du fondé de pouvoir.

89. Le pouvoir sous seing-privé doit être sur papier timbré.

Il doit être enregistré, d'après l'art. 23 de la loi du 22 frimaire an 7, qui défend de faire usage en justice, d'un acte sous seing-privé sans qu'il ait été préalablement enregistré.

90. Les parties ne peuvent signifier aucunes défenses (*ibid*) sous le titre de requête, mémoire ou autres; mais elles doivent s'expliquer verbalement, ce qui n'exclut pas la faculté de lire la défense préparée par écrit.

91. Suivant la loi des 14 et 18-26 octobre 1790, les parties ne pouvoient, *tit.* 3, *art.* 1, se faire représenter, ni même assister, par aucune des personnes attachées, à quelque titre que ce fût, à l'ordre judiciaire. Cette exclusion avoit pour motif de bannir de la justice de paix tout esprit de chicane. Elle étoit assez mal observée dans la pratique. C'étoient souvent des praticiens qui se présentoient comme fondés de pouvoir.

L'expérience a fait reconnoître que, si d'une part, la comparution de personnes attachées à l'ordre judiciaire peut donner lieu à des chicanes et à de mauvaises con-

De l'Instruction.

testations, d'une autre part, l'homme simple, dénué de défenseur, est exposé à être la victime de la finesse et de l'astuce de sa partie adverse. En conséquence, le code de procédure civile, *art. 9*, n'a pas exclu les personnes attachées à l'ordre judiciaire, de la faculté de représenter ou assister les parties en la justice de paix.

92. Lorsque le défendeur ne comparoît pas, le juge de paix examine si les délais de la loi entre la citation et le jour de la comparution ont été observés ou non.

Au premier cas, la cause est jugée par défaut, (*art.* 19.); et les conclusions sont adjugées au demandeur, si elles paroissent justes et raisonnables.

Au deuxième cas, le juge de paix ordonne un réassigné à délai compétent, (*art. 5*), ainsi qu'il a déjà été dit.

Lorsque le demandeur ne comparoit pas, la cause est jugée par défaut, (*art.* 19); et pour le profit, le défendeur obtient congé de la demande, sans entrer dans le mérite du fonds.

Lorsque ni l'une ni l'autre des parties ne comparoissent, il ne peut y avoir de jugement; et la citation est comme non avenue.

93. Lorsque les deux parties sont présentes à l'audience par elles-mêmes ou par leurs fondés de pouvoir, elles sont entendues contradictoirement (*art.* 13).

La cause peut être jugée sur-le-champ, (*ibid.*) si le juge de paix se trouve suffisamment instruit.

Il peut aussi remettre le jugement à la première audience (*ibid.*) et dans ce cas, s'il le croit nécessaire, il se fait remettre les pièces (*ibid.*)

Plusieurs circonstances peuvent empêcher de juger la cause sur-le-champ; notamment lorsqu'il est nécessaire, pour l'instruction, d'accorder un délai pour présenter des pièces dont les parties ne se trouvent pas saisies; d'ordonner une requête ou la visite des lieux contentieux.

94. Les parties sont tenues de s'expliquer avec modération devant le juge de paix, et de garder en tout le respect dû à la justice, (*art.* 10.)

Si elles y manquent, le juge les rappele d'abord par un avertissement (*ibid.*)

En cas de récidive, (*ibid*) elles peuvent être condamnées à une amende qui n'excède pas la somme de dix francs, avec affiches du jugement, dont le nombre ne peut surpasser celui des communes du canton. Il ne faut pas conclure de là qu'il doit y avoir une affiche dans chacune des communes du canton ; le juge de paix peut les faire placarder toutes dans le lieu de sa résidence : il s'ensuit seulement qu'il ne peut pas en faire placarder plus qu'il n'y a de communes dans son canton.

Dans le cas d'insulte ou irrévérence grave, le juge de paix en dresse procès-verbal, et peut condamner à un emprisonnement de trois jours au plus, (*art.* 11). Le procès-verbal est exigé pour mettre le juge supérieur en état de décider si la condamnation est juste ou non. A défaut de procès-verbal l'emprisonnement pourroit donner lieu à la prise à partie contre le juge de paix.

Les jugemens rendus dans ces différens cas, sont exécutoires par provision, (*art.* 12). Un juge de paix est dans l'exercice de ses fonctions lorsqu'il accorde à un particulier qui le lui a demandé, un entretien relatif à un jugement de la justice de paix dans lequel ce particulier est partie. L'outrage qu'il reçoit alors, rentre dans l'application des lois pénales. (*arrêt. de la cour de cass. du* 16 *août* 1810.)

95. Dans le cas où un interlocutoire auroit été ordonné, la cause sera jugée définitivement, au plus tard dans le délai de quatre mois, du jour du jugement interlocutoire, (*art.* 15).—Après ce délai, l'instance est périmée de droit, (*ibid.*). S'il est rendu successivement plusieurs jugemens interlocutoires, ce qui arrive quelquefois, le délai de quatre mois ne commence à courir que du jour du dernier de ces jugemens, car le juge ne peut être obligé de prononcer que quand la cause est en état.

Le jugement qui seroit rendu sur le fonds après l'expiration de ce délai est nul. Il est sujet à l'appel même dans les matières dont le juge de paix connoît en dernier ressort, (*ibid*). Il doit être annulé, (*ibid.*), sur la réquisition de la partie intéressée.

Cette annulation doit être prononcée sans entrer dans le mérite du fonds, le jugement ayant été rendu par suite d'une demande qui n'avoit pas d'existence légale.

Pour la péremption, la loi ne distingue pas si c'est par la faute des parties qui n'ont pas mis la cause en état, ou si c'est par la faute du juge qui n'a pas prononcé sur la cause mise en état, que le jugement définitif n'a pas été rendu dans les quatre mois du jugement interlocutoire : ainsi, elle a lieu dans les deux cas. Mais au second cas, où l'instance est périmée par la faute du juge, il est passible des dommages et intérêts, (*ibid.*)

Pour les faire prononcer, il faut intimer le juge de paix sur l'appel, cela est évident : par conséquent il faudra en obtenir la permission du tribunal où l'appel sera porté, dans les formes prescrites pour la prise à partie; car la demande à la fin de dommages-intérêts en est une véritable.

96. Il y a une circonstance particulière où la péremption d'instance n'a pas lieu après les quatre mois du jugement interlocutoire ; c'est lorsque l'instance est suspendue jusqu'après le jugement à prononcer par un autre tribunal sur l'inscription de faux, ou la dénégation d'écritures, ainsi qu'on a vu ci-devant. Dans ce cas, tant que l'instance préjudicielle dure, il est impossible de juger la première qui, par cette raison, ne peut tomber en péremption dans le laps de quatre mois.

97. La péremption précédemment établie par la loi des 14 et 18-26 octobre 1790, *tit.* 7, *art.* 7, et celle établie par le Code de procédure civile, *art.* 15, conviennent en ce que l'une et l'autre ont lieu par le délai de quatre mois : mais elles diffèrent notamment en deux points.

1°. Dans la première, le délai couroit du jour de la notification de la citation ; dans la seconde, il court du jour du jugement interlocutoire.

2.° La première entraînoit l'extinction de l'action, au lieu que la seconde laisse subsister l'action.

L'effet naturel de la péremption d'instance est d'anéantir l'instance, et non pas l'action si on est encore à temps de l'exercer. Elle anéantit l'exercice déjà fait de l'action par l'exploit introductif de l'instance sans anéantir l'exercice à faire de la même action par un nouvel exploit : en conséquence, le demandeur a la faculté de l'intenter de nouveau. Cette faculté lui avoit été ôtée par la loi de 1790, qui portoit en termes exprès : *l'instance sera périmée de droit, et l'action éteinte*. Elle ne lui est pas ôtée par le Code de procédure, qui s'est contenté de dire : *l'instance sera périmée de droit* ; et par la même, l'action est conservée.

Section IV.

Des enquêtes.

98. Pour qu'il y ait lieu à une enquête devant le juge de paix il faut,

1.º Que les parties soient contraires en faits de nature à être constatés par témoins, (*cod. de proc. civ.*, art. 34.)

2.º Que le juge de paix trouve la vérification utile et admissible, (*ibid.*)

La loi des 14 et 18-26 octobre 1790, *tit.* 4, *art.* 1 et 2, exigeoit, outre les deux conditions ci-dessus, que le juge avertît les parties qu'il y avoit lieu de procéder par enquête, et les interpellât de déclarer si elles vouloient faire preuve de leurs faits, et que sur cette interpellation, les parties, ou au moins l'une d'elles, requissent d'être admises à la preuve. Le code de procédure civile n'ayant point parlé de cette formalité, elle est abrogée de droit, et les deux premières conditions suffisent pour qu'il puisse admettre la preuve. Il peut l'ordonner d'office sans qu'elle lui ait été demandée : c'est la disposition de l'article 254, pour les enquêtes devant le tribunal civil ; point d'obstacle à ce qu'elle reçoive son application pour l'enquête en la justice de paix.

Le jugement qui ordonne l'enquête doit en fixer précisément l'objet, (*cod. proc. civ.*, art. 34.)

99. La preuve contraire est de droit. C'est le cas d'appliquer à la justice de paix cette disposition de l'art. 256,

pour les enquêtes devant les tribunaux civils. Il y avoit lieu, sous la loi de 1790, d'en refuser la faculté à celui qui ne l'avoit pas requise; mais cette raison ne subsiste pas sous le code.

100. Le juge de paix délivre cédule pour faire citer les témoins.

La cédule de citation fait mention, (*art.* 29,) de la date du jugement, du lieu, du jour et de l'heure à laquelle l'enquête ordonnée aura lieu. Elle doit aussi faire mention des faits sur lesquels portera l'enquête, afin que les témoins ne soient pas embarrassés de répondre relativement à des faits qu'ils n'ont pas prévus.

101. Au jour indiqué, les témoins comparans déclarent leurs nom, profession, âge et demeure, (*cod. proc. civ., art.* 35.)

Ils font le serment de dire vérité, (*ibid.*)

Ils déclarent s'ils sont parens ou alliés des parties, et à quel degré, (*ibid.*) — S'ils sont leurs serviteurs, ou domestiques, (*ibid.*)

Ils sont entendus séparement, (*art.* 36.)

Ils sont entendus en présence des parties si elles comparoissent, (*ibid.*)

102. Ils sont ordinairement entendus à l'audience.

Néanmoins, et dans le cas où la vue du lieu peut être utile pour l'intelligence des dépositions, le juge de paix se transporte, s'il le croit nécessaire, sur le lieu, et ordonne que les témoins y seront entendus, (*art.* 38.)

Le transport peut être ordonné, spécialement dans les actions pour déplacement de bornes, usurpations de terres, arbres, haies, fossés ou autres clôtures, et pour entreprise sur les cours d'eau, (*ibid.*)

103. Chacune des parties est tenue de fournir ses reproches contre chaque témoin, avant sa déposition et de les signer, (*art.* 36.) — Ils ne peuvent être reçus après la déposition commencée qu'autant qu'ils sont justifiés par écrit, (*ibid.*)

104. Lorsque le juge de paix décide que les reproches faits contre un témoin, avant la déposition, sont fondés, il refuse de l'entendre. Il seroit inutile de recevoir une déposition à laquelle on ne doit avoir aucun égard.

On opposera peut-être l'art. 284, suivant lequel, dans les enquêtes par-devant le tribunal civil, le témoin reproché est entendu dans sa déposition.

L'enquête devant le tribunal civil se fait devant un commissaire du tribunal, qui ne peut juger les reproches, mais seulement les constater. Il est nécessaire qu'il entende le témoin reproché, parce qu'il ignore si le reproche sera admis ou rejeté. Mais en la justice de paix, le juge, qui compose à lui seul le tribunal, peut décider sur le champ du mérite du reproche. S'il le trouve fondé, point de raison pour recevoir une déposition inutile.

On soutiendra peut-être qu'il faut entendre le témoin reproché, au moins dans les causes sujettes à l'appel. Si le juge de paix, dira-t-on, ne peut avoir égard à la déposition du témoin contre lequel on produit un reproche qui lui paroît fondé, le tribunal civil peut, sur l'appel, avoir égard à la même déposition, s'il estime le reproche mal fondé : il faut donc que la déposition de ce témoin soit reçue et constatée par écrit, afin de mettre le tribunal à portée de terminer la contestation dans le cas où il estimeroit le reproche non pertinent.

La réponse est facile. Le juge de paix, quoique jugeant en première instance, doit se conduire d'après ses propres lumières. Ainsi lorsqu'il trouve le reproche fondé, il doit refuser d'entendre le témoin. Si le tribunal civil jugeant en appel, après avoir décidé au contraire le reproche mal fondé, estime que la déposition peut être utile au jugement de la cause, il ordonnera que le témoin soit entendu (1).

---

(1) Cette réponse n'est rien moins que concluante.

De ce que le juge de paix doit se déterminer d'après sa conscience et ses lumières, il ne s'en suit pas qu'il ne doive point recueillir tous les élémens qui pourront éclairer la religion du juge d'appel, et par conséquent la déposition du témoin qu'il juge justement reproché, et que le tribunal supérieur pourra juger avoir été mal à propos écarté.

Inutilement dit-on que, dans ce cas, le juge supérieur le

Des Enquêtes.

105. En cas d'enquête, les causes à juger en dernier ressort et les causes sujettes à l'appel suivent différentes règles.

Dans les causes de nature à être jugées en dernier ressort, il n'est pas nécessaire de dresser procès-verbal de l'enquête, *art.* 40. — Mais le jugement énoncera, (*ibid.*,) 1.º les noms, âge, profession et demeure des témoins; 2.º leur serment; 3.º leur déclaration s'ils sont parens, alliés, serviteurs ou domestiques des parties; 4.º les reproches; 5.º le résultat des dépositions.

106. Dans les causes sujettes à l'appel,

Primo, le greffier dressera procès-verbal de l'audition des témoins. — Cet acte contiendra, (*art* 39,) 1.º leurs noms, âge, profession et demeure; 2.º leur serment de dire vérité; 3.º leur déclaration s'ils sont parens, alliés, serviteurs ou domestiques des parties; 4.º les reproches qui auroient été fournis contre eux.

Secundo, lecture de ce procès-verbal sera faite à chaque témoin pour la partie qui le concerne, (*ibid.*) — Il signera sa déposition, ou mention sera faite qu'il ne sait ou ne peut signer, (*ibid.*)

Tertio, le procès-verbal sera en outre signé par le juge et par le greffier, (*ibid.*)

La loi des 14 et 18-26 octobre 1790 n'ordonnoit pour l'enquête, aucune signature, ni du témoin, ni du juge, ni du greffier. Ce dernier pouvoit se contenter de rédiger de simples notes. Le Code de procédure a sagement proscrit l'usage de ces notes informes dont nous avions

---

fera entendre. Outre que c'est donner lieu à des frais frustratoires, il peut arriver que ce témoin n'existe plus, ou ne se trouve plus, et que, de cette manière, la preuve dépérisse.

Le juge de paix doit donc entendre le témoin qu'il juge bien reproché et constater ses dépositions, sauf à n'y avoir point d'égard. C'est aussi ce qui résulte assez clairement de l'article 39 du Code de procédure civile.

observé les inconvéniens dans la première édition de cet ouvrage

107. Après l'enquête, il est procédé immédiatement au jugement de la cause, ou au plus tard à la première audience suivante. (*ibid.*) Quoique la loi ne contienne cette disposition que pour les causes sujettes à l'appel, il faut l'étendre aux causes de nature à être jugées en dernier ressort; il y a même raison. Pourquoi retarder le jugement, lorsque la cause est instruite? l'article 4 du titre 4 de la loi des 14 et 18-26 octobre 1790 ordonnoit sans distinction, de procéder au jugement aussitôt après l'audition des témoins.

Le jugement pouvant être rendu immédiatement après l'enquête, peut être rendu sur le lieu contentieux, dans le cas où les dépositions y sont reçues, ainsi qu'il a déjà été observé.

Section V.

De la visite du lieu contentieux, et des appréciations.

108. Lorsqu'il s'agit, soit de constater l'état des lieux, soit d'apprécier la valeur des indemnités et dédommagemens demandés, le juge de paix ordonne que le lieu contentieux sera visité par lui en présence des parties; (*art.* 41.)

109. Si l'objet de la visite ou de l'appréciation n'exige que des connoissances familières au juge de paix, il peut procéder par lui-même et seul, aux visites et expertise ordonnées.

Si au contraire l'objet de la visite ou de l'appréciation exige des connoissances qui lui soient étrangères, il ordonne que des gens de l'art feront la visite avec lui, et lui donneront leur avis, (*art.* 42.)

Les gens de l'art doivent être nommés par le jugement même qui ordonne la visite, (*ibid.*)

Les gens de l'art prêtent serment de bien s'acquitter de leur fonction, (*art.* 42 et 43.)

La loi dit, (*art.* 42,) qu'ils *donneront leur avis*: ainsi leur opinion, n'est pas une règle absolue de la dé-

De la Visite du Lieu Contentieux.

cision du juge de paix. Celui-ci est autorisé, suivant les circonstances, à y avoir tel égard que de raison.

Aussitôt après la visite et le rapport des gens de l'art, le juge de paix peut procéder sur le lieu même au jugement définitif sans désemparer, (*ibid.*)

110. Dans les causes sujettes à l'appel, procès-verbal de la visite est dressé par le greffier, (*ibid.*)

Les experts ne peuvent rédiger eux-mêmes leur avis; mais il est rédigé par le greffier sous leur dictée.

Le procès-verbal constate le serment prêté par les experts, (*ibid.*)

Il est signé par le juge et par le greffier, (*ibid*).

La loi des 14 et 18-26 octobre 1790 n'exigeoit pas la signature des experts. Mais le Code de procédure veut (*ibid.*) que le procès-verbal soit signé par les experts. Si par événement ils ne savent ou ne peuvent signer, il en est fait mention, (*ibid.*)

111. Dans les causes non sujettes à l'appel, il n'est point dressé de procès-verbal de l'avis des experts. (*art.* 43.) — Mais le jugement énonce les noms des experts, la prestation de leur serment et le résultat de leur avis, (*ibid*).

Section VI.

Des incidens.

Il n'est pas nécessaire d'entrer ici dans le détail de tous les incidens qui peuvent survenir. Ils sont en général moins fréquens dans les justices de paix que dans les autres tribunaux civils. Il sera question ici des trois principaux, l'appel en garantie, la récusation et le déclinatoire.

112. Il peut se rencontrer des affaires pour la connoissance desquelles il y ait empêchement légitime du juge de paix et de ses deux suppléans. Alors les parties n'ont pas de juge. La loi du 16 ventôse an 12, pourvoit en ce cas au remplacement des juges empêchés.

Le tribunal de première instance dans l'arrondissement duquel est située la justice de paix renvoie les parties devant le juge de paix du canton le plus voisin, (*art.* 1.).

Ce jugement de renvoi est rendu sur la demande de la partie la plus diligente sur simple requête, (*art.* 2).
— La partie adverse est présente ou dûment appelée, (*ibid.*) — Le procureur du Roi donne ses conclusions.

La distance d'une justice de paix à l'autre est réglée d'après celle de leurs chefs-lieux, (*art.* 3.)

§. I. *De l'appel en garantie.*

113. Le défendeur qui veut mettre un garant en cause, en forme la demande à sa première comparution.

Cette forme pour appeler le garant est particulière au tribunal de paix. La partie qui prétend avoir un garant à mettre en cause, doit le déclarer à la première audience et demander délai suffisant. Le jugement qui accorde ce délai ne doit point être levé. L'assignation est donnée au garant, sans qu'il soit nécessaire de le lui signifier. Si le jugement étoit levé et signifié, ces frais n'entreroient point en taxe.

Le demandeur principal peut-il interjeter appel de ce jugement ? Nul doute pour l'affirmative, s'il prétend qu'il n'y a pas lieu au délai ; et alors il doit lever le jugement pour le produire.

Sur la demande faite par le défendeur de mettre le garant en cause, la faculté lui en est accordée, et la cause renvoyée à un autre jour.

Le jour de la nouvelle comparution est fixé, de manière que, pour mettre le garant en cause, il soit accordé au défendeur un délai suffisant en raison de la distance du domicile du garant, (*art.* 32.)

Il doit être tel que le défendeur puisse commodément aller ou envoyer sur le lieu, charger quelqu'un de faire à temps utile la citation dans laquelle les délais prescrits par la loi soient observés.

Ce délai se compose de deux parties, l'une fixée par la loi, qui comprend le temps du voyage, le jour de la citation, et l'intervalle entre la citation et la comparution ; l'autre variable à l'arbitrage du juge, qui comprend le temps nécessaire pour se procurer la commodité d'aller, ou d'envoyer sur les lieux. Cette seconde partie du délai est plus courte pour les endroits proches, et avec lesquels les communications sont aisées; elle est plus longue pour les autres.

Un exemple suffira : il sera aisé d'appliquer à d'autres cas la règle qui vient d'être établie.

Supposons que le garant demeure à 14 myriamètres (28 lieues) : entre le jugement qui autorise la mise en garantie, et le jour qu'il indique pour la nouvelle comparution, il faut au moins treize jours, savoir, 1.° cinq jours pour le voyage nécessaire pour aller ou envoyer sur les lieux charger l'huissier, à raison de 3 myriamètres par jour, conformément à l'article 2033; 2.° le jour de la citation; 3.° cinq jours pour le délai accordé au défendeur pour comparoître, à raison pareillement de 3 myriamètres par jour, (art. 5) en tout onze jours. A ces onze jours, il faut ajouter au moins deux jours, et quelquefois davantage, parce qu'on trouve rarement sur-le-champ une occasion pour partir soi-même, ou envoyer à quatorze myriamètres. Si le jugement est rendu le premier du mois, le jour de la nouvelle comparution doit être fixé au 15, et quelquefois reculé à un terme plus éloigné, en cas de mauvais chemins ou de défaut de communication.

114. Le défendeur originaire forme sa demande en garantie par une citation libellée, (art. 32.) — Il n'est pas nécessaire, comme sous la loi de 1790, qu'elle soit précédée d'une cédule. — Il n'est pas non plus nécessaire de notifier au garant le jugement qui ordonne sa mise en cause (art. 32.)

115. Si la mise en cause n'a pas été demandée à la première audience, ou si la citation n'a pas été faite dans le délai fixé, il est procédé sans délai au jugement de l'action principale, (art. 33.)

Dans ces deux cas, le défendeur est privé de la faculté de joindre l'instance en garantie à l'instance principale : mais il conserve celle de faire statuer séparément sur sa demande en garantie, (ibid) Alors c'est une action principale qu'il doit intenter à l'ordinaire devant le juge du domicile du garant ; car il n'a plus le droit de le distraire de son juge naturel.

116. Lorsque le défendeur qui a obtenu permission d'appeler le garant, l'a fait citer dans les délais, il se trouve trois parties dans la cause ; le demandeur originaire, le défendeur originaire demandeur en garantie, et le défendeur à la garantie.

A l'audience indiquée, si le défendeur originaire est renvoyé de la demande, l'action en garantie s'évanouit ; s'il succombe, alors il faut faire droit sur la garantie.

117. Lorsqu'il y a lieu à faire droit sur la demande en garantie, en même temps que sur la demande principale, l'assigné en garantie comparoît ou ne comparoît pas.

Lorsqu'il ne comparoît pas, il est donné défaut contre lui : il est condamné à indemniser le garant si la demande formée contre lui paroît fondée.

Lorsqu'il comparoît, le juge de paix est ou n'est pas suffisamment instruit pour prononcer sur la demande en garantie.

Au *premier* cas il fait droit par le même jugement, et sur la demande principale et sur la demande en garantie.

Au *second*, il prononce seulement sur la demande principale dont le jugement ne doit pas être retardé par la contestation incidente.

Quant à l'incident, il faut distinguer suivant que la demande en garantie formée par action principale seroit, ou ne seroit pas, de la compétence du même juge de paix, à raison du domicile du défendeur en garantie.

Au premier cas, il prononce l'interlocutoire nécessaire.

Au second cas, il renvoie le demandeur en garantie à se pourvoir devant les juges qui en doivent connoître.

§. II. *De la récusation.*

117. Le juge de paix peut être récusé toutes les fois qu'il est présumé ne pouvoir agir avec l'impartialité qui caractérise un juge, et président à ses décisions. Le

Des Incidens.

code de procédure détermine cinq cas différens où il peut être récusé :

PRIMO. Quand il a un intérêt personnel à la contestation, (*cod. proc. civ. art.* 44) ce qui est évident.

SECUNDO. Quand il est parent ou allié d'une des parties, jusqu'au degré de cousin issu de germain inclusivement, (*ibid.*) Ce qui a lieu, soit que le juge soit cousin issu de germain de la partie, ou la partie cousin issu de germain du juge ; la proximité de parenté est la même dans les deux cas (1).

119. TERTIO. Si dans l'année qui a précédé la récusation, il y a eu procès criminel entre lui et l'une des parties ou son conjoint, ou ses parens et alliés en ligne directe, (*ibid.*)

L'article comprend dans sa disposition,
1.º La partie.
2.º Les père, mère et autres ascendans de la partie.
3.º Le second conjoint de l'un des ascendans de la partie.
4.º Les descendans de la partie.
5.º Les conjoints des descendans de la partie.
6.º Le conjoint de la partie.
7.º Les ascendans du conjoint de la partie.
8.º Le second conjoint de l'un des ascendans de la personne unie avec la partie par les liens du mariage.
9.º Les descendans du conjoint de la partie.
10.º Les conjoints des descendans de la personne unie avec la partie par les liens du mariage.

Toutes les fois que dans l'année qui a précédé la récusation, il y a eu procès criminel entre l'une de ces personnes et le juge de paix, celui-ci peut être récusé.

Il doit en être de même, lorsque dans l'année qui a précédé la récusation, il y a eu procès criminel entre l'une de ces personnes et la femme du juge de paix. La loi ne le dit pas précisément, mais c'est son esprit. Le

---

(1) Il est très-clair que je suis cousin issu de germain de mon cousin issu de germain.

mari ne peut manquer d'être affecté du procès criminel fait à sa femme, autant et de la même manière que de celui fait à lui-même.

120. QUARTO. S'il y a procès civil existant entre le juge de paix et l'une des parties ou son conjoint, (*ibid.*)

Le procès criminel intéresse la famille; le procès civil n'intéresse que les parties. C'est par cette raison que le législateur qui, au cas du procès criminel, étend la faculté de récuser le juge de paix, la restreint au cas du procès civil.

121. QUINTO. S'il a donné un avis écrit dans l'affaire, (*ibid.*) il n'importe comment; des lettres par lesquelles il auroit manifesté son opinion suffiroient pour fonder la récusation.

Une contestation s'étant élevée entre deux voisins, relativement à une fenêtre que l'un vouloit conserver, et que l'autre soutenoit devoir être bouchée, le juge de paix écrivit à celui-ci en faveur du propriétaire qui vouloit conserver sa fenêtre. Ce dernier ayant depuis donné la demande en complainte, le juge de paix fut récusé sur le fondement de ses lettres, et la récusation fut admise.

Il en seroit de même, s'il avoit donné un avis verbal; avec cette seule différence, que la déclaration du juge de paix qu'il n'a pas donné d'avis verbal, suffit pour écarter toute récusation. On ne pourroit point admettre la preuve testimoniale de ce fait.

122. La partie qui veut récuser un juge de paix est tenue d'en former la demande, et d'en exposer les motifs par un acte rédigé en forme d'exploit, (*art.* 45,) qui est assujetti à des formalités particulières.

1.° Il est notifié au greffier de la justice de paix.

2.° Celui-ci vise l'original.

3.° L'exploit est signé, sur l'original et la copie, par la partie, ou par son fondé de pouvoir spécial, (*art.* 45.)

Si le récusant ne sait, ou ne peut signer, la déclaration de l'huissier, qu'il ne sait ou ne peut signer, ne suffit pas. La loi ne lui donne pas la faculté de la recevoir. Elle veut impérieusement que l'exploit de récusation soit signé par la partie ou son fondé de pouvoir spécial. Celui qui ne sait ou ne peut signer a la ressource de donner pouvoir spécial à l'effet de la récusation ; le fondé de pouvoir signe l'original et la copie : le vœu de la loi est rempli.

L'acte de récusation peut et doit être notifié, *(ibid.)* par le premier huissier requis. Il seroit à craindre que l'huissier particulièrement attaché à la justice de paix, ne voulût pas s'en charger.

La copie de l'exploit est déposée au greffe, *(ibid.)*

123. La copie déposée est communiquée, *(ibid.)* au juge de paix.

Le juge de paix est tenu de donner au bas de cet acte, dans le délai de deux jours, sa déclaration par écrit, *(art. 46)*, portant, ou son acquiescement à la récusation, ou son refus de s'abstenir, avec ses réponses aux moyens de récusation.

La récusation notifiée et déposée, à l'effet de suspendre le jugement de la cause.

Lorsque le juge de paix déclare acquiescer à la récusation, il ne peut rester juge. Il est remplacé par l'un de ses suppléans, qui connoît de l'affaire.

124. Dans les trois jours de la réponse du juge qui refuse de s'abstenir, ou faute par lui de répondre, expédition de l'acte de récusation, et de la déclaration du juge, s'il y en a, est envoyée par le greffier, sur la réquisition de la partie la plus diligente, au procureur du Roi près le tribunal de première instance, dans le ressort duquel la justice de paix est située, *(art. 45)*.

La récusation y est jugée en dernier ressort dans la huitaine, sur les conclusions du procureur du Roi, *(ibid.)*

Il n'est pas besoin d'appeler à ce jugement les parties, *(ibid.)* soit le récusant, soit l'autre partie. Rien ne les empêche néanmoins de se présenter à l'audience et d'y proposer leurs moyens. La loi ne le défend pas. Mais ils ne doivent signifier aucune requête ni écritures ; elles n'entreroient point en taxe.

Il ne convient pas que le juge de paix essuie un procès personnel pour soutenir son droit de connoître de l'affaire ; ainsi il ne doit être appelé qu'autant que le tribunal le jugeroit nécessaire pour décider du mérite de la récusation ; mais jamais il ne doit être appelé comme partie.

125. Pendant l'instance en récusation, l'instance principale reste en suspens pour être finalement décidée par le juge de paix, si la récusation est rejetée, ou par un de ses suppléans, en son lieu et place, si elle est admise.

126. La récusation doit être faite avant la première audience de la cause à laquelle comparoît le récusant. Lorsque le défendeur figure dans la cause, qu'il accepte le juge de paix pour juge, il renonce tacitement aux moyens de récusation qu'il pourroit avoir contre lui ; il devient non-recevable à les proposer à une seconde audience.

La loi n'ayant fixé aucun délai pour la récusation, le récusant qui n'a pas encore comparu à l'audience, est recevable à la faire en tout temps, même le jour indiqué pour la comparution des parties, pourvu que ce soit hors de l'audience.

Nous disons *pourvu que ce soit hors de l'audience*. Elle ne peut pas être faite à l'audience : cette manière peu respectueuse n'est pas autorisée par la loi qui exige une déclaration par exploit, déposée au greffe.

§. III. *Du déclinatoire.*

127. Toutes les fois que le défendeur propose un déclinatoire, le juge de paix doit y faire droit : et, si l'affaire n'est pas de sa compétence, il doit la renvoyer devant les juges qui en doivent connoître.

Cette formule, *devant les juges qui en doivent connoître*, doit être adoptée par le juge de paix, même dans le cas où il voit clairement quel tribunal doit juger de l'affaire. Il n'a pas à décider cette question ; et en la décidant, il excéderoit son pouvoir, parce que son jugement contiendroit réglement de juges. La seule question qu'il puisse décider est celle de savoir s'il est compétent ou incompétent. Lorsqu'il se juge incompétent, il doit renvoyer l'affaire sans décider quel tribunal doit en connoître.

128. Le demandeur est dans tous les cas non-recevable à proposer le déclinatoire ; par sa demande, il a saisi le tribunal.

Lorque le demandeur veut abréger les délais de la citation, le juge de paix auquel il demande cédule, connoît par l'exposé de l'affaire si elle est ou non de sa compétence. Dans le deuxième cas, il peut refuser la cédule en expliquant au demandeur la raison de son refus.

129. Le juge de paix est-il tenu de prononcer l'incompétence non proposée par les parties ?

Il faut distinguer à cet égard, l'incompétence des matières dont la justice de paix en général ne peut pas connoître, et l'incompétence des matières dont le juge de paix, devant lequel est donnée la citation, ne peut connoître à raison du domicile du défendeur, ou de la situation du lieu contentieux, quoiqu'elles soient de la compétence générale de la justice de paix.

Le juge de paix doit prononcer d'office la *première* incompétence, quoique non demandée : il commettroit excès de pouvoir en jugeant une matière dont la connoissance ne lui est attribuée en aucune manière.

130. Le juge de paix n'est pas obligé de prononcer la *deuxième* incompétence. Quand le défendeur comparoît à l'audience sans l'objecter, il se soumet à son jugement : le demandeur s'y est déjà soumis par sa citation. Cette soumission tacite ne blesse point l'ordre public des juridictions, parce que l'objet de la contestation est une matière dont la justice de paix connoît en général : ainsi elle rend le juge de paix compétent.

Peut-être dira-t-on que la comparution sans réclamation ne doit pas produire les mêmes effets que la soumission expresse, parce que dans le second cas les parties ont une volonté déterminée, et que dans le premier elles n'ont pas la volonté de se soumettre au tribunal incompétent.

La volonté de se soumettre au tribunal devant lequel la citation est donnée, est certaine de la part du demandeur. Le défendeur ne peut ignorer ni son propre domicile, ni le canton dans lequel est situé l'objet contentieux, les deux seules circonstances qui déterminent la compétence. Sa comparution volontaire sans réclamation, soit dans le cas auquel il est domicilié dans un autre canton, soit le cas où l'objet contentieux est situé dans un autre canton, est de sa part un véritable acquiescement à ce que le tribunal saisi par la citation, prononce sur la contestation.

131. Il n'en est pas de même quand le défendeur ne comparoît pas. Point de consentement tacite qui puisse couvrir l'incompétence. Le tribunal doit la prononcer d'office, et renvoyer le demandeur à se pourvoir devant les juges qui en doivent connoître.

CHAPITRE IV.

Des jugemens.

Nous examinerons successivement les règles communes à tous les jugemens; les règles particulières aux jugemens par défaut, aux jugemens sur actions possessoires, aux jugemens qui ne sont pas définitifs, enfin ce qui concerne les minutes et expéditions des jugemens.

Section première.

Règles communes à tous les jugemens.

132. Les juges de paix doivent tenir des audiences régulières dont ils déterminent le jour et l'heure.

Ces audiences régulières sont plus ou moins fréquentes, suivant le nombre d'affaires que le canton peut produire. — Le juge de paix doit en indiquer au moins deux par semaine, (art. 8.)

Elles ne doivent pas être fixées au dimanche.

Les audiences régulières n'empêchent pas que le juge ne puisse accorder des audiences extraordinaires: « il » peut juger tous les jours, même ceux de dimanches » et fêtes, le matin et l'après-midi, » (ibid.)

Des Jugemens.

L'audience est tenue soit dans un lieu particulier à ce destiné, soit chez le juge de paix, ainsi que la loi l'y autorise. *(ibid.)* Mais alors il est obligé de tenir les portes ouvertes, *(ibid.)*

133. Le juge de paix entend tous les jours ceux qui se présentent sans citation préalable.

Les juges de paix de Paris donnent en plusieurs occasions au demandeur un billet à remettre au défendeur, portant invitation à se rendre chez eux. Le défendeur y manque rarement; et souvent l'affaire se conclut sans aucun frais.

134. Dans les villes, l'huissier rapporte à chaque audience les originaux des citations qu'il a faites, sur lesquels il appele les causes par ordre de date, (*loi des* 14 *et* 18-26 *octobre* 1790, *tit.* 10, *art.* 6.)

135. Lorsque le grand nombre des causes ne permet pas de les décider toutes, elles doivent néanmoins être appelées. Celles qui ne peuvent être jugées, sont remises à la prochaine audience, lors de laquelle elles seront réappelées.

La marche que nous venons d'indiquer n'est pas celle prescrite par la fin de l'article 6 ci-dessus cité. On y lit : « s'il y a quelques affaires qui n'aient pas été en tour » d'être appelées à la première audience, elles seront » remises à la prochaine, et appelées les premières. » Cette rédaction est des plus vicieuses. La remise de la cause, sans qu'elle ait été appelée, est contraire à l'ordre judiciaire.

Trois cas peuvent se présenter : ou les parties étoient toutes les deux présentes ; ou l'une des deux seulement étoit présente, ou aucune des deux n'étoit présente.

1.° Au premier cas, la cause étant remise sans appel, rien ne constate la présence des parties à la première audience. Celle des deux qui ne comparoîtra pas à la seconde audience, peut dénier sa présence à la première, et soutenir qu'elle a été jugée un jour dont il ne lui a pas été donné connoissance. Le jugement de remise qui intervient sur l'appel de la cause, constate sa présence, et l'empêche de recourir à un pareil subterfuge.

2.º Lorsqu'une seule des deux parties étoit absente à la première audience, elle est très-fondée à dire qu'elle a été jugée par défaut à la seconde, sans avoir été prévenue du jour où sa cause seroit appelée.

Au même cas, si c'est le demandeur qui ne comparoît pas à la première audience, le défendeur requiert congé de la demande qui doit lui être accordée dans l'examen de la cause ; ainsi point de raison pour remettre.

3.º Lorsqu'aucune des parties ne se présente à l'audience le jour indiqué pour la comparution, il existe encore moins de raisons d'appeler la cause à l'audience suivante : la citation est comme non avenue.

136. L'ordre qui a lieu dans les justices de paix des villes pour l'appel des causes, n'est pas suivi dans les justices de paix des campagnes où les affaires sont moins multipliées : les parties sont entendues à mesure qu'elles se présentent.

137. Le juge de paix peut ordonner que les pièces et actes dont les parties se sont respectivement servies pour leur défense, lui seront remises s'il le croit nécessaire, *(cod. de proc. civ. art.* 13,) pour par lui en être délibéré : il n'est pas astreint, comme sous la loi de 1790, à vider le délibéré sur-le-champ. Il peut remettre, *(ibid.)* le jugement de la cause à la première audience.

138. La rédaction des jugemens rendus par les tribunaux civils doit contenir *(art.* 141): « Les noms des
» juges, du procureur du roi s'il a été entendu, ainsi
» que des avoués, les noms, professions et demeures
» des parties, leurs conclusions, l'exposition sommaire
» des points de fait et de droit, les motifs et les disposi-
» tifs des jugemens. » Quoique cet article soit étranger aux justices de paix, il faut néanmoins s'y conformer le plus qu'il est possible. Il est quatre choses dont l'énoncé est absolument indispensable, les noms et demeures des parties, leurs conclusions, les motifs et le dispositif.

139. 1.º Au commencement du jugement, il faut énoncer les prénoms, nom, profession et demeure du demandeur avec ses conclusions, faire mention du

Des Jugemens en général.

l'exploit de citation qui les contient, et de son enregistrement : il faut aussi faire mention de la cédule qui auroit été donnée, à l'effet d'abréger les délais.

2.° Énoncer pareillement les prénoms, nom, profession et domicile du défendeur, avec ses conclusions.

Il est quelquefois à propos de rédiger sommairement les dires des parties pour l'intelligence de la cause : ce qui dépend de la sagacité du juge.

3.° Viennent ensuite les motifs : lorsque l'affaire est un peu compliquée, il est commode d'énoncer séparément les motifs tirés du droit, et les motifs tirés du fait en cette matière. « Considérant *dans le droit*; » 1.°...... 2.°...... 3.°.......; *dans le fait*, 1.°..... » 2.°...... 3.°...... »

4.° Le dispositif contient la décision du tribunal, la liquidation des frais adjugés, le nom du juge qui l'a rendu, et la date du jugement.

140. Les art. 47 et 48 de la loi du 22 frimaire an 7, sur l'enregistrement, sont communs à tous les juges : ils s'appliquent aux juges de paix et à leurs suppléans comme aux autres juges ; ainsi,

1.° Il est défendu aux juges de paix et à leurs suppléans de rendre aucun jugement sur des actes non enregistrés, à peine d'être personnellement responsables des droits, (*art*. 47.)

2.° Toutes les fois qu'une condamnation est rendue sur un acte enregistré, le jugement doit énoncer le montant du droit payé, la date du paiement, et le nom du bureau où il aura été acquitté, (*art*. 48.)

Les juges de paix ne peuvent pas connoître de l'exécution de leurs jugemens, encore qu'il s'agisse de sommes au-dessous de 100 francs, (*arrêt de la Cour de Turin du 6 mai 1813.*)

SECTION II.

Des jugemens par défaut.

141. La partie condamnée par défaut, peut former opposition dans les trois jours de la signification du jugement, (*art*. 20). La signification étant faite le premier,

l'opposition doit l'être au plus tard le 4 ; elle ne seroit pas régulièrement formée le 5.

Pour faire courir le délai, il faut que le jugement soit signifié par l'huissier de la justice de paix dont il est émané, ou à son défaut, par un huissier commis par le juge de paix, (*cod. de proc. civ.*, art. 20.)

Autrement la signification seroit nulle, et la partie condamnée toujours recevable à former opposition.

A ces trois jours, il faut ajouter le délai que nécessite l'éloignement des domiciles respectifs, à raison de 3 myriamètres par jour, toutes les fois que le défaillant ne sera pas domicilié dans la même commune que celui qui a obtenu le défaut. Si, par exemple, il y a trois myriamètres de distance entre le domicile du défaillant et celui du demandeur, il faudra ajouter un jour de plus ; la signification ayant été faite le premier, l'opposition doit être formée au plus tard le 5 ; elle ne seroit pas régulièrement formée le 6.

L'auteur du nouveau style de procédure civile, *pag.* 19, pense, au contraire, dans le cas proposé, que l'opposition peut être formée le 6, et que c'est le 7 seulement qu'on n'est plus à temps. Il se fonde sur l'article 1033 du Code de procédure ; il ne faut compter, dit-il, dans le délai de l'opposition, ni le jour de la signification, ni celui de l'échéance.

Nous estimons que son avis ne doit pas être suivi.

L'art. 1033 porte, « le jour de la signification ni celui
» de l'échéance ne sont jamais comptés pour le délai
» général fixé pour les ajournemens, les citations et
» autres actes faits à personne ou domicile ». Il concerne les actes par lesquels le notifiant somme l'adversaire de se présenter au bout du délai réglé par la loi : il s'agit ici du délai accordé au sommé. Mais le même article ne concerne pas les actes par lesquels le notifiant est tenu de remplir telles formalités dans le délai voulu par la loi : il ne règle pas le délai du notifiant.

Pour le régler, il faut recourir à d'autres principes. Toutes les fois que la loi enjoint de remplir une formalité *dans* tel délai, le jour auquel on la remplit est

Des Jugemens par Défaut.

nécessairement compris dans le délai : si on la remplit le lendemain de l'expiration, la formalité remplie hors du délai n'est pas remplie *dans* le délai ; le notifiant s'est écarté de la loi, il n'en a pas rempli le vœu.

L'opposition à un jugement doit être formée dans le courant du délai indiqué, au plus tard le dernier jour ; le lendemain, elle n'est plus recevable. Ainsi il faut s'en tenir, pour l'opposition aux jugemens de la justice de paix, au calcul ci-dessus.

Dans l'article 1033, le jour de la signification est le jour duquel part le délai au notifié ; celui de l'échéance est le jour auquel finit ce même délai. Dans l'opposition, au contraire, le jour de la signification n'est pas le jour duquel part le délai accordé au notifiant, mais le jour auquel finit ce délai : comment donc appliquer la disposition de l'art. 1033, au délai de l'opposition et à toute espèce de délai accordé au notifiant pour remplir telle formalité.

142. L'opposition doit contenir sommairement les moyens de la partie, et assignation au prochain jour d'audience, en observant toutefois les délais prescrits pour les citations, (*ibid.*) — Elle indique le jour et l'heure de la comparution. — Sa notification est sujette aux mêmes règles que la citation, (*ibid.*)

Cette opposition doit encore être signifiée par l'huissier de la justice de paix, ou, en cas d'empêchement, par un autre huissier commis par le juge. Sans cela, la signification étant nulle, le délai de l'opposition s'accompliroit, si elle n'étoit pas réitérée, avant son échéance, dans la forme prescrite, et le jugement ne pourroit plus être attaqué que par la voie de l'appel dans les cas où elle est admise.

143. Lorsque le juge de paix sait par lui-même, ou par les représentations qui lui sont faites à l'audience par les proches voisins ou amis du défendeur, que celui-ci n'a pu être instruit de la demande dirigée contre lui, il peut, en adjugeant le défaut, fixer pour le délai de l'opposition, le temps qui lui paroîtra convenable, (*art.* 21.) sans qu'il soit tenu de déduire ni d'exprimer ses motifs. Ces représentations doivent lui être faites à

l'audience, afin que la partie présente puisse les discuter. Elles n'autorisent pas le juge de paix à refuser le défaut, mais seulement à proroger le délai de l'opposition.

Dans le cas où la prorogation n'auroit été ni accordée d'office, ni demandée, le défaillant peut être relevé de la rigueur du délai, et admis à opposition en justifiant, qu'à raison d'absence ou de maladie grave, il n'a pu être instruit de la procédure, (*ibid.*)

La loi ne détermine pas la forme qu'il doit observer. Il y a lieu de croire qu'il doit s'adresser préalablement au juge de paix, et obtenir de lui la permission d'assigner pour voir dire qu'il sera reçu opposant.

L'opposition au jugement par défaut d'un juge de paix, si elle contient *citation*, peut être faite sans commission spéciale par l'huissier du domicile de la personne citée, au lieu de l'être par l'huissier du juge de paix qui a rendu le jugement. (*Arrêt de rejet de la Cour de cass. du* 6 *juillet* 1814.)

Les jugemens par défaut rendus en justice de paix sont, comme tous autres jugemens susceptibles d'appel après les délais de l'opposition. La publication du Code de procédure a, en cela, abrogé la disposition particulière de l'art. 4, tit. 3 de la loi du 14-26 octobre 1790. (*Arrêt de la Cour de cassation du* 7 *novembre* 1820.)

144. La partie opposante qui se laisse juger une seconde fois par défaut, n'est pas reçue à former une nouvelle opposition, (*art.* 22.)

Section III.

Des jugemens sur actions possessoires.

L'action possessoire est celle par laquelle on agit pour être maintenu dans la possession d'un fonds, ou d'un droit réel, dont un tiers veut s'emparer; ou pour y être rétabli quand on en a été privé.

Cette action s'appelle *complainte*, quand on n'a pas perdu la possession, parce qu'on se plaint du trouble qu'on éprouve; et *réintégrande*, quand on en a été évincé, parce qu'on demande à y être réintégré.

C'est une action réelle qui doit être portée devant le

Des Jugemens sur Actions possessoires. 73

juge de la situation du fonds dont il s'agit. Elle est maintenant de la compétence des juges de paix.

Pour qu'il y ait lieu à l'action en complainte ou en réintégrande, il faut d'abord que le demandeur soit en possession paisible et non à titre précaire ; c'est-à-dire qu'il possède *animo domini*, comme propriétaire, depuis un an au moins avant le trouble. Il faut en deuxième lieu qu'il intente son action dans l'année depuis le trouble. La raison de la première règle, est que, pour pouvoir se plaindre du trouble apporté à sa possession, il faut l'avoir. Car celui qui ne possède pas depuis un an, n'a pas encore la possession de droit, mais seulement une détention de fait. Ce n'est que par la révolution d'une année que cette détention devient une possession civile. Celui qui n'a la chose qu'à titre précaire ne la possède pas, puisqu'il n'a pas l'intention de la conserver pour lui. Il est seulement, comme le disent les lois romaines, *in possessione* ; c'est le propriétaire qui possède par son ministère.

La raison de la seconde règle est que celui qui a laissé écouler un an depuis qu'il a été troublé, sans donner l'action en complainte ou en réintégrande, a perdu la possession qui a passé dans la personne de l'auteur du trouble, ainsi qu'il résulte des principes ci-dessus exposés, et par conséquent c'est à celui-ci qu'appartient maintenant l'action possessoire. (*Cod. de proc. art.* 23.)

On ne peut pas cumuler le pétitoire et le possessoire, (*art.* 25.)

Le pétitoire est l'action par laquelle on réclame la propriété.

Il est évident en effet que l'on doit d'abord statuer sur la possession, parce que la cause de celui qui possède est toujours provisoire et la plus favorable, *melior causa possidentis*. S'il s'agit d'une réintégrande, il faut, avant tout, rétablir le possesseur expulsé. *Ante omnia spoliatus est restituendus*. Ce n'est qu'après ces préliminaires que l'on peut s'occuper de la question de propriété, qui fait l'objet du pétitoire.

C'est pour cela que si le trouble est dénié, ou la possession contestée, et que l'on ordonne une enquête, il est défendu de la faire porter sur le fonds du droit, (*art.* 24.) On ne doit écouter les témoins que sur le fait de la possession ou du trouble seulement, et écarter tout ce qui peut être relatif à la propriété.

En un mot, le pétitoire et le possessoire ne peuvent être cumulés d'aucune manière, ni par les parties, ni d'office par le juge, ni par un jugement de jonction. Au reste, ce dernier cas ne peut point arriver aujourd'hui que les juges du possessoire et du pétitoire ne sont plus les mêmes.

Si les parties, devant le juge de paix, consentoient à procéder sur le pétitoire, il devroit les renvoyer à se pourvoir devant les juges qui en doivent connoître; à moins qu'elles ne consentissent aussi à être jugées par lui sur ce point; auquel cas il ne devroit plus s'occuper du possessoire.

150. Le demandeur au pétitoire n'est plus recevable à agir au possessoire, (*art.* 26.)

Pierre forme sa demande contre Paul au pétitoire devant le tribunal civil : depuis il intente, en la justice de paix, action au possessoire contre le même Paul, soit sans s'être désisté de la première, soit après s'en être désisté : Paul se présente devant le juge de paix, et justifie de la demande au pétitoire précédemment formée contre lui. Pierre doit être déclaré non-recevable par le juge de paix.

151. Le demandeur au possessoire est recevable à agir par la suite au pétitoire, soit qu'il abandonne son action possessoire, soit qu'après l'avoir suivie il en ait été débouté.

152. Le défendeur au possessoire ne peut se pourvoir au pétitoire, qu'après que l'instance sur le possessoire aura été terminée, (*art.* 27.)

S'il gagne, c'est au demandeur qui a succombé, à se pourvoir au pétitoire, si bon lui semble.

Lorsque le défendeur au possessoire succombe, il ne peut être écouté au pétitoire, qu'après avoir pleinement satisfait aux condamnations prononcées contre

Des Jugemens sur Actions possessoires. 75

lui, *(art.* 27.*)* Il doit préalablement réparer le trouble par lui causé. — Si néanmoins la partie qui a obtenu ces condamnations est en retard de les faire liquider, le juge du pétitoire peut fixer, pour cette liquidation, un délai après lequel l'action au pétitoire sera reçue, (*ibid.*)

L'héritier de celui qui possédoit peut donner cette action, pourvu toujours que ce soit dans l'année du trouble, parce qu'il représente le défunt, et que la possession de son auteur se continue en sa personne. Il faut dire la même chose du légataire ou du donataire, de l'acheteur, et de tout autre successeur à titre singulier; parce que toutes ces personnes sont au lieu de leur auteur et reçoivent aussi sa possession.

Pour donner lieu à la complainte la simple détention ne suffit pas, il faut la possession ou civile, ou actuelle ou naturelle.

De même on peut donner cette action contre les successeurs soit à titre universel, soit à titre particulier de l'auteur du trouble.

L'année du trouble pour donner cette action court contre toutes sortes de personnes, mineurs, interdits ou autres, et sans espérance de restitution.

Celui qui est troublé en sa possession, a, pendant l'année du trouble, le choix de se pourvoir ou au pétitoire, ou au possessoire; mais quand il a pris le premier parti, il ne peut plus varier, ni revenir à la demande en complainte.

Au contraire celui qui a donné la demande en complainte peut l'abandonner pour se pourvoir au pétitoire.

Si l'auteur du trouble avoit, pour prévenir la complainte, formé la demande au pétitoire, la partie troublée qui voudroit se faire maintenir, devroit, sans fournir aucune défense, intenter l'action possessoire devant le juge paix, et alors, sur le vû de sa citation, il faudroit suspendre l'instruction du pétitoire jusqu'après le jugement du possessoire.

On demande si la partie qui a succombé sur une demande en réintégrande et qui a été condamnée à restituer la possession qu'elle avoit envahie, et qui refuse de satisfaire au jugement, peut y être contrainte par corps.

Il y a division sur cette question. Ceux qui soutiennent l'affirmative se fondent sur le terme *réintégrande* employé dans l'article 2060 du Code civil; or la réintégrande est une action possessoire qui n'a aucun trait à la propriété avec laquelle elle ne peut pas même être mêlée.

Ceux qui sont pour la négative, invoquent le terme *propriétaire* employé dans le même article, d'où ils concluent qu'il n'y a que celui qui a la propriété qui puisse demander la contrainte par corps.

Cette question se décide d'un seul mot. Le Code dit que la contrainte par corps a lieu en matière de réintégrande : donc il l'admet pour l'action possessoire. Cela est indubitable, car, dans l'article suivant, il parle du pétitoire et l'admet encore; ainsi il ne peut y avoir lieu à contestation.

Mais le juge de paix, dont le jugement n'a point été attaqué, peut-il ordonner la contrainte par corps ?

Je ne le pense pas. Cela est au-dessus de ses pouvoirs. Il faut s'adresser au tribunal de première instance où il ressortit.

153. Les jugemens sur les actions possessoires sont presque toujours sujets à l'appel. La justice de paix ne peut en connoître en dernier ressort qu'autant que l'objet de la demande seroit d'une valeur déterminée à la valeur de 50 francs et au-dessous; mais la valeur du possessoire ne peut être déterminée que dans des circonstances extraordinaires.

SECTION IV.

Des jugemens qui ne sont pas définitifs.

154. Les jugemens *définitifs* sont ceux qui terminent la contestation, et ne laissent rien à décider (1). Les

---

(1) Cette définition n'est point exacte. Un jugement définitif est celui qui résout une question quelconque. Ainsi un

Des Jugemens non Définitifs.

jugemens *non définitifs* sont ceux qui ne terminent pas la contestation, et sont dans le cas d'être suivis d'un jugement subséquent, pour la terminer.

Parmi ces derniers il faut distinguer les jugemens *préparatoires* et les jugemens *interlocutoires*, ainsi qu'il sera expliqué en traitant de l'appel au présent chapitre, article 7, §. 1, La loi d'octobre 1790 n'avoit pas fait cette distinction : elle considéroit tout jugement non *définitif* comme un simple *préparatoire*.

Les jugemens qui ne sont pas définitifs ne sont pas expédiés quand ils sont rendus contradictoirement, et prononcés en la présence des parties, (*art.* 28.)

La prononciation en la présence des parties vaut signification ; en conséquence, en cas de remise, elle vaut invitation et même citation pour se trouver à la nouvelle audience indiquée.

Dans le cas où le jugement ordonne une opération à laquelle les parties doivent assister, il indique le lieu, le jour et l'heure. La prononciation vaut citation à l'effet de s'y trouver, *(ibid.)* Il n'est pas nécessaire, comme sous la loi de 1790, que les parties soient averties par le juge que la prononciation vaut citation.

Le fait que le jugement a été prononcé en présence des deux parties, ne pouvant se prouver que par l'énoncé du jugement, il est nécessaire qu'il y soit consigné, quoique la loi ne le dise pas en termes précis.

155. Lorsque le jugement non définitif est rendu par défaut contre l'une des parties, ou lorsqu'après s'être défendue contradictoirement, elle n'a pas été présente à la prononciation du jugement, il est indispensable de le signifier à la partie en l'absence de laquelle il a été prononcé, afin qu'elle soit avertie du jour, lieu et heure de l'opération ordonnée, à laquelle on lui fait sommation de se trouver.

---

jugement peut être définitif sans terminer la contestation. Par exemple, le jugement qui statue sur la question de savoir s'il y a lieu ou non à une preuve testimoniale, est définitif, quoiqu'il ne décide pas le procès. *(Note de l'éditeur.)*

156. Lorsque le jugement ordonne une opération par les gens de l'art, le juge délivre à la partie requérante cédule de citation pour appeler les experts, (*art.* 29). — Elle fait mention du lieu, du jour, de l'heure, et contient le fait, les motifs et la disposition du jugement relative à l'opération ordonnée (*ibid.*)

Lorsque le jugement ordonne une enquête, la cédule de citation pour les témoins, fait mention de la date du jugement, du lieu, du jour et de l'heure, (*ibid.*)

157. Toutes les fois que le juge de paix se transporte sur le lieu contentieux, soit pour en faire la visite, soit pour entendre les témoins, il est accompagné du greffier qui apporte la minute du jugement qui ordonne l'opération, (*art.* 30.)

Cet apport de la minute est nécessaire pour préciser l'objet de la visite, ou l'objet de l'enquête : il doit en être fait lecture aux gens de l'art et aux témoins.

Section v.

Des minutes et expéditions des jugemens.

158. Suivant la loi des 14 et 18-26 octobre 1790, *tit.* 8, *art.* 3, le greffier de la justice de paix devoit tenir pour chaque affaire, une minute détachée et particulière, en forme de cahier s'il étoit nécessaire. Sur ce cahier étoient écrits successivement, et à leur date, tous les jugemens préparatoires et le jugement définitif, (*ibid.*) Dans les affaires sujettes à l'appel, étoient pareillement écrits, sur le même cahier, tous les actes d'instruction, de manière que le cahier présentoit avec le jugement définitif le tableau de l'instruction qui l'avoit précédé.

Il n'en est pas de même maintenant. Le greffier de la justice de paix tient une feuille d'audience ; sur cette feuille sont portées les minutes de tous les jugemens qui y sont rendus. (*Cod. de pro. civ. art.* 18.)

Elles sont signées (*ibid.*) par le juge qui a tenu l'audience, soit le juge de paix, soit le suppléant qui

Des Minutes et Expéditions des Jugemens. 79

l'a remplacé. — Elles sont aussi signées par le greffier (*ibid.*)

159. Les vues du législateur sont qu'il y ait un dépôt permanent de tous les actes de la justice de paix.

Mais il n'a pas voulu confier ce dépôt permanent au greffier de la justice de paix. Cet officier est seulement dépositaire des minutes-courantes. Les anciennes doivent être transférées dans un autre dépôt. Il doit remettre chaque année au dépôt indiqué, la feuille d'audience et les minutes de l'année précédente.

Cette remise ne peut pas être faite dans les premiers jours de l'année, il faut que les minutes restent aux mains du greffier jusqu'à la fin des affaires courantes.

Ce n'est qu'après qu'elles sont terminées qu'il peut s'en dessaisir.

160. Le dépôt dans lequel doivent être remises les minutes de la justice de paix, n'a pas toujours été le même. C'étoit dans l'origine le greffe des tribunaux de district. A la suppression de ces tribunaux, ces actes auroient passé au greffe du tribunal civil du département qui lui étoit substitué, c'est-à-dire, le plus souvent dans un lieu très-éloigné des justiciables, et par conséquent très-incommode pour ceux qui ont des recherches à y faire. Le législateur a senti que l'institution des juges de paix ayant été faite pour que chaque citoyen y trouvât, comme au milieu de sa famille, la justice et la paix, les actes et les jugemens émanés d'eux devoient toujours être à la portée des justiciables; que le dépôt des minutes qu'il faudroit faire désormais dans les greffes des tribunaux civils de département, contrediroit manifestement le but de la justice de paix, puisqu'il occasionneroit des frais, des pertes de temps et des suspensions de travaux, qu'il est dans l'intention de la loi d'épargner. Ces motifs ont déterminé la loi du 26 frimaire an 4, qui d'une part ordonne, (*art.* 1), la remise au greffier des juges de paix de tous les actes de la juridiction, déposés dans les greffes des tribunaux de district; et de l'autre veut, (*art.* 4), que les minutes des juges de paix, en matière civile, soient déposées tous les ans dans un local de l'administration municipale.

Dans le *second* cas (*ibid.*), tous procès-verbaux généralement quelconques des bureaux de paix, portant conciliation et non-conciliation, défaut ou congé, remise ou ajournement ;

Dans le *troisième* cas, *(ibid.)* : 1.° les procès-verbaux d'apposition, de reconnoissance et de levée de scellés ; 2.° les oppositions à levée de scellés par comparution personnelle ; 3.° les nominations de tuteurs et curateurs ; 4.° les avis de parens ; 5.° les émancipations.

165. Les greffiers sont tenus, tous les trois mois, de représenter le répertoire dont il vient d'être parlé, au receveur de l'enregistrement de leur résidence, qui le vise, *(ibid. art. 51.)*

Ils doivent faire cette présentation dans les dix premiers jours du mois qui commence chaque trimestre, janvier, avril, juillet et octobre, à peine d'une amende de dix francs pour chaque dix jours de retard, *ibid.* (La loi dit *nivose, germinal, messidor et vendémiaire*, pour se conformer au calendrier qui subsistoit alors. Nous avons fait la substitution nécessaire pour se rapporter au calendrier grégorien, dont l'usage a été rétabli à dater du premier janvier 1806).

Ils doivent aussi dans le cours de chaque trimestre, le communiquer au préposé, toutes les fois qu'ils en sont requis, *(ibid., art. 51)*.

166. Lorsqu'il n'y a pas d'appel d'un jugement définitif, il suffit de lever ce jugement seul, pour le mettre à exécution, (*Loi du 14 et 1er-26 octobre 1790, tit. 8, art. 6*). Il en est de même, à plus forte raison, si le jugement n'est pas sujet à l'appel.

Lorsqu'il y a appel du jugement rendu en premier ressort, le greffier délivre une expédition contenant la série des jugemens préparatoires, enquêtes, procès-verbaux de visite et autres actes qui ont formé l'instruction de l'affaire, *(ibid.)*

Les expéditions sont signées du juge paix et du greffier (*ibid., art. 7),*; elles sont scellées gratuitement du sceau du juge de paix.

167. L'art. 141 du Sénatus-Consulte organique du

Des Minutes et Expéditions des Jugemens. 83

28 floréal an 12, s'applique à la justice de paix, comme aux autres tribunaux ; en conséquence, les expéditions exécutoires des jugemens émanés de la justice de paix sont rédigées, suivant la formule prescrite en cet article, et qui sera détaillée aux formules d'actes qui entrent dans la seconde partie de cet ouvrage.

168. Tous actes et jugemens qui ne sont pas soumis à l'enregistrement sur la minute, le sont sur les expéditions, (*Loi du 22 frimaire an* 7, *art.* 7). Cette disposition générale s'applique aux justices de paix comme aux autres tribunaux.

SECTION VI.

Des dépens.

169. Celui qui succombe au tribunal de paix, doit être condamné aux frais. La loi du 14 et 18-26 octobre 1790 en règle (*tit.* 9), la taxe.

L'article premier de ce titre porte : « Les dépens qui » seront adjugés à celui qui aura gagné sa cause, seront » réduits à ceux qui seront ci-après réglés, lorsque » cette partie sera domiciliée dans le canton, ou aura » été représentée par un fondé de pouvoir domicilié » dans le canton ».

On voit que le législateur songeoit à établir des dépens plus considérables en faveur de celui qui se déplace de son canton, lui ou son fondé de pouvoir. Mais comme les articles suivans ne contiennent qu'une taxe uniforme, sans aucune indemnité particulière, relative au déplacement, la faveur que le législateur vouloit lui accorder est demeurée sans exécution.

Quoique la loi ne parle pas de frais de timbre et d'enregistrement, ils font partie des dépens : ils sont un déboursé réel.

170. Au-delà des frais de timbre et d'enregistrement, il ne peut être exigé des parties, ni taxé en dépens, que les sommes ci-après, savoir :

Pour chaque notification de citation ou signification de jugement, un franc, (*ibid.*, *art.* 2).

Pour la délivrance d'un jugement définitif, un franc, (*ibid.*)

Pour chacun des jugemens préparatoires, enquêtes, ou procès-verbaux de visite, délivrés avec le jugement définitif, en cas d'appel, 50 centimes, (*ibid.*)

Pour la délivrance séparée d'un jugement préparatoire contre une partie défaillante, 75 cent., (*ibid.*)

Pour la vacation du greffier assistant le juge de paix, lorsqu'il se transportera sur le lieu, un franc, (*ibid.*)

Pour la vacation des gens de l'art, appelés par le juge de paix, s'il ont employé la journée entière, y compris l'allée et le retour, à chacun 3 francs, (*ibid.*); et s'ils n'ont employé qu'un demi-jour, 1 fr. 50 cent., (*ibid.*)

Le juge de paix peut augmenter cette taxe, relativement aux gens de l'art, d'une capacité plus distinguée, (*ibid.*)

En rapportant les dispositions ci-dessus, relatives à la taxe, nous avons substitué le franc à la livre, et les centimes aux sous; c'est l'esprit des lois postérieures.

Lorsqu'il y a plusieurs notifications de citation à faire dans la même commune, il est payé et taxé 1 fr. pour la première de ces notifications, et 50 centimes pour les autres, (*ibid. art. 3.*) La loi porte le mot de *municipalité* et non pas celui de *commune*, qui exprimoit alors la même étendue de territoire, chaque commune ayant sa municipalité. Maintenant que plusieurs communes forment une seule municipalité, il faut substituer celui de *commune* pour avoir le vrai sens de la loi.

171. La loi n'accorde ici aucune indemnité aux témoins : ainsi, elle ne peut entrer en taxe. Cette omission ne peut pas passer pour un oubli. La loi parlant de la notification aux témoins, n'auroit pas manqué de parler de leur indemnité, si elle avoit voulu qu'elle passât en taxe.

Le témoin ne doit pas néanmoins être dérangé de ses affaires, sans recevoir une indemnité : s'il la requiert, le produisant ne peut refuser de la payer.

172. Lorsque la partie, à laquelle les dépens sont adjugés, requiert la délivrance du jugement, elle remet au greffier les originaux des différentes citations et noti-

Des Dépens.

fications qu'elle aura fait faire tant à sa partie qu'aux témoins et aux gens de l'art, (*ibid.*, *art.* 4.)

Sur ces pièces, le juge de paix liquide les dépens dans lesquels il comprend le coût de la délivrance et de la signification du jugement, (*ibid.*)

L'expédition du jugement exprime le montant de la liquidation, (*ibid.*)

Section VII.

Des suites des jugemens.

173. Le jugement émané de la justice de paix a différentes suites, suivant que le condamné l'exécute volontairement, le laisse exécuter, ou se pourvoit contre.

Au premier cas, point de difficulté.

Au second cas, l'exécution forcée ne diffère pas de l'exécution forcée des jugemens rendus par les autres tribunaux.

Il existe trois moyens de se pourvoir contre les jugemens de la justice de paix; l'opposition, l'appel et la cassation.

L'opposition a lieu contre les jugemens par défaut. Voyez ce qui a été dit ci-devant, *pag.* 69.

L'appel et la cassation seront la matière de deux paragraphes.

174. Nous observerons que les jugemens émanés de la justice de paix confèrent l'hypothèque judiciaire à l'instar des jugemens des autres tribunaux. L'art. 2123 du Code civil, qui fait résulter l'hypothèque des jugemens, ne fait à cet égard aucune distinction.

§ I.er *De l'appel.*

175. L'appel des jugemens rendus par le juge de paix, se porte devant le tribunal civil de première instance (*loi du 27 vent. an 8, art. 7.*)

176. Il n'est plus recevable après les trois mois, à dater du jour de la signification faite par huissier de la

Pour chacun des jugemens préparatoires, enquêtes, ou procès-verbaux de visite, délivrés avec le jugement définitif, en cas d'appel, 50 centimes, (*ibid.*)

Pour la délivrance séparée d'un jugement préparatoire contre une partie défaillante, 75 cent., (*ibid.*)

Pour la vacation du greffier assistant le juge de paix, lorsqu'il se transportera sur le lieu, un franc., (*ibid.*)

Pour la vacation des gens de l'art, appelés par le juge de paix, s'ils ont employé la journée entière, y compris l'allée et le retour, à chacun 3 francs, (*ibid.*); et s'ils n'ont employé qu'un demi-jour, 1 fr. 50 cent., (*ibid.*)

Le juge de paix peut augmenter cette taxe, relativement aux gens de l'art, d'une capacité plus distinguée, (*ibid.*)

En rapportant les dispositions ci-dessus, relatives à la taxe, nous avons substitué le franc à la livre, et les centimes aux sous; c'est l'esprit des lois postérieures.

Lorsqu'il y a plusieurs notifications de citation à faire dans la même commune, il est payé et taxé 1 fr. pour la première de ces notifications, et 50 centimes pour les autres, (*ibid. art.* 3.) La loi porte le mot de *municipalité* et non pas celui de *commune*, qui exprimoit alors la même étendue de territoire, chaque commune ayant sa municipalité. Maintenant que plusieurs communes forment une seule municipalité, il faut substituer celui de *commune* pour avoir le vrai sens de la loi.

171. La loi n'accorde ici aucune indemnité aux témoins : ainsi, elle ne peut entrer en taxe. Cette omission ne peut pas passer pour un oubli. La loi parlant de la notification aux témoins, n'auroit pas manqué de parler de leur indemnité, si elle avoit voulu qu'elle passât en taxe.

Le témoin ne doit pas néanmoins être dérangé de ses affaires, sans recevoir une indemnité : s'il la requiert, le produisant ne peut refuser de la payer.

172. Lorsque la partie, à laquelle les dépens sont adjugés, requiert la délivrance du jugement, elle remet au greffier les originaux des différentes citations et noti-

Des Dépens.

fications qu'elle aura fait faire tant à sa partie qu'aux témoins et aux gens de l'art, (*ibid.*, art. 4.)

Sur ces pièces, le juge de paix liquide les dépens dans lesquels il comprend le coût de la délivrance et de la signification du jugement, (*ibid.*)

L'expédition du jugement exprime le montant de la liquidation, (*ibid.*)

SECTION VII.

Des suites des jugemens.

173. LE jugement émané de la justice de paix a différentes suites, suivant que le condamné l'exécute volontairement, le laisse exécuter, ou se pourvoit contre.

Au premier cas, point de difficulté.

Au second cas, l'exécution forcée ne diffère pas de l'exécution forcée des jugemens rendus par les autres tribunaux.

Il existe trois moyens de se pourvoir contre les jugemens de la justice de paix; l'opposition, l'appel et la cassation.

L'opposition a lieu contre les jugemens par défaut. Voyez ce qui a été dit ci-devant, *pag.* 69.

L'appel et la cassation seront la matière de deux paragraphes.

174. Nous observerons que les jugemens émanés de la justice de paix confèrent l'hypothèque judiciaire à l'instar des jugemens des autres tribunaux. L'art. 2123 du Code civil, qui fait résulter l'hypothèque des jugemens, ne fait à cet égard aucune distinction.

§ I.er *De l'appel.*

175. L'appel des jugemens rendus par le juge de paix, se porte devant le tribunal civil de première instance (*loi du 27 vent. an 8*, art. 7.)

176. Il n'est plus recevable après les trois mois, à dater du jour de la signification faite par huissier de la

justice de paix, ou tel autre commis par le juge, (*cod. de pro. civ. art.* 16.)

Si la signification est faite le 12 janvier, les trois mois suivant durent jusques et compris le 12 avril; le lendemain 13, l'appel n'est plus recevable (1).

177. La signification du jugement faite par un huissier autre que celui de la justice de paix ou celui commis par le juge, fait-elle courir les délais de l'appel ?

Nous avons déjà dit que la citation donnée par tout autre huissier que celui attaché à la justice de paix, ou commis à son défaut par le juge, étoit nulle; il doit en être de même de la signification du jugement; elle est comme non avenue, elle ne fait pas courir le délai de l'appel; c'est le sens de l'art. 16 qui vient d'être cité; il ne fait pas courir le délai *du jour de la signification* seulement, mais *du jour de la signification faite par l'huissier de la justice de paix, ou tel autre commis par le juge.*

178. L'appel du jugement susceptible d'opposition n'est pas recevable pendant la durée du délai pour l'opposition, (*art.* 455;) cet article, général pour les tribunaux inférieurs, s'applique aux justices de paix.

179. Autrefois c'étoit la qualification donnée au jugement de la justice de paix qui le rendoit ou non sujet à l'appel.

Etoit-il qualifié en dernier ressort? par-là même il devenoit non sujet à l'appel, quand même il auroit été rendu en matière qui excédoit sa compétence générale ou sa compétence en dernier ressort.

Etoit-il non qualifié en dernier ressort? il étoit sujet à l'appel, quand même il auroit été rendu en matière non sujette au dernier ressort.

Le Code de procédure civile fait dépendre la fa-

---

(1) C'est une erreur évidente. Ici le délai doit être franc. On ne doit y comprendre ni le jour de la signification, ni celui de l'échéance. Par conséquent l'appel signifié, dans l'hypothèse, le 13, est fait dans le délai. (*Note de l'éditeur.*)

De l'Appel des Jugemens.

culté d'appel, non de la qualification du jugement, ce qui la laissoit à la discrétion du juge qui le rendoit; mais de la nature même de l'affaire, ce qui est bien plus conforme aux principes et à l'ordre juridictionnel. En conséquence,

Le jugement est-il rendu sur une matière où le juge ne peut prononcer qu'en première instance? l'appel en est recevable, quand même il auroit été qualifié en dernier ressort (*art.* 453.)

Le jugement est-il rendu en matière dont la connoissance en dernier ressort appartient au premier juge? l'appel est non-recevable, quand même on auroit omis de qualifier le jugement, ou quand même il auroit été qualifié en premier ressort (*ibid*).

180. Par suite du même principe, le jugement est-il attaqué pour cause d'incompétence, la question de compétence qui intéresse l'ordre public doit subir les deux degrés de juridiction; en conséquence, lorsqu'il s'agit d'incompétence, l'appel est toujours recevable, encore que le jugement ait été qualifié en dernier ressort (*art.* 454.) La proposition d'incompétence rend les jugemens des juges de paix sujets à l'appel, lors même qu'il eût pu d'ailleurs être statué en dernier ressort. (*Arr. de la Cour de cass. du* 16 *juin* 1810 *du* 22 *avril* 1811.)

181. L'appel interjeté, tant pour incompétence qu'autrement, est toujours recevable au moins pour le premier chef.

Lorsque le tribunal civil estime que le juge de paix étoit entièrement incompétent, il annule le jugement comme incompétemment rendu.

Lorsque le tribunal civil estime que le juge de paix étoit compétent pour connoître en dernier ressort, il déclare l'appel non-recevable, et ne statue pas sur le fonds.

Lorsque le tribunal civil estime que le juge étoit seulement compétent pour connoître en premier ressort, il annule la disposition qui rend le jugement souverain, et reçoit l'appel du fonds, pour y statuer soit sur le champ, soit par la suite.

182. Dans tous les cas où l'appel, à raison de l'objet du procès, est recevable, il faut distinguer les jugemens définitifs de ceux préparatoires ou interlocutoires.

Le jugement *définitif* est celui qui résout une question élevée entre les parties. Le jugement *non définitif* est celui qui ne juge rien.

A l'égard du jugement définitif proprement dit, c'est-à-dire du dernier jugement qui termine toute la contestation, quand il n'est pas rendu, ou ne doit pas l'être, en dernier ressort, l'appel en est toujours recevable qu'il soit contradictoire ou par défaut.

Suivant la loi des 14 et 18-26 octobre 1790, (*tit.* 3, *art.* 4), l'appel du jugement par défaut étoit non-recevable. Cette disposition particulière étoit une exception au principe général des deux degrés de juridiction. Cette exception ne se trouve pas dans le Code de procédure : en conséquence le jugement définitif rendu par défaut est sujet à l'appel, de la même manière et dans les mêmes cas, que s'il avoit été rendu contradictoirement.

Quant aux jugemens non définitifs, la règle de l'appel n'est pas la même pour tous. Il faut distinguer entre ceux qui ne sont que préparatoires, et ceux appelés interlocutoires.

Les jugemens *préparatoires* sont « les jugemens » rendus pour l'instruction de la cause, et qui tendent » à mettre le procès en état de recevoir jugement dé- » finitif, (*art.* 452.) » C'est-à-dire qui ne décident aucune question de la cause, comme une remise, une mise en cause, etc.

Les jugemens *interlocutoires* sont ceux par lesquels » le tribunal ordonne, avant dire droit, une preuve, » une vérification, une instruction qui préjuge le fonds, (*ibid.*) » C'est-à-dire qui résolvent une question quelconque préjudicielle dont la décision peut influer sur le fonds.

La véritable manière de distinguer à laquelle de ces deux classes appartient un jugement définitif, est d'examiner s'il juge quelque question mue dans la cause; ou

De l'Appel des Jugemens.

s'il ne juge rien : au premier cas, il est *interlocutoire* ; au second cas, il est *préparatoire*.

Dans la seconde classe sont le jugement de délibéré, celui qui appointe en droit. Ils tendent à mettre le procès en état de recevoir jugement définitif, sans rien juger.

Dans la première classe, est le jugement qui rejette une exception. Il n'est pas le dernier, parce qu'il ne termine pas la contestation. Il est interlocutoire. Il juge une question. Il influe sur le fonds. Si l'exception rejetée avoit été admise, il n'y auroit plus lieu à rien décider.

Dans la même classe, il faut ranger le jugement intervenu sur la défense des parties dont l'une demande l'enquête, et l'autre soutient qu'il n'y a pas lieu à l'enquête, et qui avant faire droit, ordonne l'enquête. Il juge une question qui est celle de savoir s'il y a lieu ou non à la preuve vocale. Il influe sur le fonds dont il fait dépendre la décision du mérite des dépositions. Il décide en faveur de l'une des parties, et contre la prétention de l'autre, qu'il y a lieu à la preuve testimoniale. Il est définitif quant à la question mue, et interlocutoire relativement à la contestation.

Observez que le jugement qui ordonne, avant faire droit, une opération quelconque, est tantôt purement préparatoire, tantôt interlocutoire. Il est purement *préparatoire*, lorsque les deux parties ont donné leur acquiescement à l'avant faire droit prononcé. Il est interlocutoire lorsqu'il est prononcé sans le concours de la volonté des deux parties. L'une des parties demande une expertise, ou une enquête ; l'autre accède à l'expertise, ou à l'enquête demandée ; le jugement qui intervient est *préparatoire* (1). Si au contraire l'autre

---

(1) Cela n'est pas exact. Il est évident que la nature d'un jugement ne peut pas dépendre de l'acquiescement qu'on y donne, ou qu'on refuse. Dans tous les cas, le jugement est interlocutoire, puisque dans l'un comme dans l'autre le juge *interloquitur*. Il décide une question entre d'autres. Mais,

partie soutient qu'il n'y a pas lieu à l'expertise ou à l'enquête demandée, le jugement qui l'ordonne est *interlocutoire*. Les jugemens qui ordonnent une enquête par défaut ou d'office, sont pareillement des jugemens *interlocutoires*.

184. La différence du jugement préparatoire et du jugement interlocutoire étant bien saisie, la règle posée par le Code de procédure pour l'appel des jugemens non définitifs est d'une application facile à ceux émanés de la justice de paix. Il suffit d'examiner si le jugement dont est question est interlocutoire ou préparatoire.

L'appel des jugemens *interlocutoires* est permis avant que le jugement définitif ait été rendu, (*art.* 31.)

Celui qui, n'usant pas de cette faculté, continue de procéder en la justice de paix pour la décision définitive, acquiesce tacitement à l'interlocutoire. Il devient non-recevable à en interjeter appel conjointement avec celui du jugement définitif. S'il veut conserver cette faculté, malgré sa comparution dans la cause depuis l'interlocutoire, il faut qu'il en fasse la réserve expresse.

(1) Le contraire vient d'être jugé par un arrêt de la Cour de Trèves du 19 mars 1811.

Les sieur et dame Hurth s'étoient, par acte notarié, reconnus débiteurs du juif Hirtz d'une somme assez considérable.

Après le décret relatif aux créances des Juifs, Hurth déclare par-devant notaires que l'obligation souscrite par lui et sa femme au profit de Hirtz est légitime, et que la somme qu'elle porte a été réellement fournie

Cependant, à l'échéance de l'obligation, les débiteurs invoquent le décret. Ils prétendent n'avoir pas pu renoncer au bénéfice de cet acte du Gouvernement;

---

dans le premier cas, le jugement ne peut être attaqué par aucune des parties, parce que toutes y ont consenti. (*Note de l'éditeur.*)

(1) Article de l'éditeur.

De l'Appel des Jugemens 91

et ils demandent que Hirtz soit tenu de faire la preuve ordonnée par le décret.

Hirtz soutient que, d'après la déclaration faite par Hurth, il ne peut y avoir lieu à la preuve testimoniale. Elle est ordonnée par un jugement interlocutoire.

Il produit la déclaration pour satisfaire au jugement, et s'en tient là. En définitif, le tribunal, faute par lui d'avoir fait la preuve ordonnée, déclare l'obligation nulle.

Hirtz interjette appel, tant du jugement interlocutoire que de celui définitif, et soutient que mal à propos on a ordonné une enquête sur un fait prouvé par écrit, et par un acte authentique.

On ne manque pas de le soutenir non-recevable dans l'appel de l'interlocutoire, non-seulement à raison de l'expiration du délai, mais sur-tout parce qu'il y avoit acquiescé en déclarant produire pour y satisfaire.

Il répond que l'article 451 du Code de procédure porte que l'appel d'un jugement interlocutoire POURRA *être interjeté avant le jugement définitif* ; qu'il résulte de ces termes que l'appel est purement facultatif, et que la loi ne l'interdit point après le jugement rendu sur le fonds.

La Cour adoptant ce motif, sans s'arrêter ni avoir égard à la fin de non-recevoir, infirma l'interlocutoire avec le jugement définitif, et déclara les intimés non-recevables dans leur demande principale.

Il n'est pas douteux que l'arrêt a bien jugé au fonds. Mais le motif qui a fait admettre l'appel me semble très-susbtile. Je crois qu'il est prudent d'interjeter appel de l'interlocutoire avant le jugement du fonds, et que l'exécution volontaire pourroit être regardée comme un acquiescement qui interdit le recours.

Quant aux réserves conseillées par l'auteur de cet ouvrage, elles ne peuvent être d'aucun secours. Des réserves faites avant l'exécution d'un jugement qu'on n'est pas contraint d'exécuter, ne servent à rien.

Il n'y a lieu à l'appel des jugemens préparatoires qu'après le jugement définitif, et conjointement avec l'appel de ce jugement, (*ibid.*) Mais l'exécution du jugement préparatoire ne porte aucun préjudice aux droits des parties sur l'appel, sans qu'elles soient obligées de faire à cet égard aucune protestation ni réserve, (*ibid*).

Mais il y a bien peu de cas où l'on puisse avoir un intérêt réel d'interjeter appel d'un jugement préparatoire, puisque ces jugemens ne décident rien.

Sur quel motif pourroit-on interjeter appel d'un jugement de remise ? Si les remises devenoient trop multipliées, il y auroit alors déni de justice, et il faudroit procéder en la forme prescrite pour ce cas.

Il y a un arrêt de la Cour de cassation qui a décidé qu'un jugement qui ordonnoit une mise en cause, étoit un interlocutoire dont on avoit pu interjeter appel; mais il y avoit dans l'affaire des circonstances particulières, d'après lesquelles ce jugement influoit véritablement sur le fonds. Dans les cas ordinaires, un jugement de mise en cause ne juge rien et ne peut faire aucun tort.

Autrefois on pouvoit interjeter appel d'une sentence qui ordonnoit un appointement en droit ; parce que cette instruction entraînoit des frais et des longueurs très-considérables.

Maintenant on ne peut point interjeter appel d'un jugement qui ordonne une instruction par écrit, parce qu'il n'a pas les mêmes inconvéniens.

185. Les jugemens rendus par la justice de paix sont-ils exécutoires par provision, nonobstant l'appel ? Il faut distinguer le cas où la condamnation est de 300 francs, et les autres cas.

Les jugemens de la justice de paix jusqu'à concurrence de 300 francs, sont de droit exécutoires, par provision, nonobstant l'appel, et sans qu'il soit besoin de fournir caution, (*art.* 17, §. 1.) En conséquence on ne peut pas obtenir de défenses d'exécuter.

Dans les autres cas, l'exécution provisoire n'a pas lieu de plein droit; mais elle peut être ordonnée, (*ibid.*) par le juge de paix ; d'où il suit que le tribunal supérieur peut accorder des défenses, s'il juge que l'exécution provisoire a été ordonnée mal-à-propos. Dans ces derniers cas, le juge de paix qui accorde l'exécution provisoire de son jugement, doit y imposer la charge de donner caution, (*ibid.* §. 2.)

Lorsque la condamnation est de chose dont la valeur est indéterminée, (si par exemple le défendeur est condamné à souffrir la servitude dans la possession de laquelle il a troublé le demandeur,) alors l'exécution provisoire n'a lieu qu'autant qu'elle est ordonnée, et à la charge de donner caution. La loi n'a établi l'exécution provisoire de droit, par la première disposition de l'*art.* 17, que dans le cas où la condamnation seroit de 300 francs : elle en ordonne autrement *dans les autres cas*, sans aucune distinction. Cette seconde disposition doit s'appliquer aux condamnations de choses dont la valeur est indéterminée.

186. Lorsque celui qui obtient gain de cause est tenu de donner caution, il ne peut mettre à exécution le jugement qu'après avoir présenté et fait recevoir sa caution.

Elle est reçue par le juge paix qui a rendu le jugement dont est appel.

Celui qui obtient gain de cause peut et doit, pour son intérêt, présenter sa caution au moment de la prononciation du jugement : faute par lui de la présenter, il lui faudra subir une nouvelle instance pour la réception de caution.

§. II. *De la Cassation.*

187. Les jugemens émanés de la justice paix ne sont pas sujets à cassation comme ceux des autres tribunaux, pour simple contravention à la loi, ou violation de la procédure : mais ils y sont sujets pour excès de pouvoir; (*loi du 27 ventose an 8; art.* 77.)

188. Y sont-ils sujets pour incompétence ?

La même loi les déclaroit (*ibid.*) sujets à cassation pour cause d'incompétence ; mais à cette époque, l'appel pour cause d'incompétence, n'étoit pas recevable. Maintenant que l'appel pour cause d'incompétence est toujours recevable, ainsi qu'il vient d'être expliqué, *pag.* 87, d'après l'art. 454 du Code de procédure civile, les jugemens émanés de la justice de paix ne sont pas susceptibles d'être attaqués par la voie extraordinaire de la cassation sur ce motif, puisqu'il existe une voie ordinaire, (l'appel) pour les faire réformer.

L'excès de pouvoir qui donne lieu à la cassation n'est pas celui résultant de l'incompétence; c'est celui qui existe sans incompétence. Le juge de paix excède ses pouvoirs en matière compétente, toutes les fois qu'il exerce en pareille matière des fonctions que la loi ne lui attribue pas.

La voie de cassation est ouverte au ministère public dans l'intérêt de la loi, même contre les jugemens de juge de paix, bien que les recours en cassation contre ces sortes de jugemens ne soit pas permis aux parties. (*Arrêt de la Cour de cass. du* 21 *avril* 1813.)

CHAPITRE V.

Du Bureau de Conciliation.

Nous examinerons successivement, 1.° pour quelles affaires il faut passer au bureau de conciliation, et devant quel bureau; 2.° la citation à donner; 3.° le procès-verbal à dresser.

SECTION PREMIÈRE.

Pour quelles affaires faut-il passer au bureau de conciliation, et devant quel bureau?

189. Dans toutes les matières qui excèdent la compétence du tribunal, le juge de paix forme un bureau de paix et de conciliation. La loi du 16-24 août 1790, *tit.* 10, *art.* 1, avoit réglé qu'il formeroit ce bureau avec deux assesseurs. Maintenant qu'il n'y a plus d'assesseur le juge de paix remplit seul les fonctions de conciliation. (*loi du* 29 *ventose an* 9, *art.* 2.)

L'assemblée constituante voulant tarir, s'il étoit possible, les procès dans leur source, a désiré que les parties comparussent devant un bureau de conciliation. C'est au demandeur à citer le défendeur pour y comparoître. Lorsque les membres du bureau parviennent à concilier les parties, le vœu de la loi est rempli : mais ce cas est infiniment rare. La non-conciliation a lieu, soit à cause du défaut de comparution du défendeur, soit parce que les parties présentes n'ont pas voulu se rapprocher. Dans ces deux cas, le législateur ne met pas d'obstacle à la poursuite des droits du demandeur. Il l'oblige seulement à joindre à l'exploit qu'il fait remettre au défendeur, la justification qu'il a satisfait à la loi, en ce qui concerne la conciliation. En conséquence, il doit être donné, avec l'exploit, copie du procès-verbal de non-conciliation, ou copie de la mention de non-comparution, à peine de nullité; (*art.* 65.)

190. *Règle générale.* « Aucune demande principale » introductive d'instance entre parties capables de » transiger, et sur des objets qui peuvent être la matière » d'une transaction ne doit être reçue dans les tribunaux » de première instance, que le défendeur n'ait été » préalablement appelé en conciliation devant le juge » de paix ou que les parties n'y aient volontairement » comparu ; *Cod. proc. civ.* » (*art.* 48.)

Le législateur a voulu prévenir les procès en ordonnant la comparution préliminaire au bureau de paix. Mais elle devient superflue toutes les fois que la conciliation n'est pas possible. En conséquence pour qu'il y ait lieu à la citation, il faut, comme on vient de le voir dans l'article cité, la réunion de trois circonstances.

1.º Que la demande soit principale et introductive d'instance ; il n'y a pas lieu de prévenir une instance qui subsiste déjà.

2.º Que la demande projetée ait lieu entre parties capables de transiger ; celui qui est incapable de transiger proposeroit vainement de se concilier, il n'offre aucune sûreté à son adversaire.

3.º Que l'objet de la contestation puisse être la matière d'une transaction ; autrement il ne peut en résulter entre les parties une conciliation solide.

191. C'est d'après ces vues que la loi a dispensé nombre de demandes du préliminaire de la conciliation.

L'article 49 en dispense spécialement.

Primo. « Les demandes qui intéressent l'état et le
» domaine, les communes, les établissemens publics,
» les mineurs, les interdits, les curateurs aux suc-
» cessions vacantes, (*art.* 49) ». Elles ne pourroient
être l'objet d'une transaction : vainement donc on citeroit
en conciliation.

192. Secundo. « Les demandes qui requièrent célérité,
» (*ibid.*) » ; le préliminaire de la conciliation ne serviroit
qu'à retarder la décision qui est instante.

Tertio. « Les demandes en intervention ou en ga-
» rantie, (*ibid.*) » Les premières ne sont ni introductives d'instance ni principales : les secondes sont
à la vérité demandes principale contre le garant ; mais
elles ne sont pas introductives d'une instance nouvelle, parce que le garant est attiré dans l'instance déjà
subsistante.

193. Quarto. « Les demandes en matière de com-
» merce, (*ibid.*) », soit celles qui sont intentées devant
les tribunaux de commerce ; soit celles qui, à défaut de
tribunal spécial pour les affaires de commerce, sont
portées devant les tribunaux civils ordinaires. La loi dit,
les demandes en matière de commerce, sans distinguer
le tribunal où elles sont portées.

194. Quinto. « Les demandes de mise en liberté,
» (*ibid.*) » ; il ne peut y avoir d'objet plus instant.
— « Les demandes en matière de saisie, ou opposi-
» tion, en paiement de loyers, fermages ou arrérages
» de rentes ou pensions, (*ibid.*) — Les demandes des
» avoués en paiement de frais ».

195. Sexto. « Les demandes formées contre plus
» de deux parties, encore qu'elles aient le même in-
» térêt, (*ibid.*) » Il n'est pas à présumer que quatre
personnes, ou plus, puissent s'accorder sur le champ
à une conciliation ; la conformité d'intérêt n'empêche
pas que le refus de l'un ne mette obstacle à la conciliation des autres.

196. Septimo. « Les demandes en vérification d'é-
» criture, en désaveu, (*ibid.*) », l'honneur ne permet
pas au défendeur de pouvoir se concilier. — « Les

» demandes en réglemens de juges, en renvoi, en prise
» à partie, (*ibid.*) » ; ces demandes intéressent l'ordre
public, sur lequel on ne peut transiger. — « Les de-
» mandes contre un tiers-saisi, (*ibid.*) » ; il ne peut pas
transiger sur la déclaration à faire de ce qu'il doit. —
« Les demandes sur les saisies, sur les offres réelles,
» (*ibid.*) — Les demandes sur la remise des titres,
» sur leur communication, (*ibid.*) — Les demandes
» en séparation de biens, (*ibid.*) » ; et pareillement les
demandes en séparation de corps. Il importe à la société
entière que l'union conjugale soit maintenue conformément à la nature du lien et à la convention première
des parties. D'ailleurs comme les séparations soit de
biens, soit de corps ne peuvent s'opérer par le consentement des parties, elles ne peuvent transiger sur ce
point. Donc il ne peut y avoir de conciliation. — « Les
» demandes sur les tutelles et curatelles, (*ibid.*) » ; la
surveillance des biens des mineurs intéresse l'ordre public, et *privatorum parcis juri publico derogari nequit*.
Par conséquent point de conciliation possible.

« Enfin toutes les causes exceptées par les lois,
» (*ibid.*) » Par où l'on voit que les exceptions ci-dessus
détaillées, d'après l'article 49 du Code de procédure
civile, ne sont pas les seules ; et qu'il en existe d'autres,
décrétées pour des cas particuliers. C'est ainsi que
l'article 718 du même Code dispense du préliminaire
de conciliation toute contestation incidente à une
poursuite de saisie immobilière.

197. La loi du 6-27 mars 1791, dispensoit du préliminaire de conciliation le créancier demandeur en
paiement, lorsque le débiteur manquoit de payer à l'é-
chéance convenue devant le bureau de paix. Quoique
cette disposition ne soit pas répétée dans le Code de
procédure civile, elle est de droit. Il y a eu originairement comparution au bureau de paix. La dette a
été reconnue. Le débiteur ayant manqué au délai convenu, il doit être poursuivi sans essai d'une nouvelle conciliation, qu'on peut regarder comme impossible, parce
que le créancier refusera de se prêter à un nouveau délai.

Dans tous les cas où il n'y a pas lieu à comparution au bureau de conciliation, le juge de paix devroit refuser sa cédule, si elle lui étoit demandée.

Dans les mêmes cas, la non-comparution de celui qui seroit appelé, ne peut donner lieu à l'amende; et si elle étoit prononcée, le receveur ne pourroit pas en poursuivre valablement le paiement.

198. Le bureau de paix devant lequel on doit citer en conciliation, varie suivant la nature de l'affaire qu'on se propose de poursuivre.

Le défendeur doit être cité,

Primo. En matière personnelle et réelle, devant le juge de paix de son domicile, (*art*. 50.)

Le sens de la loi n'est pas, en matière personnelle et réelle tout à la fois qu'on appele *personnelle-réelle*, mais en matière *personnelle* et en matière *réelle*.

En matière réelle, l'ajournement doit être donné devant le tribunal de la situation de l'objet litigieux, (*art*. 59); en matière mixte, il est donné, (*ibid.*) devant le juge de la situation, ou devant le juge du domicile; néanmoins, dans ces deux cas, la citation en conciliation doit être donnée devant le juge de paix du domicile du défendeur.

Germain, demeurant à Meaux, et Philippe, demeurant à Versailles, sont propriétaires chacun d'une maison, sise à Paris, en la cité, et voisine l'une de l'autre. Germain réclame sur la maison de Philippe une servitude interrompue depuis plusieurs années. L'action est réelle. L'ajournement doit être donné au tribunal civil de Paris; mais la citation en conciliation doit être donnée devant le juge de paix de Versailles.

199. Lorsqu'il y a deux défendeurs, il faut de nécessité les citer devant le même bureau de paix. Il n'y a que la comparution simultanée de toutes les parties intéressées qui puisse amener la conciliation.

S'il y a plus de deux défendeurs, la conciliation n'a plus lieu.

Cette citation devant le même bureau de paix ne souffre aucune difficulté, lorsque les défendeurs sont tous demeurans dans le même canton.

Mais lorsqu'ils sont domiciliés dans des cantons différens, on ne peut les réunir tous, en citant chacun devant le juge de paix de son domicile. Dans ce cas, la loi permet au demandeur de les citer tous au bureau du domicile de l'un d'eux, à son choix, (*ibid.*).

200. SECUNDO. « En matière de société autre que celle » de commerce, tant qu'elle existe, devant le juge » (de paix) du lieu où elle est établie (*ibid.*) ».

Observez que cela n'a lieu que pour les demandes formées contre le corps de la société en nom collectif. A l'égard de celles qui n'intéressent que quelqu'un des associés individuellement, il faut le citer devant le juge de son domicile.

La loi dit *autre que celle de commerce*, parce qu'en matière de commerce il n'y a pas lieu à citer en conciliation, ainsi qu'il a déjà été dit.

La loi dit *tant qu'elle existe*. Ainsi la société étant dissoute, la citation en conciliation contre les différens associés suit les règles communes. Elle est donnée devant le juge de paix de leur domicile, s'ils sont tous domiciliés dans le même canton ; s'ils sont domiciliés dans des cantons différens, elle sera donnée devant le juge de paix du domicile de l'un d'eux au choix du demandeur.

201. TERTIO. En matière de succession, la citation en conciliation est donnée devant le juge de paix du lieu où la succession est ouverte,

1.º Sur les demandes entre héritiers, jusqu'au partage inclusivement, (*art.* 50).

2.º Sur les demandes qui seroient intentées par les créanciers du défunt, avant le partage, (*ibid.*).

3.º Sur les demandes relatives à l'exécution des dispositions à cause de mort, jusqu'au jugement définitif, (*ibid.*).

Ces règles pour la citation en conciliation sont les mêmes pour l'ajournement devant les tribunaux, (*art.* 59) : hors les trois cas ci-dessus marqués, la citation et l'ajournement en matière de succession, suivent la règle générale.

Section II.

De la citation.

202. La citation en conciliation avoit lieu autrefois en vertu d'une cédule qui étoit délivrée par le juge de paix au demandeur ou à son fondé de pouvoir, (*loi du 26 ventose an* 4 , *art.* 4). Maintenant elle a lieu sans cédule. Le Code de procédure civile n'en a pas prescrit la nécessité.

La citation doit énoncer sommairement l'objet de la conciliation, (*cod. de proc. civ.*, *art.* 52). Elle doit désigner le jour et l'heure de la comparution.

Elle a beaucoup de rapport avec l'ajournement : elle en diffère principalement en ce que le citant, au lieu de requérir la comparution du cité, à l'effet qu'il soit condamné à . . . . . , la requiert à l'effet de se concilier, si faire se peut, sur la demande qu'il se propose de former contre lui, tendante à ce que . . . . .

203. La citation est donnée par l'huissier de la justice de paix du défendeur, (*art.* 52 *ibid.*)

Elle est par lui donnée exclusivement à tous autres. Voyez ce qui a été dit ci-dessus, *pag.* 45, pour la citation contentieuse ; et qui reçoit ici son application.

Elle est sujette au droit d'enregistrement.

204. Le délai de la citation est de trois jours au moins (*art.* 51 *ibid.*)

Ces trois jours sont francs. La citation du premier doit être donnée, pour comparoître au plutôt le 5.

Le délai de trois jours suffit quand le cité est domicilié dans le canton de la justice de paix au bureau de laquelle il est cité, ou dans la distance de trois myriamètres de la commune en laquelle il doit comparoître. S'il se trouve domicilié au-delà de cette distance, il faut ajouter un jour de plus par distance de trois myriamètres : il convient d'adopter pour la citation en conciliation l'augmentation de délai décrétée, (*art.* 5 , *ibid.*) pour la citation judiciaire.

205. La loi du 16-24 août 1790 , *tit.* 10 , *art.* 6 , avoit réglé que la citation suffisoit *seule* pour autoriser

les actes conservatoires, lorsque d'ailleurs ils étoient légitimes : ainsi l'on pouvoit, après la citation, faire ces actes sans permission du juge. Mais le Code de procédure civile ne contient pas de disposition semblable. En conséquence, ces actes faits depuis la citation, restent sujets à l'autorisation du juge, dans les cas où elle est nécessaire.

206. La citation faite devant le bureau de conciliation, a deux effets principaux.

PRIMO. Elle interrompt la prescription, (*Code de procédure civ., art.* 57), sous la condition portée en cet article.

Anciennement, sans aucun préliminaire nécessaire, on pouvoit former la demande tel jour qu'on vouloit, même le dernier jour que la prescription auroit pu s'accomplir. Il n'en est pas de même maintenant, parce que l'ajournement doit être précédé d'une citation au bureau de paix. Cette citation n'est pas une demande; elle est un simple projet de demande : ainsi, de sa nature, elle ne suffit pas pour interrompre la prescription.

Il ne seroit pas juste, néanmoins, que la prescription pût courir contre celui qui a rempli le préliminaire exigé par la loi pour l'exercice de l'action qu'il se proposoit d'intenter, et qu'il a effectivement intentée depuis. Aussi le législateur a-t-il décidé que la citation auroit l'effet d'interrompre la prescription, lorsqu'elle auroit été suivie d'ajournement, (*ibid.*)

Lorsque la citation n'a pas été suivie d'ajournement, le cité a reconnu devant le bureau de paix le droit réclamé par le citant, ou ne l'a pas reconnu.

Au premier cas, la reconnoissance du cité anéantit toute prescription.

Au second cas, le défaut d'ajournement subséquent fait regarder le projet de poursuite, comme peu sérieux ou comme abandonné : ce qui a déterminé le législateur à ne pas donner, en pareille circonstance, à la citation l'effet d'interrompre la prescription.

207. Quel est l'espace de temps, au bout duquel le

défaut d'ajournement subséquent fait regarder le projet de poursuite comme peu sérieux ou comme abandonné ?

La loi des 14 et 18-26 octobre 1790 ne l'avoit pas déterminé. Il restoit à la prudence du juge de l'arbitrer suivant les circonstances ; ce qui pouvoit donner lieu à beaucoup de difficultés pour les apprécier. Le Code de procédure l'a fixé. La citation en conciliation ne peut interrompre la prescription, qu'autant que la demande est formée dans le mois, à dater du jour de la comparution ou de la non-conciliation, (*ibid.*)

SECUNDO. La citation fait (*ibid.*) courir les intérêts. Cette disposition est nouvelle. Le législateur s'y est déterminé par la considération que le préjudice causé au créancier par le retard du débiteur, est présumé du moment qu'il se met en mesure d'en poursuivre le paiement.

Si la demande projetée n'est pas suivie, il est à croire que le préjudice n'existoit pas : en conséquence, la citation ne fait courir les intérêts que dans le cas auquel la demande est formée dans le mois, à dater du jour de la non-comparution ou de la non-conciliation.

208. Peut-on valablement former sa demande après le mois, sans nouvel essai de conciliation ?

Le titre des ajournemens, (*art.* 59 *et suiv.*) ne s'explique pas sur cette question. L'article 57, ne se prononce pas en termes formels pour la négative ; mais tel est évidemment son esprit. Au bout de ce mois, il refuse à la citation en conciliation les effets d'interrompre la prescription, de faire courir les intérêts : ce refus est fondé sur ce que le projet de poursuite est considéré comme peu sérieux ou comme ayant été abandonné. On doit par la même raison, lui refuser l'effet de servir de préliminaire à la demande. Ce n'est plus l'ancien projet qu'on suit ; c'est une nouvelle demande projetée, pour laquelle il faut un nouvel essai de conciliation.

209. Les parties peuvent comparoître en conciliation sans citation. Aucune loi n'exige la citation, à peine de nullité de la comparution. Il faut alors que le procès-

Du bureau de Conciliation.

verbal fasse une mention détaillée de la demande qu'on se propose de former.

En cas de non-conciliation, cette comparution volontaire sera utile au demandeur, à l'effet de poursuivre son droit devant le tribunal civil, par un exploit en tête duquel il fera notifier le procès-verbal de cette comparution.

Un juge de paix ne peut établir par mesure générale et réglementaire, que son huissier ne donnera de citation qu'après que lui, juge de paix, en aura donné l'autorisation. (*Arrêt de la Cour de cass. du 7 juillet* 1817.)

SECTION III.
Du procès-verbal

210. LES parties comparoissent en personne au bureau de conciliation, (*art.* 53.) En cas d'empêchement : elles comparoissent par un fondé de pouvoir, (*ibid.*)

211. Il est dans le vœu du législateur que les parties comparoissent en personne, autant qu'il est possible, parce qu'on se détermine plus aisément à sacrifier ses droits personnels que ceux de son mandant.

Cependant la loi n'exige point la preuve de l'empêchement. Les parties peuvent se faire représenter sans en donner aucun motif, et le juge de paix n'est pas en droit d'en demander.

C'est par cette raison que la loi du 6-27 mars 1791, avoit cherché à faciliter le moyen de la comparution, à celui qui seroit exposé à l'exécution d'une contrainte par corps, pour cause civile : en ce cas, le juge de paix pouvoit lui donner un sauf conduit, (*art.* 23,) au moyen duquel il ne pouvoit être arrêté ni le jour fixé pour sa comparution, ni pendant son voyage pour aller au bureau de paix ou s'en retourner. Le Code de procédure civile ne contient pas de dispositions pareilles. L'article 782, ne met pas le juge de paix au nombre des fonctionnaires qui peuvent en délivrer : ainsi il ne peut plus en accorder ; c'est à celui qui se trouve sujet à une contrainte par corps, à se faire représenter par un fondé de pouvoir.

212. Le pouvoir donné par la partie qui ne juge pas à propos de comparoître en personne, doit être suffisant à l'effet de transiger, sans quoi la comparution du fondé de pouvoir seroit absolument inutile. La loi du 6-27 mars 1791, (*art.* 16,) en contenoit une disposition expresse. Comme elle résulte de la nature même de l'objet de la comparution au bureau de paix, elle a encore lieu présentement, quoique le Code de procédure ne s'en soit pas expliqué.

Observez que le pouvoir général le plus étendu, ne confère le pouvoir de transiger, qu'autant qu'il contient une mention expresse du mot *transiger* ou autre équivalent.

Dans les procurations générales, le pouvoir général de transiger suffit : dans les procurations particulières, il faut un pouvoir spécial à l'effet de se concilier sur l'affaire dont il s'agit.

Voyez ce qui a été dit, ci-dessus *(pag.* 48 *)*, sur le pouvoir donné à l'effet de procéder, devant le juge de paix, en matière contentieuse ; tout cela s'applique au pouvoir donné à l'effet de comparoître au bureau de conciliation.

213. Au jour indiqué pour la comparution au bureau de conciliation, l'une des parties peut manquer. Il est fait mention de sa non-comparution sur le registre du greffe de la justice de paix, *(art.* 58. *)* — Il en est aussi fait mention sur l'original ou la copie de la citation, *(ibid.)* — Au moyen de ces mentions, il n'est plus besoin de dresser procès-verbal, comme on le faisoit autrefois.

Celles des parties qui ne comparoît pas est condamnée à une amende de dix fr., *(art.* 56,) et toute audience lui est refusée jusqu'à ce qu'elle ait justifié de la quittance, *(ibid.)*

214. Lorsque c'est le citant qui fait défaut, la citation devient caduque. S'il veut intenter sa demande, il faut qu'il donne une nouvelle citation. Peut-il prétendre avoir rempli par la première, le vœu de la loi, lorsque

par son défaut de comparution, il a mis lui-même obstacle à la conciliation à laquelle il étoit obligé d'essayer de parvenir? Il faut répondre que non. Il ne pourra point assigner sans avoir cité de nouveau? Par cette raison, le cité présent n'a pas intérêt qu'on fasse mention sur sa copie du défaut de comparution du citant. On peut l'omettre sans inconvénient; mais il est indispensable de faire cette mention sur le registre, à cause de l'amende qui est encourue.

215. Lors de la comparution, le demandeur peut expliquer, même augmenter sa demande, (*art.* 54.) — Le défendeur peut, de son côté, former celles qu'il jugera convenables, (*ibid.*) — Il est dressé procès-verbal de ces différentes demandes, (*ibid.*)

Si l'une des parties défère le serment à l'autre, le juge de paix le recevra, ou il fera mention du refus de le prêter, (*art.* 55.)

Mais quel sera l'effet, soit de la prestation de ce serment, soit du refus de le prêter? C'est ce que la loi ne dit pas.

Lorsque le serment est prêté devant un juge compétent, il détermine le gain de la cause pour celui qui le fait. Lorsqu'il est refusé, il entraîne la condamnation de celui qui ne veut pas le faire.

Mais le juge de paix n'est pas autorisé à prononcer. Il ne peut que constater les faits. Il faut donc toujours aller devant le tribunal. Celui-ci, doit-il, sur le vû du procès-verbal, condamner *de plano*, et sans instruction l'une ou l'autre partie? Alors il étoit inutile d'appeler ou de se présenter devant lui.

La comparution devant le juge de paix au bureau de conciliation n'est qu'une opération préparatoire. Le serment déféré prêté ou refusé ne paroît pas pouvoir être d'une autre nature. Tel est même l'esprit de la loi puisqu'elle n'autorise pas le juge de paix à prononcer; donc ce qui s'est passé devant le juge de paix n'enchaîne point la conscience du tribunal auquel l'affaire va être soumise. Si la partie qui a prêté le serment au bureau de paix ne l'invoque point, et que l'autre ne le défère plus, l'affaire doit s'instruire et se juger à l'ordinaire. Si la prestation de serment est invoquée, la partie qui l'a déféré au bureau de paix peut revenir sur ses pas, et refuser de le déférer devant le tribunal; parce que tant que le serment n'est pas irrévocable, elle peut varier.

Il faut décider de même dans le cas où, sur la délation du serment devant le juge de paix, il a été refusé. Ce refus n'emporte point condamnation si l'adversaire ne le défère pas de nouveau.

C'est aussi ce qui a été jugé par un arrêt de la Cour de cassation du 17 juillet 1810, rapporté au journal du palais 2.ᵉ semestre 1810, art. 129, page 433.

Une dame Lavite, débitrice d'un sieur Moreau en vertu d'un titre écrit, prétendant, après la mort de ce dernier, s'être libéré envers lui, fit citer sa femme et ses enfans en conciliation sur la demande qu'elle entendoit former contre eux, afin de quittance et de restitution du titre. Les parties comparurent et la dame Lavite déféra le serment qui fut refusé.

Elle fit assigner pour voir dire, qu'attendu le refus de prêter le serment, les paiemens par elle articulés seroient tenus pour avérés, et que le titre lui seroit restitué.

Un jugement interlocutoire donna lieu à un appel en la cour de Dijon qui infirma, et évoquant le principal, attendu que le juge de paix n'a aucun caractère pour rendre irrévocable le refus de prêter le serment, condamna la femme Lavite à payer, aux offres faites par la veuve et héritiers Moreau d'affirmer qu'ils n'avoient pas connoissance des paiemens allégués.

La veuve Lavite se pourvut en cassation. Elle prétendit que les articles 1360, 1361 et 1364 du Code civil avoient été violés; que le refus fait du serment devant le juge de paix devoit emporter la condamnation.

Mais son pourvoi fut rejeté, attendu que les articles invoqués ne peuvent s'appliquer qu'au serment judiciairement déféré et refusé.

216. Les parties s'étant respectivement expliquées, il en résultera conciliation ou défaut de conciliation.

Du Bureau de Conciliation.

S'il n'en résulte pas de conciliation, le procès-verbal fait sommairement mention que les parties n'ont pu s'accorder, (*ibid.*)

2 7. S'il en résulte une conciliation entre les parties, le procès-verbal contiendra les conditions de leur arrangement, (*ibid.*)

Le procès-verbal sera alors signé des parties; où si elles ne savent pas signer, il en sera fait mention. Il n'y a que la signature ou la mention qui en tient lieu qui puissent donner force d'obligation aux paroles portées de part et d'autres. Elles sont jusques là de simples propositions dont les parties peuvent se départir à leur gré.

On opposeroit mal à propos que la signature n'est pas nécessaire, n'étant pas exigée par l'article cité. Quoique la loi n'exige pas ici la signature, elle n'en est pas moins nécessaire, parce qu'elle constate la preuve que les propositions faites ont été définitivement arrêtées entre les parties.

218. Dans l'origine des justices de paix, quelques-uns ont pensé que les conventions arrêtées en bureau de paix n'étoient pas une convention parfaite, mais un simple projet qui avoit besoin d'être rédigé dans un acte subséquent. L'opinion contraire avoit prévalu. Il paroit, par l'exposé des motifs, que la première n'étoit pas généralement abandonnée; on y lit : « Deux points
» faisoient difficulté. Quel est l'effet des conventions
» des parties au bureau de conciliation ?..... On a pensé
» sur le premier, que ces conventions devoient avoir
» force d'obligation... On ne pouvoit pas évidemment
» leur refuser cet effet, puisque deux hommes jouis-
» sant de leurs droits, pouvant terminer entre eux leurs
» différens... ne doivent pas être moins libres parce
» qu'ils sont devant le juge ».

2 9. Les conventions des parties insérées au procès-verbal ont force d'obligation privée, (*cod. de proc. civ.* art. 54.)

L'obligation qui résulte de ces conventions ayant force d'obligation privée, n'a pas l'avantage des obligations notariées. Elle ne peut être délivrée en forme exécutoire. Elle ne peut être le fondement d'une exécution sans condamnation préalable. Elle ne produit pas d'hypothèque ; et vainement on la stipuleroit, la loi n'ayant accordé qu'aux actes notariés, (*Cod. civ. art.* 2127), la faculté de pouvoir contenir une stipulation valable d'hypothèque.

Dans l'origine, les transactions en bureau de paix conféroient l'hypothèque générale que la législation d'alors faisoit résulter des actes reçus par les fonctionnaires publics à ce préposés, ainsi que nous l'avons établi dans notre code hypothécaire, à la note de l'art. 3 de la loi sur le régime hypothécaire. Sous la loi du 11 brumaire an 7, ces actes ne conféroient pas l'hypothèque. Cette loi, créatrice d'un régime tout-à-fait nouveau, n'en faisoit pas résulter l'hypothèque. Nous avions exprimé, dans notre première édition, le vœu que le législateur conférât à la transaction passée en bureau de paix, à l'instar des jugemens, l'hypothèque générale sur les biens présens de l'obligé, parce qu'elle est, à certains égards, un jugement volontaire consenti par les parties qui sont sur le point de plaider ; mais d'autres considérations ont déterminé à lui refuser toute hypothèque.

220. Quoique l'obligation résultante de la convention arrêtée au bureau de paix n'ait que la force d'obligation privée, l'acte qui la contient n'en est pas moins un acte authentique. Suivant l'article 1317 du Code civil. « L'acte authentique est celui qui a été reçu par
» des officiers publics ayant le droit d'instrumenter dans
» le lieu où l'acte a été rédigé, et avec les solennités
» requises ». L'acte rédigé au bureau de paix, avec les solennités requises, est reçu par un officier public ayant droit d'instrumenter dans le lieu où il a été rédigé ; il est donc authentique.

En vain, pour soutenir qu'il est un acte privé et non-authentique, invoqueroit-on l'exposé des motifs qui porte : « On n'auroit pu attribuer aux conventions des
» parties le caractère d'un acte public, sans porter une
» atteinte grave aux fonctions des notaires établis pour

» donner l'authenticité aux actes ». Le sens de cette phrase, dont la rédaction n'a pas été assez soignée, est qu'on n'a pas voulu donner atteinte aux droits des notaires, en communiquant aux transactions en bureau de paix les prérogatives de l'acte notarié : mais il n'est pas vrai que la transaction en bureau de paix soit un acte purement privé et non authentique ; autrement ce seroit détruire l'art. 1317 du Code civil. Le Code de procédure pourroit, à la vérité, contenir une dérogation à ce Code; mais il n'en contient pas; il s'est contenté de dire, (*art.* 54), que les conventions insérées au procès-verbal (qui est un acte public et authentique), n'auroient néanmoins, entre les parties, que *la force d'une obligation privée*.

221. Les actes rédigés en bureau de paix étant publics et authentiques, il en résulte plusieurs conséquences.

1.º La mention du juge de paix que l'une des parties a déclaré ne pouvoir ou ne savoir signer, vaut signature; ce qui ne peut avoir lieu dans un acte privé.

2.º Un seul original de l'acte suffit, parce qu'il reste dans un dépôt public. Il n'est pas besoin qu'on en fasse autant d'originaux qu'il y a de parties ayant un intérêt différent.

3.º Celui qui veut poursuivre n'a pas besoin d'assigner en reconnoissance d'écritures. Les signatures sont authentiques. On ne peut les attaquer que par la voie de l'inscription de faux.

222. La transaction en bureau de paix n'ayant force que d'obligation privée, l'une des parties peut-elle former contre l'autre demande judiciaire tendante à ce qu'il en soit rédigé acte devant notaire ?

L'auteur du nouveau style de la procédure civile se décide pour l'affirmative. (*page* 53.)

Nous estimons, au contraire, que pareille demande ne peut être formée qu'autant que la convention en contiendroit la clause expresse. Hors ce cas, cette demande est une vexation qui doit être écartée. Elle ne peut produire au requérant le bénéfice de l'hypothèque pour laquelle il faut une stipulation expresse dans l'acte notarié. Elle auroit pour but de donner à la convention la force exécutoire. Mais de quel droit peut-il requérir qu'on donne la force exécutoire à un acte qui, de sa nature, ne doit pas en être revêtu? De quel droit veut-il inquiéter son adversaire, tant que celui-ci ne fait rien de contraire à la convention arrêtée.

223. Les originaux des citations doivent être remis, (26 vent. an 4, art. 7) au greffier de la justice de paix; et les affaires sont expédiées, (ibid.) suivant les dates, par ordre de priorité.

C'est ce même officier qui tient la plume au bureau de conciliation. Il doit signer les minutes des procès-verbaux.

C'est lui qui délivre les expéditions aux parties requérantes. Elles sont signées, comme celles des jugemens, par lui et le juge de paix; mais ces expéditions ne peuvent être délivrées en forme exécutoire.

CHAPITRE VI.

Des fonctions du juge de paix qui ne tiennent ni au contentieux, ni à la conciliation.

Ces fonctions sont principalement les conseils de famille et les scellés. On traitera des autres dans une troisième section.

SECTION PREMIÈRE.

Du conseil de famille.

224. Le conseil de famille a lieu pour ce qui concerne la surveillance de la personne et des biens des mineurs, des insensés, ou furieux.

Le conseil de famille, dans les cas où il y a lieu, est convoqué sur la réquisition et à la diligence des parens du mineur, de ses créanciers, ou d'autres parties intéressées; (*Code civ.*, art. 406.)

Le convoquant s'adresse au juge de paix, et en requiert cédule.

A défaut de parens ou autres, le juge de paix du

Du Conseil de famille.

domicile du mineur peut d'*office*, et à sa poursuite, convoquer le conseil de famille, (*ibid.*) La loi autorise toute personne à lui dénoncer le fait qui donne lieu à la nomination d'un tuteur, (*ibid.*)

La convocation par cédule n'est pas nécessaire, quand les parens prennent, de concert, jour avec le juge de paix pour tenir l'assemblée.

225. Sous la loi du 16-24 août 1790, le juge de paix étoit étranger aux délibérations de la famille. Il ne pouvoit y coopérer. La loi ne lui donnoit pas de pouvoir à cet égard. Sa mission se bornoit à recevoir le résultat de la délibération, lorsqu'elle étoit terminée, et à en rédiger l'acte dont il ne pouvoit même point ordonner l'exécution. Il n'en est plus de même maintenant. Il est membre nécessaire du conseil de famille, qui ne peut délibérer hors sa présence et sans son concours. (*Code civil, art.* 407.)

Le juge de paix du domicile du mineur est tellement membre essentiel et président né de tous les conseils de famille, que lorsqu'une délibération à laquelle il a déjà pris part, est annullée, le fonds peut être soumis de nouveau à une assemblée convoquée et présidée par lui. (*Arrêt de la de Cour Paris, du* 6 *octobre* 1814.)

Le conseil de famille est composé, outre lui, de six parens ou alliés pris tant dans la commune où la tutelle est ouverte, que dans la distance de deux myriamètres, (*Code civ., art.* 407.)

Ces parens doivent être choisis moitié du côté paternel, moitié du côté maternel, et suivant l'ordre de proximité de chaque ligne, (*ibid.*)

Le parent est préféré à l'allié du même degré, et parmi ces parens de même degré, le plus âgé à celui qui l'est moins, (*ibid.*)

S'il manque des parens de l'un des deux côtés, on y suppléera par des amis. — On peut y suppléer aussi par des parens du premier côté. Ils sont préférables à des étrangers : mais la loi n'y oblige pas (1).

---

(1) C'est une question. Elle a été déjà agitée, mais non

Lorsque le juge de paix s'est conformé pour la composition du conseil de famille à l'article 407 du Code civil, il ne peut pas être contraint par des parens plus proches, mais domiciliés hors du rayon déterminé par cet article, de les admettre au conseil de famille. (*Arrêt de la Cour de Rouen, du* 29 *novembre* 1816.)

Les juges peuvent annuller la délibération d'un conseil de famille pour contravention aux dispositions de l'article 407 du Code civil, relatives à sa composition et à sa convocation, notamment si des amis ont été appelés lorsqu'il y avoit des parens. (*Arrêt de la Cour d'Angers, du* 29 *mars* 1821.)

226. Les frères germains du mineur et les maris des sœurs germaines sont seuls exceptés de la limitation à six personnes, (*art.* 408.)

S'ils sont six ou au-delà, ils seront tous membres du conseil de famille, (*ibid.*) — Ils le composeront seuls avec les veuves d'ascendans et les ascendans valablement excusés s'il y en a, (*ibid.*)

S'ils sont en nombre inférieur, les autres parens ne seront appelés que pour compléter le conseil.

227. Lorsque les parens ou alliés de l'une ou de l'autre ligne ne se trouvent pas en nombre suffisant sur les lieux, ou dans la distance désignée par l'article 404, le juge de paix peut appeler, soit des parens ou alliés domiciliés à de plus grandes distances, soit, dans la commune même, des citoyens connus pour avoir eu des relations habituelles d'amitié avec le père ou la mère du mineur, (*ibid.*, *art.* 409.),

Le juge de paix peut, lors même qu'il y auroit sur

---

résolue. L'intention du législateur est évidemment de balancer les deux lignes, et d'empêcher la prépondérance de l'une sur l'autre. Aussi la loi dit-elle, d'une manière absolue, à défaut de parens dans l'une des deux lignes, il y sera suppléé par des amis, ensorte qu'elle paroît exclure les parens de l'autre ligne. Il a seulement été jugé que les parens réunissant les deux lignes, pouvoient être appelés indifféremment pour l'une ou pour l'autre.

les lieux un nombre suffisant de parens ou alliés, permettre de citer à quelque distance qu'ils soient domiciliés, des parens ou alliés plus proche en degré ou de même degré que les parens ou alliés présens, *(ibid., art.* 410) : — de manière toutefois que cela s'opère en retranchant quelques-uns de ces derniers, et sans excéder le nombre réglé. *(ibid.)*

228. Quel délai faut-il observer entre la citation notifiée, et le jour indiqué pour la réunion du conseil de famille ?

La loi du 16-24 août 1790 ne l'avoit pas fixé, ainsi qu'il a été observé en la première édition : mais cette omission a été réparée par le Code de procédure civile. L'intervalle doit être de trois jours au moins pour les personnes citées qui résident dans la commune ou dans la distance de deux myriamètres, *(ibid, art.* 411.*)*

Quant aux personnes domiciliées au-delà de cette distance, l'intervalle sera augmenté d'un jour par trois myriamètres, *(ibid.)*

Le juge de paix déterminera dans sa cédule le jour de la réunion : mais il le réglera de manière que le citant puisse observer les délais qui viennent d'être marqués, *(ibid.)*

Si tous les convoqués sont domiciliés dans l'étendue de la commune ou dans la distance de deux myriamètres, il laissera entre la cédule et la réunion un intervalle au moins de quatre jours francs ; savoir : le lendemain pour donner la citation, et les trois jours de délai à accorder à chaque convoqué.

S'il y en a qui demeurent au-delà de deux myriamètres de la commune, le juge de paix laissera entre la cédule et la réunion, outre les quatre jours ci-dessus, autant de fois deux jours qu'il y aura de distances de trois myriamètres ; savoir : un jour de plus pour envoyer sur les lieux, et un autre jour pour l'augmentation du délai à accorder au convoqué. — Ce qui fait un intervalle de six jours, si l'un des convoqués demeure à trois, quatre ou cinq myriamètres de la commune ; un intervalle de huit jours, si l'un des convoqués demeure

8

à six, sept et huit myriamètres de la commune; et ainsi de suite.

229. Les parens, alliés ou amis convoqués, sont tenus de se rendre en personne, ou de se faire représenter par un mandataire spécial, (*ibid.*, art. 412).

Le fondé de pouvoir ne peut représenter plus d'une personne, (*ibid.*) — S'il se présente un fondé de pouvoir de plusieurs convoqués, le juge de paix est autorisé à le refuser.

230. Tout parent, allié ou ami convoqué, et qui, sans excuse légitime, ne comparoît pas, encourt une amende, (*ibid.*, art. 413).

Elle ne peut excéder 50 fr., (*ibid.*)

Elle est prononcée par le juge de paix, (*ibid.*)

Il n'y a point d'appel de l'ordonnance qui prononce cette condamnation, (*ibid.*) Mais le juge de paix peut la révoquer, si le parent défaillant justifie son absence par de justes causes.

231. Le juge de paix peut ajourner ou proroger l'assemblée des parens convoqués en conseil de famille, toutes les fois que l'intérêt du mineur semble l'exiger, (*Code civil*, art. 414.)

Il peut l'ajourner spécialement, 1.° lorsqu'il convient d'entendre le membre absent qui fait présenter une excuse suffisante; 2.° lorsqu'il convient de le remplacer.

232. L'ajournement est indispensable, toutes les fois que les membres présens ne sont pas en nombre suffisant pour délibérer.

Ce nombre est fixé, (*ibid.*, art. 415), aux trois quarts au moins des membres convoqués.

Dans ce cas, le nombre des convoqués est sept, compris le juge de paix. Il faut au moins cinq parens ou amis et le juge de paix, en tout six personnes. S'il n'y avoit que quatre parens ou amis présens et deux absens, il n'y auroit que cinq personnes à l'assemblée. Les $\frac{3}{4}$ de sept sont 5 $\frac{1}{4}$; il ne se trouveroit pas à l'assemblée les $\frac{3}{4}$ des convoqués.

233. Le juge de paix doit être compris dans le

nombre dont il faut composer les $\frac{3}{4}$. L'intention de la loi est que le conseil de famille puisse délibérer, toutes les fois qu'il s'y trouve les $\frac{3}{4}$ de ceux qui doivent former l'assemblée.

Ainsi, dans le cas où il y auroit sept frères du mineur et le juge de paix pour huitième, cinq frères et le juge de paix pourront délibérer : ils sont 6, qui font les $\frac{3}{4}$ de 8.

Dans ce même cas, si l'on ne comptoit pas le juge de paix, il faudroit, avec lui, au moins six frères ; cinq ne suffiroient pas, parce que les $\frac{3}{4}$ des sept frères excèdent cinq, (les $\frac{3}{4}$ de 7 sont $5\frac{1}{4}$).

234. L'assemblée se tient de plein droit chez le juge de paix, (*ibid.*) — Il peut néanmoins désigner un autre local, (*ibid.*)

Le conseil de famille est présidé par le juge de paix, (*code civil*, art. 4:6.)

Il y a voix délibérative, (*ibid.*)

En cas de partage, il a voix prépondérante, (*ibid*). Supposons, par exemple, un conseil de famille composé de cinq parens et du juge de paix pour la nomination d'un tuteur. Trois parens sont d'avis de nommer Philippe, les deux autres et le juge de paix sont d'avis de nommer Barthélemi ; c'est ce dernier qui sera tuteur, à cause de la voix prépondérante du juge de paix.

235. Dans toute tutelle, il y a un subrogé-tuteur nommé par le conseil de famille. (*Code civil*, art. 420).

Le tuteur légal, doit, avant d'entrer en fonctions, faire convoquer le conseil de famille pour la nomination d'un subrogé-tuteur, (*ibid.*, art. 421) : même le père. Il y a des jurisconsultes très-estimés, entre autres M. Delvincourt, qui sont d'un avis contraire ; et ils fondent leur opinion sur des raisons du plus grand poids. Mais la loi s'exprime en termes absolus, et qui excluent toute interprétation, comme toute exception. *En toute tutelle* : ces expressions comprennent la tutelle du père comme toutes les autres. Ainsi le père survivant, tuteur légal de ses enfans mineurs, doit se faire nommer un subrogé-tuteur. Cela ne peut faire aucune difficulté. Cependant quand il gère avant d'avoir rempli cette formalité, il n'encourt pas la peine de la loi, parce qu'elle n'est pas prononcée d'une manière aussi absolue, et que le père ne peut être soupçonné de vouloir nuire à ses enfans. Il faudroit contre lui les preuves les plus graves et les plus claires.

Dans les autres tutelles, la nomination du subrogé-tuteur a lieu immédiatement après celle du tuteur, (*ibid.*, *art.* 422).

236. En aucun cas, le tuteur ne vote pour la nomination du subrogé-tuteur, (*ibid.*, *art.* 423.)

Le tuteur datif qui vient d'être nommé est en conséquence tenu de se retirer quand il s'agit de délibérer sur la nomination du subrogé-tuteur. Le juge de paix doit le lui enjoindre s'il persiste à y rester. Si par son absence le nombre suffisant pour délibérer n'est plus complet, le juge de paix doit ajourner à jour fixe pour cette seconde nomination. Dans l'intervalle, il sera convoqué de plus le nombre compétent de parens ou amis.

237. Le tuteur étant pris dans l'une des deux lignes paternelle ou maternelle, le subrogé-tuteur doit être pris dans l'autre, (*ibid.*, *art.* 423.) : c'est au juge de paix à y veiller, et à prévenir les délibérans qui voudroient les choisir l'un et l'autre dans la même ligne.

Si le tuteur est un frère germain, le subrogé-tuteur pris dans l'une ou l'autre ligne est nécessairement parent du tuteur qui appartient aux deux lignes. La loi permet, (*ibid.*), en ce cas de le choisir; il est préférable à un étranger.

238. Toutes les fois que les délibérations du conseil de famille sont unanimes, il suffit d'en consigner le résultat dans le procès-verbal.

Toutes les fois que les avis ne sont pas unanimes, l'avis de chacun des membres qui le composent doit être consigné dans le procès-verbal, (*cod. proc. civ.*, *art.* 883.) : le juge de paix doit y veiller. L'obligation imposée aux conseils de famille par l'article 883 du code de procédure civile, de mentionner dans le procès-verbal l'avis de chaque membre, lorsque la délibération n'est pas unanime, n'emporte pas l'obligation d'indiquer les motifs de chaque opinant. (*Arr. de la Cour de cass. du* 17 *novembre* 1813.)

La loi dit *toutes les fois* : ainsi la rédaction des avis différens a lieu quoique l'un des avis ouverts ait la majorité; les membres de la minorité peuvent, (*ibid.*) se pourvoir contre la délibération.

239. Le juge de paix n'étoit pas autorisé par la loi du 16-24 août 1790 à recevoir les délibérations de famille relatives aux majeurs dans le cas de l'interdiction : en conséquence, c'étoit aux tribunaux civils, juges ordinaires, à recevoir, par l'organe d'un commissaire, les délibérations relatives à l'interdiction des majeurs.

Maintenant, les conseils de familles relatifs à la personne et aux biens de l'interdit se tiennent, comme ceux relatifs aux mineurs, en présence et sous la présidence du juge de paix. Le conseil de famille qui doit donner ses avis sur l'état de la personne à interdire, peut s'assembler devant le président du tribunal en la chambre du Conseil. Il n'est pas nécessaire à peine de nullité, qu'il soit convoqué et qu'il s'assemble devant le juge de paix. (*Arr. de la Cour de Paris du* 15 *mai* 1813.)

La demande en interdiction est portée devant le tribunal de première instance, (*cod. civ.*, *art.* 492.)

Ce tribunal ordonne que le conseil de famille formé selon le mode déterminé en cas de minorité, donnera son avis sur l'état de la personne dont l'interdiction est demandée, (*ibid.*, *art.* 494.)

Au cas que l'interdiction soit prononcée, il est pourvu, selon le même mode, à la nomination d'un tuteur et d'un subrogé-tuteur à l'interdit.

240. Le greffier de la justice de paix est présent au conseil de famille; mais il n'en est pas membre, ni ne peut l'être. Il y accompagne le juge de paix : il en rédige le procès-verbal sous son inspection et signe avec lui. Il n'a aucune voix.

Il en délivre aux parties les expéditions nécessaires.

Le juge de paix est membre du conseil de famille en ce sens qu'il en est un élément essentiel lors des délibérations, mais non en ce sens qu'il doive être partie dans le procès sur la validité de ces délibérations.

Si un juge de paix pouvoit être recherché par suite de ses fonctions dans une assemblée de famille, ce seroit comme *fonctionnaire* : l'action seroit extraordinaire, et devroit être exercée par voie de prise à partie. (*Arr. de la Cour de cass. du 29 juillet 1812.*)

SECTION II.

Des Scellés.

Il sera question, dans autant de paragraphes, de l'apposition des scellés ; des testamens et papiers cachetés trouvés chez le défunt au moment de l'apposition ; du référé ; des oppositions aux scellés ; et de la levée du scellé.

§. I.er *De l'apposition des scellés.*

241. Les scellés sont apposés en plusieurs occasions, mais particulièrement après décès.

Lorsqu'il y a lieu à l'apposition des scellés après décès, elle est faite par le juge de paix, (*cod. proc. civ. ; art.* 907.)

A défaut du juge de paix, le scellé est apposé par l'un de ses suppléans, (*ibid.*)

Le juge de paix et ses suppléans se servent, à cet effet, (*art.* 908.) d'un sceau particulier qui reste en leurs mains, et dont l'empreinte est déposée au greffe du tribunal de première instance.

242. Le juge de paix appose les scellés dans l'étendue de son canton seulement, (*art.* 912.) Ainsi il ne peut les apposer dans aucun autre, quand même ce seroit par suite de ceux apposés dans son territoire.

Lorsque dans une succession il y a des effets mobiliers situés en plusieurs cantons, chacun des juges de paix les appose sur les effets étant dans le sien.

Des Scellés.

Cette différence de territoire doit être observée, même dans le cas où une maison limitrophe du canton auroit des dépendances sur le canton voisin, comme une grange, un cellier qui n'en seroient séparés que par la cour dans laquelle passeroit la ligne de démarcation des deux cantons.

243. Après décès, le juge de paix procède à l'apposition des scellés sur réquisition ou d'office.

Il peut y procéder d'office,

1.° S'il y a un mineur sans tuteur, et que le scellé ne soit pas requis par un parent, *(art.* 911.*)*

2.° Si un des conjoints est absent, *(ibid.)* — Si les héritiers ou l'un d'eux sont absens, *(ibid.)*

L'absence dont il est ici question n'est autre que le défaut de présence du conjoint ou de l'héritier dans le territoire et aux environs de la commune dans laquelle se trouvent les effets mobiliers de la succession.

Il ne faut pas mettre au nombre des absens pour raison des scellés, celui qui, sans être sur les lieux, y est représenté par un fondé de pouvoirs.

3.° Si le défunt est dépositaire public, *(ibid.)* — Mais en ce cas, il n'est apposé, *(ibid.)* que pour raison de ce dépôt, et sur les objets qui le composent.

244. Dans ces trois mêmes cas, le scellé peut être apposé, soit à la diligence du ministère public *(ibid.)*, soit sur la déclaration du maire et adjoint de la commune *(ibid.)*

245. L'apposition des scellés peut être requise,

1.° Par ceux qui prétendent droit dans la succession ou dans la communauté *(art.* 909.*)* — La loi dit *par ceux qui prétendent droit* DANS *la succession*, et ne dit pas par ceux qui prétendent droit *à la succession*; ainsi la faculté de requérir l'apposition est accordée non-seulement aux héritiers qui prétendent droit *à* la succession, mais encore aux donataires à cause de mort, soit universel, soit à titre universel, parce que, sans avoir droit *à* la succession, ils ont droit *dans* la succession.

2.° Par tous créanciers fondés en titre exécutoire, *(ibid.)*

Le créancier qui n'est pas fondé en titre exécutoire, peut s'y faire autoriser par une permission de justice, *(ibid.)* — Laquelle émane, *(ibid.)* soit du président du tribunal de première instance, soit du juge de paix du canton, *(ibid.)*

Les créanciers personnels d'un co-héritier ne peuvent pas, comme les créanciers de la succession, requérir l'apposition des scellés sur cette succession : ils doivent former opposition à la levée des scellés déjà apposés ; et cette opposition leur donne le droit d'être appelés au partage. *(Arr. de la Cour de Nancy, du 9 janvier 1817.)*

3.º En cas d'absence, soit du conjoint, soit des héritiers, ou de l'un d'eux, par les personnes qui demeuroient avec le défunt, et par ses serviteurs et domestiques, *(ibid.)*

Ces personnes ne doivent pas même négliger de faire en ce cas cette réquisition, car autrement elles s'exposent à des recherches, et même à une accusation d'enlèvement et divertissement.

246. *Quid*, lorsque le prétendant droit et les créanciers sont mineurs ?

Il faut distinguer s'ils sont ou ne sont pas émancipés.

Lorsqu'ils sont émancipés, ils peuvent requérir l'apposition des scellés par eux-mêmes, et sans l'assistance de leur curateur, *(art. 910.)*

Lorsqu'ils ne sont pas émancipés, ils ne peuvent requérir par eux-mêmes l'apposition des scellés : elle doit être requise par leur tuteur s'ils en ont un. — Si, par événement, ils n'ont pas de tuteur, ou que celui qu'ils ont soit absent, l'apposition peut être requise par leurs parens.

Lorsque le mineur non-émancipé est en âge de connoissance, il peut se transporter chez le juge de paix, lui exposer sa situation : alors celui-ci doit d'office, et sans faire mention du transport du mineur, apposer les scellés.

Le scellé doit, autant que possible, être apposé avant l'enterrement du défunt, et le cadavre encore présent.

247. Lorsque le scellé est apposé depuis l'inhumation,

Des Scellés.

le juge de paix doit constater dans son procès-verbal le moment où il a été requis de l'apposer, et les causes qui ont retardé, soit la réquision, soit l'apposition, (*Code de proc. civ.*, art. 913.)

248. Le procès-verbal d'apposition doit contenir;
1.º La date des an, mois, jour et heure, (*art.* 914.)
2.º Les motifs de l'apposition, (*ibid.*)
3.º Les noms, profession et demeure du requérant, s'il y en a, (*ibid.*) — Et son élection de domicile dans la commune, s'il n'y demeure pas, (*ibid.*)
4.º S'il n'y a pas de partie requérante, le procès-verbal doit énoncer si le scellé est apposé d'office, s'il a été requis par le ministère public, ou s'il est apposé sur la déclaration du maire ou adjoint de la commune.
5.º L'ordonnance qui permet le scellé, s'il en a été rendu, (*ibid.*).
6.º Les comparutions et dires des parties, (*ibid.*)
7.º La désignation des lieux, bureaux, coffres et armoires, sur les ouvertures desquelles le scellé a été apposé, (*ibid.*)
8.º Une description sommaire des effets qui ne sont pas mis sous les scellés, (*ibid.*)
9.º Le serment, lors de la clôture de l'apposition, par ceux qui demeurent dans lieu, qu'ils n'ont rien détourné, vu ni su qu'il ait été rien détourné, directement ni indirectement, (*ibid.*)
10.º L'établissement du gardien présenté, s'il a les qualités requises, (*ibid.*) — Si le gardien présenté n'a pas les qualités requises, ou s'il n'en est pas présenté, le juge de paix en établit un d'office, (*ibid.*)

Lorsque les lieux sont vastes, on peut en établir plusieurs, sur-tout quand il y a plusieurs corps-de-logis.

Ces gardiens sont responsables par corps. En conséquence le juge de paix ne doit recevoir ou commettre que des personnes susceptibles de cette contrainte. On ne doit donner cette charge ni à des femmes ni à des mineurs.

Le juge de paix ne peut nommer pour gardiens des scellés aucun de ses parens ou alliés jusqu'au degré de cousin issu de germain ; ni aucune des parties intéressées, ni leurs enfans, frères, ou oncles et neveux. Cependant si l'une des parties consentoit que l'autre ou ses parens fussent établis gardiens, le juge pourroit les recevoir s'ils avoient d'ailleurs les qualités requises, en constatant ce consentement.

249. Les clefs des serrures sur lesquelles le scellé est apposé, reste ès-mains du greffier de la justice de paix, (*Cod. de pro. civ.*, art. 915.) — Le juge fait mention sur le procès-verbal de la remise qui lui en est faite, (*ibid.*) les clefs ne pourroient pas valablement être remises au juge lui-même. C'est un dépôt, il doit être placé dans le lieu destiné à conserver les dépôts, c'est-à-dire au greffe.

Pour éviter tout soupçon que le juge de paix et le greffier n'abusent des clefs qui sont à leur disposition, en levant et réapposant les scellés sans aucune forme, il leur est défendu, à peine d'interdiction, d'aller jusqu'à la levée, dans la maison où est le scellé, (*ibid.*) — Ils ne doivent s'y transporter qu'autant qu'ils en sont requis, (*ibid.*) et alors leur transport doit être précédé d'une ordonnance motivée, (*ibid.*) C'est l'ancienne règle. Dès que le scellé est apposé, le juge ne peut plus entrer dans les lieux où il les a mis, que pour les lever ; à moins qu'il n'y ait nécessité ; comme s'il est arrivé quelque chose qui demande sa présence ; et alors il doit préalablement constater cette cause.

250. L'apposition des scellés a pour but la conservation des effets mobiliers, et papiers de la succession, jusqu'à ce que le détail en soit constaté par un inventaire.

L'inventaire commencé, les scellés sur les objets déjà inventoriés deviennent inutiles. Ils ne peuvent servir que pour les objets non inventoriés. En conséquence, si l'apposition des scellés est requise pendant le cours de l'inventaire, les scellés ne sont apposés que sur les objets non-inventoriés. (*Code de proc. civ.*, art. 923.) Dans ce cas il n'est pas besoin d'ordonnance du Président du tribunal civil.

Des Scellés.

L'inventaire achevé, on ne peut plus, (*ibid.*) apposer les scellés. Ils seroient sans objet.

Néanmoins, si l'inventaire est attaqué, le Président du tribunal peut ordonner l'apposition des scellés, (*ibid.*) Mais elle ne peut être faite sans cette ordonnance.

251. Lorsqu'il n'y a aucun effet mobilier, le juge de paix dresse un procès-verbal de carence, (*art.* 924.) Il n'en étoit pas ainsi avant le Code de procédure. La confection des procès-verbaux de carence étoit attribuée exclusivement aux notaires, par le décret du 6 mars 1791, (*art.* 10.)

252. S'il y a des effets mobiliers qui soient nécessaires à l'usage des personnes qui sont dans la maison, ou sur lesquels le scellé ne puisse être mis, le juge de paix dresse un procès-verbal contenant description sommaire desdits effets, (*Code de proc. civ.*, *art.* 924.) Il est d'usage de laisser à ceux qui ont coutume de vivre dans la maison, comme le survivant de deux conjoints, ou les enfans, d'abord les effets qui sont à leur usage; et ensuite une partie du linge de lit et de table; de l'argenterie; même des deniers comptans qui se trouvent.

S'il s'élevoit à ce sujet quelque difficulté, c'est un des cas sur lesquels le juge de paix peut statuer provisoirement.

253. Dans les communes où la population est de 20,000 âmes et au-dessus, il est tenu au greffe du tribunal de première instance, un registre d'ordre pour les scellés, (*art.* 925.)

Sur ce registre sont incrits, d'après la déclaration que les juges de paix de l'arrondissement sont tenus d'y faire parvenir dans les vingt-quatre heures de l'apposition,

1.º Les nom et demeure des personnes, sur les effets desquelles le scellé a été apposé, (*ibid.*)

2.º Le nom et la demeure du juge qui a fait l'apposition, (*ibid.*)

3.º Le jour où elle a été faite, (*ibid.*)

§. II. *Du testament et des papiers cachetés trouvés chez le défunt.*

254. Lors de l'apposition des scellés, on peut trouver chez le défunt un testament, ouvert ou fermé, ou d'autres papiers cachetés.

Si, lors de l'apposition, il est trouvé un testament ou autres papiers cachetés, le juge de paix en constate la forme extérieure, le sceau et la suscription s'il y en a, *(Cod. de proc. civ. art.* 916.*)*

Il paraphe l'enveloppe avec les parties présentes, si elles le savent ou le peuvent, (*ibid.*)

Il indique (*ibid.*) le jour et l'heure auxquels le paquet sera par lui présenté au Président du tribunal de première instance.

Il fait mention du tout sur son procès-verbal, lequel est signé des parties, sinon mention est faite de leur refus, ou impuissance et de sa cause (*ibid.*)

Aux jours et heure indiqués, sans qu'il soit besoin d'aucune assignation, les paquets trouvés cachetés sont présentés par le juge de paix au Président du tribunal de première instance, lequel en fait ouverture, (*cod. de proc. civ. art.* 918.)

255. Si un testament est trouvé ouvert, le juge de paix en constate l'état, (*art.* 920.)

Il doit observer, (*ibid.*) ce qui est prescrit en l'article 916 qui vient d'être détaillé.

Pour s'y conformer, il paraphe le testament avec les parties présentes, si elles le savent ou le peuvent. Il indique le jour et l'heure auxquels le testament ouvert sera par lui présenté au Président du tribunal de première instance : il fait mention du tout sur son procès-verbal.

Ce fut d'abord, et d'après les dispositions du Code civil, une question de savoir si le testament trouvé ouvert devoit être présenté au Président. Plusieurs jurisconsultes soutenoient la négative parce que cette formalité leur paroissoit alors inutile.

Cette opinion avoit pour elle un arrêt de la cour

d'appel d'Orléans. Elle est condamnée par le Code de procédure civile.

256. Sur la réquisition de toute partie intéressée, le juge de paix doit faire, avant l'apposition des scellés, la perquisition du testament dont l'existence est annoncée, (*art.* 917.)

S'il le trouve ouvert ou cacheté, il procède, (*ibid.*) ainsi qu'il vient d'être dit.

§. III. *Des scellés en cas de faillite.*

Dès qu'un commerçant fait faillite, le Code de commerce prescrit l'apposition des scellés; et cette apposition doit être faite par le juge de paix du domicile du failli. (*Code de commerce*, art. 449.)

Remarquez d'abord que cela ne peut concerner que les négocians et marchands. Un particulier qui ne fait point le commerce peut être en déconfiture, mais jamais en faillite; et par conséquent il n'y a point lieu à l'apposition de scellés.

Elle ne peut être ordonnée ou faite, que quand il y a faillite déclarée, ou notoire.

L'apposition en général doit être ordonnée par le tribunal de commerce qui fait adresser une expédition de son jugement au juge de paix, (*ibid.*)

Ainsi le plus ordinairement, ce magistrat doit attendre l'envoi de cette expédition, ou la réquisition des agens, qui, s'ils ne trouvent pas l'apposition des scellés faite, peuvent et doivent la provoquer, (*art.* 462.)

Cependant l'article 450 porte qu'il *pourra* apposer les scellés d'office sur la notoriété *acquise*.

Il faut bien prendre garde aux termes de cette disposition, afin de n'en point abuser. Elle n'impose point au juge de paix une obligation. Elle lui donne seulement une faculté; en sorte qu'il ne sera jamais répréhensible de n'en avoir point fait usage. En second lieu elle ne lui donne cette faculté que dans le cas de la notoriété *acquise* : ainsi le juge de paix ne doit rien précipiter. Il ne doit point se hâter d'après des bruits sourds et vagues. Il faut que la faillite soit tellement publique, qu'il ne soit pas possible d'en douter. Il doit se garder d'agir légèrement ; car il s'exposeroit à la prise à partie et à des dommages intérêts.

Les scellés, dans cette circonstance, doivent être apposés très-rigoureusement. L'article 451 du Code de commerce veut qu'ils soient mis sur les magasins, comptoirs, caisse, porte-feuille, livres, registres, papiers, meubles et effets.

Le juge de paix doit sur-tout porter son attention sur les livres, notes et papiers quelconques qui peuvent avoir trait à la gestion et à la fortune du failli. Les papiers de famille ne doivent pas être à l'abri de ce scellé, et le failli les réclameroit vainement. Le juge de paix ne doit souffrir ni permettre aucune distraction par aucune considération ; soit en meubles et effets, soit en papiers, quand même il y auroit des réclamations, sauf aux réclamans à discuter et faire valoir leurs moyens. Le juge de paix doit seulement recevoir leurs dires et constater leurs motifs.

Lorsque la faillite est faite par une société en nom collectif, les scellés ne doivent pas seulement être apposés dans la maison où est le siège du commerce, mais encore dans le domicile de chacun des associés, (art. 452.)

Remarquez que la loi parle des sociétés *en nom collectif*, et ordonne l'apposition des scellés au domicile particulier de chacun des *associés* Solidaires ; d'où il résulte que les scellés ne doivent point être apposés au domicile des associés en commandite quoiqu'ils soient connus de fait ; parce qu'ils ne le sont jamais légalement, et qu'ils ne sont obligés que jusqu'à concurrence de leur mise.

Aussitôt que l'apposition des scellés est terminée, le juge de paix doit faire remettre au greffe du tribunal saisi de la faillite, une expédition de son procès-verbal, (art. 453.)

Des Scellés.

§. IV. *Du référé.*

257. Si les portes sont fermées, s'il se rencontre des obstacles à l'apposition des scellés, s'il s'élève, soit avant, soit pendant le scellé, des difficultés, il y est statué en référé par le Président du tribunal, (*code de proc. civ.*, art. 921.)

A cet effet le juge de paix surseoit à l'apposition, et en réfère sur-le-champ au Président du tribunal, *(ibid.)*

Il établit pour le temps intermédiaire garnison extérieure, même intérieure, si le cas y échet, (*ibid.*).

258. Lorsqu'il y a péril dans le retard, le juge de paix peut statuer par provision, sauf à en référer ensuite au Président du tribunal, (*ibid.*)

Lors de ce référé, l'ordonnance provisoire rendue par le juge de paix, est approuvée ou rejetée. Au premier cas, son opération provisoire devient définitive ; au second cas, son opération est déclarée nulle.

Un tuteur, par exemple, se présente au nom de son pupille qu'il qualifie d'héritier présomptif, pour faire apposer les scellés. Un autre parent établi dans la maison mortuaire, qui a déjà disposé de plusieurs effets de la succession, s'y oppose comme parent plus proche du défunt que le mineur. Le juge de paix, vu l'intérêt de celui-ci, ordonne que par provision il sera par lui incontinent procédé à l'apposition des scellés requis par le tuteur, sauf à en référer le jour même après l'apposition des scellés, ou le lendemain au Président du tribunal. En conséquence il appose les scellés. — Le lendemain il en réfère au Président du tribunal. Si celui-ci approuve l'ordonnance provisoire du juge de paix, alors les scellés par lui apposés provisoirement deviennent définitifs : s'il la rejette, il ordonne la levée des scellés sans description, et le juge de paix se conforme à l'ordonnance.

259. Dans tous les cas où il est référé par le juge de paix au Président du tribunal, soit en matière de scellé, soit en autre matière, ce qui est fait et ordonné est constaté sur le procès-verbal dressé par le juge de

paix, (*art.* 922.) — Le Président signe ses ordonnances sur ledit procès-verbal (*ibid.*), et c'est le greffier de la justice de paix qui en délivre des expéditions.

§. V. *De l'opposition aux scellés.*

260. Les oppositions aux scellés peuvent être faites de deux manières : par déclaration sur le procès-verbal de scellé, ou par exploit signifié au greffier de la justice de paix, (*cod. proc. civ. art.* 926.)

Dans le second cas, elles sont sujettes à toutes les formalités des exploits, (*art.* 927.)

Dans l'un et l'autre cas l'opposition doit contenir, et ce, *à peine de nullité*,

1.º L'énonciation précise de la cause de l'opposition, (*ibid.*)

2.º Élection de domicile dans la commune ou dans l'arrondissement de la justice de paix où le scellé est apposé, si l'opposant n'y demeure pas, (*ibid.*)

La loi dit, *dans la commune ou dans l'arrondissement de la justice de paix* : ainsi dans les communes qui comprennent plusieurs arrondissemens de justices de paix, l'élection de domicile peut être faite dans toute l'étendue de la commune, sans être astreint à la faire dans la partie de la commune qui compose l'arrondissement dont il s'agit.

§. VI. *De la levée du scellé.*

261. Le scellé ne peut être levé que trois jours au plutôt après l'inhumation, s'il a été apposé auparavant ; et trois jours après l'apposition, si elle a été faite depuis l'inhumation, (*code de proc. civ. art.* 928.)

Ces trois jours sont francs. Les scellés sont apposés à l'instant de la mort le 1er ; l'inhumation a lieu le 3 : les scellés ne peuvent pas être levés avant le 7. Si les scellés avoient été apposés le 5 après l'inhumation du 3, il ne pourroient être levés que le 9 au plutôt.

Ces délais doivent être observés, à peine de nullité des procès-verbaux de levée de scellé, et des dommages et intérêts contre ceux qui les auront faits et requis, (*ibid.*)

En cas d'urgence, ces délais peuvent être abrégés par le Président du tribunal de première instance, qui motivera son ordonnance (*ibid.*) — Dans ce cas, si les parties qui ont droit d'assister à la levée ne sont pas présentes, il est appelé pour elles un notaire nommé d'office par le Président, (*ibid*).

263. Si les héritiers ou quelques-uns d'eux sont mineurs non émancipés, il ne doit pas être procédé à la levée des scellés, avant qu'ils aient été pourvus de tuteurs ou émancipés, (*art.* 929.)

Il faut excepter de cette règle ceux qui demeuroient avec le défunt, ses serviteurs et domestiques : ces personnes, autorisées par l'art. 909 à requérir l'apposition des scellés, ne peuvent en requérir la levée (*art.* 930); elles n'y ont pas d'intérêt.

264. Les formalités pour parvenir à la levée des scellés sont :

1.º Une réquisition à cet effet, (*cod. de pro. civ., art.* 136.) — Elle doit être consignée sur le procès-verbal du juge de paix, (*ibid.*)

2.º Une ordonnance du même juge, indicative des jour et heure où la levée sera faite, (*ibid.*)

3.º Une sommation d'assister à cette levée faite au conjoint survivant, aux présomptifs héritiers, à l'exécuteur testamentaire, aux légataires universels et à titre universel s'ils sont connus, et aux opposans, (*ibid.*)

Il n'est pas besoin d'appeler les intéressés demeurans hors de cinq myriamètres, (*ibid.*), — mais on appelera pour eux un notaire nommé d'office par le Président du tribunal de première instance, (*ibid.*)

Les opposans sont appelés au domicile par eux élu, (*ibid.*)

265. Le conjoint, l'exécuteur testamentaire, les héritiers, les légataires universels et ceux à titre universel, peuvent assister à toutes les vacations en personne ou par un mandataire, (*art.* 932).

Les opposans ne peuvent assister, soit en personne,

soit par un mandataire, qu'à la première vacation, (*ibid.*)

Ils sont tenus de se faire représenter aux vacations suivantes par un seul mandataire dont ils conviendront pour tous, (*ibid.*) — Si-non il sera nommé d'office par le juge de paix, (*ibid.*)

Si parmi ces mandataires se trouvent des avoués du tribunal de première instance du ressort, ils justifieront de leurs pouvoirs par la représentation du titre de leur partie, (*ibid.*) — L'avoué le plus ancien, suivant l'ordre du tableau, des opposans fondés en titre authentique, assistera de droit pour tous les opposans, (*ibid.*) — Si aucun des créanciers n'est fondé en titre authentique, l'avoué le plus ancien des opposans fondés en titre privé, assistera, (*ibid.*) — L'ancienneté sera définitivement réglée à la première vacation, (*ibid.*)

266. On voit par cet art. 932, que les parties ne sont pas tenues de se faire assister ou représenter à la levée des scellés (et à l'inventaire qui se fera en même temps,) par un avoué : mais elles peuvent y assister par elles-mêmes ou par un fondé de pouvoir, sans assistance d'avoué.

Si elles jugent à propos d'employer le ministère des avoués, comme versés dans ces sortes d'opérations, ceux-ci ne se présentent pas alors comme avoués : la justice de paix n'en connoît pas ; ils se présentent comme particuliers. En conséquence, si leur partie n'est pas présente, ils sont, comme tous autres mandataires, assujettis à la représentation de leurs pouvoirs.

267. Si l'un des opposans se trouve avoir des intérêts différens de ceux des autres, ou des intérêts contraires, il peut assister en personne ou par un mandataire particulier à toutes les vacations, (*art. 933 du Code de proc. civ.*) Mais alors c'est à ses frais, (*ibid.*)

268. Les opposans en sous-ordre pour la conservation des droits de leur débiteur, ne peuvent assister à aucune vacation. Ils ne peuvent pas même assister à la première, ni concourir aux choix d'un mandataire commun, (*art. 934.*)

Des Scellés.

269. Le procès-verbal de levée du scellé doit contenir :

1.° Sa date, (*art.* 936.) — Elle doit être exprimée par an, mois, jour et heure.

2.° Les noms, profession, demeure et élection de domicile du requérant, (*ibid.*)

3.° L'énonciation de l'ordonnance délivrée pour la levée, (*ibid.*)

4.° L'énonciation (*ibid.*) de la sommation à l'effet de s'y trouver, qui doit avoir été faite par le requérant au conjoint survivant, aux présomptifs héritiers, à l'exécuteur testamentaire, aux légataires universels et à titre universel, et aux opposans.

5.° Les comparutions et dires des parties, (*ibid.*)

270. 6.° La nomination, (*ibid.*) des notaires, commissaires-priseurs et experts qui doivent opérer.

Cette nomination, (*art.* 935,) se fait de concert par le conjoint commun en biens, les héritiers, l'exécuteur testamentaire et les légataires universels ou à titre universel. — S'ils n'en conviennent pas entre eux, il est procédé, suivant la nature des objets, par un ou deux notaires, commissaires-priseurs ou experts nommés d'office par le Président du tribunal de première instance, (*ibid.*) — Dans les deux cas, c'est le juge de paix qui reçoit le serment des experts, (*ibid.*)

271. 7.° La reconnoissance des scellés, s'ils sont sains et entiers, (*ibid.*) — S'ils ne le sont pas, l'état des altérations, sauf à se pourvoir ainsi qu'il appartiendra pour raison desdites altérations, (*ibid.*)

8.° Les réquisitions à fin de perquisition, le résultat desdites perquisitions, (*ibid.*) — Et toutes les autres demandes sur lesquelles il y aura à statuer, (*ibid.*)

272. Les scellés sont levés successivement à fur et à mesure de chaque vacation, (*art.* 937 *du cod. de proc. civ.*)

Ils sont réapposés à la fin de chaque vacation, (*ibid.*)

273. On peut réunir des objets de même nature pour être inventoriés successivement, suivant leur ordre,

(*art.* 938.) — Ils sont dans ce cas, replacés sous les scellés, (*ibid.*)

274. Lorsqu'il s'est trouvé des objets et papiers étrangers à la succession, et qu'ils sont réclamés par des tiers, ils sont remis à qui ils appartiennent, (*art.* 939.)

S'ils ne peuvent être remis à l'instant, et qu'ils soit nécessaire d'en faire la description, elle est faite sur le procès-verbal des scellés, (*ibid.*)

275. Si la cause de l'opposition des scellés cesse avant qu'ils soient levés, ou pendant le cours de leur levée, ils sont levés sans description, (*art.* 940.)

276. Le juge de paix a des obligations particulières à remplir à l'égard des absens pour le service de l'état, soit comme ses défenseurs, (*loi du* 11 *ventose an* 2;) soit comme officiers de santé, ou attachés d'une manière quelconque au service militaire, (*loi du* 16 *fruct. an* 2, *art.* 1.)

Il doit, comme en toute autre absence, apposer d'office les scellés sur les effets délaissés par leur père et mère, et autres dont ils sont héritiers.

Immédiatement après cette apposition, il doit les en avertir personnellement, s'il sait à quel corps ou armée ils sont attachés, (*loi du* 11 *ventose an* 2, *art.* 1.)

Il doit en instruire pareillement le ministre de la guerre, (*ibid.*)

Le double de ses lettres doit être copié à la suite de son procès-verbal, avant de le présenter à l'enregistrement, sans augmentation de droits, (*ibid.*)

Le délai d'un mois expiré, si l'héritier ne donne pas de ses nouvelles, et n'envoie pas de procuration, les parens, et à défaut de parens, les voisins et amis doivent être convoqué devant le juge de paix, à l'effet de nommer un curateur à l'absent, (*ibid., art.* 2.)

La loi citée veut, (*ibid.*) que cette convocation ait lieu, *sans frais*. Les lois subséquentes ont dérogé indirectement à cette disposition : on ne peut éviter le timbre, l'enregistrement, les citations, la vacation du greffier, l'expédition du procès-verbal. Les frais seront payés par le curateur nommé, qui les emploiera dans son compte.

Nota. Les formalités ci-dessus ont été modifiées par une loi du 13 janvier 1817, qui a réglé les moyens de constater le sort des militaires absens, et en a attribué l'exécution aux tribunaux civils de première instance.

277. Outre le cas du décès, l'apposition a lieu en quelques autres cisconstances, comme banqueroute, demande en divorce, etc.

La femme commune en biens, demanderesse ou défenderesse en divorce, (1) peut, en tout état de cause, requérir, pour la conservation de ses droits, l'apposition des scellés sur les effets mobiliers de la communauté, (*Code civil*, art. 270.) — Ces scellés ne peuvent être levés, (*ibid.*) qu'en faisant inventaire avec prisée, et à la charge, par le mari, de représenter les choses inventoriées, ou de répondre de leur valeur comme gardien judiciaire, (*ibid.*)

Pareilles dispositions ont lieu dans le cas de demandes en séparation de corps.

278. En cas de bris de scellés, le juge de paix doit mettre sur-le-champ, en état d'arrestation, le gardien des scellés, et tous ceux qui seront prévenus d'avoir coopéré à leur rupture, (*loi du 20 vivose an 2*, art. 1 et 2.)

Des co-héritiers qui brisent sciemment, en l'absence du juge de paix, des scellés apposés par lui sur les effets d'une personne décédée, commettent un attentat à l'autorité publique, quoiqu'il n'en soit résulté aucun préjudice pour quelque intéressé; ils sont passibles d'un emprisonnement de six mois à deux ans. (*Arrêt de la Cour de cass. du 22 juillet 1813.*)

§. VII. *De la levée des scellés en cas de faillite.*

Quand les scellés ont été apposés avant la nomination des agens, ceux-ci peuvent demander qu'ils soient levés

---

(1) Le divorse a été aboli en France par la loi du 8 mai 1816.

pour en extraire les livres, ainsi que les effets du porte-feuille à courte échéance, ou susceptibles d'acceptation. Le juge de paix doit déférer à cette réquisition.

Lorsque les scellés sont apposés à la réquisition des agens, ces objets ne sont point mis sous les scellés.

Dans l'un et l'autre cas, ces livres et effets sont remis aux agens, après que le juge de paix a constaté sommairement l'état des premiers, et décrit les seconds dont un bordereau est remis au commissaire de la faillite, (*art.* 463 *du Code de commerce.*)

Les scellés ne doivent être levés définitivement qu'après la nomination des syndics provisoires et à leur requête, (*art.* 486,) en présence du failli, ou lui dûment appelé, (*art.* 487.)

Il est procédé en la forme prescrite par le Code de procédure civile, et à mesure de l'inventaire qui se fait des effets, titres et papiers du failli ; mais ce sont les syndics eux-mêmes qui procèdent à cet inventaire. Ils ne sont tenu d'appeler ni notaire, ni commissaires priseurs pour l'estimation des effets. Ils peuvent la faire faire (car elle est requise) par qui bon leur semble. C'est une exception accordée par la loi en faveur du commerce et pour épargner des frais. Le juge de paix rend cet acte authentique par sa présence et sa signature à chaque vacation.

Ainsi cet inventaire ne doit pas moins être fait sur papier timbré, puisqu'un officier public doit le signer pour le rendre régulier.

On remarque que le Code ne prescrit d'appeler que le failli, et qu'il ne parle point d'opposans.

La raison est qu'en cette matière il est inutile de former opposition, et le juge de paix ne doit point en recevoir. Tous les créanciers sont opposans de droit ; et ils sont légalement représentés par les syndics.

Par la même raison, les créanciers n'ont pas le droit d'assister à la levé des scellés, et le juge de paix ne doit recevoir aucun dire de personne autre que du failli ou des syndics au procès-verbal de reconnoissance et levée.

Des Scellés.

Il doit seulement veiller à ce que l'inventaire soit fait exactement et fidèlement. Il est le conservateur des intérêts de toutes les parties.

Il reste à observer que le juge de paix peut encore, quand il agit comme officier de police judiciaire, apposer des scellés sur les meubles et papiers du prévenu.

A cet égard, il n'a point de pouvoir exclusif.

Nous en traiterons plus amplement en examinant les fonctions qui lui sont attribuées en matière criminelle.

CHAPITRE VII.

Des différentes fonctions et attributions particulières du juge de paix en matières civiles, commerciales, fiscales, et de police municipale et rurale.

279. Outre les scellés et avis de parens, le juge de paix a encore été chargé de différentes fonctions particulières.

Primo. Le juge de paix reçoit l'affirmation des procès-verbaux des délits constatés par les gardes-forestiers. (*Lois du* 19-25 *décembre* 1790, art. 1, et 15-29 *septembre* 1791, art. 7 du tit. 4.)

Cela paroît avoir été changé par le Code d'instruction criminelle.

L'art. 18 de ce Code porte que les gardes-forestiers des forêts de l'Etat, des communes et des administrations publiques, remettront leurs procès-verbaux au conservateur, inspecteur ou sous-inspecteurs, dans les trois jours au plus tard, y compris celui où le délit aura été constaté. Il résulte de-là naturellement que l'affirmation doit être faite devant le même officier, ainsi à cet égard la compétence du juge de paix est abrogée. Il ne doit plus recevoir ces procès-verbaux, ni par conséquent leur affirmation.

En cas de saisie de bestiaux, instrumens, voitures et atelages, aussitôt après l'affirmation du procès-verbal, il doit en être fait une expédition pour demeurer ésmains du greffier, et en être donné communication à ceux qui réclameront les objets saisis. (*Loi du* 15-29 *sept.* 1791, *tit.* 4, *art.* 9.)

Le juge de paix peut en donner main-levée provisoire, en exigeant bonne et suffisante caution jusqu'à concurrence de la valeur des effets saisis, et en faisant satisfaire aux frais de séquestre, (*ibid.*, *tit.* 9, *art.* 3.)

Alors ces deux alinéas paroissent ne plus appartenir au juge de paix, quoique le Code d'instruction criminelle ne s'en explique pas. C'est une suite naturelle de la disposition qui vient d'être citée. Le juge de paix ne recevant plus les procès-verbaux, ne peut statuer sur rien. C'est le juge auquel appartient la connoissance du délit qui peut prononcer sur le provisoire.

280. Secundo. Le juge de paix reçoit les gardes-champêtres. (*Loi du* 28 *septembre* — 6 *octobre* 1791; *tit.* 1, *sect.* 7, *art.* 5.)

Il leur fait prêter le serment de veiller à la conservation de toutes les propriétés qui sont sous la foi publique, et de toutes celles dont la garde leur a été confiée par l'acte de leur nomination, (*ibid.*)

Les gardes-champêtres doivent affirmer leurs procès-verbaux devant le juge de paix de leur canton, (*ibid.*, *art.* 6.), ou devant l'un de ses suppléans.

Le Code d'instruction criminelle ne change rien, quant à la réception des gardes-champêtres, et le projet de Code rural maintient le juge de paix dans le droit de les recevoir, ou du moins de recevoir leur serment, car il attribue leur installation au maire.

Mais quant aux procès-verbaux, l'article 20 du Code d'instruction criminelle en prescrit la remise au commissaire de police dans la commune chef-lieu de la justice de paix, ou au maire dans les communes où il n'y a point de commissaire de police. Ainsi la compétence du juge de paix est encore révoquée à cet égard.

Au lieu de les dresser eux-mêmes, ils peuvent en faire leur déclaration au juge de paix, (*ibid.*), ou à son suppléant. C'est-à-dire maintenant, au commissaire

De quelques Fonctions Particulières.

de police, ou au maire. Cette formalité, remplie devant le juge de paix, seroit nulle, parce qu'il est actuellement sans pouvoir.

TERTIO. Le juge de paix est chargé de coter et parapher les répertoires tenus par les notaires et huissiers de son canton, et par son greffier. *(Loi du 22 frim. an 7, art. 53.)*

Les registres tenus dans les bureaux des douanes, contenant déclarations, paiemens des droits, soumission des redevables et de leurs cautions, descentes des marchandises, décharges des acquits-à-cautions, doivent être reliés, cotés par premier et dernier, et paraphés sans frais par l'un des juges du tribunal civil, ou par le juge de paix, *(loi du 6-22 août* 1791, *tit.* 13, *art.* 27.)

Il en est de même du registre-journal tenu par les receveurs principaux les droits, *(ibid., art.* 28.)

282. QUARTO. Lorsque les ballots, balles, malles et futailles, transportés dans les bureaux des douanes à défaut de déclaration régulière, y sont restés un an entier, ils sont vendus, inventaire préalablement fait des effets qu'ils contiennent. Le juge de paix du canton est l'un des officiers qui doivent être appelés au bureau pour assister à l'ouverture desdits ballots, balles, etc., et à l'inventaire, *(ibid., tit.* 9, *art.* 3.)

283. QUINTO. Ceux qui sont trouvés par les préposés de la régie saisis de marchandises naufragées, enlevées sans être porteurs de permission, doivent être par eux arrêtés et conduits à la maison d'arrestation : les préposés doivent remettre dans le jour leur procès-verbal au juge de paix le plus prochain.

284. SEXTO. Les juges de paix certifient l'attestation de bonne conduite donnée par les municipalités à ceux qui aspirent aux places de commissaires des guerres, *(loi du 20 septembre —* 14 *octobre* 1791 *tit.* 7, *art.* 6.)

285. SEPTIMO. Plusieurs lois avoient chargé le juge de paix de la nomination d'arbitres dans les arbitrages forcés : mais cette fonction a cessé avec les arbitrages qui y donnoient lieu.

286. Octavo. Plusieurs coutumes prescrivoient pour assurer la fidélité des inventaires, et pour arrêter le cours des communautés dans lesquelles les mineurs sont intéressés, des actes connus sous le nom de clôture d'inventaire, dépôt d'inventaire au greffe, ou autres. Les juges de paix dans l'arrondissement desquels avoient été faits les inventaires, étoient autorisés à recevoir lesdits actes, par la loi du 28 floréal an 4. Mais cette clôture, par un acte séparé, n'est plus nécessaire. Elle n'est exigée ni par le Code civil, ni par le Code de procédure civile. Il suffit d'indiquer, lors de la dernière vacation, qu'il ne se trouve plus rien à inventorier. — La veuve, lors de cette dernière vacation, doit affirmer l'inventaire sincère et véritable devant le notaire qui l'a reçue. (*Cod. civil. art.* 1456.) (1)

287. Nono. En cas d'exposition d'enfant, le juge de paix avoit été chargé par la loi du 20 septembre 1792, (*tit.* 3, *art.* 10), de se rendre sur le lieu de l'exposition, de dresser procès-verbal de l'état de l'enfant, et d'envoyer son procès-verbal, (*ibid.*, *art.* 11.) à l'officier public chargé de constater les naissances.

Maintenant il n'est plus autorisé en ce cas à dresser procès-verbal. Toute personne qui trouve un enfant nouveau né est tenu de le remettre directement à l'officier de l'état civil, (*Cod. civil.*, *art.* 58.), et c'est ce dernier, (*ibid.*), qui est chargé de dresser le procès-verbal requis.

288. Decimo. La loi du 3 brumaire an 4 avoit attribué au juge de paix différentes fonctions en matières de prises maritimes. Mais cette attribution ne

---

(1) Non-seulement cette clôture judiciaire n'est plus nécessaire, mais elle est formellement abrogée par le Code civil, au titre *du contrat de mariage*, qui interdit la continuation de communauté avec les mineurs, laquelle avoit lieu autrefois à défaut d'observation de cette formalité. Ainsi ce seroit maintenant un acte nul. L'inventaire se clôt par les notaires qui y procèdent.

subsiste plus depuis la loi du 26 ventose an 8, qui a rendu la matière des prises purement administratives, en ôtant aux tribunaux la connoissance de toutes les contestations de ce genre, même celles dont ils se trouvoient déjà saisis. Aussi l'arrêté pris par le Gouvernement le 6 germinal suivant, par suite de cette loi, confie toutes les opérations de détail relatives aux prises maritimes, à des préposés de l'administration; notamment, (art. 3.) l'apposition et la levée des scellés précédemment confiées au juge de paix par la loi sus-énoncée du 3 brumaire an 4, (art. 7.)

289. UNDECIMO. Les employés à la régie de l'enregistrement, les gardes forestiers, les experts et tous autres, qui, à raison de leurs fonctions, sont assujétis par les lois à une prestation préalable de serment, sont autorisés, lorsqu'ils ne résident pas dans la commune où siège le tribunal civil de première instance, à prêter leur serment devant le juge de paix de l'arrondissement dans lequel ils sont pour l'exercice de leurs fonctions ou l'accomplissement de leurs commissions. (*Loi du 16 therm. an 4, art. 1.*)

Il est dressé acte de cette prestation de serment, (*ibid., art. 2.*)

Les employés de la régie, les gardes forestiers et tous autres fonctionnaires doivent en envoyer de suite l'extrait au greffe du tribunal civil de première instance pour y être enregistré, (*ibid.*)

Les experts peuvent faire le même envoi au greffe du tribunal qui les a commis. Ils peuvent aussi s'en dispenser, à la charge de joindre l'extrait de leur prestation de serment à leur rapport, lorsqu'ils le remettront au greffe, (*ibid.*)

Aux mots *tribunal civil du département* que contient la loi, on a substitué ceux-ci : *tribunal civil de première instance*, pour se conformer aux changemens survenus dans l'organisation judiciaire.

290. DUODECIMO. Lorsque la personne qui veut se marier est dans l'impossibilité, par quelque cause que ce soit, dûment constatée, de se procurer son acte de

naissance, il y est suppléé par un acte de notoriété que lui délivre le juge de paix du lieu de sa naissance, ou de son domicile. (*Cod. civil, art.* 70.)

Cet acte de notoriété doit contenir la déclaration faite par sept témoins de l'un ou de l'autre sexe, parens ou non parens, des prénoms, nom, profession et domicile du futur époux, et de ceux de ses père et mère s'ils sont connus, (*ibid., art.* 71.)

La déclaration désignera le lieu, et autant que possible, l'époque de sa naissance, et les causes qui empêchent d'en rapporter l'acte, (*ibid.*)

Les témoins doivent signer l'acte de notoriété avec le juge de paix, (*ibid.*) — S'il en est qui ne puissent ou ne sachent signer, il en fait mention, (*ibid.*)

L'acte de notoriété dressé devant le juge de paix, suffisoit, avant le Code civil, pour suppléer au défaut d'acte de naissance. Il n'en est plus de même maintenant. Le législateur a senti combien il étoit dangereux de suppléer à un acte authentique rédigé au moment de la naissance, par la preuve testimoniale, sans prendre les précautions nécessaires pour apprécier les dires des témoins : en conséquence, l'acte de notoriété doit être présenté, (*ibid., art.* 72) au tribunal de première instance du lieu où se célébrera le mariage, pour être homologué, s'il y a lieu. — Ce tribunal, après avoir entendu le Procureur du roi, donne ou refuse son homologation, selon qu'il trouve suffisantes ou insuffisantes les déclarations des témoins, et les causes qui empêchent de rapporter l'acte de naissance, (*ibid.*)

291. TREDECIMO. La loi du 26 ventose an 4, ordonne tous les ans, (*art.* 6), l'échenillage des arbres avant le premier ventose. Elle autorise, (*ibid.*), les agens et adjoints municipaux (maintenant les maires et adjoints de maire), à le faire au dépens de ceux qui l'auront négligé, par des ouvriers qu'ils choisiront. Le juge de paix, (*ibid.*), leur délivre, à cet égard, l'exécutoire nécessaire sur la quittance des ouvriers.

292. QUARTO-DECIMO. Le juge de paix peut exiger que le citoyen qui étale des marchandises, dans un lieu

quelconque, lui exhibe sa patente, (*loi du 1er brumaire an 7, art*. 38.)

293. QUINTO-DECIMO. En cas d'expertise demandée par la régie de l'enregistrement, pour la perception des droits sur l'aliénation d'un immeuble, les deux experts qui ne sont pas d'accord nomment le tiers-expert. S'ils ne peuvent pas se concilier sur la nomination du tiers-expert, il est nommé par le juge de paix de la situation des lieux, (*loi du 22 frimaire an 7. art*. 18.)

294. SEXTO-DECIMO. Le juge de paix délivre aux officiers publics chargés par la loi de faire l'avance des droits d'enregistrement, l'exécutoire pour le remboursement de leurs avances, (*ibid.*, *art*. 30.)

295. SEPTIMO-DECIMO. Lorsqu'un citoyen a besoin d'avoir extrait des registres du préposé à l'enregistrement, relativement à un acte qui ne le concerne, ni lui, ni ses auteurs, il est obligé, (*ibid.*, *art*. 58.), de prendre une ordonnance du juge de paix qui l'autorise à se faire délivrer l'extrait qu'il désire.

296. OCTAVO-DECIMO. A la réquisition des auteurs, compositeurs, peintres ou dessinateurs, leurs héritiers ou cessionnaires, les juges de paix sont tenus, dans les lieux où il n'y a pas de commissaire de police, de saisir ou faire saisir les exemplaires des éditions imprimées ou gravées, sans la permission formelle et par écrit des auteurs. La loi du 19 juillet 1793 avoit chargé, (*art*. 3), de ces saisies les officiers de paix : mais celle du 25 prairial an 3 veut, (*art*. 1) qu'elles soient faites à l'avenir par les commissaires de police, et par les juges de paix dans les lieux où il n'y a pas de commissaire de police.

297. NONO-DECIMO. En matière d'expropriation forcée, le juge de paix mettoit son *visa* sur plusieurs pièces, d'après la loi du 11 brumaire an 7, (*expr. forc.*) : il n'a pas de *visa* à donner dans la procédure actuelle de saisie-immobilière.

Mais il en est un à donner par son greffier. Cet officier reçoit, (*Cod. proc. civ*., *art.* 676), copie entière du procès-verbal de saisie, avant l'enregistrement. Il vise (*ibid.*) l'original du procès-verbal.

En matière de saisie-exécution, lorsqu'il y a refus d'ouverture de portes ou résistance, le juge de paix est le premier officier que l'huissier doit requérir pour l'assister et l'autoriser à se faire faire ouverture. Ce n'est qu'à son défaut que l'huissier peut s'adresser au commissaire de police.

Le juge de paix doit se rendre à la réquisition de l'huissier, et faire faire les ouvertures nécessaires.

Il lui est défendu de dresser procès-verbal particulier, il signe seulement le procès-verbal de l'huissier qui fait mention de ses ordres ou ordonnances.

Le juge de paix peut en cas de besoin requérir la force armée, et la faire agir.

Beaucoup de juges de paix dédaignent ces fonctions et refusent de les remplir. Ils ont tort. Ils empêcheroient souvent bien des vexations, et des abus encore plus répréhensibles.

298. Vigesimo. Le père peut nommer, (*Cod. civ.*, *art.* 391), à la mère survivante et tutrice, un conseil spécial pour l'assister dans tous ou quelques-uns des actes de la tutelle. Le juge de paix, assisté de son greffier, est l'un des officiers préposés pour recevoir cette nomination de conseil, (*ibid.*, *art.* 392.)

Le juge de paix peut aussi recevoir, (*ibid.*, *art.* 398) la déclaration par laquelle le dernier mourant des père et mère, choisit pour ses enfans mineurs un tuteur, parent ou même étranger.

299. Vigesimo-primo. Le juge de paix reçoit, assisté de son greffier, (*ibid.*, *art.* 477) l'acte par lequel le père, et à défaut du père, la mère, déclare émanciper son fils mineur, âgé de 15 ans révolus.

Quant au mineur qui n'a ni père ni mère, il ne peut être émancipé qu'à dix-huit ans accomplis. Le conseil de famille assemblé, décide si le mineur est capable d'être émancipé, (*ibid.*, *art.* 478.) — Le juge de paix, comme président de l'assemblée, déclare, en conséquence de la délibération, *que le mineur est émancipé.* Cette déclaration opère l'émancipation, (*ibid.*)

L'acte d'adoption est aussi reçu par le juge de paix, (*Code civil, art. 353.*)

Le juge de paix du domicile de l'adoptant est le seul compétent pour recevoir cet acte ; tout autre, même celui du domicile de l'adopté, n'auroit ni qualité ni pouvoir. On voit par les discussions du conseil d'état (*proc.-verb. séance du* 18 *fructidor an* 11.) que cela a été ainsi réglé pour faciliter la recherche des causes de l'adoption.

Cet acte ne peut pas être reçu par le juge de paix seul ; il seroit nul. Il doit être écrit par le greffier en présence du juge de paix qui le signe avec les parties. Le juge ne doit jamais rien écrire lui-même.

Au reste, le juge de paix n'a à cet égard aucune sorte de juridiction contentieuse. Sa mission se borne à constater d'une manière authentique les déclarations des parties. Il n'a point le droit d'examiner la validité ou invalidité de leurs motifs. Il est, pour ce cas, simple officier de la juridiction volontaire.

L'acte une fois rédigé doit être délivré à la partie qui le demande la première. Il est dû à la plus diligente, et le greffier ne peut point en refuser l'expédition.

On a demandé si l'adoptant ou l'adopté peut se faire représenter par procureur ? Dans le droit romain, cela ne se pouvoit pas, parce que l'adoption étoit un acte solennel de la loi ; et que ces actes ne pouvoient se faire par procureur : mais dans notre droit qui ne connoît pas ces subtilités rigoureuses, rien n'empêche d'agir en cette circonstance par un fondé de pouvoir ; pourvu que le pouvoir soit spécial et authentique.

Dans ce cas la procuration doit être annexée à la minute de l'acte d'adoption, après avoir été signée par le mandataire ; et il faut en délivrer expédition à la suite de l'acte.

Le juge de paix reçoit encore l'acte de la tutelle officieuse.

Ici c'est le juge de paix du domicile de l'enfant dont la tutelle officieuse est accordée, qui est seul compétent. Il dresse procès-verbal des demandes et consentemens relatifs à la tutelle. (*Code civil*, *art.* 363.)

Dans cette circonstance, le juge de paix est encore moins magistrat que notaire ; et sa mission se borne à rédiger, ou du moins à faire rédiger par son greffier qui doit toujours l'accompagner et tenir la plume, les conventions des parties qui peuvent faire toutes celles que bon leur semble relativement à la tutelle, et au sort de l'enfant dont le tuteur se charge.

Si cet enfant est mineur n'ayant ni père ni mère, comme alors le consentement à la tutelle doit être donné par le conseil de famille, le juge de paix, comme président de ce conseil, devient en quelque sorte une des parties contractantes ; ce qui ne l'empêche pas néanmoins de recevoir l'acte qui fait alors partie de la délibération.

Cette tutelle ne peut avoir lieu que pour les enfans âgés de moins de quinze ans, (*art.* 364 *du Code civil.*) C'est un fait dont le juge de paix peut s'informer ; et en conséquence il doit s'en faire administrer la preuve.

L'assemblée du conseil de famille est elle nécessaire quand le mineur est sans père ni mère ni autres ascendans qui ont la tutelle légale ?

L'affirmative paroît résulter de l'article 358 qui exige le consentement des pères et mères, ou du survivant d'eux, *et à leur défaut* d'un conseil de famille, sans parler des ascendans. Il semble en résulter que la loi n'a pas donné aux autres ascendans, la faculté de consentir seuls à la tutelle officieuse. Il y a cependant des avis contraires ; entre autres celui de l'auteur des Pandectes françoises (*tom.* 5, *pag.* 286.), mais il est contraire au texte de l'article.

Les parties peuvent, comme on vient de le dire, faire telles conventions que bon leur semble, et le juge de paix doit les faire insérer toutes dans l'acte.

Au reste l'obligation principale et essentielle résultante de la tutelle officieuse, est, de la part de celui qui la reçoit, de nourrir, entretenir et élever l'enfant, et de le mettre en état de gagner sa vie par son travail. Il résulte de là que le tuteur ne peut plus, dès qu'une fois il a accepté la tutelle, s'en affranchir sans avoir satisfait à cette obligation.

Mais ceux qui y ont consenti sont-ils les maîtres de la faire cesser quand bon leur semble? Non sans doute: il faut qu'il y ait des causes graves, car ils ne perdent pas le droit de surveillance naturelle qu'ils ont sur l'enfant. Ils peuvent donc, si le tuteur se conduit mal à son égard, révoquer la tutelle ou le contraindre à remplir son obligation.

Si par exemple le tuteur officieux étoit trop dur à l'égard de l'enfant, où s'il le laissoit manquer des choses nécessaires, ceux qui ont consenti à la tutelle pourroient faire ordonner que l'enfant seroit mis dans une pension, ou chez un maître, et que le tuteur seroit obligé de payer sa pension et de fournir à son entretien.

Lorsque le pupille a atteint sa majorité, il peut, s'il y consent, être adopté par son tuteur.

En ce cas l'adoption doit être faite en la forme prescrite: c'est-à-dire devant le juge de paix du domicile du tuteur. *(art. 365 du Code civ.)* C'est devant lui aussi que le pupille devenu majeur et qui requiert l'adoption, doit sommer le tuteur de se trouver pour en dresser et souscrire l'acte.

Observez en général que si l'adopté a encore père et mère, ou l'un d'eux, son consentement seul ne suffit pas, il faut encore celui de ses père et mère, ou la preuve qu'il l'a requis, *(art. 343, ibid.)*

Le consentement des père et mère ou du survivant d'eux est absolument nécessaire jusqu'à ce que l'adopté ait accompli sa vingt-cinquième année.

La loi, à cet égard, ne distingue point entre les mâles et les filles. En conséquence, celle-ci comme ceux-là, doivent nécessairement, jusqu'à l'âge de vingt-cinq ans accomplis, obtenir le consentement de leurs père ou mère, ou du survivant d'eux.

Après vingt-cinq ans accomplis, et quelqu'âge qu'ait

l'enfant, il doit justifier qu'il a requis ce consentement.

La loi dit qu'il sera tenu de rapporter le consentement, ou la requisition du conseil.

En conséquence le juge de paix doit se faire remettre ces actes qu'il faut joindre à la minute de celui d'adoption, ou refuser de la recevoir jusqu'à ce qu'on les lui remette.

Le consentement doit être rapporté par écrit en forme authentique, à moins que les père et mère n'assistent en personne à l'adoption à laquelle ils déclarent consentir, et n'en signent l'acte, ce dont il doit être fait mention.

La réquisition du consentement doit être faite par une sommation respectueuse, en la même forme que pour le mariage, une seule suffit, et elle doit être annexée à l'acte.

La loi ne parle point des ascendans, à défaut de père et mère. Il s'en suit que l'adopté n'est tenu ni d'obtenir, ni de requérir leur consentement.

Mais il résulte de l'économie de la loi qu'il doit justifier du décès de ses père et mère, autrement le juge de paix seroit bien fondé à refuser de recevoir l'acte d'adoption, jusqu'à ce qu'il rapportât leur consentement, ou la preuve de la réquisition.

Dans les cas où l'un des père et mère est absent, ou hors d'état de manifester sa volonté, il faut se conduire comme pour le mariage.

300. VIGESIMO-SECUNDO. En matière de droits réunis, la contrainte décernée par le directeur ou le receveur de la régie, contre les redevables en retard, doit être visée et déclarée exécutoire, sans frais, par le juge de paix du canton où le bureau de perception est établi. (*Décret du premier germinal an* 13, *art.* 44.)

Si le juge de paix refuse de viser la contrainte pour être exécutée, il se rend responsable des valeurs pour lesquelles la contrainte aura été décernée, (*ibid.*)

Nota. Voyez à la deuxième partie de cet ouvrage le texte des Lois et des Ordonnances du Roi rapportées ; et qui règlent et déterminent les fonctions et attributions des juges de paix en matières de douanes, d'impositions indirectes et d'octrois.

TITRE SECOND.

DES FONCTIONS CRIMINELLES DES OFFICIERS PUBLICS ATTACHÉS A LA JUSTICE DE PAIX.

NOTIONS PRÉLIMINAIRES.

301. Les fonctions criminelles des officiers de la justice de paix, sont les fonctions relatives à la police judiciaire, et la tenue du tribunal de police.

Les juges de paix ont siégé, pendant long-temps, au tribunal de police correctionnelle ; mais depuis la loi du 27 ventose an 8, les tribunaux correctionnels sont tenus, (art. 7,) par les membres du tribunal civil de première instance.

CHAPITRE PREMIER.

Fonctions du juge de paix, relatives à la police judiciaire.

La police est instituée pour maintenir l'ordre public, la liberté, la propriété, la sûreté individuelle (1),

---

(1) La loi du 3 brumaire an 4, connue sous le nom de *Code des délits et des peines*, n'est plus en vigueur. Elle est abrogée par le Code d'instruction criminelle, qui a opéré de grands changemens dans l'administration de cette partie de la justice. Il est composé en partie de dispositions de cette loi du 3 brumaire an 4, en partie de dispositions puisées dans l'ordonnance criminelle de 1670, dans les édits et déclarations antérieures, et en partie de dispositions absolument nouvelles.

C'est le Code d'instruction criminelle que nous allons suivre dans cette partie ; en conséquence quand les articles seront cités purement et simplement, sans autre indication, ce sont ceux du Code d'instruction criminelle.

Elle se divise en police administrative et police judiciaire.

La police *administrative* a pour objet le maintien de l'ordre public, dans chaque lieu et dans chaque partie de l'administration en général. Elle tend principalement à prévenir les délits.

La police *judiciaire* recherche les délits que la police administrative n'a pu empêcher de commettre, en rassemble les preuves, en livre les auteurs aux tribunaux chargés par la loi de les punir, (*art*. 8, *Code d'instr. crimin.*)

302. La loi distingue les différens délits en trois classes : les délits de chacune, sont réprimés par des tribunaux différens.

La *première* classe comprend les faits légers que le nouveau Code appelle *contravention*, qui ne donnent lieu qu'à de modiques amendes et tout au plus à un emprisonnement de quelques jours. Ils sont réprimés par les tribunaux de simple police, (*art*. 137 *du Code d'instruc. crim.*)

La *seconde* classe comprend les faits plus graves qui participent du dol et de l'envie de nuire ; qui donnent lieu à une peine plus sévère, mais qui néanmoins n'est ni afflictive, ni infamante. Ils sont réprimés par les tribunaux correctionnels. Les lois les appellent *délits*, (*art*. 179, *ibid.*)

La *troisième* classe comprend les faits atroces qui blessent directement les règles de l'ordre social, en attaquant la propriété ou la vie des citoyens, leur liberté ou leur honneur; les faits qui ont toujours été connus sous la désignation de crime qualifiés et qui emportent peine afflictive ou infamante. Ils sont réprimés par les cours d'assises ou spéciales, suivant la nature des faits ou la qualité des accusés. Le Code les appelle *crimes*.

La police judiciaire est exercée par les commissaires de police, les gardes champêtres et forestiers, les juges de paix, les capitaines et lieutenans de la gendarmerie royale ; par les maires des communes et leurs adjoints ; par les procureurs du Roi et leurs substituts ; par les commissaires généraux de police; et par les juges d'instruction qui remplacent les substituts du Procureur général qu'on appeloit *magistrats de sûreté* (1).

Le Code met aussi au nombre des officiers de police judiciaires les Préfets des départemens, et à Paris celui de police ; mais il leur permet de commettre à leur place les autres officiers.

En conséquence le juge de paix peut être requis par eux, et il doit déférer à cette réquisition en faisant tous les actes qui lui seront délégués.

Maintenant le juge d'instruction est membre du tribunal civil, et y remplit ses fonctions cumulativement. C'est, en matière criminelle, un rapporteur perpétuel institué par la loi même, qui fait tous les actes de l'instruction jusqu'à la mise en accusation, s'il y a lieu.

Par là l'administration de la justice criminelle devient plus régulière, plus solennelle, et plus salutaire. Exerçant en partie les fonctions de la police judiciaire. Ils

---

(1) Les fonctions de ces substituts étoient purement criminelles. Ils exerçoient le ministère public près le directeur du jury, et près le tribunal correctionnel, pour la recherche des délits et pour la poursuite des prévenus. Ils exerçoient près le tribunal civil, au cas particulier de l'article 16 de la loi du 7 pluviose an 9, dans lequel la loi donne au tribunal civil une attribution criminelle : mais ils n'exerçoient pas de fonctions au civil. Celles-ci étoient exercées près le tribunal civil, par un procureur *ad hoc*. Ces deux officiers exerçoient leurs fonctions dans l'étendue du même arrondissement, parce que l'arrondissement du tribunal civil, celui du directeur du jury et celui du tribunal correctionnel, étoient les mêmes. Ils les exerçoient, auprès des mêmes magistrats, jugeant en certaines occasions au civil, en d'autres au criminel. Mais ils étoient deux fonctionnaires distincts, exerçant l'un au civil, l'autre au criminel. L'article 25 vouloit seulement, que dans le cas d'empêchement du substitut du procureur général près la cour criminelle, dans les lieux où il étoit seul, il fut suppléé par le procureur près le tribunal civil de l'arrondissement.

sont, à cet égard, sous la surveillance du Procureur général près la cour royale, et de son substitut dans l'arrondissement.

SECTION PREMIÈRE.

De quelles opérations est chargé le juge de paix, par rapport à la police judiciaire.

303. Les fonctions du juge de paix relatives à la police judiciaire étoient autrefois très-étendues. Il étoit en cette partie un officier principal, un juge presque souverain. Il étoit chargé de dresser des procès-verbaux, d'entendre les témoins, de recueillir les preuves par écrit, de rassembler les pièces de conviction; et en outre, de faire amener le prévenu devant lui, et de lui faire subir interrogatoire. Il étoit chargé de distinguer les hommes justement prévenus, de ceux qui étoient faussement inculpés. Il avoit, après l'interrogatoire, la faculté la plus étendue de prononcer sur le sort du prévenu. Il pouvoit, suivant les circonstances, le mettre en liberté, le renvoyer au tribunal de police, décerner contre lui un mandat de comparution, ou un mandat d'arrêt.

Il n'en est plus de même maintenant. Le Code d'instruction criminelle ne laisse au juge de paix, pour la police judiciaire, que des fonctions préliminaires et d'urgence, qui sont à peu-près les mêmes que celles que lui attribuoit la loi du 7 pluviose an 9, portant établissement des magistrats de sûreté,

Elles consistent :

1.° A recevoir concurremment avec les autres officiers de police judiciaire, les dénonciations de crimes ou délits commis dans les lieux où ils exercent leurs fonctions habituelles, (*art. 48 du Code d'instruction crimnelle.*)

On doit remarquer que la loi borne cette compétence au territoire dans lequel les juges de paix exercent leurs fonctions *habituelles*; c'est-à-dire, celles ordinaires

De la Police Judiciaire.

de la justice paix ; d'où il résulte que cette compétence est renfermée dans les limites de chaque canton.

Ainsi un juge de paix ne pourroit pas recevoir valablement la plainte ou la dénonciation d'un crime ou délit commis hors de son canton. Il agiroit sans pouvoir ; et tout ce qu'il feroit seroit nul.

Quant aux dénonciations, les juges de paix, comme tous les autres officiers de police judiciaire, doivent se conformer à l'article 31 du Code d'instruction criminelle.

Ainsi ils exigeront que la dénonciation soit rédigée par le dénonciateur ou par son fondé de pouvoir spécial, ou la rédigeront eux-mêmes sous sa dictée. Ils la feront ensuite signer au bas de chaque page par le dénonciateur ou son fondé de pouvoir, ou feront mention de la cause du défaut de signature, et la signeront ensuite eux-mêmes de la même manière, c'est-à-dire à chaque feuillet.

La loi n'exige pas une procuration authentique ; ainsi un pouvoir sous seing-privé peut être regardé comme suffisant, pourvu qu'il soit spécial ; c'est-à-dire, qu'il contienne le fait même dénoncé ; mais alors le juge de paix doit observer de faire affirmer la sincérité du pouvoir, et de le faire signer et parapher par le porteur. Dans tous ces cas, il faut annexer la procuration ou le pouvoir à la dénonciation.

Le juge de paix ne doit négliger aucune de ces formalités ; car il seroit répréhensible, et s'exposeroit d'ailleurs à des dommages-intérêts envers les parties.

A l'égard des plaintes, les formalités qu'elles exigent sont toujours les mêmes.

Les juges de paix doivent envoyer sans délai, c'est-à-dire au plus tard dans les vingt-quatre heures, au Procureur du Roi, près le tribunal de première instance de leur ressort, les plaintes et dénonciations qu'ils ont reçues. Ils ne peuvent faire aucune autre poursuite ni procédure.

2.º En cas de flagrant délit, le juge de paix averti par la clameur publique, ou requis par un chef de maison, doit se transporter sur le lieu sans aucun retard, pour y dresser les procès-verbaux nécessaires à l'effet de constater le corps du délit, recevoir les déclaration des témoins présens, et faire les autres opérations exigées par les circonstances.

Le flagrant délit est celui qui se commet actuellement ou qui vient d'être commis dans l'instant, et dont on détient ou poursuit l'auteur.

Dans le cas de flagrant délit, il n'est nécessaire ni de plainte, ni de dénonciation. Il suffit de la clameur publique, ou d'un avertissement verbal donné, soit par un des témoins du crime, soit par le chef de la maison où il a été commis.

Le juge de paix averti de l'une ou de l'autre manière, doit sur-le-champ se transporter sur les lieux avec son greffier, et faire, suivant les circonstances, tout ce qui est porté par les articles 32 et suivans, ainsi que nous allons l'expliquer dans les paragraphes subséquens.

Les changemens opérés par le *Code d'instruction criminelle*, donnent lieu à plusieurs questions.

304. Primo. Le juge de paix peut-il entendre des témoins ?

Oui, en cas de flagrant délit. Il peut entendre tous ceux qui ont connoissance du fait, ou des renseignemens à donner; qui sont sur les lieux, ou qui se présentent d'eux-mêmes. Non-seulement il le peut, mais il y est obligé. Il seroit répréhensible s'il ne le faisoit pas. Il y auroit négligence et même forfaiture. Il pourroit non-seulement être réprimandé, mais encore poursuivi.

Nota. Un arrêt de la Cour de cassation du 6 février 1811 a décidé que les juges de paix ne peuvent pas se dispenser d'entendre les témoins amenés volontairement par les parties, devant les tribunaux de police, sur le fondement que lesdits témoins n'auroient pas été cités.

Il le peut encore en cas de mort violente, et dont la cause est inconnue ? Autrement dans ces occasions, les preuves du délit pourroient venir à se perdre.

De la Police Judiciaire.

305. SECUNDO. Le juge de paix peut-il faire citer des témoins à comparoir devant lui?

Il n'y avoit aucune difficulté pour l'affirmative d'après la loi du 7 pluviose an 7.

En vain opposoit-on l'article 9, qui décidoit que les témoins indiqués par le substitut ou par la partie plaignante, seroient appelés sur la citation du directeur du jury, et entendus par lui. Cet article n'avoit rapport qu'au cas où, par l'envoi des pièces au substitut, le directeur du jury se trouvoit saisi : mais jusqu'à ce même envoi, point d'obstacle à ce que le juge de paix ne fît citer des témoins pour recevoir leurs déclarations. Il est vrai que ce cas avoit rarement lieu, parce que l'envoi des pièces devoit être fait sans délai au substitut : mais il pouvoit se rencontrer ; notamment lorsque le délit étoit de nature à emporter peine afflictive, le juge de paix ayant alors besoin de recueillir des indices suffisans, avant de faire conduire le prévenu devant le substitut.

Maintenant la négative ne peut être douteuse, en vertu du *Code d'instruction criminelle.*

Le juge de paix ne peut plus faire aucune instruction chez lui. Elle est toute entière réservée au juge d'instruction.

Le juge de paix ne peut procéder qu'en cas de flagrant délit ; et alors il ne peut entendre que les témoins qu'il trouve sur les lieux, ou qui s'y présentent. Donc, il ne peut en appeler aucun par citation. Mais il peut faire comparoître sur-le-champ les voisins et autres personnes qui peuvent donner des renseignemens.

306. TERTIO. Le juge de paix peut-il interroger le prévenu ?

La réponse affirmative ne peut-être l'objet d'un problème, car elle est faite par la loi même. Le Code d'instruction criminelle porte en termes exprès que l'officier de police judiciaire procédant en cas de flagrant délit, interrogera le prévenu.

Seroit-il naturel en effet que, dans cette circonstance, le prévenu saisi soit conduit, sans interrogatoire préalable, devant le magistrat? Il est coupable ou innocent.

Si le prévenu est coupable, il lui échappera, dans le moment où il vient de commettre le crime, des aveux que la réflexion lui fera taire, si son interrogatoire n'a lieu que devant le juge d'instruction. Le juge de paix le fera déposer en la maison d'arrêt. Le juge d'instruction l'en fera extraire pour l'interroger, quand ses autres occupations le lui permettront; peut-être n'y procédera-t-il qu'après avoir fait citer et entendu les témoins. Ainsi, il y aura toujours, entre la saisie du coupable et son interrogatoire, un intervalle notable pendant lequel il combinera les moyens d'éluder l'aveu de son crime.

Si le prévenu innocent est interrogé sur-le-champ par le juge de paix, il est possible qu'il détruise la prévention qui s'élève sur son compte. On le voit sortir avec précipitation de la maison où il y a un individu grièvement blessé. Il demande à être interrogé, confronté avec le blessé. Faut-il en pareille occasion refuser de l'entendre, et l'envoyer sans examen en prison?

En tout délit emportant peine afflictive, la loi autorise le juge de paix à faire saisir le prévenu contre lequel s'élèvent des indices suffisans; et par-là même elle nécessite l'interrogatoire du prévenu déjà arrêté. C'est dans cette pièce et les déclarations des témoins qu'il peut trouver les indices suffisans. Ainsi le juge de paix doit avoir la faculté d'interroger le prévenu, et en effet le Code la lui donne.

307. Quarto. En cas de délit emportant peine afflictive, le juge de paix peut-il mettre en liberté le prévenu amené devant lui?

On peut donner des raisons pour et contre. En pareil cas, dira-t-on d'un côté, la loi autorise le juge de paix à faire conduire en prison le prévenu contre lequel y a des indices suffisans: ainsi, toutes les fois qu'il n'y a pas d'indices suffisans, il ne peut pas le faire détenir. Il doit le renvoyer en liberté. Telle paroît être la conséquence naturelle de la disposition.

Cette décision, dira-t-on d'un autre côté, est contraire à l'esprit de la loi qui n'accorde aucune juridiction au juge de paix. C'est lui en donner une que de lui laisser la faculté d'élargir. Ainsi il ne peut avoir cette faculté. Le prévenu, une fois saisi, doit être conduit en prison.

Dans ce combat entre la lettre et l'esprit de la loi, c'est à son esprit qu'il faut s'arrêter.

Il est certain que le juge de paix n'a point de juridiction. Il ne peut ni condamner ni absoudre. Il ne lui est permis que d'ordonner des mesures provisoires.

S'il ne juge pas devoir constituer le prévenu en état d'arrestation, il ne peut pas non plus le mettre en liberté. Il faut alors l'envoyer au juge d'instruction avec les pièces et son avis.

Si cependant l'innocence paroissoit évidente et que le prévenu fût domicilié, le juge de paix pourroit, du moins je le pense, le renvoyer sous un mandat de comparution.

308. QUINTO. En cas de délit emportant peine afflictive, le juge de paix peut-il faire amener devant lui le prévenu, à l'effet de l'interroger ?

La loi du 7 pluviose an 9, ne lui accordoit pas cette faculté ; ainsi il ne pouvoit en user. Le citoyen ne peut être privé de sa liberté que dans les cas et suivant les formes voulues par la loi. Au cas proposé, le juge de paix devoit examiner si les indices qui s'élevoient contre le prévenu, étoient ou non suffisans. Si les indices lui paroissoient suffisans, il devoit sur-le-champ décerner, sans examen postérieur, l'ordre à l'effet de conduire le prévenu devant le substitut. Si les indices ne lui paroissoient pas suffisans, il devoit se contenter de faire passer sans délai au substitut les pièces et renseignemens.

Mais le Code d'instruction criminelle lui donne formellement ce pouvoir, toujours seulement dans le cas de flagrant délit.

Il est évident que, sans ce pouvoir, l'officier qui procède ne pourroit souvent compléter les opérations nécessaires, ni acquérir les preuves qu'on recherche.

309. Lorsque le fait dont il s'agit n'est pas de nature à mériter peine afflictive ou infamante, le juge de paix ne doit point faire amener le prévenu s'il n'est pas présent, car il n'y a pas lieu à arrestation.

310. Le juge de paix peut-il procéder à des visites domiciliaires, d'après sa seule ordonnance ?

Il y avoit autrefois controverse.

La loi du 7 pluviose an 9, disoit-on d'un côté, a retiré au juge de paix son ancienne juridiction. Elle ne l'autorise pas à ordonner des visites domiciliaires. Il n'y a donc que le juge d'instruction qui puisse ordonner de semblables visites.

Si l'on considère l'esprit de la loi, répondoit-on d'un autre côté, il est des circonstances particulières où les visites domiciliaires, faites sur-le-champ, sont précieuses pour l'acquisition des preuves. S'il faut attendre l'ordre du directeur du jury, souvent éloigné du lieu, les preuves s'évanouissent, et le crime qu'on auroit pu découvrir resteroit impuni.

Ces considérations d'intérêt public avoient déterminé à laisser à la prudence du juge de paix de faire des visites domiciliaires, lorsqu'il le jugeroit convenable.

Le code d'instruction criminelle fait cesser tout embarras.

Il accorde formellement à l'officier de police judiciaire qui procède, en cas de flagrant délit, le pouvoir de se transporter au domicile du prévenu, pour y faire perquisition.

Le juge de paix peut, et doit même y faire conduire le prévenu, s'il est saisi.

311. Il rend à cet effet son ordonnance, qui s'exécute sur le champ; car il doit faire toute la procédure sans désemparer et sans remise; autrement le flagrant délit n'existeroit plus, et le juge de paix ne pourroit plus opérer. Il n'est pas nécessaire que cette ordon-

nance soit signifiée au prévenu, ni par conséquent expédiée. On la lui notifie verbalement au moment où on l'exécute.

312. Mais si le juge de paix ordonne le dépôt du prévenu dans une maison d'arrêt, il faut donner le mandat, qui doit être revêtu des formes prescrites.

1.º Ce mandat doit être signé du juge de paix, et scellé de son sceau.

2.º Il doit nommer et désigner le prévenu, le plus clairement possible.

3.º Ce mandat est porté par un huissier ou agent de la force publique, lequel en délivre copie à celui qui y est désigné.

4.º Le prévenu qui refuse d'obéir, ou qui, après avoir déclaré qu'il est prêt à obéir, tente de s'évader, doit y être contraint.

5.º Le porteur emploie au besoin, pour cet effet, la force publique. Elle est fournie sur la réquisition du juge de paix, contenue dans le mandat.

313. Le code d'instruction criminelle établit des Cours spéciales qui remplacent, d'une manière assez exacte, ce que nous connoissions autrefois sous le nom de juridiction prévôtale.

Ces Cours ne ressemblent point à celles auxquelles la loi du 18 pluviose an 9 avoit donné le même nom. Elles n'ont pas non plus les mêmes attributions.

Elles ont été créées, comme nous l'apprennent les orateurs qui ont présenté au corps législatif le Code d'instruction criminelle, pour remplacer l'ancienne juridiction du prévôt des maréchaux.

Il y avoit anciennement en France des charges de prévôt généraux et provinciaux, des vice-baillis, vice-sénéchaux, lieutenans criminels de robe courte, lieutenans en résidence, et assesseurs de maréchaussée.

Toutes ces charges furent supprimées par un édit du mois de mars 1620, qui, à leur place, créa, dans chaque généralité ou département, une compagnie de maréchaussée, composée d'un prévôt-général, d'un certain nombre de lieutenans et d'assesseurs, Procureurs du Roi, greffiers, exempts, brigadiers, archers et trompettes.

Les prévôts des maréchaussées ou leurs lieutenans connoissoient en dernier ressort des cas appelés prévotaux ; et ces cas étoient à-peu-près les mêmes que ceux attribués par le code d'instruction criminelle aux Cours spéciales. (*art.* 553 *et* 554.)

Ces cas étoient considérés de deux manières : ou relativement à la qualité des personnes, ou relativement à la nature du crime.

1.° A raison de la qualité des personnes, les prévôts des maréchaux connoissoient de tous crimes commis par les vagabons et gens sans aveu ; et le code d'instruction criminelle attribue la même compétence aux Cours spéciales. (*art.* 553.)

Il faut entendre par vagabonds et gens sans aveu, les individus qui, n'ayant ni profession ni métier, ni domicile fixe et certain, ne peuvent se faire avouer, ni faire certifier leurs bonnes vie et mœurs par personne dignes de foi. (*Ordonn. de* 1670, *tit.* 1, *art.* 12, *déclar. du* 5 *février* 1731.)

Les mendians sans domicile et courans le pays doivent aussi être rangés dans la même classe. Ils ont toujours été considérés comme vagabonds ; et c'est à juste titre. On arrête, pour ce seul fait, ceux qui sont trouvés sur les routes, mendiant avec armes ou bâtons. Cela importe à la sûreté publique.

Les moissonneurs et vendangeurs après la récolte ; les savoyards, les maçons qui viennent travailler dans différentes villes ; les terrassiers, les serviteurs nouvellement sortis de condition, et autres gens de cette espèce, ne sont point des vagabonds, quoiqu'ils n'aient point de domicile actuel. Cela est évident. C'est aussi ce que portoit une déclaration du 18 juillet 1724 (*art.* 12), qui doit encore être suivie à cet égard.

2.° A raison encore de la qualité des personnes, les prévôts des maréchaux connoissoient de tous les crimes commis par ceux qui avoient déjà été condamnés à quelque peine afflictive ou infamante, à l'excep-

De la Police Judiciaire.

tion de l'infraction de ban, dont la connoissance étoit réservée aux juges qui avoient prononcé le bannissement.

Le code d'instruction criminelle attribue aux Cours spéciales la même compétence (*même art.* 553); et il est évident qu'il faut faire la même exception. Elle est établie par les dispositions du code, relatives à la reconnoissance d'identité des accusés évadés et repris.

Observez que, pour qu'un accusé soit dit avec raison avoir déjà été repris de justice, il faut qu'il ait subi son jugement. Il ne suffit pas qu'il ait été condamné par contumace, quand même le délai de cinq ans seroit expiré, puisque, dans les principes de nos nouvelles lois criminelles, la représentation soit volontaire, soit forcée, du contumace, fait tomber le jugement.

3.° A raison de la nature du délit, les prévôts des maréchaux connoissoient de tous excès, oppressions et autres crimes commis par les gens de guerre, tant dans leurs marches que dans les lieux d'étapes.

Ces faits ne sont plus de la compétence des Cours spéciales, non plus que le crime de désertion, celui d'embauchage, et autres de cette espèce, commis par les gens de guerre ou à leur égard. Ils sont attribués par des lois particulières, aux conseils de guerre.

4.° Les prévôts des maréchaux connoissoient des vols de grand chemin, commis hors des villes.

Suivant le code d'instruction criminelle (*art.* 554), les Cours spéciales n'en connoîtront que quand il y aura eu attroupement armé; mais alors elles en connoîtront quelque part que le crime ait été commis, soit à la ville, soit à la campagne.

Que doit-on entendre par attroupement? Suivant les anciens principes, il falloit au moins trois personnes réunies. Il y a lieu de croire que, dans le silence de la loi, il faut toujours admettre et suivre la même règle. En effet, deux personnes ne forment pas une troupe; mais trois la commencent, et sont déjà un rassemblement.

A l'égard des armes, les lois romaines nous enseignent que l'on comprend sous cette dénomination, tous les intrumens qui peuvent nuire, blesser ou tuer. C'est-à-dire, non-seulement les fusils, les pistolets, les épées, mais aussi les couteaux, poignards, bâtons; même les pierres, et toutes les autres choses dont on peut se servir pour assaillir quelqu'un ; même les cordes dont on se sert pour l'attacher et l'empêcher de se défendre, ou d'appeler du secours. (*L*. 11, *ff. ad Leg. Jul. de vipubl. L.* 9. *eod*.)

Le code d'instruction criminelle ne se sert que du mot *assassinat* ; mais il ne peut guère être douteux qu'il y a ouverture à la compétence de la Cour spéciale, quoiqu'il n'y ait eu que vol, lorsqu'il a été commis avec ces circonstances ; parce que le port d'armes indique suffisamment le dessein de tuer.

La déclaration de 1731 attribuoit aussi aux prévôts des maréchaux, comme le nouveau code aux Cours spéciales, les attroupemens et assemblées illicites, avec port d'armes ; et le crime de fausse monnaie.

Le même code attribue encore aux Cours spéciales (*même art*. 554), le crime de rébellion à la force armée, et la contrebande faite avec port d'armes.

Lorsque la compétence de la Cour spéciale est déterminée par la qualité des personnes, il faut que tous les accusés soient de la même qualité, autrement tous doivent être renvoyés devant les Cours d'assises.

A l'égard des cas autrefois appelés prévôtaux, et que l'on peut maintenant appeler spéciaux, les juges de paix peuvent procéder comme pour tous les autres, en cas de flagrant délit, car il n'y a aucune différence dans l'instruction.

C'est la Cour royale qui, en statuant sur l'accusation, juge la compétence, (*art*. 566.)

Autrefois elle étoit jugée par le présidial, après quoi le prévôt devoit procéder à un nouvel interrogatoire de l'accusé, et lui déclarer qu'il entendoit le juger prévôtalement.

Maintenant l'arrêt de compétence doit lui être signifié dans les trois jours, (*art*. 567.)

De la Police Judiciaire.

Les accusés pouvoient se pourvoir en cassation, contre le jugement de compétence. Cette demande se portoit au grand conseil, qui devoit y statuer toutes affaires cessantes.

Suivant le nouveau code, l'arrêt de compétence doit être envoyé d'office à la cour de cassation, que la loi charge d'en prendre connoissance et d'y statuer toutes affaires cessantes, (*art.* 568 et 569 *du code d'instruction criminelle.*)

L'accusé peut faire proposer ses moyens, mais il n'a pour cela aucun délai de droit.

Le juge de paix qui procéde contre un vagabond, peut le priver de sa liberté plus facilement qu'un domicilié.

Au reste, il n'y a rien de particulier à dire à cet égard. Le juge de paix doit procéder comme dans tous les autres cas.

SECTION II.

En quels lieux le juge de paix peut-il exercer les fonctions de la police judiciaire.

314. Les juges de paix ne peuvent exercer les fonctions de la police judiciaire qui leur sont confiées, que dans leurs cantons respectifs, et pour raison des délits qui y sont commis, ou dont les auteurs y ont leur résidence habituelle ou momentanée, (*art.* 48 *du code d'instruction criminelle.*)

Ainsi trois circonstances autorisent le juge de paix à exercer dans son canton les fonctions de la police judiciaire pour la poursuite d'un délit : 1.º la circonstance qu'il a été commis dans son arrondissement ; 2.º la circonstance que le prévenu y a sa résidence habituelle ; 3.º la circonstance que le prévenu y a sa résidence momentanée.

Au cas de concurrence entre les différens juges de paix qui auroient procédé pour raison du même délit, le code des délits et des peines du 3 brumaire an 4, (*art.* 77) vouloit que l'instruction demeurât à celui qui avoit le premier délivré le mandat d'amener. Il n'y a plus lieu maintenant d'appliquer cette décision aux juges de paix, parce qu'ils n'ont plus le droit de faire d'autre instruction que celle nécessaire en cas de flagrant délit.

315. La procédure criminelle peut avoir lieu devant les tribunaux françois, pour crimes commis dans les pays étrangers, dans les cas marqués par les articles 5, 6 et 7 du Code d'instruction criminelle. Alors les juges de paix de la résidence habituelle ou momentanée du prévenu, sont également compétens pour recevoir la plainte du dénonciateur.

316. Dans les cantons où il existe plusieurs juges de paix, il est assigné à chacun d'eux un arrondissement particulier.

Ces arrondissemens, en ce qui concerne la police judiciaire, ne limitent ni ne circonscrivent leurs pouvoirs respectifs : ils indiquent seulement les termes dans lesquels chacun d'eux est plus spécialement astreint à un exercice constant et régulier de ses fonctions.

317. Le juge de paix ne pouvoit pas précédemment être remplacé dans les fonctions de police judiciaire, par l'un de ses assesseurs. Plusieurs arrêts de la Cour de cassation, entre autres deux des premier germinal an 5, et 14 vendémiaire an 6, ont cassé des actes de police judiciaire faits par des assesseurs, et les jugemens qui s'en étoient suivis.

Dans l'ordre actuel, les suppléans peuvent-ils remplacer le juge de paix dans les fonctions de la police judiciaire ? On peut faire la même question pour la tenue du tribunal de police, que les assesseurs ne pouvoient présider. Il est à propos de joindre ces deux questions ensemble, et de demander si les suppléans peuvent remplacer le juge de paix dans ses fonctions criminelles, comme dans ses fonctions civiles.

318. Nul doute pour l'affirmative. Le suppléant remplace de droit, dans toutes ses fonctions, celui qu'il supplée. Son titre de suppléant lui en confère la faculté. Il n'y a d'exception à ce principe, que celle posée par le

De la Police Judiciaire. 163

législateur. La loi du 29 ventose an 9, qui a institué les suppléans des juges de paix, n'en contient aucune. L'art. 3 de cette loi s'exprime de la manière la puls générale : « En cas de maladies, absence ou autre empêchement » du juge de paix, ses fonctions seront remplies par » un suppléant. » Ainsi les suppléans du juge de paix le remplacent dans ses fonctions criminelles, comme dans ses fonctions civiles.

Section III.

Actes qui sont la base de la procédure criminelle.

319. La procédure criminelle est provoquée par une dénonciation officielle ; par une dénonciation privée ; par une plainte ; ou bien se fait d'office sans provocation.

§. I. *De la dénonciation officielle.*

320 Toute autorité constituée, tout fonctionnaire ou officier public qui, dans l'exercice de ses fonctions, acquiert la connoissance ou reçoit la dénonciation d'un délit, est tenu de le dénoncer, pour en provoquer la poursuite et la punition. C'est la dénonciation officielle. (*art. 29, du Code d'inst. crim.*)

Autrefois, et suivant le code de brumaire an 4, elle pouvoit se faire soit au juge de paix, soit au substitut du Procureur-général près la Cour criminelle, qui étoit principalement chargé des premières poursuites.

Le juge de paix ou substitut dont il s'agit ici, étoit celui de l'arrondissement dans lequel le délit avoit été commis, ou dans lequel résidoit le prévenu.

Le dénonçant transmettoit au juge de paix tous les renseignemens, procès-verbaux et actes qui étoient relatifs au délit dénoncé.

Le juge de paix en accusoit la réception dans le jour suivant.

S'il trouvoit dans ces pièces des preuves ou des présomptions, contre les personnes indiquées comme auteurs ou complices du délit, il décernoit aussitôt un mandat, à l'effet de faire conduire le prévenu devant le substitut du procureur-général criminel près la Cour criminelle.

Si les pièces ne fournissoient pas des renseignemens suffisans, pour faire conduire devant le substitut les personnes inculpées, le juge de paix attendoit de plus amples éclaircissemens, et faisoit ses diligences pour les acquérir.

Maintenant, la dénonciation officielle ne doit plus être faite au juge de paix, parce qu'il n'est plus officier d'instruction. C'est au Procureur du Roi qui est le poursuivant principal et essentiel de tous les crimes et délits.

Remarquez que la dénonciation officielle n'a lieu qu'à l'égard des délits dont le juge acquiert la connoissance dans l'exerce de ses fonctions. (*art*. 29.) Ce n'est que dans ce cas que l'avis se donne par voie d'autorité, et par un acte public qui est un jugement, une délibération ou un arrêté, suivant la constitution ou le pouvoir de l'autorité, ou de l'officier qui donne l'avis.

Hors de là, les membres des autorités, et tous les autres officiers, quels qu'ils soient, autres que ceux chargés de la police judiciaire, peuvent et doivent aussi avertir du délit dont ils ont connoissance ; mais ce n'est plus que par voie de simple dénonciation, comme tous les autres citoyens.

Observez encore que, suivant l'article, cette dénonciation ne doit être faite qu'au Procureur du Roi près le tribunal dans le ressort duquel le crime a été commis, ou près celui dans le ressort duquel le prévenu seroit trouvé.

Il faut, pour déterminer la dénonciation officielle, preuve de l'existence du délit.

321. Dans tous les cas où le juge de paix a connoissance d'un délit pour lequel il ne peut faire de poursuite, il est lui-même tenu de le dénoncer au Procureur du Roi près le tribunal dans le ressort duquel il a été commis.

De la Police Judiciaire.

§. II. *De la dénonciation privée.*

322. Tout citoyen qui a été témoin d'un attentat, soit contre la liberté, la vie ou la propriété d'un autre ; soit contre la sûreté publique ou individuelle, est tenu d'en donner aussitôt avis au Procureur du Roi, ou à un officicier de police judiciaire, (*art.* 30.)

La dénonciation ne se pratique guère que pour les crimes graves qui exigent une punition publique et exemplaire. Aussi le Code se sert-il du mot attentat, qui a cette signification.

Il y a deux sortes de dénonciateurs. Les dénonciateurs volontaires, et les dénonciateurs nécessaires.

Ceux-ci sont les gardes forestiers et champêtres, qui sont tenus de dénoncer à la justice les crimes dont ils ont connoissance, même d'arrêter les prévenus, s'ils le peuvent, dans le moment où le crime est commis. Il faut ranger dans la même classe les autorités constituées et les officiers publics qui acquièrent la connoissance de quelque crime dans l'exercice de leurs fonctions. On y peut comprendre aussi les chirurgiens qui sont obligés de faire aux officiers de police, la déclaration des personnes blessées qui réclament leurs secours. (*Edit du mois de mars* 1667.)

Quant aux simples particuliers qui ont été témoins d'un crime, il ne faut pas les mettre au nombre des dénonciateurs nénessaires, quoique le Code dise qu'ils sont *tenus* d'en donner avis. Le mot *tenus* ne doit pas ici être pris à la rigueur. Aussi le Code n'impose-t-il aucune peine pour l'inexécution de ce précepte.

Il n'y a que quelques cas dans lesquels on est véritablement obligé à la dénonciation. Tel est celui où l'on a été témoin d'un crime, ou instruit d'un complot qui intéresse la sûreté publique.

Dans les cas ordinaires, la dénonciation est libre.

Elle peut être faite à tout officier de police judiciaire, et par conséquent au juge de paix.

C'est celui du lieu où le crime a été comis, ou dans lequel se trouve le prévenu.

Il ne faut pas même accueillir indistinctement et sans examen toutes les dénonciations.

On ne doit pas, par exemple, recevoir celle d'une personne vile, surtout si elle est dirigée contre des hommes généralement estimés, et élevés en dignité; ni celles des vagabonds et gens sans aveu; ni d'un père contre son fils, ou de celui-ci contre le premier; ni des époux l'un contre l'autre, ou de frères et sœurs entre eux; sauf au ministère public à se conduire en ces cas suivant les règles de la prudence.

Il ne faut pas non plus recevoir aveuglément la dénonciation d'un homme du néant et notoirement insolvable; ou du moins agir sans précaution en vertu d'une pareille dénonciation; car si elle se trouvoit calomnieuse, le ministère public pourroit s'exposer à la prise à partie, et à répondre en son nom des dommages-intérêts qui seroient dûs à l'accusé.

Ceux qui ont été l'objet du crime, et qui en conséquence pourroient en rendre plainte, peuvent se contenter de le dénoncer. Lorsqu'en rendant plainte, ils déclarent ne vouloir pas se rendre partie civile, la plainte n'est réellement qu'une dénonciation, à cela près que le ministère public n'est pas obligé de la tenir secrète.

Le juge de paix qui reçoit une dénonciation doit se conformer aux dispositions du code.

323. La dénonciation est rédigée par le dénonciateur, ou par le juge de paix, s'il en est requis, (*art.* 31.)

Le dénonciateur signe sa déclaration, ou déclare qu'il ne sait ou ne peut écrire, et il en est fait mention.

324. La dénonciation est signée à chaque feuillet par le juge de paix et par le dénonciateur : si celui-ci ne sait pas ou ne peut pas signer, il en est fait mention, (*art.* 31.)

Le Code de brumaire an 4 ordonnoit la signature à chaque *feuillet*; et la formule à la suite de la loi la prescrivoit à chaque *page* : cela occasionnoit de l'incertitude dans l'exécution de la loi.

Il n'y en a plus puisque le même inconvénient

De la Police Judiciaire.

n'existe plus. Néanmoins l'usage commun est de faire signer au bas de chaque page; et cet usage n'est pas sans utilité; mais ce n'est pas une règle dont l'observation soit nécessaire.

325. Le greffier qui écrit la dénonciation sous la dictée du juge de paix, doit pareillement signer à la fin et à toutes les pages, ou au moins à chaque feuillet, observez que la rédaction par le greffier n'est pas de précepte.

Le dénonciateur qui a signé sa dénonciation, avoit vingt-quatre heures pour s'en désister (*art*, 92, *du Code de brumaire an* 4.) Le plaignant avoit pareillement vingt-quatre heures pour se désister de sa plainte, (*art*. 96.)

Ces vingt-quatre heures couroient à compter du moment que le plaignant ou le dénonciateur s'étoient présentés devant le juge de paix la première fois, jusqu'au moment qu'il y comparoissoient pour le désistement. Cette règle n'étoit pas dans la loi, mais elle résultoit des formules que l'article 594 ordonnoit y être annexées. L'heure à laquelle le plaignant comparoissoit étoit marquée dans les deux formules de plainte, et dans la formule de désistement. Dans cette dernière on lisoit « attendu que le délai de vingt-quatre » heures, fixé par la loi, n'est pas encore expiré, avons » donné acte audit. . . . . . . de son désistement. En » conséquence. . . . . »

326. Le désistement de la plainte et de la dénonciation, pouvoit se faire aussi par acte notifié au greffier du juge de paix, suivant l'article 92. La formule de désistement qui se trouvoit à la suite de la loi, étoit conçue par déclaration devant le juge de paix. On pouvoit choisir entre ces deux formes approuvées l'une et l'autre par les législateurs : le désistement étoit valable de l'une et de l'autre manière.

Si l'on choisissoit la voie de la notification, c'étoit un simple exploit contenant la déclaration de désistement : il y étoit fait mention de l'heure : il étoit notifié au greffier en son domicile, ou même au greffe s'il en avoit un particulier, parce que c'étoit un acte relatif à la juridiction.

Cet exploit devoit être signé, tant sur l'original que sur la copie, par celui qui se désistoit, ou par son fondé de pouvoir, *(art. 92.)*

Dans ce dernier cas, la procuration devoit être annexée à l'original de l'exploit, *(ibid.,)* et être transcrite en tête de la copie délivrée au greffier; et il étoit fait mention de son annexe à l'original.

Si l'on choisissoit la voie de la déclaration, elle étoit signée par celui qui se désistoit, ou par son fondé de pouvoir. Dans ce dernier cas, la procuration restoit annexée à la minute.

Le Code d'instruction criminelle n'a aucune disposition relative au désistement.

Il ne s'en suit pas que le dénonciateur ne puisse pas se désister; mais il en résulte que son désistement n'empêche pas le ministère public de rendre plainte et de poursuivre s'il le juge à propos.

Quand le désistement est fait avant que le Procureur du roi ait fait aucune poursuite en vertu de la dénonciation, quoiqu'après les vingt-quatre heures, il a l'effet de soustraire le dénonciateur à tout recours dans le cas où l'accusation seroit jugée mal fondée; mais dès que la poursuite est engagée, il reste assujetti, malgré le désistement postérieur, à toutes les suites de la dénonciation.

En cela il y a quelque différence entre le Code d'instruction criminelle, et celui de brumaire an 4.

327. Lorsque le dénonciateur refusoit de signer sa dénonciation, ou lorsqu'après l'avoir signée, il s'en désistoit dans les vingt-quatre heures, la dénonciation étoit comme non-avenue, *(art. 93.)*

Néanmoins, dans ces deux cas, le juge de paix demeuroit obligé de prendre d'office connoissance des faits, et de faire, s'il y avoit lieu, contre le prévenu, les poursuites ordonnées par la loi, *(ibid.)*

Dans les mêmes cas, le juge de paix étoit tenu d'en

De la Police Judiciaire.

donner avis au substitut du Procureur-général près la cour criminelle.

Maintenant il doit, malgré le désistement, envoyer la dénonciation au Procureur du roi, en y joignant une expédition de l'acte de désistement.

328. On voit par les formules jointes à la loi du 3 brumaire an 4, que le premier plan des législateurs avoit été d'exiger une caution des dénonciateurs. En effet, une ordonnance de 1328, rapportée dans la conférence des ordonnances tome 2, tit. 2, §. 1, page 801, établissoit ce droit. Airaut dans son instruction criminelle liv. 2, part. 4, n.º 19, pag. 290, en fait une règle générale ; et la jurisprudence avoit d'abord exigé cette caution. On en trouve plusieurs arrêts dans les compilateurs. Cela est ensuite tombé en désuétude. On a eu le projet de remettre la disposition de cette ordonnance en vigueur, ainsi que l'attestent les formules ; mais il a été abandonné sans que les formules aient été corrigées ; ensorte que sur ce point, comme sur beaucoup d'autres, elles n'étoient point en harmonie avec la loi du 3 brumaire an 4, qui n'en parle point.

Le Code d'instruction criminelle ne prescrit pas non plus cette caution. Il ne faut donc point l'exiger du dénonciateur. Seulement, lorsque le dénonciateur paroît suspect, et ne pas offrir une responsabilité suffisante, le juge de paix doit en faire note, afin que le Procureur du roi puisse, avant d'agir, prendre des renseignemens particuliers sur le fondement de la dénonciation.

Il n'est pas nécessaire que le dénonciateur agisse en personne. Il peut se faire représenter par un fondé de pouvoir. Le Code n'exige pas qu'il soit authentique ; en conséquence, un pouvoir sous seing-privé suffit ; mais il doit être spécial, c'est-à-dire, désigner et énoncer expressément le crime à dénoncer, ce qui a toujours été de règle.

Le pouvoir doit être affirmé sincère et véritable par le porteur, signé et paraphé par lui, et annexé à la dénonciation.

Elle doit être rédigée telle qu'elle est faite. Cependant rien n'empêche que le juge de paix ne questionne le dénonciateur, soit pour s'assurer s'il est sans passion, soit pour éclaircir les faits.

L'ordonnance de 1670 vouloit que les dénonciations fussent mises sur un registre à ce destiné. Le Code ne prescrit pas cette formalité ; ainsi elles peuvent être écrites sur des feuilles volantes ; mais le registre vaut mieux.

Le juge de paix ne doit pas négliger de faire signer le dénonciateur, ou d'énoncer exactement ses noms, profession et demeure, car un arrêt du 5 mars 1604, a jugé que, faute par les Procureurs du roi ou fiscaux de faire signer les dénonciateurs, ils étoient responsables des dommages-intérêts des parties ; et cela ne peut pas être douteux, car alors l'accusé absous perd son action contre le dénonciateur par la faute de l'officier qui a reçu la dénonciation.

L'ordonnance de 1670 (*tit.* 3, *art.* 6.) exigeoit que la dénonciation fût circonstanciée. Quoique le nouveau Code ne répète point cette disposition, il n'en est pas moins clair qu'elle doit être observée, et que le juge de paix doit y tenir la main ; il faut bien que le dénonciateur détaille les circonstances du crime qu'il dénonce, qu'il indique en quel temps, en quel lieu il a été commis, en présence de qui, et comment il en est instruit ; s'il connoît le coupable, il est obligé de donner ses noms, profession et demeure, ainsi que son signalement ; sinon il faut le désigner le plus exactement qu'il est possible. La qualité de dénonciateur est compatible avec celle de témoin, dans le cas où la dénonciation n'est point récompensée pécuniairement par la loi.

En tout cas, si c'étoit une nullité, elle pourroit être couverte par le défaut de réclamation à l'audience. (*Arrêt de rejet de la Cour de cass. du 6 février* 1812.)

De la Police Judiciaire.

§. III. *De la plainte.*

329. Tout citoyen qui se prétend lésé par un délit emportant par sa nature, peine afflictive ou infamante, peut en rendre plainte, soit devant le juge de paix, soit devant l'officier de gendarmerie, soit devant le juge d'instruction, soit même au Procureur du Roi, *(art. 63 du Code d'instr. crim.)*

La loi du 3 brumaire an 4, disoit, devant le juge de paix du lieu du délit, ou de la résidence du prévenu. La même alternative avoit lieu pour l'officier de gendarmerie et le substitut, quoique la loi du 7 pluviose an 9, ne le dit pas en termes précis. Le Code d'instruction criminelle ajoute, soit du lieu où il pourra être trouvé.

330. La même faculté de rendre plainte a lieu, relativement aux délits de police correctionnelle, *(art. 64.)*

La partie lésée peut aussi, sans rendre plainte, s'adresser directement au tribunal correctionnel, *(ibid.)*

Quant aux délits de simple police, que le nouveau Code appelle *contraventions*, ils ne peuvent faire l'objet d'une plainte. Si le citoyen lésé par un pareil délit, se présentoit devant le juge de paix pour rendre plainte, il faudroit le renvoyer à se pourvoir au tribunal de police.

331. La plainte doit contenir les noms, profession et demeure du plaignant, la nature du crime, en général le lieu où il a été commis, dans quel temps et en quelle circonstance. L'énonciation du lieu où le délit a été commis, n'est pas néanmoins absolument nécessaire quand on a de justes raisons de l'ignorer, parce que cela peut se suppléer par l'information et les preuves.

La plainte doit être rédigée d'une manière claire et intelligible, bien circonstanciée, sans équivoque ni obscurité. Elle doit contenir l'exposition du fait et la demande du plaignant tendante à ce qu'il soit procédé sur sa plainte.

La plainte peut être écrite soit par le plaignant lui-même, soit par le juge ou l'officier qui la reçoit, ou par le greffier en présence du juge. Les huissiers, les notaires, les avoués, les simples gendarmes ne peuvent point en recevoir. Les commissaires de police le peuvent concurremment avec les juges de paix.

La plainte doit être affirmée par le plaignant. Elle doit être signée de lui, en la forme qui vient d'être détaillée au paragraphe précédent.

La plainte, quoique signée et affirmée par le plaignant, ne peut seule et sans autre preuve ou indice, autoriser le juge de paix à décerner contre l'inculpé l'ordre de le faire conduire devant le juge d'instruction. Il doit seulement envoyer cette plainte dans les vingt-quatre heures, au Procureur du roi.

332. Le juge de paix auquel se présente le plaignant ou le dénonciateur, peut n'être pas compétent, parce qu'il n'est pas le juge de paix du lieu du délit, ni celui de la résidence du prévenu, et que le prévenu n'est point dans son canton. Dans ce cas, il ne doit pas recevoir la plainte, mais renvoyer le plaignant, soit au juge de paix du lieu où le délit a été commis, soit à celui du domicile.

§. IV. *De la poursuite d'office.*

333. La poursuite d'office a lieu, 1.° lorsqu'il y a un délit emportant peine afflictive ou infamante, constaté par un procès-verbal dressé par un fonctionnaire public, autre que le juge de paix ; 2.° lorsque le juge de paix apprend par une dénonciation ou plainte, même non signée ou abandonnée, soit autrement, qu'il a été commis dans son arrondissement un délit de la même nature, ou qu'il réside dans son arrondissement un individu prévenu d'en être coupable.

Dans le premier cas, le juge de paix n'a rien à faire dans l'ordre actuel. Le procès-verbal est envoyé au Procureur du Roi qui fait les diligences nécessaires.

Dans le second cas, le juge de paix n'a encore rien à faire que de dénoncer le fait et le coupable, au

Procureur du Roi, afin qu'il fasse les diligences nécessaires.

Suivant la loi du 7 pluviose an 9, il devoit informer et faire arrêter le prévenu. Il n'a plus ce pouvoir depuis le Code d'instruction criminelle.

334. En cas de flagrant délit, et sur la clameur publique, le juge de paix fait saisir les prévenus, sans attendre d'autres renseignemens.

La même faculté est accordée en ce cas aux officiers de gendarmerie, aux maires et adjoints et aux commissaires de police.

Dans le même cas, tout dépositaire de la force publique, et même tout citoyen est tenu de saisir le prévenu, et de le conduire, soit devant le juge d'instruction, soit devant le juge de paix, soit devant le commissaire de police.

A cet égard, la loi assimile au cas de flagrant délit celui où un homme est trouvé saisi d'effets, armes, instrumens ou papiers servant à faire présumer qu'il est l'auteur du délit.

Section IV.

De l'instruction à faire par le juge paix.

L'instruction à faire par le juge de paix consiste à dresser des procès-verbaux, et entendre des témoins, dans les cas où la loi l'y autorise.

§ I.er *Des procès-verbeaux, et des témoins dont l'assistance est requise.*

335. Lorsqu'il a été commis un crime, dont l'existence peut être constatée par un procès-verbal, et qu'il y a flagrant délit, le juge de paix est tenu de se transporter sur les lieux, pour y décrire en détail le corps du délit, avec toutes ses circonstances, et tout ce qui peut servir à conviction ou à décharge, (*art.* 32, *du Code d'instruc. crim.*)

Il se fait, au besoin, accompagner d'une ou de deux

personnes présumées par leur art ou profession capables d'apprécier la nature et les circonstances du délit, *(art. 43, ibid.)*

S'il s'agit d'un meurtre ou d'une mort dont la cause est inconnue ou suspecte, le juge de paix doit se faire assister d'un ou deux officiers de santé, *(art. 44, ibid.)*

Dans ce cas, le cadavre ne peut être inhumé, qu'après la clôture du procès-verbal, *(ibid.)*

336. Le juge de paix peut défendre que qui ce soit, jusqu'à la clôture du procès-verbal, sorte de la maison ou s'éloigne du lieu où il opère, *(art. 34, ibid.)*

Tout contrevenant à cette défense peut être saisie sur-le-champ, *(ibid.)*

337. Le juge de paix fait comparoître au procès-verbal toutes les personnes qui peuvent donner des renseignemens sur le délit. Dans le cas de mort violente ou dont la cause est inconnue, il y appelle spécialement les parens et voisins du décédé, ceux qui étoient employés à son service, et ceux qui se sont trouvés à sa compagnie avant son décès, *(art. 33, ibid.)*

Les déclarations des personnes qui comparoissent au procès-verbal sont rédigées sommairement : elles les signent, ou si elles déclarent ne pouvoir signer, il en est fait mention, *(ibid.)*

Ces déclarations doivent être rédigées en un cahier séparé du procès-verbal.

338. La rédaction de ces déclarations, de celles des témoins, et de l'interrogatoire, sur des cahiers séparés des autres pièces du procès, étoit absolument nécessaire, parce que toutes les pièces du procès devoient être remises aux jurés de jugement, à l'exception de celles ci-dessus mentionnées, et que la communication qu'on lui en eût donnée par la remise des pièces étant sur le même cahier, auroit entraîné la nullité de toute la procédure subséquente.

Maintenant que l'on remet aux jurés toutes les pièces, il n'y a aucun inconvénient à insérer ces déclarations dans le procès-verbal.

Reprenons maintenant et expliquons tout ce que le

De la Police Judiciaire.

juge de paix peut et doit faire dans cette circonstance, et souvenons-nous que pour que le juge de paix puisse opérer, il faut qu'il y ait flagrant délit.

Le juge de paix, soit sur la réquisition d'un chef de maison, soit à la clameur publique ou sur l'avertissement qui lui est donné du délit qui vient d'être commis, doit se transporter sur-le-champ au lieu qui est indiqué, pour dresser procès-verbal et remplir les autres formalités qui vont être détaillées.

339. Ici se présente d'abord une question à laquelle donne lieu l'article 42, qui prescrit au Procureur du Roi procédant dans le même cas, de dresser son procès-verbal en présence du commissaire de police de la commune dans laquelle le crime ou le délit aura été commis, ou du maire, ou de l'adjoint du maire, ou de deux citoyens domiciliés dans la même commune.

Le juge de paix sera-t-il indistinctement obligé de se conformer à cette disposition ?

Pour répondre à cette question, il faut distinguer : ou le juge de paix est seul, ou il est accompagné de son greffier.

Dans le second cas, l'article ne lui est point applicable, parce qu'il a de toutes ses opérations le témoin essentiellement légal. Le juge accompagné de son greffier qui rédige les actes, n'a pas besoin d'autre témoin pour les rendre authentiques.

Mais dans le premier cas, c'est-à-dire s'il est seul, et qu'il écrive lui-même la procédure, ce que la loi autorise par la manière dont elle est rédigée, il doit alors se conformer à l'article cité, autrement rien de ce qu'il feroit ne seroit authentique. Il faut donc qu'il se fasse assister du commissaire de police, ou du maire, ou de l'adjoint du maire de la commune où le crime a été commis, ou enfin à leur défaut, de deux citoyens habitans de cette commune.

Le commissaire de police, le maire, ou adjoint d'une autre commune ne seroient point compétens : et en effet ils n'ont de qualité que sur leur territoire.

Les habitans d'une autre commune ne seroient pas non

plus des témoins capables. La loi veut que ce soient des habitans de la commune où le crime a été commis.

Les témoins dont il s'agit ici sont des témoins instrumentaires, des témoins de solemnité. En conséquence on ne pourroit pas choisir des femmes.

On ne doit pas non plus les prendre parmi ceux du fait qu'il s'agit de constater, parce que d'une part, on ne peut pas être témoin dans sa propre cause ; et que, d'un autre côté, il est évident par la rédaction même de l'article, que le Code exige des personnes étrangères au crime, et absolument désintéressées.

La loi veut que ces témoins signent le procès-verbal à tous les feuillets ; c'est-à-dire à toutes les pages ; autrement ce seroit la même chose que s'il n'y en avoit pas ; à moins qu'ils ne puissent signer, auquel cas il faut en faire mention à l'ordinaire, ainsi que de la cause de l'impuissance.

S'il est impossible de se procurer les témoins que la loi exige, comme on ne peut suspendre la procédure, la loi autorise l'officier qui opère à le faire sans assistance de témoins ; mais alors il doit faire mention de l'impuissance où il a été de se les procurer, ainsi que de la cause qui s'y est opposé, comme si le fait est arrivé sur un grand chemin éloigné de toute habitation.

Si, pendant l'opération, il survient des personnes ayant les qualités requises pour cette fonction, le juge doit les employer, et continuer d'opérer en leur présence : c'est la conséquence naturelle de ces termes de l'article cité, *s'il est impossible de se procurer des témoins* TOUT DE SUITE.

340. Est-il nécessaire de faire prêter serment à ces témoins ?

La loi ne le dit point.

A l'égard du commissaire de police, du maire ou de son adjoint, il est évident que cela n'est pas nécessaire, puisqu'ils ont serment en justice.

Quant aux simples particuliers, on ne peut pas dire que cette formalité soit essentielle, puisque la loi ne l'exige pas ; et comme il s'agit ici de témoins

De la Police Judiciaire.

instrumentaires desquels aucune loi ne requiert le serment, nous estimons qu'il est absolument inutile.

Le défaut de témoins, et de la mention qu'il n'a pas été possible de s'en procurer, opéreroient-ils la nullité du procès-verbal ?

Il faut répondre que non, parce que le Code ne prononce pas cette peine ; mais il ne feroit pas pleine foi. Il est évident que le Code demande ces témoins pour imprimer à l'acte les caractères de l'authenticité, en sorte qu'ils manquent au procès-verbal fait sans cette assistance. On peut alors en combattre les énonciations et les faits, les critiquer, même les nier, sans être obligé de prendre la voie de l'inscription de faux. Le procès-verbal ne fait plus pièce de l'instruction : il ne peut servir que de renseignement.

§. II. *Des conditions nécessaires pour que le juge de paix puisse agir.*

Deux conditions sont nécessaires pour que le juge de paix puisse agir ; 1.º qu'il y ait flagrant délit ; 2.º qu'il soit de nature à mériter une peine afflictive ou infamante. Alors tout officier qui se trouve le plus à portée doit opérer sans délai. Si c'est le juge de paix, il n'est point obligé d'avoir son greffier, ni d'en nommer un comme autrefois, parce que la loi lui permet d'écrire lui-même, sous les conditions portées en l'article 42, et que nous venons d'expliquer.

Si le prévenu est présent, il peut le faire saisir et l'interroger ; mais il n'auroit pas ce pouvoir s'il étoit amené après la clôture de son procès-verbal. Il devroit alors le faire conduire devant le juge d'instruction.

Dans le cas de flagrant délit, il ne faut ni plainte, ni dénonciation : il suffit de la clameur publique, ou d'un avertissement verbal donné par un des témoins du crime.

S'il ne s'agit que d'une simple contravention, ou d'un délit de police correctionnelle, le juge de paix n'a rien à faire. Il doit garder le silence.

Le transport du juge de paix a pour premier et principal objet de constater le corps du délit.

On appele ainsi l'existence du crime prouvée, soit par l'inspection actuelle du fait lorsqu'il est permanent, soit par dépositions des témoins lorsqu'il est passager.

Il y a en effet des délits de deux sortes. Les uns sont des faits passagers et momentanés dont il ne reste aucune trace ni vestige, comme dans le vol sans effraction, les injures verbales, etc. ; les autres dont il reste des vestiges apparens comme l'homicide, le vol avec effraction, l'incendie, et que, pour cela, on appele délits permanens.

On emploie différentes preuves pour constater le corps du délit; 1.º l'inspection du juge; 2.º les rapports d'experts ; 3.º la preuve testimoniale.

Les délits permanens se constatent par l'évidence ou l'examen du délit même.

Toutes les fois qu'il y a flagrant délit, il est très-important d'en fixer sur-le-champ toutes les circonstances, et d'en recueillir les preuves existantes. C'est précisément par cette raison que la loi, dans ce cas, donne des pouvoirs à un si grand nombre d'officiers.

Le magistrat ou autre officier le plutôt averti, doit donc se transporter dans l'instant même sur le lieu, pour constater l'état des choses, et dresser à cet effet son procès-verbal. S'il s'agit par exemple d'une effraction, il fera la description du lieu, et de l'état où elle se trouve ; il exprimera où l'effraction a été faite, sa nature, son étendue, comment et avec quoi il présume qu'elle a été effectuée. S'il s'agit d'un homicide, il fera la description du cadavre, il indiquera le nombre et le lieu des blessures qu'il aura remarquées.

L'officier qui procède, en cas de flagrant délit, ne doit pas se borner à la description des lieux, et aux circonstances apparentes, il doit encore entendre les personnes présentes. Cette information se fait sur-le-champ. Il ne doit entendre que les témoins qui se trouvent sur le lieu. Il n'est pas nécessaire qu'ils soient assignés. A cela près, il faut observer les autres formalités prescrites pour l'audition des témoins ; leur faire prêter serment, déduire leurs noms, âge, qualités, professions et demeures, et les interroger sur leurs liaisons soit de parenté, soit d'amitié, soit de domesticité avec le prévenu ou avec le plaignant s'il s'en présente un. L'ordonnance de 1670, (*tit.* 6, *art.* 4,) établissoit cette règle qui doit toujours être observée.

Le juge de paix procédant en cas de flagrant délit, peut appeler les parens, voisins, ou domestiques, soit du prévenu, soit de la partie lésée plaignante ou non.

Les parens, en quelque degré que ce soit, même les père et mère, ou autres ascendans, parce qu'il ne s'agit point ici de témoignage.

A l'égard des autres personnes, la loi se sert du mot *voisins*, d'où il résulte que le juge de paix ne peut appeler que les personnes qui se trouvent sur le lieu même du délit, ou tout au plus dans la même maison. Il n'y a qu'elles en effet qui puissent donner des renseignemens sur le fait qui vient de se passer. Il ne pourroit pas envoyer chercher des personnes éloignées, sauf au Procureur du Roi à les faire entendre s'il le croit nécessaire. Le juge de paix ne doit faire que la procédure nécessaire pour rassembler tous les documens que l'on peut recueillir sur-le-champ, et que de plus longs délais pourroient faire évanouir.

Comme on vient de le dire, il n'est pas question dans cette circonstance de dépositions, mais de simples éclaircissemens donnés par forme de réponses aux questions de l'officier qui opère. C'est pour cela qu'il peut appeler indistinctement toutes sortes de personnes. En conséquence, il n'est pas nécessaire d'observer les formes des dépositions. Il suffit que les personnes appelées donnent leurs noms, profession et demeure, et qu'elles signent leurs déclarations, ou, si elles ne le peuvent, qu'il soit fait mention de leur impuissance et de sa cause.

Le juge de paix, comme il a déjà été dit plus haut, peut défendre que qui que ce soit sorte de la maison ou s'éloigne du lieu dans lequel il opère, jusqu'à la clôture de son procès-verbal, et faire déposer dans la maison d'arrêt ceux qui tenteroient de se soustraire à cet ordre.

Cette faculté dont les magistrats ou autres officiers, procédant en cas de flagrant délit, ont toujours joui, et dont ils n'ont guères manqué d'user, est fondée sur deux motifs également importans: d'abord de conserver des témoins précieux qu'on ne pourroit peut-être plus retrouver ne les connoissant point, et qui ne manqueroient pas de disparoître. Les hommes sont ainsi faits. La curiosité les arrête ; mais dès qu'ils aperçoivent les officiers de justice, ils craignent de se trouver compliquées dans l'affaire, et ils cherchent à se soustraire.

La seconde raison est de ne point laisser échapper quelque complice du délit, quelquefois le coupable lui-même qui cherche à se confondre dans la foule pour être moins remarqué.

Le pouvoir donné au juge de faire emprisonner est une suite des mêmes considérations. La personne qui, après la défense s'esquive, est naturellement suspecte. D'ailleurs toute personne doit à la justice son témoignage sur les faits qui se sont passés sous ses yeux, et elle peut être contrainte à le donner, même par emprisonnement de sa personne.

§. III. *De la saisie des effets et papiers qui peuvent servir à conviction.*

Le juge de paix peut et doit aussi se saisir des effets qui peuvent servir à conviction.

Ces effets peuvent être de quatre sortes.

1.° Les effets trouvés sur le lieu même du délit, qui sont reconnus pour appartenir à l'accusé, dans le temps même du crime, ou peu de temps avant, comme son chapeau, sa canne, son manteau ou ses habits; ou les instrumens même avec lesquels le crime a été commis, comme un poignard, un fusil, un pistolet, un coûtre de charrue, un ciseau de fer, un levier, etc.

2.° Les effets volés dont le prévenu est trouvé saisi ou qui sont reconnus dans les mains d'un tiers à qui il les a remis; déposés ou vendus.

3.° Les effets suspects découverts entre ses mains ou sur lui, comme des papiers, des lettres qu'il a écrites ou qui lui sont adressées, des drogues, du poison, etc.

De la Police Judiciaire.

4.º Enfin les effets qui lui appartiennent légitimement.

Le juge de paix doit se saisir des effets des trois premières espèces et en dresser procès-verbal ; c'est-à-dire les décrire, ainsi que les choses qui peuvent les contenir, leur nature, leur quantité, leur état, de manière à ce qu'on puisse toujours les reconnoître. A l'égard des papiers, il doit les parapher et les faire parapher par le prévenu s'il est arrêté, et par les témoins présens.

Quelquefois ces effets ou quelques-uns d'eux sont représentés incontinent par des spectateurs qui s'en sont emparés à l'instant même du crime.

Dans ce cas l'officier qui opère doit entendre la déposition du témoin, à la suite de laquelle il faut ajouter : « Et de suite nous a été représenté par ledit témoin » (*tels et tels effets*) qu'il nous a dit avoir été trouvés » en la possession dudit . . . . . . ou dans la maison, » etc, desquels effets nous nous sommes saisis, pour » être déposés au greffe, et servir de pièces de convic- » tion. » Il faut sur-le-champ représenter tous ces effets au prévenu, tant ceux trouvés que ceux rapportés, l'interpeler à leur égard, et sur ses reconnoissances et méconnoissances ; s'il les reconnoît, cela suffit ; mais s'il les méconnoît, il faut les représenter aux autres témoins présens, et constater leurs réponses sur cet objet.

Souvent ces objets sont rapportés par les soldats ou gendarmes, qui ont arrêté le prévenu à la clameur publique : il faut aussi les entendre en déposition, et procéder de la même manière.

Beaucoup de praticiens soutiennent qu'ils ne peuvent point être admis en témoignage ; c'est une erreur très-forte. Ils sont témoins capables et légitimes. Tous les auteurs sont d'accord sur cette proposition, et la jurisprudence soit ancienne, soit moderne, a toujours été uniforme.

Si la nature du fait et des circonstances indique que l'on pourra tirer des lumières de la visite des papiers du prévenu, le juge de paix peut se transporter de suite à son domicile pour la faire, et extraire ceux qui peuvent servir soit à conviction, soit à décharge, (*art*. 36 *et* 37, *du Code d'inst. crim.*)

Mais il faut que tout cela puisse se faire dans la même séance. Si les papiers sont trop nombreux, en sorte que l'examen ne puisse pas se faire sur-le-champ, le juge doit apposer ses scellés qui seront ensuite levés, en la présence du prévenu, par le magistrat, lequel procédera à l'examen.

Le juge de paix doit bien se garder d'emporter les papiers pour les voir à loisir, comme on l'a vu faire quelquefois. D'abord il n'en a pas le droit : en second lieu, on pourroit lui imputer d'en avoir ajouté ou soustrait quelques-uns; et quelque confiance qu'il mérite, il ne doit point s'exposer au plus léger soupçon : et dans tous les cas, il s'exposeroit à la prise à partie; au moins à être réprimandé.

L'inventaire des pièces et effets trouvés au domicile de l'accusé, doit être fait avec la plus scrupuleuse exactitude. Ils doivent être détaillés, décrits et paraphés de manière que les juges ne puissent concevoir, ni l'accusé élever, aucun doute raisonnable.

Lors de la recherche, le prévenu n'est tenu d'indiquer ni de produire aucune des pièces qui peuvent lui être contraires ; parce que c'est une règle constante que personne n'est tenu de produire contre soi-même. *Nemo tenetur edere contra se* (*L*. 4 *cod. de edendo.*) Cette maxime, admise en matière civile, doit l'être à bien plus forte raison en matière criminelle. C'est au juge à chercher ; et en recherchant celles qui peuvent charger le prévenu, s'il en rencontre qui vont à sa décharge il ne doit pas les négliger. Il est au contraire de son devoir d'en dresser son procès-verbal, et de les réunir à celles qui peuvent faire charge : c'est aussi ce que portent les articles cités.

Si l'accusé en représente quelques-unes qu'il prétende faire servir à sa justification, le juge doit les comprendre dans son procès-verbal, et constater son dire, sans examiner s'il est bien ou mal fondé, car il n'est pas le juge de ses moyens de défense.

Toutes les pièces, tous les effets servant à conviction qui ont été trouvés sur l'accusé ou chez lui, ou ailleurs doivent lui être représentés lors de son interrogatoire.

Le Code d'instruction criminelle ne parle point des perquisitions à faire dans les maisons tierces. Cependant il peut être nécessaire d'y procéder, soit pour arrêter le prévenu qui est caché dans une maison autre que la sienne, soit pour y chercher les effets volés qui y ont été recélés ou mis en dépôt.

Quand cela arrive pendant l'instruction ordinaire, nul ne peut y procéder sans une ordonnance du juge, et cette ordonnance ne peut être donnée qu'après une information qui fournisse quelque preuve ou indice violent contre un prévenu.

Mais en cas de flagrant délit, tous officiers qui opèrent, même ceux de gendarmerie, peuvent entrer dans les maisons des particuliers, soit pour y saisir l'accusé, soit pour rechercher les pièces de conviction. Il est alors si important de ne pas perdre un instant, que l'on passe par-dessus les formes ordinaires.

Les particuliers ne peuvent point s'opposer à ces perquisitions ; et en de cas résistance, ils pourroient y être contraints à main armée, parce que cela intéresse la sûreté publique. Quoique l'on ne trouve pas ce que l'on cherche, il ne leur est dû aucun dommages-intérêts, même par la partie plaignante, s'il y en a une, parce qu'il n'y a aucune injure ni injustice.

Il en seroit autrement si, hors le cas de flagrant délit, il y avoit perquisition sans ordonnance du juge. Le chef de maison pourroit demander et obtenir des dommages-intérêts contre le poursuivant, et même la prise à partie contre le juge de paix, suivant les circonstances. Cette maxime ne souffre aucune difficulté.

Il arrive quelquefois que des particuliers, soit pendant l'opération, soit depuis, rapportent d'eux-mêmes des effets appartenant à l'accusé, qu'ils ont entre les mains, ou qui leur ont été par lui remis. Quoique ce rapport soit fait depuis la clôture de l'oppération, le juge de paix doit le recevoir et en dresser procès-verbal, ainsi que de l'ouverture, si ce sont des paquets, coffres ou balots, le tout en présence de celui qui les rapporte, après serment de lui pris, et ordonner que ces effets seront déposés au greffe, où il doit en effet les faire porter pour servir, s'il y a lieu, de pièces de conviction dans l'instruction du procès. Si le prévenu est présent il doit être interrogé sur ces effets qu'il faut lui présenter ; et dans tous les cas le juge doit prendre les précautions nécessaires pour en constater l'état, le nombre, l'identité, et en éviter la variation, (*art.* 38.) Il en est de même des lettres qui pourroient être écrites par l'accusé, ou lui être adressées. Le juge doit en ordonner l'ouverture, et si elles offrent quelques charges contre lui, en ordonner le dépôt au greffe après les avoir paraphées, et fait parapher par le prévenu.

Comme on faisoit, il y a quelque temps, chez un particulier prévenu de fausse monnoie, une perquisition qui ne produisoit rien, il arriva une lettre à son adresse. Le juge en ordonna l'ouverture. Elle se trouva être de l'un de ses complices qui lui rendoit compte des affaires communes, et elle servit à tout faire découvrir.

§. IV. *De la forme de procéder contre le prévenu présent.*

Tout doit se faire en présence du prévenu s'il a été arrêté, ou de son fondé de pouvoir ; car la loi lui permet d'en nommer un s'il ne veut ou ne peut assister aux opérations, (*art.* 39.)

La règle principale est ancienne, elle a toujours été observée.

La faculté donnée à l'accusé est nouvelle. On demande s'il peut nommer un fondé de pouvoir, même étant présent ? Il n'y a aucune difficulté à répondre affirmativement, car l'article dit, *s'il ne veut*, ou *ne peut y assister*. Il s'en suit que, même présent, il peut refuser de concourir personnellement à ses opérations, et se faire représenter. Il peut alors donner ce pouvoir par le procès-verbal qu'il doit signer en cet endroit, s'il le

De la Police Judiciaire.

peut, ou il faut faire mention de son impuissance et de sa cause.

Il y a encore un cas où il peut refuser d'assister ; c'est lorsqu'étant domicilié, il n'y a contre lui qu'une simple dénonciation. Il peut refuser de se présenter, (*art.* 40) et donner un pouvoir. Ce pouvoir peut être sous seing-privé, et il sera annexé au procès-verbal après avoir été certifié véritable, signé et paraphé par le porteur.

Enfin, un troisième cas où il peut donner un pouvoir, est celui où il ne peut pas en effet assister à l'opération, comme s'il est malade ou blessé.

Le juge de paix procédant en cas de flagrant délit, peut faire arrêter le prévenu s'il est présent, ou se le faire amener, et l'interroger, (*art.* 40).

C'est l'ancienne règle. Tout officier qui opère en cas de flagrant délit, peut faire arrêter le prévenu présent et même le constituer prisonnier ; mais cela n'a lieu (*même article*) que dans le cas de flagrant délit, et lorsqu'il s'agit de crime qualifié, c'est-à-dire, emportant peine afflictive ou infamante ; et enfin, au moins à l'égard des personnes domiciliées, quand il résulte du procès-verbal des indices graves qui établissent un soupçon violent. En effet, ce ne sont pas des preuves qu'il faut ; elles ne sont absolument nécessaires que pour la condamnation : pour arrêter, il suffit d'indices pourvu qu'ils soient graves. Si, par exemple, dans un lieu où un meurtre vient d'être commis, on trouve l'habit, le chapeau, de celui qui en est indiqué comme l'auteur, ce n'est pas une preuve ; mais c'est un indice grave qui suffit pour arrêter. Il en sera de même s'il a été vu sortant de la maison quelques instans après le crime, et qu'on sût qu'il y avoit quelqu'inimitié entre lui et le défunt.

§. V. *Des poursuites à diriger contre le prévenu absent.*

Les anciennes lois ne permettoient d'arrêter en cas de flagrant délit, sans décret préalable, que le prévenu trouvé sur le lieu même ou à peu de distance. Dès qu'il étoit absent, il n'étoit plus possible de s'emparer de sa personne qu'en vertu d'un décret de prise de corps, précédé des conclusions du ministère public.

Le Code d'instruction criminelle semble aller plus loin, en permettant à l'officier qui procède de donner contre le prévenu absent le mandat d'amener, c'est-à-dire, d'ordonner qu'il sera conduit devant lui par la force publique, ce qui est dans le fait une arrestation.

On peut dire néanmoins qu'il y a peu de différence entre la nouvelle loi et l'ancienne jurisprudence, puisque le juge qui opéroit, dans le cas où il trouvoit les indices assez forts, pouvoit décerner sur-le-champ le décret de prise de corps.

Mais il n'y avoit que le juge qui pût ainsi donner le décret contre un prévenu absent. Les commissaires ou autres officiers ne le pouvoient pas. Ici le Code donne ce pouvoir à tout officier qui procède, (*art.* 49 *du Cod. d'inst. crim.*)

Observez que le juge de paix opérant en cas de flagrant délit, et qui a donné un mandat d'amener contre le prévenu absent, ne peut l'interroger qu'autant qu'il lui est amené dans le cours même de l'opération : s'il ne l'est que postérieurement, et après que le procès-verbal étant clos, le juge s'est retiré, l'interrogatoire ne peut plus être fait que par le juge d'instruction. C'est ce qui résulte du dernier §. de l'article 40, qui porte *l'officier* interrogera sur-le-champ. Autrement et hors de là il n'est plus compétent.

§. VI. *Des mandats à décerner contre le prévenu domicilié.*

Le même article porte que la simple dénonciation n'est pas une présomption suffisante pour décerner le mandat d'amener contre un prévenu domicilié.

Il suit de là d'abord, que cette dénonciation suffit contre les vagabonds et gens sans aveu : *qui dicit de uno negat de altero.* Il est évident que l'on ne doit pas les mêmes égards à ces individus qui ne tiennent à rien; dont la disparition est si facile; qu'on n'a plus ensuite presqu'aucun moyen de retrouver, et qu'on peut sans injustice soupçonner bien plus aisément, parce que, malheureusement, leurs moyens d'existence ne sont le plus communément fondés que sur le crime. Ils sont les ennemis habituels et naturels de la société.

Il résulte, en second lieu, de cette disposition, qu'à l'égard des personnes domiciliées, la simple indication par la rumeur publique, ou par quelqu'un de ceux qui se trouvent sur le lieu du délit, ne suffit pas pour asseoir ce mandat. Ce n'est qu'après que le juge, par suite de ses opérations, a acquis des indices suffisans pour la confirmer d'une manière grave, qu'il peut le décerner.

On doit encore conclure de là que cette simple indication ne suffit pas non plus pour arrêter le domicilié, quoique présent, jusqu'à ce qu'on ait acquis des indices de la même nature. Mais le juge peut alors user de la faculté qui lui est accordée de défendre que personne sorte de la maison ou s'éloigne du lieu du délit; et si l'individu dénoncé contrevient à cette défense, il peut être arrêté.

Si on demande maintenant quelles personnes il faut regarder comme domiciliées, on répondra que ce sont ceux qui ont une résidence constante et connue, non-seulement dans le lieu où le crime a été commis, mais même partout ailleurs, pourvu que ce soit dans le territoire français. Le domicile est le lieu où le citoyen a établi le siége de sa fortune et de ses affaires; où il a coutume de demeurer; en sorte que quand il en est absent, il est présumé être en voyage, et de retour quand il y revient.

En matière criminelle on considère comme domicile, toute demeure habituelle.

§. VII. *De ce qui constitue le flagrant délit.*

L'article 41 du Code d'instruction criminelle, détermine les caractères du flagrant délit. L'ordonnance de 1670 en parloit en plusieurs endroits (*tit.* 4. *art.* 4, *tit.* 10. *art.* 9. *et tit.* 14, *art.* 14,) mais elle ne le définissoit pas. La loi de brumaire an 4, en faisoit aussi mention sans le caractériser. Le code adopte la définition des auteurs.

» Le cas de flagrant délit, dit Jousse (*Mat. crim.*
» *part.* 3, *liv.* 2, *tit.* 2, *art.* 2, *n.°* 10,) est lorsqu'un
» crime vient de se commettre, et est exposé à la vue
» de tout le monde ; comme lorsqu'une maison vient
» d'être incendiée, ou un mur percé, ou qu'un homme
» vient d'être tué, ou blessé, ou lorsqu'il arrive une
» émotion populaire, et que les témoins sont encore
» sur le lieu. »

Il y a aussi flagrant délit, lorsque le coupable est surpris volant ou dérobant, ou avec les effets dérobés, ou poursuivi à la clameur publique dans le moment où le vol vient d'être commis. C'est ce que les Romains appeloient *furtum manifestum*, ou *rapina manifesta*, suivant les circonstances.

En fait de meurtre, il y a flagrant délit lorsque le meurtre vient d'être commis, ou lorsque le meurtrier est surpris dans l'action, ou peu de temps après (*même art.* 41) il dit : *pourvu que ce soit dans un temps voisin du crime*, et non pas, comme les auteurs, *immédiatement après le crime.*

En effet le temps de la durée du flagrant délit peut s'étendre un peu plus ou un peu moins. Par exemple, un voleur surpris dans le temps qu'il faisoit le vol, et poursuivi à la clameur publique, s'est sauvé dans une maison dont le peuple a occupé la porte pour l'empêcher de sortir en attendant que le juge vînt. Tant que le peuple n'abandonne pas la porte, le flagrant délit continue. Mais si les témoins se dispersent il n'y a plus de flagrant délit.

§. VIII. *Des experts et gens de l'art appelés par le juge de paix, et de leurs rapports.*

Lorsque, d'après les circonstances du fait le juge de paix mande des personnes qui doivent faire un rapport, il faut d'abord prendre leur serment d'opérer fidèlement. (*art.* 43 et 44 *du Code d'instruc. crim.*)

Ces personnes sont des experts.

Leur rapport est le témoignage et la déclaration de tout ce qu'ils ont vu et reconnu par leur visite, ainsi que de la cause qu'ils estiment avoir produit le fait dont il s'agit, et des suites qui en peuvent résulter, suivant leurs lumières et les règles de leur art.

Ces rapports en cas de flagrant délit peuvent faire partie du procès-verbal.

Ils sont absolument nécessaires dans les cas de blessures, de personnes trouvées mortes, de femmes accusées d'avoir défait leurs enfans, de poison, de viol, de falsification d'écritures ou de monnoies, et autres crimes de cette qualité ; et en général, toutes les fois que la nature et le genre du délit sont tels que l'on n'en peut pas juger par le seul secours des sens.

Dans tous ces cas le rapport des experts est tellement nécessaire que s'il n'en avoit point été fait ou qu'il fût nul, le corps du délit ne seroit point constant.

Les experts qui s'emploient pour les différens rapports à faire en matière criminelle, sont les médecins, les chirurgiens, les matrones ou sages femmes, les maîtres écrivains, les essayeurs des monnoies et orfèvres, les apothicaires et chimistes, etc.

Lorsqu'il s'agit de visiter des personnes blessées ou présumées mortes par suite de blessures ou de poison, il faut employer les médecins ou chirurgiens, surtout les derniers en cas de blessures.

Autrefois il y avoit auprès de la plus part des tribunaux des médecins et chirurgiens jurés en titre, à qui ces visites appartenoient. Ces charges n'existant plus, on peut prendre tels médecins et chirurgiens que l'on veut choisir.

Cependant les Cours et les tribunaux sont dans l'usage d'avoir un médecin et un chirurgien, qu'ils emploient le plus ordinairement, mais ils n'ont point pour cela de droit exclusif.

Les essayeurs des monnoies, et à leur défaut, les orfèvres s'emploient pour le crime de fausse monnoie, et de falsification des matières d'or et d'argent. Les apothicaires, pour savoir si une drogue est un poison ; et ainsi, dans chaque circonstance, les gens de l'art.

Pour que les rapports fassent foi en justice, il faut qu'ils soient faits en vertu d'une ordonnance du juge ; et dans le cas même de flagrant délit, l'officier qui opère doit ordonner la visite.

Les parties blessées peuvent, dans le premier moment, se faire visiter sans obtenir préalablement une ordonnance du juge, et même par tel médecin et chirurgien qu'elles veulent choisir. L'ordonnance de 1670 (*tit.* 5, *art.* 1,) en avoit fait une disposition. Le rapport ainsi fait doit être affirmé et remis au juge qui le joint aux pièces. Il peut ordonner une nouvelle visite par d'autres experts. Cela dépend de sa prudence.

Autrefois, et en vertu de l'ordonnance de 1670 (*tit.* 5, *art.* 3), pour que les rapports fussent valables, surtout ceux ordonnés par le juge, il falloit qu'ils fussent faits par deux experts, parce qu'on les considéroit comme des témoins qui doivent être au nombre de deux au moins pour faire preuve juridique. Quoique, depuis la révolution, cette ordonnance n'eût plus force de loi, on s'y conformoit cependant dans l'usage. Le Code d'instruction criminelle change la règle établie par l'ordonnance de 1670. Il laisse aux juges (*art.* 43) la faculté d'appeler *une* ou *deux* personnes, ainsi qu'ils le jugeront à propos. Par conséquent il n'est pas douteux qu'un seul expert suffit maintenant pour la régularité de la procédure.

Il est toujours mieux néanmoins d'en employer deux autant que possible ; parce qu'en général on ne peut guères asseoir la preuve d'un fait sur la déposition d'un seul témoin.

Au reste, en quelque nombre que soient les experts, le Code maintient la nécessité de leur faire prêter serment ; et le juge ne doit pas y manquer ; car son défaut entraîneroit la nullité du rapport qui est essentiellement

De la Police Judiciaire.

un témoignage : or toute déposition qui n'est pas précédée du serment est nulle.

§. IX. *Du renvoi du procès-verbal au Procureur du roi.*

Lorsque toutes les opérations sont faites, et que le procès-verbal est clos, le juge de paix doit envoyer sans délai, c'est-à-dire au plus tard dans les vingt-quatre heures, ses procès-verbaux et autres pièces au Procureur du roi près le tribunal de première instance où il ressortit. S'il y avoit négligence, le juge de paix pourroit être réprimandé; et même, suivant la gravité du fait, dénoncé par le procureur du roi, (*art.* 53 *du Code d'instr. crim.*)

Si pendant la durée de l'opération, le Procureur du roi ou le juge d'instruction survient; le juge de paix doit leur céder la plume (*art.* 51). Ces magistrats peuvent l'autoriser à continuer (*ibid*); mais alors il ne doit plus le faire que comme les suppléant, et en vertu des pouvoirs à lui délégués : mais aussi alors il peut exercer tous les pouvoirs appartenant au magistrat qu'il représente et par lequel il est commis.

§. X. *Des cas où le juge de paix peut agir hors le flagrant délit.*

Il y a un cas où le juge de paix peut agir hors le cas de flagrant délit. C'est celui où il est requis par un chef de maison à l'occasion d'un délit commis chez lui, (*art.* 49.)

Nota. Un arrêt de la Cour de cassation du 7 novembre 1809 décide qu'il n'est pas nécessaire pour encourir la peine portée contre ceux qui tiennent maison de jeux de hasard, d'être pris en flagrant délit. Les chefs de maison conformément aux anciennes règles pouvoient requérir les simples commissaires de police, à qui, dans ce cas, il étoit permis d'entrer et de remplir les mêmes fonctions.

Il suit de là que, hors le cas de flagrant délit, le

juge de paix, non plus que les autres officiers de police judiciaire, ne peuvent point entrer dans une maison particulière, sans le consentement et même la réquisition du maître de cette maison.

Remarquez que, par les termes *chef de maison*, il faut entendre *chef de famille*. Le mot *maison* est pris ici, comme il arrive très-fréquemment dans notre langue, dans la même acception que celui latin *familia*.

En conséquence, si, dans une maison, il demeure plusieurs ménages, le juge de paix peut entrer dans l'appartement de l'un d'eux à la réquisition du chef, sans être tenu d'avoir le consentement du locataire principal, ou du propriétaire, s'ils demeurent dans la maison.

Le juge de paix peut, dans se cas, opérer comme pour le flagrant délit.

Tant que ce chef ne se plaint pas et ne demande rien, personne n'a le droit d'entrer chez lui sous prétexte du délit qu'on prétendoit y avoir été commis, à moins qu'il ne soit flagrant, ou permanent, c'est-à-dire laissant des traces extérieures; mais, dans cette dernière hypothèse, il faut que le transport soit ordonné par le juge.

Les juges de paix peuvent aussi être commis, soit par les Procureurs du roi pour opérer à leur place dans le cas de flagrant délit, ou pour faire seulement quelques-unes des opérations nécessaires, (*art*. 52 ;) soit par les juges pour certains actes d'instruction.

Ils peuvent être ainsi commis 1.° par le juge qui fait l'instruction pour entendre un ou plusieurs témoins qui, à raison de maladie ou autrement, ne peuvent se rendre auprès de lui, et ne demeurent point dans son canton, (*art*. 83.)

2.° Par le juge d'instruction requis d'entendre un témoin qui n'est pas domicilié dans son canton, (*art*. 84.)

Le juge qui commet un juge de paix pour procéder à l'audition d'un témoin qui ne peut se transporter, doit

De la Police Judiciaire. 193

lui envoyer la plainte avec les notes et instructions nécessaires pour que l'information puisse être bien faite, (*art.* 83, §. Ier.)

Le juge de paix ne peut pas refuser ces commissions. Il est obligé de les exécuter; autrement il seroit répréhensible, à moins qu'il n'ait quelqu'empêchement légitime, dont alors il doit faire part sur-le-champ au magistrat par lequel il a été commis.

Quoique le juge de paix se transporte auprès du témoin pour l'entendre, celui-ci ne doit pas moins être assigné, et le juge de paix doit se faire représenter la copie de l'assignation.

Il faut, au reste, procéder à l'audition en la forme ordinaire.

Le juge de paix ouvrira son procès-verbal par l'énonciation et la date de la commission qu'il a reçue. Il exprimera ensuite les noms, âge, profession et domicile du témoin; sa déclaration s'il est parent, allié, serviteur ou domestique, soit du prévenu, soit du plaignant s'il y en a un; il donnera, ou fera donner lecture de la plainte, et recevra la déposition, qu'il fera écrire exactement telle qu'elle sera faite. Il en donnera ensuite lecture au témoin, et en fera mention, ainsi que de sa déclaration, qu'elle contient vérité, qu'il y persiste, et ne veut rien y changer, ajouter ni diminuer.

Il faut ensuite que la déposition soit signée à toutes les pages, par le témoin, le juge et son greffier. Il ne faut y insérer aucun interligne, et n'y laisser aucun blanc. S'il y a des ratures, il faut les approuver, et les oublis ou additions doivent être mis en marge, et le tout, non pas seulement paraphé, mais signé entièrement par le témoin, le juge et le greffier, (*art.* 76, 77, 78 *du Code d'inst. crim.*)

La minute même de la déposition doit être, par le juge de paix qui l'a reçue, envoyée close et cachetée au greffe du juge d'instruction par lequel il a été commis.

Si, en procédant à l'audition du témoin, le juge de paix trouve qu'il n'étoit pas dans l'impossibilité de se rendre auprès du juge d'instruction devant lequel il étoit assigné, la loi lui prescrit de décerner contre ce témoin et contre l'officier de santé signataire du certificat d'empêchement, un mandat de dépôt.

Il ne faut pas prendre le mot *impossibilité* dont se sert la loi, dans le sens absolu et grammatical ; mais *lato sensu*. Il y a impossibilité quand le témoin ne peut pas se transporter sans un danger probable, ou sans s'incommoder d'une manière grave. Une personne, par exemple, qui a un érysipèle, n'est point dans une impossibilité absolue de sortir ; mais comme elle ne peut le faire sans s'exposer, il y a impossibilité de droit.

Toutes les fois qu'un prévenu contre lequel il y a un mandat de dépôt ou d'arrêt, est trouvé hors de l'arrondissement de l'officier par lequel le mandat a été délivré, il faut le conduire devant le juge de paix dans le canton duquel il est trouvé. Ce juge vise le mandat dont il ne peut, au reste empêcher l'exécution, (*art.* 98.)

Les exécuteurs du mandat doivent suivre l'ordre dans lequel les officiers sont indiqués, parce que la loi ne les appelle qu'à défaut les uns des autres.

Lorsqu'il y a mandat d'arrêt et que le prévenu ne se trouve pas à l'endroit où l'on croyoit le prendre, l'exécuteur du mandat dresse en présence de deux voisins, un procès-verbal de perquisition, qu'il doit ensuite faire viser par le juge de paix ou son suppléant, et à son défaut par le maire, l'adjoint ou le commissaire de police, et lui en laisser copie.

Il faut d'abord s'adresser au juge de paix, puis à son suppléant, parce que ce n'est qu'à leur défaut que le code indique le maire ou son adjoint, et enfin le commissaire de police. Si l'on a lieu de présumer que le prévenu est dans quelque maison autre que la sienne, le juge de paix doit donner son ordonnance pour y faire perquisition, et accompagner l'huissier pour ordonner ce qui sera nécessaire, et veiller à ce qu'il n'arrive aucun désordre, (*art.* 109 *du Code d'instr. crim.*)

CHAPITRE II.
Du tribunal de police.

On verra successivement quels officiers composent ce tribunal; sa compétence; la demande; l'instruction; le jugement et les moyens de se pourvoir pour arrêter son exécution.

Les administrations municipales sont chargées de fournir aux menues dépenses du tribunal. (*Loi du 8 ventose an 7, art. 2.*)

SECTION PREMIÈRE.
Quels officiers composent le tribunal de police.

341. Il y a un tribunal de police dans l'arrondissement de chaque administration municipale, (*Liv.* 11 *du Code d'instr. crim.*)

Ce tribunal étoit originairement tenu par le juge de paix et deux de ses assesseurs; ensuite il a été tenu par le juge de paix seul, (*Loi du* 29 *vent. an* 9*, art* 2,) ou par l'un de ses suppléans, (*art.* 3,) en cas d'absence, maladie ou autre empêchement.

Maintenant, il est tenu concurremment, pour un grand nombre de cas, par le juge de paix et les maires.

Le tribunal principal de police est celui tenu par le juge de paix, qui peut toujours connoître de toutes les contraventions commises dans son canton; mais à l'égard de plusieurs d'entre elles, il peut être prévenu par les maires des communes, autre que celle du chef-lieu.

Lorsqu'il y a plusieurs juge de paix dans l'arrondissement de l'admistration municipale, chacun d'eux fait le service du tribunal de police, par tour, en commençant par le plus ancien. Dans ce cas, il y a un greffier particulier pour le tribunal de police, (*art.* 142 *du Code d'instr. crim.*)

Il peut aussi, dans le même cas, y avoir deux sections pour la police, dont chacune est tenue par un des juges de paix; et alors le greffier nommé spécialement pour la police a un commis assermenté pour la seconde section.

Quand il n'y a qu'un juge de paix, le service du tribunal de police se fait par son greffier et son huissier, (*art.* 141.)

Mais celui-ci n'a point de droit exclusif pour les citations. Elles doivent être faites par huissier, (*art.* 145,) mais par tout huissier que les parties veulent choisir.

342. Les fonctions du ministère public près les tribunaux de police sont remplies par les commissaires de police, dans les lieux où il en est établi ; et, à leur défaut, par les maires qui peuvent se faire suppléer par leurs adjoints.

S'il y a plusieurs commissaires de police, celui d'entre eux qui est chargé de ces fonctions, est désigné par le Procureur du roi.

Celui qui remplit ces fonctions, est tenu les 10, 20 et dernier jour de chaque mois, de faire parvenir au Procureur du roi près le tribunal correctionnel, l'état des délits de toutes sortes, de simple police, et autres commis pendant les dix jours précédens, dans l'étendue de son canton, (*arrêté du directoire du 4 frimaire an* 5, *art.* 4.)

Il indique en même temps, dans cet état, les poursuites qui auront été faites, tant pour les constater que pour en découvrir et arrêter les auteurs, (*ibid.*, *art.* 5.)

Lorsque dans les dix jours précédens, il n'a été commis, dans le canton, aucun délit parvenu à sa connoissance, il envoie un certificat négatif, (*ibid.*, *art.* 6.)

Le juge de paix règle le nombre et les jours d'audience du tribunal de police, (*art.* 164.)

Il les détermine de telle manière qu'il puisse être fait droit sur chaque affaire qui se poursuit à la requête du ministère public, dans les quinze jours de la remise des pièces. C'est à celui qui remplit les fonctions du ministère public, à veiller à ce que la citation soit donnée à temps.

343. Telles étoient les dispositions d'un arrêté du directoire, et de la loi du 3 brumaire an 4, relativement au tribunal de police.

Celles de l'arrêté du directoire ne doivent plus être exécutées. Elles sont abrogées naturellement par le nouveau code, qui les passe entièrement sous silence ; et d'ailleurs elles sont changées par l'article 178.

Cet article prescrit aux juges de paix et aux maires d'envoyer, au commencement de chaque trimestre, au Procureur du Roi, l'extrait des jugemens de police rendus le trimestre précédent, et qui auront prononcé la peine d'emprisonnement. Ainsi il n'est pas nécessaire de rendre compte des jugemens qui n'ont pas prononcé cette peine.

A l'égard des audiences, il est évident que c'est le juge de paix qui doit en fixer les jours, les heures et le nombre.

Quant aux maires, comme leur compétence est accidentelle, ils n'ont guères de jours réglés.

En cas de maladie, absence ou empêchement du juge de paix, ces fonctions peuvent être remplies par un des suppléans pour le tribunal de police, comme pour le tribunal de paix. (*Arrêt de la Cour de cass. du 7 juillet* 1809.)

Section II.

De la compétence du tribunal de police.

344. Les tribunaux de police connoissent des faits qui, d'après les dispositions du 4.e livre du Code pénal, peuvent donner lieu à 15 fr. d'amende au plus, ou à cinq jours d'emprisonnement, qu'il y ait ou non confiscation des choses saisies, et quelle qu'en soit la valeur, (*art.* 137 *du Code d'instr. crim.*)

Cet article étend la compétence des tribunaux de police quant à la matière. Le Code de brumaire an 4, (*art.* 153,) ne leur attribuoit que les faits dont la valeur n'excédoit ni trois journées de travail, c'est-à-dire à-peu-près 9 fr., ni trois jours d'emprisonnement.

La nouvelle loi renvoie à ces tribunaux les faits dont la peine sera de 15 fr. et au-dessous, ou l'emprisonnement jusqu'à cinq jours. Mais aussi elle permet l'appel ; au lieu que, suivant l'ancien Code, les tribunaux de simple police étoient souverains.

Il faut que l'amende de 15 fr. ou l'emprisonnement de cinq jours soient le *maximum* de la peine. Si, étant même inférieure dans le *minimum*, elle peut s'étendre au-delà, le délit n'est plus du ressort de la police simple. C'est ce que l'ancien Code exprimoit très-bien, et ce que le nouveau indique d'une manière très-claire.

Au reste, ce n'est qu'à la peine qu'il faut s'attacher pour juger de la compétence, et non aux condamnations accessoires, comme la confiscation et les réparations civiles.

Quoique l'amende soit due solidairement, (*loi du 28 septembre-6 octobre* 1791, *tit.* 2, *art.* 3,) par les délinquans qui coopèrent au même délit, néanmoins c'est la quotité de l'amende particulière à prononcer contre chacun, et non pas le montant de la condamnation solidaire qui détermine la compétence du tribunal de police. Le voyageur, par exemple, qui rompt la clôture d'un héritage pour s'ouvrir un passage quoique le chemin soit praticable, doit une amende de 15 fr. Si deux citoyens voyageant de compagnie, commettent ensemble pareil délit, ils sont dans le cas d'une amende particulière à chacun de 15 fr., et solidaire de la valeur de 30 fr.: mais ils n'en sont pas moins justiciables du tribunal de police.

345. La juridiction de police appartenant actuellement aux juges de paix et aux maires, leur compétence n'est plus la même. Le tribunal du juge de paix est le tribunal ordinaire. Il peut connoître de tous les faits de simple police dans toute l'étendue de son canton. Le maire est juge d'attribution. Il ne peut connoître que de certains faits et sous certaines conditions.

Le juge de paix connoît exclusivement 1.° de toutes les contraventions commises dans l'étendue de la commune chef-lieu du canton, (*art.* 139, §. 1.)

Ainsi dans la commune chef-lieu de canton, le maire n'est ni ne peut être juge de police.

Quid. Si le juge de paix ne demeure pas dans cette commune, et n'y donne pas ses audiences? Il en sera toujours de même, parce que la disposition du Code est absolue, et qu'elle ne distingue pas; en sorte que dans la commune, non chef-lieu, où le juge de paix réside, le maire sera juge de police dans les cas déterminés.

2.º Des contraventions commises dans les autres communes du canton par des personnes qui n'y sont pas domiciliées, ni présentes, à moins qu'elles n'y soient prises en flagrant délit, et où les témoins ne sont ni domiciliés, ni présens, (*même art.*, §. 2.)

3.º Des contraventions à raison desquelles la partie qui réclame conclut, pour ses dommages-intérêts, à une somme indéterminée, ou qui excède 15 francs, (*eod.*, §. 3.)

4.º Des contraventions forestières poursuivies à la requête des particuliers, (*eod.*, §. 4). Celles poursuivies à la requête de l'administration se portent à la police correctionnelle.

5.º Des injures verbales, (*eod.*, §. 5.)

6.º Des affiches, annonces, vente, distribution, ou débit d'ouvrages écrits, ou gravures contraires aux mœurs, (*eod.*, §. 6).

7.º De l'action contre les gens qui font le métier de deviner et pronostiquer, ou d'expliquer les songes, (*eod.*, §. 7.)

A l'égard de toutes les autres contraventions commises dans les communes du canton, autres que celles du chef-lieu, le juge de paix en connoît concurremment avec les maires, et par prévention, (*art. 140 du Code d'instr. crim.*)

Ainsi le Code d'instruction criminelle maintient les tribunaux de simple police à-peu-près comme ils étoient constitués par le code de brumaire an 4, avec cette différence qu'il appelle les maires, en certains cas, à l'exercice de cette juridiction, mais toujours concurremment avec les juges de paix; en sorte qu'il y aura prévention entre eux dans ces cas seulement.

La prévention est parfaite. Le maire saisi le premier de l'affaire dans les cas prévus, n'est point obligé de renvoyer au juge de paix, ni sur la revendication de celui-ci, ni sur la demande soit de l'inculpé, soit de la partie civile. Il en est de même du juge de paix qui a connu le premier, à l'égard du maire.

La prévention consiste dans le droit qu'a celui de plusieurs juges également compétens qui a été saisi le premier, de retenir l'instruction. Pour qu'il puisse y avoir prévention, il faut qu'il y ait concurrence, et elle est arrêtée par le fait de celui des juges également compétens qui a pris le premier connoissance d'un délit. Il exclut par-là les autres d'en pouvoir connoître et fait cesser la concurrence.

Que faudra-t-il décider si le juge de paix et le maire ont été saisis en même temps, en sorte qu'on ne puisse savoir quel est celui qui a prévenu ?

Il me semble que c'est le juge de paix qui doit obtenir la préférence, car c'est lui qui est essentiellement et principalement le juge de police. Le maire n'est, pour ainsi dire, que son suppléant.

346. Le tribunal de police prononce principalement sur l'existence du délit, et sur la peine à infliger au délinquant.

Il peut prononcer aussi sur les dommages et intérêts, prétendus pour raison du délit : mais il faut qu'il y fasse droit par le même jugement qui prononce la peine.

Lorsqu'au moment du jugement sur la peine à infliger, le juge de paix n'est pas suffisamment instruit pour prononcer sur la quotité des dommages-intérêts, il renvoie, à cet égard, les parties à fins civiles.

347. Lorsque le tribunal est incompétent pour prononcer sur le délit qui est l'objet principal, il l'est à plus forte raison pour prononcer sur les dommages et intérêts qui ne peuvent être adjugés qu'après la décision qu'il a existé un délit.

Le tribunal de police du canton de Soligny s'étoit écarté de ce principe. Saisi de la connoissance d'un délit sur lequel il n'appartenoit qu'au tribunal de police correctionnelle de prononcer, il avoit, par deux jugemens des 21 et 25 germinal an 5, reconnu son incom-

Du Tribunal de Police.

pétence, et renvoyé, pour la prononciation de l'amende, par-devant le tribunal correctionnel ; et néanmoins, il avoit statué sur les dommages et intérêts demandés par la partie plaignante. Le 2 thermidor suivant, la Cour de cassation a annulé ces deux jugemens, pour excès de pouvoir et contravention aux articles 153 et 154 du Code des délits et des peines.

Un tribunal de police est incompétent pour statuer sur une demande en dommages et intérêts dirigée contre la personne civilement responsable, tant qu'il n'est pas saisi de l'action publique pour l'application de la peine. Cette incompétence est absolue et peut être proposée en tout état de cause, même sur l'appel. (*Arr. de rejet de la Cour de cass. du* 11 *septembre* 1818.)

348. Sont justiciables du tribunal de police, et punis de peines de simple police :

1.° Ceux qui négligent d'éclairer ou nétoyer les rues devant leurs maisons, dans les lieux où ce soin est à la charge des habitans, (*Cod. pénal, liv.* 4, *ch.* 2, *art.* 471);

2.° Ceux qui embarrassent, ou dégradent la voie publique, (*idid.*, *n.°* 4);

3.° Ceux qui contreviennent à la défense de rien exposer sur les fenêtres, ou au devant de leurs maisons sur la voie publique, de rien jeter qui puisse nuire ou endommager par sa chûte, ou causer des exhalaisons nuisibles, (*ibid.*, *n.°* 6);

4.° Ceux qui laissent divaguer des insensés ou furieux, ou des animaux malfaisans ou féroces, (*art.* 475, *n.°* 7);

5.° Ceux qui exposent en vente des comestibles gâtés, corrompus ou nuisibles, (*ibid*);

349. 6.° Les auteurs d'injures verbales dont il n'y a pas de poursuite par la voie criminelle, (*ibid*);

Il est à la discrétion de la personne injuriée, de poursuivre la réparation de l'injure devant le tribunal de la justice de paix, ou devant le tribunal de police.

7.° Les auteurs de rixes, attroupemens injurieux

ou nocturnes, voies de fait et violence légères, pourvu qu'ils n'aient blessé ni frappé personne, et qu'ils ne soient pas notés d'après les dispositions de la loi du 19-22 juillet 1791, comme *gens sans aveu, suspects ou mal-intentionnés ;*

S'ils sont dans ce dernier cas, ils ne peuvent être jugés que par le tribunal correctionnel.

Toutes les fois qu'il y a blessure, ou même coups portés sans blessure, l'instance sur la rixe n'est pas du ressort du tribunal de police. Il ne peut en connoître sans excès de pouvoirs. C'est l'un des motifs pour lesquels la Cour de cassation a annulé, le 17 fructidor an 5, un jugement rendu le 27 germinal précédent, par le tribunal de police du canton de Blaringhem.

350. 8.° Les personnes coupables de délits mentionnés dans le titre 2 de la loi du 28 septembre-6 octobre 1791, sur la police rurale, lesquelles étoient dans le cas d'être jugées par voie de police municipale, (*Code du 3 brumaire an 4, art.* 605, §. 9.)

Ce dernier paragraphe a donné lieu à une question importante. Le titre 2 de la loi citée, comprenoit le détail d'un très-grand nombre de délits ruraux, dont les uns devoient être jugés par la police correctionnelle, et les autres par la voie de police municipale.

Nulle difficulté pour les délits ruraux de la première classe : ils continuent d'être jugés par voie de police correctionnelle.

Quant aux seconds, il faut observer que la compétence des municipalités en matière de police, n'étoit pas la même qu'est la compétence présente des tribunaux de simple police ; 1.° les délits qui, dans les villes, pouvoient entraîner un emprisonnement de plus de trois jours jusqu'à huit inclusivement, étoient jugés par voie de police municipale. (*Loi du 28 sept.-6 octobre* 1791, *tit.* 2, *art.* 6.) Depuis, les délits qui méritoient pareille peine, n'étoient plus jugés par le tribunal de simple police, mais par le tribunal de police correctionnelle. 2.° La quotité de l'amende ne faisoit pas perdre au tribunal de police municipale sa compétence : depuis, toutes les fois que l'amende excèdoit la valeur de trois journées de travail, le délit n'étoit plus de la compétence des tribunaux de police, mais devoit être jugé par les tribunaux correctionnels. Il en résultoit qu'en ayant égard à la durée de l'emprisonnement, ou à la quotité de l'amende prononcée par le titre 2, plusieurs des délits ruraux attribués au tribunal de police municipale, se trouvoient depuis être de la compétence des tribunaux correctionnels.

La difficulté consistoit à savoir si le §. 9 de l'art. 605 du Code de brumaire an 4, avoit entendu laisser subsister la quotité de la peine de cette classe particulière de délits; et, en conséquence, en attribuer la connoissance aux tribunaux correctionnels : ou bien s'il avoit entendu attribuer la connoissance de ces affaires aux tribunaux de simple police ; en conséquence, modérer la peine originairement décrétée pour ces sortes de délits, et la réduire à l'étendue des peines de simple police.

Les termes dans lesquels s'exprimoit l'art. 605, favorisoient la seconde interprétation. Il soumettoit, dira-t-on, aux peines de simple police, établies par la loi dont il faisoit partie, les personnes coupables des délits mentionnés dans le titre 2 de celle du 28 sept.-6 octobre 1791, qui étoient dans le cas d'être jugées par la voie de police municipale. Ainsi, pour déterminer quelles peines il faut infliger aux délits ruraux mentionnés en ce titre 2, il faut distinguer ceux qui précédemment devoient être jugés par voie de police correctionnelle, et ceux qui devoient être jugés par voie de police municipale : les peines correctionnelles doivent être appliquées aux premiers, les peines de simple police aux seconds, sans aucune distinction, parce que la loi ne distingue pas. Ce qui réduit la peine de pareils délits aux peines actuelles de simple police, et en attribue la connoissance aux tribunaux de police.

L'article 609 favorisoit, au contraire, la première

interprétation. Il ordonnoit l'exécution des peines prononcées par la même loi du 28 septembre - 6 octobre 1791. Il vouloit qu'elles fussent appliquées par les tribunaux correctionnels pour les délits qui sont de leur compétence. On en concluoit que le législateur avoit donc voulu que les délits ci-devant attribués à la police municipale, qui devoient être punis d'un emprisonnement au-delà de trois jours, ou d'une amende au-dessus de trois journées de travail, fussent punis de la même peine qu'auparavant ; en conséquence qu'ils fussent de la compétence des tribunaux correctionnels.

C'est à ce dernier sentiment qu'on s'arrêtoit.

Maintenant il n'y a plus de doute ni d'embarras.

Tous les délits compris au chap. 2 du liv. 4 du nouveau Code pénal, sont du ressort du tribunal de simple police.

Ils sont détaillés aux articles 471 et suivans, jusques et compris 482, et en bien plus grand nombre que ceux énoncés aux anciennes lois.

351. Il y a cependant encore plusieurs délits de police qui ne s'y trouvent pas. Il est dit à cet égard, par l'article 484, que les Cours et tribunaux continueront d'observer et de faire exécuter les lois et réglemens actuellement en vigueur.

Quant à ceux qui ne sont prévus par aucune loi, on demande quelle peine il faut leur appliquer, et devant quels juges ceux qui en sont prévenus doivent être traduits ?

On ne peut donner à cette question de meilleure réponse que celle contenue dans une lettre du ministre de la justice, du 12 vendémiaire an 5. (*V. le recueil chronologique, 2.ᵉ partie.*)

352. Toutes les fois que le fait qui donne lieu à la poursuite de la partie qui se prétend lésée, présente à décider une question de propriété, parce que le défendeur se prétend propriétaire du sol contentieux, alors le tribunal de police qui, par son institution, est un tribunal criminel, ne peut en connoître : il doit renvoyer devant les tribunaux civils, seuls compétens pour connoître d'une action purement civile.

Du Tribunal de Police.

La Cour de cassation a, pour cette raison, annulé comme contenant excès de pouvoir, différens jugemens émanés des tribunaux de police, entr'autres le 18 fructidor an 5, un jugement rendu le 27 floréal précédent, par le tribunal de police du canton de Saint-Jossé.

Section III.

De la demande et de l'instruction.

353. La demande s'intente au tribunal de police du juge de paix, par un exploit en la forme ordinaire, auquel on donne le nom de *citation*, (*art.* 145 *du Code d'instr. crim.*)

Nous disons *du juge de paix*, parce qu'au tribunal tenu par le maire, on ne se sert point du ministère des huissiers.

Les citations se donnent par simple avertissement.

La citation est donnée à la requête du ministère public, (*art.* 145.)

Elle peut l'être aussi à la requête des particuliers qui se prétendent lésés par le délit, (*ibid.*)

Les citations ne peuvent point être données à un délai moindre de vingt-quatre heures.

Dans les cas urgens, le juge de paix peut encore abréger ce délai, et permettre d'assigner dans le jour, à heure indiquée. Dans ce cas, il faut délivrer une cédule, (*art.* 146 *du Code d'instruction criminelle.*)

Il faut au reste, dans ces citations, observer les formalités des exploits; sans quoi il y auroit nullité, car elle est prononcée par le Code de procédure civile. La cédule, dans le cas où le délai a été abrégé, doit être signifiée avec la citation, et il faut en laisser copie.

La citation dans laquelle on n'auroit pas observé le délai prescrit, seroit nulle aussi.

Mais il y a cette différence entre cette nullité et celle résultante du défaut de forme, que, dans ce dernier cas, la partie citée peut se présenter et proposer la nullité; au lieu que, dans le premier, la partie qui se présenteroit ne pourroit pas exciper de la nullité résultante du défaut de délai, puisque sa présence prouveroit que le délai donné étoit suffisant. Elle ne peut en faire usage que quand il y a eu défaut. Alors en venant sur l'opposition, elle demande la nullité de la procédure.

Dans tous les cas, la nullité doit être proposée avant toute défense au fond, autrement elle est couverte, (*art.* 146 *ibid.*)

Un arrêt de la Cour de cassation, en date du 15 novembre 1811 décide que, les tribunaux de simple police ou correctionnelle peuvent, même dans le cas où le prévenu fait défaut, prononcer la nullité de la citation, lorsqu'ils trouvent que dans la citation donnée au prévenu le délai respectivement prescrit par les articles 146 et 184 du code n'a point été observé.

Le ministère public poursuit la peine infligée par la loi. Le tribunal est obligé de la prononcer, s'il y a lieu, même dans le cas où la demande n'a été formée que par la partie civile.

Le tribunal prononce sur les dommages-intérêts de la partie lésée demanderesse, ou intervenante sur la demande du ministère public. Dans ces deux cas, il y fait droit par le même jugement qui prononce sur la peine, ainsi qu'il a déjà été dit.

Le ministère public se rend demandeur, d'après un procès-verbal du délit dont il s'agit.

Ce procès-verbal a été rédigé, suivant les circonstances, ou par un garde-champêtre, ou par un garde-forestier, ou par un commissaire de police. Le juge de paix peut, avant le jour de l'audience, à la requête soit du ministère public, soit de la partie plaignante, estimer ou faire estimer les dommages, dresser ou faire dresser des procès-verbaux, faire et ordonner tous actes qui exigent célérité, (*art.* 148 *ibid.*)

Ces actes et opérations doivent toujours être faits en présence de la partie assignée, où elle dûment appelée. C'est la règle générale. Autrement tout ce qui auroit été fait seroit nul, et ne pourroit servir à rien.

La citation est donnée à comparoir à jour et heure fixes.

Il ne peut y avoir entre la citation et la comparution une intervalle moindre de vingt-quatre heures, (*ibid*), c'est-à-dire un jour franc, parce que cet intervalle ne se compte pas d'heure à heure. Ainsi, la citation à comparoir le 5 du mois, doit être notifiée au plus tard le 3.

Elle est notifiée par un huissier, qui en laisse copie au prévenu, (*art.* 146.)

354. Dans quel temps faut-il intenter la poursuite pour les délits ruraux ? La prescription contre leur poursuite est-elle d'un mois, ou semblable à celle des autres délits ?

La poursuite des délits ruraux, dira-t-on d'un côté, devoit être faite, suivant la loi du 28 septembre - 6 octobre 1791, (*tit.* 1, *sect.* 7, *art.* 8,) au plus tard dans le délai d'un mois, soit par les parties lésées, soit par le ministère public ; faute de quoi il n'y avoit plus lieu à poursuite. Le Code des délits et des peines du 3 brumaire an 4, en établissant la prescription contre la poursuite des délits, (*art.* 7 et 10,) ne faisoit aucune exception pour les délits ruraux : il avoit dérogé à la loi du 28 septembre - 6 octobre 1791. Ainsi il n'y a maintenant, contre la poursuite des délits ruraux, d'autre prescription que celle établie contre la poursuite des autres délits.

La loi du 3 brumaire an 4, dira-t-on d'un autre côté, en statuant sur la prescription de la poursuite contre les délits, n'a entendu établir que les règles générales de cette matière. Elle n'a pas entendu déroger aux prescriptions d'un temps très-court contre les délits légers, ni les étendre au-delà de leurs anciennes bornes. Ces prescriptions abrégées doivent continuer d'avoir lieu, notamment celle d'un mois, relative aux délits ruraux.

Ce dernier sentiment paroît le mieux fondé : mais la

Cour de cassation en a décidé autrement par un arrêt du 8 vendémiaire an 6.

L'article 8 du titre 9 de la loi du 15-29 septembre 1791, sur l'administration forestière, établit, en fait de délits forestiers, une prescription abrégée de trois mois; il porte: « Les actions en réparation de délits » seront intentées au plus tard dans les trois mois où » ils auront été reconnus, lorsque les délinquans seront » désignés par les procès-verbaux; à défaut de quoi » elles seront éteintes et prescrites. » L'article 9 du Code des délits et des peines, établissoit en général une prescription de trois ans. Il portoit : « Il ne peut être intenté » aucune action publique ni civile, pour raison d'un » délit, après trois années révolues, à compter du jour » où l'existence en a été reconnue et légalement consta- » tée, lorsque, dans cet intervalle, il n'a été faite aucune » poursuite. »

L'action pour réparation du délit forestier avoit été intentée dans l'espèce dans les trois ans; mais elle ne l'avoit pas été dans les trois mois. Cette circonstance avoit déterminé le tribunal criminel du département de la Marne à prononcer la déchéance de l'action, par jugement du 19 pluviose an 5; mais la Cour de cassation a, le 3 vendémiaire an 6, annulé son jugement, comme étant contrevenu à l'article 9 ci-dessus cité, qui accorde trois ans pour l'exercice de l'action.

Cette difficulté ne subsiste plus. Elle est résolue par le Code d'instruction criminelle.

Il rétablit la prescription annuelle qui avoit lieu autrefois, (*art.* 640.) Elle court à compter du jour où le délit a été commis, et n'est interrompue que par un jugement de condamnation; ensorte que, quoiqu'il y ait eu procès-verbal et poursuite, si le jugement de condamnation n'est point intervenu dans l'année, l'action, soit publique, soit privée, est éteinte.

S'il y a appel du jugement de condamnation, et que cet appel ne soit pas jugé dans l'année à compter du jour où il a été notifié, il y a encore prescription.

355. Les parties peuvent comparoître volontairement,

Du Tribunal de Police. 209

sur un simple avertissement, sans qu'il soit besoin de citation, (*art.* 147.) Mais lorsque la personne avertie ne comparoît pas, on ne peut la condamner par défaut. On ne peut pas non plus donner de congé, si c'est le demandeur qui ne comparoît pas. Il faut alors citer régulièrement en la forme prescrite.

Le prévenu comparoît en personne, ou par un fondé de procuration spéciale, (*art.* 152.) Peut-il être assisté d'un conseil ou défenseur officieux? La négative étoit la disposition de l'article 161 du Code de brumaire an 4. Elle ne se trouve plus dans celui d'instruction criminelle; ainsi rien n'empêche que la partie comparoissant elle-même ne fasse plaider par un avocat. Tout ce qui résulte du Code, c'est que le ministère des avoués n'est point admis au tribunal de police. Pour y représenter les parties, il leur faut un pouvoir spécial. Au reste, il peut être sous seing-privé. Le Code n'exige point qu'il soit authentique.

356. L'instruction de chaque affaire est publique, (*art.* 153.) Elle se fait dans l'ordre suivant:

1.º Les procès-verbaux, s'il y en a, sont lus par le greffier, (*ibid.*)

2.º Les témoins appelés par le ministère public sont entendus, (*ibid.*)

3.º Le prévenu est entendu dans sa défense, (*ibid.*) Il fait entendre ses témoins, s'il en a amené ou fait citer, (*ibid.*)

On voit par-là que les témoins produits par le prévenu peuvent être entendus sans citation préalable.

4.º Le ministère public résume l'affaire et donne ses conclusions, (*ibid.*)

Le Code d'instruction criminelle, est à cet égard, presque littéralement conforme à la loi du 3 brumaire an 4.

Il suffit, pour que l'instruction soit publique, qu'elle se fasse dans le lieu ordinaire des audiences, les portes ouvertes, ensorte que tout le monde puisse y entrer, quand même il ne s'y trouveroit personne.

Les témoins produits par le ministère public ou la

14

partie civile, doivent être cités en la manière ordinaire. La partie inculpée peut amener les siens, sans qu'elle soit absolument tenue de les faire assigner.

Si un témoin important pour elle ne se présente pas, elle peut demander la remise de la cause pour le faire citer; et le juge la lui accordera, s'il voit en effet que le témoignage puisse influer sur la décision.

Les contraventions sont le plus ordinairement prouvées par des rapports ou procès-verbaux. Elles peuvent l'être aussi par témoins, à défaut de ces actes, (*art.* 154.).

L'article porte que la preuve par témoins n'est pas admissible contre les procès-verbaux ou rapports des officiers de police qui ont reçu de la loi le pouvoir de constater les délits et contraventions, jusqu'à inscription de faux; mais que cette preuve peut être reçue contre les procès-verbaux et rapports des agens, préposés ou officiers à qui la loi n'a point donné ce pouvoir.

L'article, en aucun endroit, ne désigne les officiers qui ont reçu cette faculté.

En général, les procès-verbaux des officiers à qui la loi a donné le pouvoir d'en dresser, doivent faire foi dans les cas de leur compétence, car ils sont authentiques. Quelques-uns néanmoins de ces procès-verbaux ne font foi qu'au moyen de la formalité de l'affirmation. Tels sont ceux des gardes-forestiers et champêtres.

Dans le cas de leur compétence, parce que, hors de là, ils n'ont plus de caractère. Si par exemple un garde-forestier ou champêtre arrête en flagrant délit le coupable d'un crime qualifié, et qu'il dresse un procès-verbal, cet acte ne fera pas foi, quand même il seroit affirmé, parce que ces officiers n'ont le droit de constater par des procès-verbaux que les délits forestiers ou champêtres. Il ne faudra pas moins entendre ce garde en témoignage, malgré son procès-verbal, et il pourra être combattu et discuté comme toutes les autres dépositions.

On peut citer en témoignage toutes sortes de personnes, excepté les ascendans ou descendans du prévenu, ses frères et sœurs, ou alliés en pareil degré, sa femme ou son mari, soit actuels, soit même divorcés. Ces personnes ne doivent être ni appelées, ni entendues, (*art.* 156 *du Code d'instr. crim.*)

Si cependant elles ont été citées, il faut avoir soin de s'opposer à leur audition; car si elle se fait sans opposition, il n'en résultera point de nullité, (*même art.*)

Ces témoins peuvent aussi refuser de déposer attendu leur qualité; et l'on ne peut pas les y contraindre, quand même personne ne s'opposeroit à leur audition.

Elles ne peuvent déposer ni contre leurs parens, ni contre les autres co-prévenus, s'il y en a plusieurs.

La partie plaignante peut-elle faire entendre en sa faveur ses parens ou alliés dans ces degrés?

Il faut répondre qu'oui, parce que la loi ne s'y oppose pas, mais ils sont reprochables; et le juge ne doit avoir à leurs dépositions que tel égard que de raison.

Tout témoin cité est obligé de comparoître au jour et à l'audience indiquée, quand même il prétendroit être en droit de ne pas déposer, et pour en déduire les raisons. S'il fait défaut, il peut être sur-le-champ condamné à l'amende. Cette condamnation se prononce sur les conclusions du ministère public, (*art.* 157.) Si le témoin réassigné fait encore défaut, il peut-être contraint par emprisonnement de sa personne, (*eod.*)

Si le témoin réassigné comparoît, il peut proposer ses excuses et obtenir décharge de l'amende prononcée contre lui; et cette décharge s'accorde facilement pour éviter que les témoins ne se soustraient. Il peut même, s'il n'est pas réassigné, se présenter volontairement pour faire admettre ses excuses, sans qu'il soit obligé d'interjeter appel, (*art.* 158 *du Code d'instr. crim.*)

Observez que le juge de police ne peut pas, sur le premier défaut du témoin, ordonner la contrainte par corps contre lui: et en cela il diffère du juge d'instruction, qui a ce pouvoir.

Les témoins doivent nécessairement prêter serment de

dire la vérité avant d'être entendus. Ce serment se prête à l'audience au moment de l'audition. Chaque témoin doit déclarer ses noms, âge, profession et demeure, et le greffier fait mention du tout. Le défaut de ces formalités emporteroit nullité de la procédure, (art. 155, *ibid.*)

La déposition n'est point écrite. Le greffier tient seulement note des circonstances principales dont le témoin dépose.

Section IV.

Du Jugement.

357. Après l'instruction détaillée en l'article précédent, le tribunal de police prononce dans la même audience, ou, au plus tard, dans la suivante.

Si le prévenu ne se présente pas au jour et à l'heure fixés par la citation, on donne défaut contre lui, (*art,* 149 *du Code d'instr. crim.*)

Mais il ne faut moins faire l'instruction, c'est-à-dire entendre les témoins, et le ministère public; car l'absence de la partie n'empêche point qu'on ne doive examiner si l'inculpation est bien ou mal fondée.

Si c'est le plaignant qui ne comparoît pas, on donne aussi défaut contre lui, mais ce défaut ne frappe que sur les réparations civiles; car, quant au fait, le ministère public est le contradicteur naturel et le poursuivant légal du prévenu.

Si le fait ne présente ni délit, ni contravention de police, le juge de paix déclare la citation et tout ce qui a suivi, nul et de nul effet. Il ne peut statuer sur les dommages-intérêts du prévenu, (*art.* 159, *ibid.*)

Si, au contraire, le fait excède la compétence du tribunal, c'est-à-dire s'il donne lieu à une amende excédant 15 fr., ou à un emprisonnement de plus de cinq jours, le juge de paix doit renvoyer les parties devant le Procureur du roi, (*art.* 160, *ibid*) et alors il ne peut pas prendre connoissance des dédommagemens, ni rien statuer à cet égard.

Enfin il s'agit véritablement d'un fait de police, ou la la preuve n'est pas acquise, ou elle est complète.

Du Jugement.

Dans le premier cas, il absout le prévenu, et lui accorde des dommages-intérêts s'il y a conclu.

Dans le second, il prononce la peine portée par la loi, et statue par le même jugement sur les restitutions et les dommages-intérêts, (*art.* 161 *du Code d'instr. crim.*)

Le juge peut prononcer sur les restitutions et les dommages-intérêts, à quelque somme qu'ils montent. C'est uniquement la quotité de la peine qui détermine sa compétence.

La partie qui succombe est condamnée aux frais, (*art.* 162, *ibid.*;) *même envers le ministère public*, porte cet article.

C'est-à-dire que le plaignant lui-même, si sa plainte est jugée sans fondement, doit être condamné aux dépens faits par le ministère public pour l'instruction; tels que ceux de citation aux témoins, et autres, faits à sa requête. Quant à lui, il n'est jamais condamné à aucun dépens, à moins qu'il ne soit pris à partie.

Le jugement contient la liquidation des dépens, (*même art.*)

Tout jugement définitif de condamnation doit être motivé, et il faut y insérer les termes de la loi appliquée, à peine de nullité.

En conformité de cette règle, la Cour de cassation a annulé différens jugemens, entr'autres le 7 prairial an 5, deux rendus les 5 et 15 pluviose précédens par le tribunal de police du canton de Crépon, et dans lesquels les termes de la loi appliquée n'avoient pas été insérés. Il y a plusieurs arrêts postérieurs semblables, et notamment ceux de la Cour de cassation du 18 mars 1808, et du 11 octobre 1810.

Les jugemens préparatoires et d'instruction n'ont pas besoin d'être motivés. C'est ce qui résulte de la manière dont la disposition est conçue.

La loi veut aussi, (*même art.*,) que le jugement exprime s'il est rendu en première instance ou en dernier ressort. A cet égard, il faut appliquer ici les règles du Code de procédure civile relativement aux jugemens qui sont mal qualifiés, ou dans lesquels le juge ne s'est point expliqué. C'est le montant des demandes qui doit déterminer s'il a lieu ou non à l'appel.

Le jugement doit être signé par le juge qui a tenu l'audience, dans les vingt-quatre heures au plus tard, à peine de 25 francs d'amende contre le greffier, et de prise à partie, s'il y a lieu, tant contre le greffier que contre le juge, (*art. 164 du Code d'instr. crim.*)

Ainsi le défaut d'observation de ce précepte ne donne pas lieu à la nullité, mais seulement à l'amende et à la prise à partie, soit de la part de celui qui a obtenu le jugement, soit de la part du condamné, suivant qu'ils y ont intérêt.

La poursuite pour l'exécution du jugement appartient au ministère public et à la partie civile. Au ministère public pour la peine : à la partie civile pour les restitutions et dommages-intérêts, (*art. 165 du Code d'instr. criminelle.*)

358. Suivant l'article 408, (spécial pour le criminel), mais rendu commun aux matières de police par l'article 413,) le tribunal de police doit pareillement, à peine de nullité :

1.º Ordonner l'exécution d'une formalité voulue par la loi, et requise par le prévenu ou le ministère public, quand même elle ne seroit par ordonnée à peine de nullité ;

2.º Prononcer sur toute réquisition quelconque du prévenu, ou du ministère public. En conséquence, le 6 frimaire an 6, la Cour de cassation a annulé un jugement du tribunal de police du canton de Blangy, pour avoir omis de prononcer sur un réquisitoire du ministère public.

359. Le tribunal de police gradue suivant les circonstances, ou le plus ou le moins de gravité du délit, les peines qu'il est chargé de prononcer, sans qu'elles puissent, en aucun cas, être au-dessous du *minimum* porté par la loi, ni s'élever au-dessus de 15 fr. d'amende, ou de cinq jours d'emprisonnement.

Tout jugement de police qui prononce une amende au-dessus de 15 francs, ou un emprisonnement qui excéde cinq jours, est en contravention à la loi: il doit être annulé. Ainsi décidé par plusieurs arrêts de la Cour de cassation; entre autres, par un du 26 brumaire an 6, par lequel il a annulé un jugement du tribunal du canton de Saulx-en-Montagne, du 11 floréal précédent, lequel avoit condamné le citoyen Mairot à une amende de six journées de travail.

360. En matière de délits ruraux ou forestiers qui sont de la compétence du tribunal de police, il n'y avoit pas lieu à la graduation des peines. L'amende, pour ces délits, ne pouvoit pas être au-dessous de trois journées de travail, et la détention ne pouvoit pas être au-dessous de trois jours d'emprisonnement. (*Loi du 25 thermidor an 4, art 2.*)

En conséquence, la Cour de cassation avoit annulé, le 5 fructidor an 5, un jugement du 13 prairial précédent, par lequel le tribunal de police du canton d'Audincourt avoit prononcé, pour réparation d'un délit forestier, une amende au-dessous de trois journées de travail.

Maintenant il faut se conformer aux dispositions du Code pénal ; et, pour les cas non prévus par cette loi, aux réglemens particuliers.

361. Quelle loi faut-il suivre dans l'application des peines aux délits commis dans les bois de l'état ?

L'article 609 du Code des délits et des peines, maintenoit l'ordonnance des eaux et forêts de 1669 : l'article 38 du titre 2 de la loi du 28 septembre - 6 octobre 1791 maintenu par l'article 605, ne concernoit que les bois des particuliers et des communautés. Ainsi, il faut appliquer aux délits commis dans les bois de l'état les peines prononcées par l'ordonnance de 1669.

Ces délits ne sont pas de la compétence des tribunaux de police.

Quelques tribunaux, appliquant au délit de laisser pâturer les bestiaux dans les bois de l'état, l'article 38 ci-dessus mentionné, se contentoient de prononcer la légère amende qu'il indique ; et ne prononçoient ni l'amende plus forte, ni la confiscation prescrite par l'article 10 du titre 32 de l'ordonnance de 1669. Le vice de ces jugemens est très-bien développé dans une lettre du ministère de la justice, du 22 frimaire an 5.

362. La quotité de l'amende prononcée par l'ordonnance de 1669, déterminera si c'est le tribunal de simple police, ou le tribunal correctionnel qui en doit connoître.

Cette amende est presque toujours au-dessus de 15 fr.; ainsi, il est bien rare que ces délits soient de la compétence du tribunal de simple police.

Le cas peut se présenter pour la forêt d'Orléans. L'article 609 ci-dessus cité, maintient, outre l'ordonnance de 1669, les autres lois relatives à la police forestière. Il faut mettre de ce nombre le réglement général de la réformation des eaux et forêts d'Orléans, du 15 avril 1671, confirmé par arrêt du conseil du 11 mars 1676. Suivant l'article 5 du chapitre 8 de ce réglement, l'amende des bestiaux trouvés en délit est réglée à quarante sols par chaque bœuf ou vache, vingt sols pour chaque cheval, dix sols pour chaque brebis ou mouton; au lieu que l'article 10 du titre 32 de l'ordonnance de 1669, porte l'amende à vingt francs par cheval, bœuf ou vache, cinq francs par veau, et trois livres par mouton ou brebis.

363. Plusieurs personnes sont civilement responsables de délits commis par autrui, tels sont :

1.° Les maris qui répondent des délits de leurs femmes. (*Loi des 28 septembre- 6 octobre 1791, tit. 2, art. 7*;)

2.° Les pères et mères, les tuteurs, qui répondent des délits commis par leurs enfans, pupilles, et par leurs enfans mineurs mariés, n'ayant pas plus de vingt ans, (*ibid.*))

3.° Les maîtres qui répondent des délits de leurs domestiques, (*ibid.*;)

4.° Les entrepreneurs de toute espèce, qui sont responsables de leurs ouvriers, voituriers et autres subordonnés, (*ibid.*)

La responsabilité ne peut être exercée contre les personnes ci-dessus nommées, qu'autant qu'elle a été accordée par le tribunal; ainsi il faut les mettre en cause.

Du Jugement.

Les domestiques, ouvriers, voituriers et autres subordonnés, pour lesquels les maîtres et entrepreneurs sont obligés de payer, sont tenus de leur rembourser le montant des condamnations, (*ibid.*, art. 8,) qu'ils paient en leur lieu et place.

364. Lorsque le délit est prouvé, le tribunal de police est tenu de prononcer, pour la vindicte publique, la peine ordonnée par la loi : soit l'amende, soit l'emprisonnement, soit tous les deux, suivant la nature du délit : il ne peut en faire remise. Le gouvernement, informé que certains tribunaux de police, en statuant sur les délits de leur compétence, se bornoient à condamner les délinquans aux dommages et intérêts des parties lésées, sans prononcer ni amende ni emprisonnement, enjoint à ses commissaires, par son arrêté du 27 nivose an 5, (art. 1,) de se pourvoir en cassation contre pareils jugemens, et d'en faire mention expresse dans leurs états à fournir, les 10, 20 et dernier de chaque mois, (*ibid.* :) il charge en même temps le ministre, (*ibid.*, art. 2,) d'examiner s'il y a lieu de prendre à partie le tribunal de police qui a rendu le jugement, pour le faire condamner aux dommages et intérêts du domaine.

365. En cas de récidive, les peines ne pouvoient être prononcées que par le tribunal correctionnel, (*art. 607 du Code du 3 brumaire an 4.*)

Il n'en est plus ainsi.

Lorsque la peine simple du délit n'excède pas 15 fr., la récidive donne toujours lieu à l'emprisonnement pendant cinq jours, (*Code pén.*, art. 482.) En conséquence le tribunal de simple police peut prononcer cette peine.

Il ne devient incompétent que quand la récidive donne lieu à une peine plus forte.

Pour qu'il y ait lieu à une augmentation de peine, pour cause de récidive, il faut qu'il y ait eu un premier jugement rendu contre prévenu, pour pareil délit, dans les douze mois précédens, et dans le ressort du même tribunal de police, (*Code pén.*, art. 483.)

Il n'est pas nécessaire qu'il y ait identité dans les faits.

Il suffit qu'ils soient de même nature, c'est-à-dire l'un et l'autre, fait de police, et qu'ils aient été commis dans le ressort du même tribunal.

Il faut enfin que les deux délits aient été commis dans le courant de la même année. S'il y a plus d'un an d'intervalle entre l'un et l'autre, il n'y a point de récidive.

366. Dans l'origine, les affaires de simple police ne donnoient lieu, quant à la vindicte publique, à l'adjudication d'aucuns frais. L'état payoit les frais de poursuites faites par le ministère public, sans en exiger le remboursement, en cas de condamnation. Il n'en est pas de même maintenant.

Tout jugement d'un tribunal de police portant condamnation à une peine quelconque, prononce en même temps, au profit du domaine, le remboursement des frais auxquels la poursuite et la punition du délit ont pu donner lieu, (*loi du 18 germinal an* 7, *art.* 1.)

Lorsqu'il y a plusieurs accusés, auteurs ou complices du même fait, la condamnation au remboursement doit être prononcée solidairement contre eux, (*ibid.*, *art.* 2.)

Les frais sont liquidés, et la liquidation rendue exécutoire par le juge de paix, (*ibid.*, *art.* 3.)

Le recouvrement en est poursuivi par les préposés à la régie de l'enregistrement et du domaine public, (*ibid.*)

SECTION V.

De l'exécution du Jugement.

367. Le tribunal de police prononce, suivant les différens cas, quatre sortes de condamnations ; la confiscation, l'amende, l'emprisonnement et l'indemnité.

Les trois premières sont prononcées sur la réquisition du ministère public qui est chargé de veiller à leur exécution et de donner les ordres nécessaires. La dernière est prononcée sur la réquisition de la partie lésée qui en poursuit le paiement.

L'estimation des dommages et intérêts est toujours faite par le juge de paix d'après ses connoissances person-

De l'Exécution du Jugement.

nelles, ou sur l'avis des gens de l'art, (*loi du* 28 *septembre*-6 *octobre* 1791, *tit.* 2, *art.* 7.) Le jugement en contient la liquidation.

368. L'amende et l'indemnité sont dues solidairement par les délinquans, (*ibid.*, *art.* 3.)

En cas de concurrence, l'indemnité est toujours préférable à l'amende, (*ibid.*)

Elle est pareillement acquittée, avant les frais adjugés à l'état, (*loi du* 18 *germinal an* 7, *art.* 5.)

369. Le défaut de paiement de l'amende et de l'indemnité entraîne la contrainte par corps, (*loi du* 28 *septembre*-6 *octobre* 1791, *tit.* 2, *art.* 4.) Elle ne peut être exercée que vingt-quatre heures après le commandement, (*ibid.*)

L'emprisonnement remplace l'amende, à l'égard des insolvables, (*ibid.*)

Sa durée en commutation de peine ne peut excéder un mois, (*ibid.*)

370. L'emprisonnement a pareillement lieu à défaut de paiement de l'indemnité qui engendre la contrainte.

Au bout de combien de temps recouvrera sa liberté le condamné insolvable, incarcéré à défaut de paiement de l'indemnité ?

La loi ne dit pas, en ce cas, comme en celui de l'amende, que l'emprisonnement sera d'un mois. Celui dont il s'agit ici n'est pas la peine du délit, mais une simple détention pour dettes ; il en suit toutes les règles. En conséquence, le condamné insolvable n'est pas libéré de l'indemnité par un mois de détention, mais seulement par une détention de cinq années consécutives, qui est l'une des voies accordées par l'article 18 du titre 3 de la loi du 15 germinal an 6, sur la contrainte par corps.

Il peut paroître singulier que le condamné insolvable libéré de la vindicte publique, par la détention pendant un mois, ne soit libéré envers la partie lésée que par une détention de cinq ans. Il ne faut pas perdre de vue que l'indemnité est préférable à l'amende : il n'est pas étonnant qu'elle soit poursuivie plus rigoureusement.

371. Le paiement de l'amende et la confiscation sont

poursuivis au nom du ministère public, par le receveur du droit d'enregistrement établi dans l'arrondissement du tribunal.

L'officier qui remplit les fonctions du ministère public est tenu de lui remettre un extrait de tout jugement prononçant amende ou confiscation.

Il doit le lui remettre aussitôt après les trois jours de la prononciation du jugement, lorsqu'il n'y a pas d'appel, ni de recours à la cour de cassation.

Nous disons *aussitôt après les trois jours* et non pas *dans les trois jours* comme il a été inséré par mégarde dans l'arrêté. Pendant ces trois jours, il peut y avoir appel, ou recours en cassation, et le vœu de l'arrêté est de n'ordonner l'envoi, que lorsque, par le défaut de recours, le jugement doit avoir définitivement son exécution.

A l'égard des jugemens des tribunaux de police contre lesquels il a été fait, dans les trois jours, une déclaration d'apel ou de recours en cassation, les extraits ne doivent en être remis au receveur, que dans les trois jours qui suivront la réception de l'arrêt de la Cour de cassation, qui a rejeté la demande en cassation.

Au lieu de ces derniers mots, on lisoit dans l'arrêté : *la réception du jugement confirmatif du tribunal de cassation.* Il est étonnant qu'une expression aussi vicieuse, usitée seulement parmi ceux qui ignorent les lois, ait été employée dans un arrêté du directoire, dont la rédaction étoit toujours confiée à des gens qui les connoissoient.

372. L'officier chargé du ministère public peut, suivant l'arrêté déjà cité du premier nivose an 5, (*art.* 4,) s'opposer à ce que le détenu pour amende, en fait de simple police, soit élargi, jusqu'à ce qu'il ait produit la quittance du receveur des droits d'enregistrement, et qu'il ait satisfait aux condamnations pécuniaires contre lui prononcées ; mais il ne peut, (*ibid.*, *arrêté du 16 nivose an 5, art.* 4,) empêcher que le condamné insolvable ne soit mis en liberté, après le terme d'un mois, pendant lequel la loi autorise l'emprisonnement pour cause d'insolvabilité.

De l'Exécution du Jugement.

Section VI.

Moyens pour arrêter l'exécution du jugement.

373. Il n'existoit, suivant la loi de brumaire an 4, que deux moyens de se pourvoir contre les jugemens émanés des tribunaux de police, l'opposition et la cassation. Le Code d'instruction criminelle admet l'appel.

Lorsqu'un tribunal correctionnel saisi de l'appel d'un jugement de simple police, infirme ce jugement pour vice de forme, il doit statuer sur le fonds par le même jugement, ou renvoyer le fonds devant un tribunal de police : il ne peut, après le premier jugement d'infirmation statuer ultérieurement, et par un nouveau jugement sur le fonds de la contestation. (*Arrêt de la Cour de cass. du 22 mars* 1821.)

L'opposition a lieu contre les jugemens par défaut. Elle peut être faite par déclaration au bas de l'exploit de signification du jugement, ou par acte signifié dans les trois jours de cette notification, (*art.* 151 *du Code d'instr. crim.*)

Remarquez que la loi dit, *dans les trois jours, intrà*. Si donc le jugement est signifié le premier, l'opposition doit être notifié le troisième jour au plus tard. Le quatrième elle ne seroit plus recevable.

Il n'est pas nécessaire d'assigner sur l'opposition. Elle emporte de droit citation à l'audience suivante, (*même art.* 151.)

Le Code de brumaire an 4 accordoit dix jours, et l'opposition ne se formoit pas par exploit ou aucun autre acte ; mais le condamné se présentoit à l'audience pour être entendu.

S'il comparoissoit à cet effet à l'audience dans les dix jours qui suivoient la notification à lui faite du jugement par défaut, la condamnation étoit comme non-avenue, (*art.* 159 *ibid.*)

On voit par là que, pendant le même intervalle, l'exécution du jugement par défaut étoit suspendue.

Pour punir le prévenu de sa négligence à comparoir sur la citation, la loi vouloit que les frais de la signification du jugement demeurassent à sa charge, (*ibid.*,) et ce, quand même il eût été acquitté.

374. Lorsque le prévenu condamné par défaut ne comparoissoit pas dans les dix jours de la signification, le jugement demeuroit définitif, (*art.* 160 *ibid.*)

En conséquence, il pouvoit être exécuté le onzième jour, si le dixième jour étoit d'audience ordinaire. Mais si le dixième jour n'étoit pas jour d'audience ordinaire, le condamné par défaut étoit reçu à se présenter à la première audience ordinaire : le jugement rendu contre lui ne pouvoit être exécuté que le lendemain de cette même audience, s'il n'y avoit pas comparu.

Ce délai est réduit à trois jours par le Code d'instruction criminelle, et la forme n'est plus la même.

L'opposition étant déclarée ou notifiée, les deux parties sont tenues de se présenter à la première audience suivante, *après l'expiration des délais*, porte l'article cité; c'est-à-dire après les vingt-quatre heures au moins depuis l'acte d'opposition, et les délais additionnels à raison des distances.

Si le demandeur ne se présente pas, l'opposant peut obtenir contre lui congé relativement aux indemnités. Mais si c'est dernier qui ne comparoît pas, le demandeur n'a pas besoin d'obtenir de débouté d'opposition. Il lui suffit de faire constater l'absence au bas de l'acte d'opposition. Elle est dès-lors comme non-avenue, et le jugement peut être exécuté. Il ne peut plus être attaqué que par la voie de l'appel ou de l'opposition.

375. L'appel a lieu contre les jugemens contradictoires, 1.º toutes les fois qu'ils prononcent un emprisonnement quelconque ; 2.º lorsque les amendes, restitutions et autres réparations civiles excédent la somme de 5 fr., *outre les dépens*, (*art.* 172 *du Code d'instr. crim.*)

Il suit, de ces derniers termes, qu'il suffit que l'amende et les restitutions, calculées ensemble, excédent la somme de 5 fr. pour qu'il y ait ouverture à l'appel, mais que cette voie ne sera point praticable si elles sont au-dessous, quoiqu'elles la surpassent avec les dépens. Ainsi, dans ce cas, le jugement sera souverain.

De l'Exécution du Jugement. 223

L'appel est suspensif, (art. 173, *ibid.*) La déclaration d'appel arrêtera le jugement jusqu'à ce qu'il y ait été statué.

Lorsque le prévenu est absous, et que le jugement est en dernier ressort, la partie publique peut-elle en appeler? Il faut répondre que non. Le jugement est souverain à son égard, comme à l'égard des autres parties. Elle n'a que la voie de la demande en cassation. Ainsi décidé par un arrêt de la Cour de cassation du 29 mars 1812.

L'appel se porte au tribunal de police correctionnelle. Il doit être interjeté dans les dix jours de la signification à personne ou domicile.

La loi ne prescrit rien de particulier sur la forme de cet appel. En conséquence il faut l'interjeter à l'ordinaire par exploit signifié à personne ou domicile réel, contenant assignation au tribunal qui doit en connoître, et constitution d'avoué, car leur ministère est requis dans les tribunaux de police correctionelle.

Tout cela est commun aux jugemens rendus soit par les juges de paix, soit par les maires.

Les jugemens de simple police qui ne prononcent ni emprisonnement, ni réparations civiles excédant la somme de 5 fr., ne pas sont susceptibles d'appel, même pour cause d'incompétence. (*Arrêt de la Cour de cass. du 10 août 1812.*)

376. La cassation a lieu contre les jugemens rendus soit par le premier tribunal en dernier ressort, soit donnés sur l'appel, soit par défaut, lorsque l'opposition ni l'appel ne sont plus recevables.

Le condamné a trois jours francs après celui où son jugement lui a été prononcé, pour déclarer au greffe du tribunal de police qu'il se pourvoit en cassation, (*art. 417 du Code d'instr. crim.*)

Pendant ces trois jours, il est sursis à l'exécution du jugement.

377. Le condamné qui se pourvoit en cassation d'un jugement de police, n'étoit pas tenu dans l'origine, de consigner l'amende qui n'étoit exigée par la loi du 2 brumaire an 4, qu'en matière civile. Maintenant l'amende et la consignation d'amende ont lieu pour les demandes

en cassation des jugemens rendus par les tribunaux de police et les tribunaux correctionnels, suivant la loi du 14 brumaire an 5, (*art.* 1.)

Cette amende est, comme en matière civile, de 150 francs pour les jugemens contradictoires, et de 75 fr. pour les jugemens par défaut, (*ibid.*)

Les indigens en sont dispensés, en remplissant les conditions prescrites, (*ibid.*, art. 2.)

378. L'officier faisant les fonctions du ministère public, peut également, dans les trois jours de la prononciation du jugement, déclarer au greffe qu'il demande, au au nom de la loi, la cassation du jugement, (*art.* 413 *du Code d'instr. crim.*)

Néanmoins, dans le cas de l'absolution, il n'a que vingt-quatre heures pour se pourvoir.

379. L'exécution de la condamnation est suspendue pendant l'instance en cassation, tant pour l'amende, la confiscation et l'emprisonnement, que pour les dommages et intérêts qui ne sont pas dus, s'il n'y a pas de délit : mais elle peut être poursuivie, (*art.* 443, *ibid.*) le lendemain de la réception du jugement du tribunal de cassation, qui a rejeté la demande.

La partie civile peut aussi se pourvoir en cassation.

Elle est obligée, ainsi que le ministère public, de notifier son pourvoi dans les trois jours qui suivent la déclaration au greffe. Cette notification se fait par un exploit d'huissier quand le condamné est en liberté. S'il est en prison, la déclaration lui est lue par le greffier, et il la signe s'il le veut ou le peut, si non il est fait mention de son refus ou de son impuissance, (*art.* 418 *du Code d'instr. crim.*)

Le condamné n'est point astreint à notifier son pourvoi.

Quel sera l'effet du défaut de notification dans le délai prescrit ? La loi ne le dit pas. Emportera-t-il déchéance ? Il seroit difficile de le décider ainsi, car les peines ne se suppléent point. Il y a ici une lacune qui sera sans doute remplie par la jurisprudence.

FIN DE LA PREMIÈRE PARTIE.

MANUEL
DES
JUSTICES DE PAIX.

SECONDE PARTIE,

CONTENANT LES FORMULES D'ACTES, ET LE TEXTE DES LOIS, DÉCRETS, ORDONNANCES DU ROI, CIRCULAIRES ET INSTRUCTIONS MINISTÉRIELLES RELATIFS A LA JUSTICE DE PAIX.

LIVRE PREMIER.
FORMULES D'ACTES RELATIFS A LA JUSTICE DE PAIX.

CHAPITRE PREMIER.

Formules relatives aux matières civiles.

Installation du juge de paix.

1. L'AN   , le   en l'auditoire ordinaire de la justice de paix du présent canton de   département de   situé en la commune de   , N.   (*prénoms et nom du sous-préfet*) sous-préfet du arrondissement du département de   dans l'étendue duquel arrondissement se trouve la présente justice de paix, ayant pris séance,

Est comparu pardevant lui,   (*prénoms, nom et domicile du comparant*), lequel a dit que par l'assemblée des citoyens du présent canton, tenue à   le   il avait été désigné pour l'un des deux citoyens parmi lesquels le Roi devait choisir pour la place de juge de paix ; que par ordonnance rendue par S. M. à   le   , il avait été choisi pour remplir ladite place, que le   il avait prêté serment en ladite qualité, à l'audience du tribunal civil de première instance, séant à   , dans l'arrondissement duquel

Chap. I. Matières civiles.

se trouve ce canton; qu'il a précédemment communiqué à M. sous-préfet, et remet présentement, sur le bureau, expédition de son acte de désignation, délivré par   , l'ordonnance de sa nomination, et de son acte de prestation de serment, délivré par   ; et qu'en conséquence il prie M.   sous-préfet, de l'installer en qualité de juge de paix;

Et ledit S.   ayant fait, pardevant M.   sous-préfet, le serment de *fidélité au Roi*, *d'obéissance à la Charte constitutionnelle, et aux autres lois de l'État.*

M.   sous-préfet, a déclaré que le S.   était reçu juge de paix du présent canton de   département de   , qu'obéissance lui était due à ce titre; et qu'en conséquence il l'installait, en ladite place, pour en exercer toutes les fonctions dès à présent.

En conséquence mondit S.   juge de paix, étant monté au tribunal, s'y est assis à côté de mondit S.   sous-préfet, et en a pris possession en frappant le bureau de la main droite, ce dont lui a été donné acte, et de tout ce que dessus j'ai   greffier de ladite justice de paix, fait et dressé le présent procès-verbal, qui a été signé par mesdits SS.   sous-préfet, et   juge de paix avec moi greffier, les jour, mois et an que dessus.

Serment du greffier.

2. Pardevant nous   juge de paix du canton de   département de   séant au lieu ordinaire de nos audiences, assisté du S.   demeurant à   , vu la vacance, nous avons commis greffier pour le présent, après avoir de lui pris le serment en tel cas requis, qu'il a prêté en nos mains; est comparu le S.   (*prénoms, nom, profession et domicile du comparant*) nommé à la place de greffier de la présente justice de paix, par ordonnance royale du   qu'il nous a représentée.

Lequel, avant de commencer ses fonctions, a fait, pardevant nous, la déclaration suivante : *Je promets fidélité au Roi, obéissance à la Charte constitutionnelle, et aux autres lois de l'État*, et ont, lesdits   signé avec nous le présent acte, pour être mis au rang des minutes du greffe.

A   , l'an   le   du mois de

Déclaration des parties, qu'elles demandent jugement.

3. Pardevant nous   juge de paix du canton de   département de   (*si c'est à l'audience, il en sera fait mention*), sont comparus le S.   et le S.   (*prénoms, nom, profession et domicile des parties comparantes*), lesquels nous ont déclaré qu'ils nous demandaient jugement sur les contestations qui les divisent, et qu'ils vont nous exposer à l'instant, et ont, lesdits   et   signé la pré-

Formules d'actes.

sente déclaration avec nous, et   notre greffier.
A   , l'an   le   du mois de
Le jugement qui sera rendu à l'instant même, spécifiera l'objet de la demande, ou des demandes respectives.

Cédule pour abréger les délais.

4. Nous,   (prénoms, nom) juge de paix, (ou suppléant du juge de paix, avec la qualification de premier ou second suppléant), du canton de   département de
Sur ce qui nous a été exposé par   (prénoms, nom, profession et domicile du demandeur), qu'il désire faire citer devant nous, à bref délai   (prénoms, nom, profession et domicile du défendeur), pour voir dire qu'il sera condamné à
(conclusions du demandeur), et qu'attendu   il nous requiert d'abréger le délai ordinaire,   mandons à
huissier de notre justice de,   à la requête dudit   citer ledit   à comparoir le   heures de   en notre audience, qui se tiendra à   de ce faire lui donnons pouvoir.
Donné à   le   l'an
(Signature du juge de paix.)

Notification de la cédule.

5. Notifié la cédule ci-dessus (1) à   (prénoms, nom, profession et domicile du défendeur) en sondit domicile, en parlant à   (ou bien « en parlant à sa personne, trouvée à   »), le   l'an   , par moi soussigné   (prénoms, nom), huissier près le tribunal de
et huissier audiencier près le juge de paix de
(Signature de l'huissier.)
Enregistré à

Citation dans les cas ordinaires.

L'an   le   jour du mois de   à la requête de   (prénoms, nom, profession et domicile du citant).
Je   (prénoms, nom et demeure de l'huissier), huissier au tribunal de   et huissier audiencier en la justice de paix ci-après désignée, ai cité   (prénoms, nom, profession et domicile du cité), demeurant à   rue
n°.   en sondit domicile, parlant à   à comparoir le   heure de   à l'audience de la justice de paix du canton de   département de   tenante à
pour voir dire   (conclusions du citant, indication sommaire de ses moyens), et ai laissé copie du présent audit S.

---

(1) *Sur la copie en tête de laquelle sera transcrite la cédule, l'on mettra* : « notifié la présente copie à...... »

Chap. I. *Matières civiles.*

en parlant à sa personne, trouvée à   ou *bien*, audit
S.   en sondit domicile, parlant comme dessus.
                        (*Signature de l'huissier*).

Enregistré à

Si l'huissier ne trouve au domicile du cité aucune personne de sa maison, il terminera la citation de la manière suivante.

Et n'ayant trouvé au domicile dudit S.   où je me suis transporté, aucune personne de sa maison à laquelle je pusse remettre la copie du présent, je me suis transporté chez M.   , maire de ladite commune de   , auquel j'ai remis ladite copie, et qui a visé le présent original.
                        (*Signature de l'huissier*).
Vu le présent original et reçu la copie.
A   l'an   le
            ·(*Signature du maire*).

Jugement contradictoire.

6. Entre le S. A   (*prénoms, nom, profession et domicile du demandeur*), aux fins de la citation, en date du   registrée le   tendante à ce que le défendeur B soit condamné à lui payer la somme de 48 fr. à lui due, suivant acte sous seing-privé du   enregistré le   par   qui a reçu   ensemble les intérêts de ladite somme, à compter de ce jour, (*ou bien* « tendante à ce que   ») comparant en personne, « *ou par*   (*prénoms, nom, pro-
« fession et domicile du fondé de pouvoir*), son fondé de pouvoir
«   suivant l'acte du   registré à   le   »
d'une part.

Et le S. B   (*prénoms, nom, profession et domicile du défendeur*) défendeur aux fins de la même citation, comparant en personne, *ou* « par   (*prénoms, nom, profession et
« fondé de pouvoir*) son fondé de pouvoir, suivant l'acte du
« enregistré à   le   d'autre part, lequel (*on insé-
« rera son dire, s'il est nécessaire*, a dit que   et ») a conclu à ce que

Nous, juge de paix, considérant   (*s'il est nécessaire, on détaillera les motifs*, « considérant dans le droit, 1°.
« 2°.   3°.   dans le fait 1°.   2°.
« 3°..   »).

Condamnons le S. B   à payer au sieur A·   la somme de 48 francs, contenue en son billet sous-seing privé du   enregistré à   le   par   qui a perçu   pour les droits, ensemble les intérêts de ladite somme, à compter du   date de son exploit, (*ou bien*
« disons que   »).

Condamnons le S.   aux frais de la présente instance, liquidés à la somme de   , y compris le coût, la délivrance et la signification du présent jugement.

Formules d'actes.

Ainsi jugé (*lorsque le jugement est rendu en matière non sujette à l'appel, on ajoutera en dernier ressort*) par nous   , juge de paix du canton de   ,   département de

Jugement par défaut contre le défendeur.

7. Entre le S. A.   (*comme ci-dessus*) d'une part, et le S. B.   non comparant, ni personne pour lui.
Nous   après avoir attendu jusqu'à l'heure de   (*au moins une heure après celle indiquée pour la comparution*), avons, contre ledit S. B   non comparant, ni personne pour lui, donné défaut, et pour le profit, considérant,   condamnons ledit S.   (ou « disons que   »).

Il sera ajouté, s'il y a lieu :
Sur ce qui nous a été représenté par   voisin du S. B   que celui-ci n'a pas pu être instruit de la citation, étant absent depuis quinze jours pour un voyage, et qu'il ne sera de retour que le 20 du présent, nous disons que ledit S. B   sera recevable jusqu'au 22 du présent, à former son opposition au présent jugement.

Jugement par défaut contre le demandeur.

8. Entre le S. B   (*prénoms, nom, profession et domicile du défendeur*) défendeur aux fins de la citation en date du   , tendante à ce que   , comparant lequel, attendu la non-comparution du demandeur, a requis d'être renvoyé de la demande.
Et le S. A   (*prénoms, nom, profession et domicile du demandeur*) aux fins desdites citation et exploit, non-comparant, ni personne pour lui.
Nous, après avoir attendu jusqu'à l'heure de   avons, contre le S. A   non comparant, ni personne pour lui, donné défaut ; et pour le profit, avons renvoyé le S. B de la demande formée contre lui par le S. A   par la citation sus-énoncée : condamnons le S. A   aux dépens liquidés à

Fin des jugemens non définitifs rendus contradictoirement.

9. Prononcé par nous, juge de paix, en présence du S.   demandeur, et du S.   défendeur.
Si l'une, ou même les deux parties ne sont pas présentes à la prononciation (*ce qui peut avoir lieu lorsqu'il y a un délibéré d'ordonné*), il en sera fait mention, « prononcé en présence du « S.   et en l'absence du S.   ou bien, prononcé « en l'absence de toutes les parties ».

Jugement de remise pour avoir des pièces.

10. Entre le S. A   (*comme ci-devant*) d'une part ;
Et le S. B   d'autre part ; lequel a dit, que la dette que réclame le demandeur, contre lui, comme héritier, pour moitié

Chap. I. Matières civiles.

du S. son père, a été entièrement acquittée par le S. son beau-frère, suivant la quittance que lui en a donnée le S. , père du demandeur, et qu'il serait en état de représenter, sans l'éloignement de son beau-frère; pourquoi requiert délai pour se procurer ladite quittance.

Nous, juge de paix, avons remis la cause à jour auquel le S. B sera tenu de représenter la quittance par lui alléguée; sinon sera fait droit.

Prononcé. *(fin des jugemens non définitifs).*

Jugement de remise pour comparoître en personne.

11. Entre le S. A comparant par d'une part; et le S. B comparant par d'autre part.

Après avoir ouï les fondés de pouvoir des parties en leurs dires respectifs, nous , considérant que le jugement à rendre sur la présente demande, dépend de faits dont les parties rendront par elles-mêmes un compte plus exact que leurs fondés de pouvoirs, avons remis la cause au , jour auquel les parties seront tenues de comparaître en personne, en notre audience, heure de pour s'expliquer sur les faits de la cause.

Prononcé *(fin des jugemens non définitifs).*

Formules d'expédition de jugement.

12. Justice de paix du canton de département de
Du l'an
« L (*prénoms du Roi*), par la grâce de Dieu, Roi de
« France et de Navarre, à tous présens et à venir, SALUT :
« Le tribunal de paix de la justice du canton de dé-
« partement de a rendu le jugement suivant : »
(*Ici copier le jugement*).
« Mandons et ordonnons à tous huissiers, sur ce requis, de
» mettre ledit jugement à exécution ; à nos procureurs-généraux
« et à nos procureurs près les tribunaux de première instance, d'y
« tenir la main ; à tous officiers de la force publique, de prêter
« main-forte lorsqu'ils en seront requis.
« En foi de quoi le présent jugement a été signé par.... (*le juge
« de paix ou le suppléant qui a tenu l'audience*) et par le gref-
« fier. »

Jugement qui donne acte d'une déclaration d'inscription de faux.

13. Entre (*prénoms, nom, profession et domicile du demandeur*) aux fins de la citation du enregistrée le par qui a reçu tendante à ce que le ci-après nommé soit condamné à lui payer la somme de 90 francs, contenue en son billet, en date du enregistré le par qui a reçu comparant d'une part.

Et le S. (*prénoms, nom, profession et domicile du*

Formules d'actes.

défendeur) défendeur aux fins de ladite citation, comparant en personne, lequel a requis le renvoi de la demande, attendu que la signature étant au bas du billet représenté n'est pas la sienne, et nous a déclaré vouloir s'inscrire en faux contre le billet, si le demandeur persiste à vouloir s'en servir.

Le S.   demandeur, a repliqué que la signature apposée à l'acte sus-énoncé, est celle du défendeur, et qu'il entend se servir du billet, comme reconnaissance de la somme par lui demandée, sur quoi

Nous juge de paix, avons donné acte au S.   défendeur, de sa déclaration, qu'il entendait s'inscrire en faux contre le billet sus-énoncé, en date   enregistré le   nous avons à l'instant paraphé ledit billet qui nous a été représenté : renvoyons les parties à se pourvoir pour l'inscription de faux, devant les juges qui en doivent connaître ; et sera sursis au jugement du fonds, jusqu'après le jugement de l'instance, sur l'inscription de faux.

Sur la pièce contre laquelle l'une des parties déclare vouloir s'inscrire en faux, le juge de paix mettra son paraphe et écrira ;

Paraphé le présent billet, contre lequel le S.   a déclaré vouloir s'inscrire en faux à notre audience de cejourd'hui l'an   le

(*Signature du juge de paix*).

Jugement qui donne acte d'une dénégation d'écriture.

14. Entre   demandeur aux fins de   tendantes à ce que le ci-après nommé, en qualité de seul et unique héritier de Paul   son père, soit condamné à lui payer la somme de 40 francs, contenue au billet entièrement écrit de la main dudit Paul, son père, en date du   registré le

Et le S.   défendeur   , lequel a requis d'être renvoyé de la demande, attendu qu'il ne reconnaît pas l'écriture du billet sus-énoncé, ni la signature étant au bas, pour être de la main de son père.

Nous juge de paix, avons donné acte au S.   de sa déclaration, qu'il ne reconnaît ni l'écriture ni la signature du billet dont il s'agit, pour avoir été tracées de la main de son père : nous avons à l'instant paraphé ledit billet qui nous a été présenté ; renvoyons les parties à se pourvoir, sur la dénégation d'écriture, devant les juges qui en doivent connaître, et sera sursis au jugement de l'instance en paiement du billet, jusqu'après celui à rendre sur l'instance en dénégation d'écriture.

Sur la pièce dont l'écriture sera déniée, le juge de paix mettra son paraphe et écrira :

Paraphé le présent billet, que le S.   a méconnu avoir été écrit et signé par son père, à notre audience de cejourd'hui, l'an   le

(*Signature du juge de paix*).

8   Chap. I. Matières civiles.

Jugement qui ordonne une enquête.

15. Entre le S. A   (prénoms, nom, profession et domicile du demandeur   ) demandeur aux fins de la citation du
     duement enregistrée le   par   qui a reçu   tendante à
ce que   , comparant   d'une part.
     Et le S. B   (prénoms, nom, profession et domi-
cile du défendeur)   , comparant   d'autre part,
lequel a conclu à ce que
     Après que le S. A   demandeur, a posé et mis en fait 1º.
     2º.   3º.   et que le S. B   défen-
deur, a au contraire posé en fait, 1º.   2º.   3º.
     Nous   juge de paix, considérant que les parties
sont contraires en faits de nature à pouvoir être prouvés par témoins, que la vérification en est utile et admissible, admettons les
S. A et B à faire respectivement la preuve par témoins, et sauf la
preuve contraire, savoir 1º.   2º.   3º.
     à l'effet de quoi il leur sera, par nous délivré cédule nécessaire.
« Seront les témoins entendus pardevant nous le   , heure
« de   , parties présentes en notre audience (ou bien au lieu
« de   , commune de   , sur la pièce de terre con-
« tentieuse, tenant d'une part   ») pour, après ladite enquête, être par nous ordonné ce qu'il appartiendra.

Cédule à l'effet de faire entendre les témoins.

16. Nous   juge de paix du canton de   , département de   au désir du jugement par nous rendu cejour-
d'hui (ou tel jour) par lequel nous avons admis le S.   ci-
après nommé, à faire preuve de différens faits par lui articulés,
sur la réquisition de (prénoms, nom, profession, domicile de la
partie qui veut faire citer ses témoins) mandons à
     Citer les SS.   ,   ,   , et   (prénoms,
nom, profession et domicile des témoins que la partie veut faire entendre) à comparoir le   heure de   en notre audience tenante   (ou « à   » bien désigner le lieu
contentieux) pour être entendus sur les faits qui leur seront exposés.
     Donné à

Enquête contradictoire, et jugement d'après l'enquête.

17. Entre le S. A   demandeur aux fins de la citation
originaire du   , et le S. B   défendeur aux
fins de la même citation, comparans l'un et l'autre en notre audience, (ou bien « au lieu de   commune de   dans
« l'étendue du canton, sur la pièce de terre qui donne lieu à la
« contestation entre les parties, tenant d'un bout à   »).
     Le S. A   a dit qu'aux termes de notre jugement du
        rendu entre lui et le S. B   parties présentes, et

Formules d'actes.

de la cédule, à lui par nous délivrée le   il a, par exploit du   enregistré le   , par   qui a reçu fait citer à comparoir devant nous cejourd'hui, lieu et heure présente, les SS.
C   , D   , E   , et F   ; lesquels sont ici présens, et requiert qu'ils soient entendus.

Le S. B   de son côté, a dit, qu'aux termes du même jugement et de la cédule à lui par nous délivrée le   il a, par exploit du   enregistré le   , par   qui a reçu fait citer à comparoir devant nous, cejourd'hui, lieu et heure présente, les SS. G   , H   , I   et K   lesquels sont ici présens, et requiert qu'ils soient entendus.

Le S. A   a dit qu'il avait reproches à fournir contre le S. K   , fondé sur ce que   : le S. B   a répliqué que

Le S. B   de son côté, a dit qu'il avait reproches à fournir contre le S. D   , fondé sur ce que   : le S. A   a répondu que

Faisant droit sur les reproches fournis, considérant que.... nous avons jugé pertinens les reproches proposés contre le S. K. En conséquence avons décidé qu'il ne serait pas entendu : nous avons jugé mal fondés ceux proposés contre le S. D.   En conséquence, avons décidé qu'il serait entendu.

Ensuite, en présence des S. A   et B   , il a été procédé à l'audition, séparément de chacun des témoins produits de part et d'autre (à l'exception dudit S. K   ), auxquels il a été fait, en notre présence, par notre greffier, lecture entière du jugement sus-énoncé du   qui ordonne l'enquête.

Le S. C   a dit se nommer C   (*prénoms, nom, âge, profession et domicile du témoin*) n'être parent, allié, serviteur ni domestique d'aucune des deux parties (*ou bien*, suivant les circonstances, être parent, allié de l'une ou de l'autre des parties, à tel degré, etc.), lequel après serment par lui fait de dire vérité, a déclaré que   (*contenu de la déposition*); lecture à lui faite de sa déposition, a dit y persister (*ou bien*, a ajouté que....), et a signé en cet endroit de notre procès-verbal, (*ou bien*, a déclaré ne savoir ou ne pouvoir signer), attendu que

(*Et ainsi successivement de tous les témoins*).

Après laquelle enquête, le S. B   a dit qu'il avait reproches à fournir contre le S. F   , fondé sur ce que   le S. A   a répondu

Nous avons décidé que ce reproche fait après la déposition ne pouvait être admis faute d'être justifié par écrit.

Les parties entendues de nouveau en leurs dires respectifs, nous   juge de paix, considérant que   ; sans avoir égard aux reproches fournis contre les S. D   et F   , disons que

Donné par nous   juge de paix du canton de   département de   , le   l'an   (*désigner le lieu sur lequel l'enquête a été faite, et le jugement rendu*).

Chap. I. Matières civiles.

Jugement, sans rédaction par écrit de l'enquête.

18. Entre le S. A   demandeur, et le S. B   , défendeur.
Le S. A   a dit qu'aux termes
Le S. B   , de son côté, a dit qu'aux termes
    (*comme ci-dessus*)

Les témoins produits par le S. A   sont, 1°. le S. C ; 2°.... 3°.... (*énoncer pour chacun ses prénoms, nom, âge, profession, demeure, sa déclaration, s'il est parent, allié ou serviteur de l'une des parties*) et le serment.

Les témoins produits par le S. B   sont

Après avoir pris le serment des témoins produits, reçu leurs dépositions, et entendu les reproches fournis contre eux. (*On ajoutera, si c'est le cas,* « tant avant qu'après leurs dépositions) »

Ayant égard aux reproches fournis contre   ; attendu que des dépositions des autres témoins il résulte que nous juge de paix susdit prononçant en dernier ressort, disons (*la fin comme ci-dessus*).

Extrait du jugement contradictoire, mais prononcé en l'absence de l'une des parties, qui ordonne une enquête.

19. Par jugement rendu le   l'an   , par le juge de paix du canton de   département de   , entre le S. A demandeur, et le S. B   défendeur, sur défenses respectives, mais prononcé en l'absence du S. B

Après avoir été ordonné ce qui suit : avons admis le S. A à faire preuve par témoins, 1°.   2°.
3°.   ; et seront les témoins entendus....

Notification de l'extrait, et sommation d'être présent à l'opération.

20. L'an   , le   , à la requête du S. A (*prénoms, nom, profession et domicile de celui qui poursuit la confection de l'enquête*), je   (*prénoms, nom et domicile de l'huissier*) huissier près le tribunal de   , et encore huissier audiencier près la justice de paix du canton de   département de   , ai notifié, et avec ces présentes, donné copie au S. B   (*prénoms, nom, profession et domicile de celui contre lequel on poursuit la confection de l'enquête*) en sondit domicile, en parlant à   de l'extrait ci-dessus du jugement rendu contradictoirement entre les parties, par le juge de paix du canton sus-nommé le   , mais prononcé en l'absence dudit S. B   , à ce que, du contenu en icelui, ledit B n'en ignore ; lui déclarant qu'au jour, lieu et heure indiqués par ledit jugement, il fera procéder à l'enquête à laquelle il est autorisé par ledit jugement ; le sommant d'être présent, si bon lui semble, à ladite enquête, et aud. B   parlant comme dessus, laissé copie du présent et dudit extrait. (*Signature de l'huissier*).

Formules d'actes. 11

Enregistré à   le

Enquête par défaut, et jugement d'après l'enquête.

21. Entre le S. A   demandeur aux fins de la citation originaire du   , enregistrée le   , comparant en personne, et le S. B   défendeur aux fins de la même citation, défaillant.

Le S. A   a dit qu'aux termes de notre jugement du   rendu entre lui et le S. B   sur défenses respectives, mais prononcé en l'absence dudit B   , auquel extrait dudit jugement a été duement signifié par exploit de   en date du   enregistré le   , contenant sommation d'être présent à l'enquête ci-après, et en vertu de la cédule à lui par nous délivrée le   , il a fait citer à comparoir cejourd'hui, lieu présent, heure présente de   , les Sieurs C   , D   , E   , F   , lesquels sont ici présens, ainsi que ledit   pour être présent si bon lui semble à ladite enquête, et requiert qu'il nous plaise les entendre, même en l'absence du S. B   non-comparant, quoique duement averti.

Et après avoir attendu jusqu'à l'heure de   (au moins une heure plus tard que celle indiquée), sans que le S. B   soit comparu, ni personne pour lui, nous   juge de paix, avons procédé à l'audition des témoins produits auxquels il a été fait, en notre présence, par notre greffier, lecture entière du jugement du   qui ordonne la présente enquête ; Le S. C   (sa déposition) et les autres comme en l'enquête contradictoire.

Après laquelle enquête, ouï de nouveau le S. A   nous avons, contre le S. B   non-comparant, ni personne pour lui, donné défaut ; et pour le profit, considérant   , disons que   Donné   (la fin comme ci-devant, n°. 17).

Jugement qui ordonne la visite du lieu contentieux.

22. Entre   (prénoms, nom, profession et domicile du demandeur), demandeur aux fins de la citation du   enregistrée le   , tendante à ce que   comparant d'une part.

Et (prénoms, nom, profession et domicile de défendeur), défendeur aux fins de ladite citation, comparant en personne, d'autre part ; lequel a exposé que devant occuper la maison dont il s'agit, pendant l'espace de neuf ans, il a détruit le hangard, et fait abattre le mur dont il s'agit, qu'il offre payer pour le prix de la reconstruction de ces deux objets, la somme de 120 fr., au lieu de celle de 400 francs, réclamée par le demandeur ; et a conclu à ce qu'il lui fût donné acte de ses offres de payer ladite somme de 120 francs ; au surplus, renvoyé de la demande contre lui formée.

Nous   avant faire droit, avons ordonné que le   heure de   , nous nous transporterons en la maison contentieuse, sise en la commune de   , rue de

n°.   tenante d'un bout   , d'autre bout   , d'un
long   d'autre long à   , pour procéder à la visite de
ladite maison, et estimer les réparations à faire, provenant du fait
du défendeur, au sujet du hangard et du mur dont il s'agit.
A laquelle visite nous procéderons en présence du S. C
maître maçon, et du S. D   maître charpentier   (prénoms, nom et domicile des experts) experts que nous nommons
pour nous donner leur avis sur le montant des reconstructions
dont il s'agit, pour, après ladite visite et avis des experts, être par
nous ordonné ce qu'il appartiendra : et sera par nous délivré cédule nécessaire pour la citation des experts.
   Prononcé par nous   juge de paix, en présence de toutes
les parties. (Ou bien « en présence du S.   et en l'absence
« du S.   »). A   (1).

Cédule à l'effet de citer les experts.

23. Nous juge de paix du canton de   département de
  Au désir du jugement par nous rendu le   , par lequel il a
été ordonné que le   heure de   , nous nous trans-
porterions en la maison contentieuse, sise   , et estime-
rions les réparations dont il s'agit en présence des sieurs ci-après
nommés, dont nous prendrions l'avis. Mandons à   notre
huissier, à la réquisition de   (prénoms, nom, profession et
domicile de celui qui poursuit la visite).
  Citer à comparoir devant nous, lieu, jour et heure sus-indi-
qués, pour nous donner leur avis, le S. C   demeurant à
      maître maçon, et le S. D   demeurant à
maître charpentier. Donné à   le   l'an mil

Visite contradictoire, expertise, et jugement d'après l'expertise.

24. Entre le S. A   demandeur aux fins de la citation originaire du   , et le S. B   défendeur aux fins de la
même citation, comparant l'un et l'autre en personne devant
nous   juge de paix en une maison   (désignation de la maison, comme au jugement qui ordonne la visite).
  Le S. A   a dit qu'aux termes de notre jugement du
      , rendu entre lui et le S. B   , prononcé parties
présentes, et de la cédule à lui par nous délivrée le   , il
a par exploit du   enregistré le   , fait citer à comparoir devant nous cejourd'hui, lieu et heure présente, le S. C
maître maçon, demeurant à   , et le S. D   maître
charpentier, demeurant à   pour donner leur avis sur les
réparations dont il s'agit; pourquoi requiert qu'il nous plaise pro-

---

(1) *Le jugement portant nomination d'experts, doit être enregistré sur la minute,* (22 frim. an 7, art. 7).

céder à la visite ordonnée, et prendre les avis des experts présens, et de recevoir à cet effet leur serment.

Sur quoi, nous   juge de paix, avons procédé à la visite de ladite maison, et nous avons reconnu que   .

Les experts, de leur côté, après avoir prêté en nos mains serment de bien et fidèlement s'acquitter de leur fonction, ont procédé à l'estimation des réparations dont il s'agit; lecture à eux préalablement faite par notre greffier, de notre jugement du   qui a ordonné la présente visite et estimation.

Le S. C   maître maçon, a reconnu que   (*il fera mettre dans le procès-verbal les détails de son art, nécessaires pour appuyer son avis*) : pourquoi il estime que la reconstruction dudit mur coûtera la somme de   , et a signé

(*Signature du S. C*).

Le S. D   maître charpentier, a reconnu que (*il fera mettre pareillement dans le procès-verbal tous les détails de son art, nécessaires pour appuyer son avis*) : pour quoi il estime que la reconstruction du hangard coûtera la somme de   , et a signé.

(*Signature du S. D*).

Après laquelle visite, et avis à nous donné par les experts nous   juge de paix, considérant que,   disons

Donné en la maison sus-désignée, par nous   juge de paix du canton de   département de   , le   l'an

Jugement, sans rédaction par écrit de la visite et de l'expertise.

Le jugement sans rédaction par écrit de la visite et de l'expertise, a lieu lorsque l'objet de la contestation, étant de 50 fr. ou au-dessous, il n'y a pas lieu à l'appel. Il n'a pas besoin de modèle particulier; il est le même que celui ci-dessus, en supprimant le détail de la visite et de l'expertise.

Extrait du jugement contradictoire, mais prononcé en l'absence de l'une des parties qui ordonne la visite.

25. Par jugement rendu le   l'an   , par le juge de paix du canton de   département de   , entre le S. A   demandeur, et le S. B   défendeur, sur défenses respectives, mais prononcé en l'absence dudit S. B

Appert avoir été ordonné que le   heure de   ledit juge de paix se transporterait à la maison contentieuse, sise   pour être procédé à la visite de ladite maison, en la présence du S. C   et du S. D   experts nommés pour donner leur avis, sur le montant des reconstructions dont il s'agit.

Pour extrait. (*Signature du greffier*).

La notification de l'extrait, contenant sommation, sera faite comme ci-devant.

Chap. I. Matières civiles.

Visite par défaut, et jugement d'après la visite.

26. Entre le S. A   demandeur aux fins de la citation originaire du   , enregistrée le   , comparant en la maison contentieuse, sise commune de
(*désignation de la maison comme au jugement*).
et le S.   défendeur aux fins de la même citation, non comparant ni personne pour lui.

Le S. A   nous a dit qu'aux termes de notre jugement du   rendu entre lui et le S. B   sur défenses respectives ; mais prononcé en l'absence dudit S. B   par exploit de   en date du   enregistré le   , contenant sommation d'être présent à la visite ci-après ; et en vertu de la cédule à lui par nous délivrée le   il a, par exploit du   enregistré le   , fait citer à comparoir devant nous, en ce lieu, cejourd'hui, heure présente de   , les S. C   et D   experts nommés par ledit jugement, lesquels sont ici présens ; et requiert qu'il nous plaise procéder à la visite de la maison où nous sommes, et prendre l'avis desdits experts et recevoir leur serment à cet effet.

Et après avoir attendu jusqu'à l'heure de   (*au moins une heure*) sans que le S. B   soit comparu ni personne pour lui, nous   juge de paix, avons reconnu que   Les experts, de leur côté, après serment par eux fait en nos mains de bien et fidèlement s'acquitter de leurs fonctions, ont procédé à l'estimation des réparations dont il s'agit, lecture à eux préalablement faite   (*Le surplus comme ci-devant. n° 24*).

Jugement de remise pour citer un garant.

27. Entre le S. A   demandeur   d'une part,
Et le S. B   défendeur   d'autre part : lequel a dit qu'il a pour garant de l'action que le S. A   intente contre lui, la personne du S. D   (*prénoms, nom et profession du garant*) demeurant en la commune de   de ce canton, (ou bien « *hors de l'arrondissement de ce canton, en la* « *commune de*   *distance de la présente commune, de* « *myriamètres* ») ; Pourquoi requiert qu'il nous plaise lui accorder délai suffisant pour faire citer devant nous ledit S. D

Nous   avons remis la cause au   heure de   ; pour lesquels jour et heure le S. B   sera tenu faire citer à comparoir devant nous, le S. D   en garantie de l'action que le S. A   a formée contre lui ; sinon sera fait droit sur la demande principale, sauf au S. B   à exercer comme il avisera son action en garantie par demande principale devant les juges qui en doivent connaître. . . . . «

Citation en garantie au tribunal de paix.

L'an   le   à la requête de   propriétaire, demeurant

Formules d'actes.

j'ai,   huissier, près résidant à   patenté pour la présente année sous le n°.   , soussigné, donné assignation au S.   cultivateur, demeurant en la commune de   en son domicile, parlant à   à comparoir le   heure de   à l'audience du tribunal de paix du canton de   à   lieu de ses séances ordinaires, pour voir donner acte au requérant de la dénonciation qu'il fait par ces présentes audit   fermier, de la demande formée contre le requérant à la requête du S. afin de réparation des dégradations opérées sur son héritage par la chute du mur de clôture de la cour du requérant; et attendu que c'est par la faute dudit   et par suite de la construction qu'il s'est ingéré d'élever sur ledit mur que lesdites dégradations ont eu lieu, voir dire qu'il sera tenu d'intervenir, faire cesser les causes de ladite demande; sinon se voir ledit   condamner à acquitter, garantir et indemniser le requérant de toutes les condamnations qui pourraient être prononcées contre lui, tant en principal qu'intérêts, dommages et dépens; et je lui ai, en parlant comme dessus, laissé copie tant de l'exploit de demande fait à la requête dudit S.   contre le requérant, que du présent.

Jugement de remise pour citer garant.

Entre le S.   demandeur, d'une part, et le S.   défendeur, d'autre part, sur ce qui a été dit par le S. qu'il a pour garant de l'action intentée contre lui la personne du S.   demeurant en la commune de   hors de l'arrondissement de ce canton, distante de la présente commune de   myriamètres; pourquoi il requiert qu'il nous plaise de lui accorder délai suffisant pour faire citer devant nous ledit S.   ce qui n'a été empêché par ledit S.   demandeur.

Nous avons remis la cause au   de ce mois, heure de   pour lesquels jour et heure le S.   sera tenu faire citer à comparaître devant nous le S.   en garantie; sinon sera fait droit, toutes défenses et dépens réservés.

Jugement qui rejette la demande pour faire citer un garant.

Entre le S.   demandeur, d'une part, et le S.   défendeur, d'autre part;

Lequel a dit

Nous   juge de paix, considérant que le S.   a déjà comparu dans la présente instance à l'audience du   sans avoir égard à la demande en garantie qu'il vient de former aujourd'hui et sans y préjudicier, faisant droit au principal, condamnons ledit S.   à payer au S.   la somme de   pour réparation du tort qu'il lui a causé, sauf audit S.   à exercer son action en garantie contre le S.   comme il avisera, par demande principale devant les juges qui en doivent connaître; défenses au contraire réservées.

Chap. I. Matières civiles.

Jugement sur la demande principale et sur la demande incidente en garantie.

Entre le S.　　　　　demandeur aux fins de la citation du
Et le S.　　　　　défendeur aux fins de ladite citation.
Et encore entre ledit S.　　　　　demandeur en garantie aux fins d'une autre citation du　　　　　enregistrée le　　　　　tendant à ce que　　　etc.
Et le S.　　　　　défendeur aux fins de ladite citation.
Ouï le S.　　　　　demandeur originaire
Le S.　　　　　lequel a conclu à être renvoyé de la demande contre lui formée par le S.　　　　　et à ce que dans le cas où le tribunal estimerait devoir accueillir en tout ou en partie la demande du S.　　　　　audit cas le S.　　　　　fût tenu de l'indemniser aux termes de la demande sus-énoncée.
Et le S.　　　　　lequel a conclu à être déchargé de la demande en garantie contre lui formée.
Nous, etc.　　　　　considérant (*Les motifs*).
Condamnons le S.　　　　　à payer au S.　　　　　la somme de　　　pour　　　ensemble les intérêts à compter du　　　et les frais liquidés à
Condamnons le S.　　　　　à acquitter, garantir et indemniser le S.　　　　　des condamnations prononcée contre lui

Jugement si la demande en garantie est rejetée.

Entre le S.
Nous　　　considérant, etc.
Condamnons le S.　　　à
Renvoyons le S.　　　　　de la demande en garantie formée contre lui à la requête dudit S.　　　　　; condamnons ledit S. aux dépens envers toutes les parties, liquidés, savoir : ceux faits par le S.　　　à la somme de　　　et ceux faits par le S. B　　　à la somme de　　　etc.

Autre jugement.

Entre le S.
Nous　　　juge de paix considérant que nous ne sommes pas suffisamment instruit sur la demande en garantie, parce que, etc.　　　condamnons le S.　　　envers le S.　　　à la somme de　　　et aux dépens à son égard, liquidés à
Et pour être fait droit sur la demande en garantie, renvoyons le S.　　　à se pourvoir par demande principale devant les juges qui en doivent connaître, dépens *réservés*.

Jugement sur la remise demandée à une seconde comparution pour faire citer un garant.

28. Entre le S. A　　　demandeur　　　d'une part,
Et le S. B　　　défendeur　　　d'autre part, lequel a

Formules d'actes.

dit   (comme ci-dessus).

Nous   considérant que le S. B   a déjà comparu dans la présente instance à l'audience   , sans avoir égard à la demande qu'il vient de former cejourd'hui, ordonnons que les parties s'expliqueront sur l'objet de la demande principale, sauf au S. B   à exercer son action en garantie contre le S. D   comme il avisera par demande principale, devant les juges qui en doivent connaître.

Jugement sur la demande principale, et sur la demande incidente en garantie.

29. Entre le S. A   (prénoms, nom, profession et domicile du demandeur originaire) demandeur aux fins de la citation du   enregistrée le   , et le S. B   défendeur aux fins de la même citation.

Et encore entre ledit S. B   demandeur en garantie aux fins d'une autre citation du   enregistrée le   tendante à ce que   et le S. D   (prénoms, nom profession et domicile du défendeur en garantie) défendeur aux fins de ladite citation.

Ouï le S. A   demandeur originaire.

Ouï le S. B   , lequel a conclu à être renvoyé de la demande contre lui formée par le S. A   , et, dans le cas où le tribunal estimerait devoir accueillir en tout ou en partie la demande du S. A   , audit cas le S. D   fût tenu de l'indemniser, aux termes de la demande sus-énoncée.

Ouï le S. D   lequel a conclu à être déchargé de la garantie contre lui formée.

Nous   considérant 1°.   2°.   3°.

D'une part, condamnons le S. B   , à payer au S. A   , la somme de   pour   , ensemble les intérêts à compter du   , et les frais liquidés à

Et d'autre part, condamnons le S. D   , à acquitter, garantir et indemniser le S. B   , des condamnations contre lui prononcées par le présent jugement, en principal, intérêts et frais, et en outre aux frais faits à son égard, liquidés à

Jugement, si la demande principale n'est pas accueillie.

30. Entre le S. A   (le commencement comme ci-dessus).

Nous   considérant 1°.   2°.   3°. renvoyons le S. B   de la demande contre lui formée par le S. A   , et condamnons le S. A   aux dépens à son égard liquidés à   en conséquence disons qu'il n'y a lieu à prononcer sur la demande en garantie, formée par le S. B   contre le S. D   , dépens entre eux compensés.

Jugement, si la demande en garantie est rejetée.

31. Entre (le commencement comme ci-dessus).

Nous   ; considérant 1°.   2°.   3°.

D'une part, condamnons le S. B   à   : et d'autre part, renvoyons le S. D   de la demande en garantie formée contre lui, à la requête du S. B   : condamnons le S. B   aux dépens envers toutes les parties, liquidés, savoir : ceux du S. A   à la somme de   : et ceux du S. à la somme de

Jugement dans le cas où le juge de paix, prononçant sur la demande principale, n'est pas suffisamment instruit pour prononcer en même-temps sur la demande en garantie.

32. Entre   *(commencement comme ci-dessus).*
Nous   ; considérant 1°.   2°.   que nous ne sommes pas suffisamment instruits sur la demande en garantie, parce que   3°. que la demande en garantie formée par demande principale, serait de notre compétence, parce que : condamnons, *d'une part*, le S. A   envers le S. B   , et aux dépens à son égard, liquidés à   ; et *d'autre part*, avant faire droit sur l'instance en garantie entre le S. B et le S. D   , disons   dépens entre eux réservés.

(Ou bien, « considérant 1°.   2°.   (comme ci-
» *dessus*) 3°. que la demande en garantie, formée par action prin-
» cipale, ne serait pas de notre compétence parce que   : con-
» damnons, *d'une part*, le S. A   envers le S. B   à
»   et aux dépens, à son égard liquidés à   ; et *d'autre*
» *part*, pour être fait droit sur la demande en garantie, renvoyons
» le S. A   à se pourvoir contre le S. B   par demande
» principale, devant les juges qui en doivent connaître, dépens
» entre eux compensés) ».

Acte de récusation.

33. L'an   le   du mois de
A la requête de A   (*prénoms, nom, profession et domicile du réclamant*) (*on ajoutera, s'il est nécessaire*), poursuite et diligence du S. M   son fondé de pouvoir spécial à l'effet du présent, suivant acte du.....) je soussigné   (*prénoms, nom, domicile et immatricule de l'huissier*) ai déclaré à M. juge de paix du canton de   département de   devant lequel le déclarant se trouve en instance avec le S. B introduite par citation du   , au greffe de ladite justice de paix, parlant à   greffier d'icelle ainsi qu'il m'a dit être, que ledit S. A   se trouve dans le cas de récuser mondit S.   juge de paix, parce que   (*déduire les raisons*) : pourquoi il le prie de s'abstenir du jugement de la cause.

La présente déclaration faite à mondit S.   juge de paix en la personne de   (*prénoms, nom, et domicile du greffier*) greffier de ladite justice de paix, en parlant à la personne dudit S.

Formules d'actes.

greffier, auquel j'ai remis copie de la présente déclaration, et qui a visé le présent original.

Laquelle déclaration a été signée sur l'original et la copie par ledit S. A déclarant (*ou bien* par ledit S. M fondé du pouvoir spécial du déclarant).

Signature de la partie ou du fondé de pouvoir et de l'huissier.

Vu le présent original et reçu la copie à l'an le

Signature du greffier de la justice de paix.

Enregistré à...

Au bas de la copie déposée au greffe, le juge de paix fait, dans les deux jours suivans, sa déclaration en ces termes :

J'acquiesce à la récusation ci-dessus, et m'abstiendrai du jugement de la cause à l'an le

Signature du juge de paix.

Ou bien, je ne crois pas devoir m'abstenir du jugement de la cause ci-dessus énoncée par les raisons suivantes (*réponse aux moyens de récusation proposés*) à l'an le

Signature du juge de paix.

Jugement sur l'incompétence.

34. Entre le S. A demandeur d'une part ;

Et le S. B défendeur d'autre part ; lequel a dit qu'étant assigné en paiement d'une somme de quarante-cinq francs, pour argent prêté, la cause n'est pas de notre compétence, attendu qu'il est domicilié en la commune de hors de l'arrondissement de notre canton ; pourquoi requiert être renvoyé de la demande.

Nous, considérant dans le droit qu'en matière pure personnelle, notre compétence est déterminée par le domicile du défendeur conformément à l'article 2 du Code de procédure civile ; dans le fait qu'il s'agit d'une matière pure personnelle, et que le S. B défendeur, est domicilié hors de notre canton : disons ne pouvoir faire droit sur la demande, et renvoyons le demandeur à se pourvoir devant les juges qui en doivent connaître.

Quand bien même le demandeur serait défaillant, il y aurait lieu à pareil jugement, et le dispositif serait le même.

Autre jugement sur l'incompétence.

35. Entre le S. A demandeur, aux fins de la citation du tendante à ce que le S. B soit condamné à lui payer la somme de quarante-huit francs pour la valeur d'un chêne qu'il a abattu sur une lisière de bois appartenant au demandeur, sise en la commune de terroir de tenante , comparant d'une part ;

Et le S. B   défendeur   d'autre part ;
lequel a dit que la lisière de bois sur laquelle était le chêne par
lui abattu, lui appartient comme héritier de   son père
pourquoi requiert d'être renvoyé de la demande.

Le S. A   a soutenu au contraire que la même lisière
lui appartient comme héritier de   sa mère.

Nous, considérant que le jugement de la demande en paiement
de quarante-huit francs pour valeur du chêne abattu, dépend de
la question de propriété du terrain dont le tribunal ne peut connaître,

Disons ne pouvoir faire droit sur la demande, et renvoyons le
demandeur à se pourvoir ainsi qu'il avisera.

Jugement de retenue de la cause.

36. Entre le S. A   demandeur aux fins   , tendantes à ce que le S. ci-après nommé soit condamné à lui payer la
somme de trente francs, si mieux n'aime à dire d'experts, pour
réparations locatives à faire à la maison qu'il tenait à loyer du
demandeur, sise en la commune de   comparant
d'une part ;

Et le S. B   défendeur aux fins des mêmes cédule et citation, comparant   d'autre part ; lequel a dit que la
maison dont il s'agit n'est pas sur le territoire de la commune de
            dans notre arrondissement, mais sur celui de la
commune de   dans l'arrondissement du canton de   ;
pour quoi requiert son renvoi devant le juge de paix dudit canton.

Le S. A   a répliqué qu'à la vérité, de la maison dont
il s'agit, il dépend un jardin en face des bâtimens, situés hors du
canton ; mais que les bâtimens sont situés en totalité sur la commune de   dans notre canton, ainsi qu'il peut en justifier
par l'extrait du rôle de la contribution foncière de ladite commune, à lui délivré par   qu'il nous représente.

Nous, vu l'extrait du rôle de la commune de   de notre
canton, pour l'an   délivré par   duquel il appert que la maison dont il s'agit y est imposée à la contribution
foncière ; considérant que ladite maison est dans l'étendue de notre
arrondissement, retenons la cause, et disons que les parties s'expliqueront sur le fonds. . . . .

Opposition.

37. L'an   le   à la requête du S. B   (prénoms, nom, profession et domicile de l'opposant) je soussigné (prénoms, nom et domicile de l'huissier)   huissier près le tribunal de   , et huissier audiencier en la justice de paix
ci-après désignée, ai déclaré au S. A   (prénoms, nom,
profession et domicile de celui qui a obtenu le jugement) en son
domicile en parlant à   que ledit S. B   est opposant au jugement contre lui surpris par défaut par ledit S. A
le   en la justice de paix du canton de   département

Formules d'actes.

de , et à lui signifié le lequel jugement ne peut-être maintenu, attendu que (*énoncer sommairement les moyens de l'opposition*), et en même temps lui ai donné assignation à comparoir le heure de à l'audience de la justice de paix du canton de , département de tenante à , pour voir dire qu'en faisant droit sur son opposition, il sera (*conclusions*) et ai audit S. parlant comme dessus laissé copie du présent.

(*Signature de l'huissier*)

Enregistré à le

Jugement par défaut rendu sur l'opposition.

38. Entre le S. A (*prénoms, nom, profession et domicile de celui qui a obtenu le jugement par défaut*) demandeur originaire aux fins de la citation du enregistrée le et défendeur aux fins de la citation d'opposition à lui notifiée par exploit du à la requête du S. ci-après nommé, tendante à ce que , comparant, d'une part; lequel, attendu la non-comparution de l'opposant, a requis l'exécution pure et simple de notre précédent jugement du

Et le S. B (*prénoms, nom, profession et domicile de l'opposant*) demandeur, aux fins de la même citation d'opposition, non-comparant, ni personne pour lui d'autre part.

Nous , après avoir attendu jusqu'à l'heure de avons contre ledit B , non-comparant, ni personne pour lui, donné défaut, et pour le profit l'avons débouté de son opposition à notre jugement du ; en conséquence disons que ledit jugement sera exécuté selon sa forme et teneur.

Jugement contradictoire rendu sur l'opposition.

39. Entre le S. B (*prénoms, nom, profession et domicile de l'opposant*) demandeur aux fins de son opposition notifiée par exploit du , enregistrée le tendante à ce qu'il soit reçu opposant à l'exécution de notre jugement du à lui signifié ; (*Si l'opposition est formée après les délais il sera ajouté*), et ce nonobstant l'expiration du délai de la loi, attendu que lors du jugement du et de la signification d'icelui le il était retenu au lit par une maladie grave, ainsi qu'il appert par le certificat du S. médecin à en date du enregistré le transcrit en tête dudit exploit faisant droit sur son opposition, il soit ordonné , comparant d'une part ;

Et le S. A (*prénoms, nom, profession et domicile de celui qui a obtenu le jugement par défaut*) demandeur originaire et défendeur, aux fins de ladite opposition, comparant d'autre part : lequel a requis que le S. B fût déclaré non-recevable ou mal fondé en son opposition ; en conséquence notre précédent jugement soit exécuté selon sa forme et teneur.

Nous (*en ajoutera s'il y a lieu*) vu le certificat sus-énoncé donné

Chap. I. Matières civiles.

par le S. médecin à en date du enregistré le à nous représenté par lequel il appert.... Considérant recevons le S. B opposant à notre jugement du ; faisant droit sur son opposition, disons, etc.

Si l'opposition est rejetée, le dispositif sera ainsi conçu :

Nous , considérant , déboutons le S. B de son opposition à notre jugement du ; en conséquence, disons que ledit jugement sera exécuté selon sa forme et teneur.

Prononciations relatives à l'exécution provisoire.

Lorsque la condamnation sera d'une somme déterminée de 300 fr. ou au-dessous, le juge de paix ordonnera l'exécution provisoire en ces termes :

40. Et attendu que la condamnation qui vient d'être prononcée n'excède pas la somme de 300 fr., ordonnons, conformément à l'art. 17 du code de procédure civile que le présent jugement sera exécuté par provision nonobstant et sans préjudice de l'appel.

Lorsque la condamnation sera d'une somme indéterminée, ou d'une somme déterminée au-dessus de 300 fr., le juge de paix accordera, s'il le juge à propos, l'exécution provisoire en donnant caution.

Considérant que permettons audit de mettre à exécution par provision, nonobstant et sans préjudice de l'appel, le présent jugement, à la charge par lui de donner caution.

Réception de caution à la suite du jugement.

41. Et à l'instant le S. A nous a présenté pour caution du montant des condamnations prononcées en sa faveur, et dont la restitution pourrait être ordonnée au profit du S. B en cas d'appel, la personne du S. M (*prénoms, nom, profession et domicile de la caution*).

Le S. B a dit :
Nous, considérant , recevons la personne du S. M présent à notre audience, pour caution de la restitution, au cas d'infirmation sur l'appel, du montant des condamnations qui viennent d'être prononcées en faveur du S. A contre le S. B , par le jugement ci-dessus.

Et a ledit S. M déclaré se rendre caution, et a signé.
(*Signature de la caution*).

Si la caution reçue n'est pas à l'audience, le dispositif sera :

42. Recevons pour caution la personne du S. M lequel fera sa soumission au greffe.

Si la caution présentée est refusée, le dispositif sera :

Nous, considérant disons, au cas d'appel, que le S. B.

Formules d'actes.

ne pourra mettre provisoirement à exécution notre présent jugement, sans auparavant avoir présenté et fait recevoir caution suffisante et solvable, autre néanmoins que la personne du S. M.

Soumission de la caution au greffe.

43. L'an   le   , au greffe de la justice de paix du canton de   , département de   , est comparu le S. M (*prénoms, nom, profession et domicile de la caution*) lequel a dit que par le jugement de la justice de paix de ce canton, en date du   sujet à l'appel, il avait été prononcé en faveur du S. A   contre le S. B   différentes condamnations; que le S. A   désirant en cas d'appel, mettre provisoirement à exécution ledit jugement, l'avait présenté et fait recevoir pour caution; qu'en conséquence il fait présentement sa soumission et se rend caution envers le S. B   de la restitution, en cas d'infirmation sur l'appel, du montant des condamnations auxquelles il serait contraint provisoirement de satisfaire en vertu du jugement sus-daté, et a signé le présent avec moi greffier soussigné. (*Signature de la caution et du greffier*).

Possessoire.

44. *C'est la question de la possession seulement.*

Elle peut avoir deux objets, 1° de faire cesser le trouble qu'un possesseur éprouve dans sa possession dont il n'est pas privé, et alors elle s'appelle complainte.

Formule de demande en complainte.

L'an mil   le   jour de   à la requête du S. Anatold Claudui, propriétaire, demeurant à   rue   n°   pour lequel domicile est élu à   en la maison de   y sis
J'ai   huissier en la justice de paix du canton de   , y demeurant à   rue   n°. soussigné, donné assignation au S. Jean-Urbain Cudery, demeurant à   rue   n°. en son domicile, parlant à   à comparoir le   prochain, heure de   à l'audience de la justice de paix dudit canton de   pour voir dire, qu'attendu que le requérant est en possession publique depuis plus d'une   pièce de pré sise à   commune de   de la contenance de   tenant de   et qu'il a été troublé dans la dite possession, par ledit S.   qui lui a fait faucher une partie dudit pré, avec défense audit de l'y troubler en façon quelconque, aux peines de droit, et pour l'avoir fait, se voir condamner en   de dommages et intérêts, à la restitution de la somme de   pour la valeur du foin par lui fauché et enlevé, si mieux il n'aime à dire d'experts qui seront convenus entre les parties, sinon nommés d'office, et procéder comme de raison, afin de dépens, et à ce que ledit

S.   n'en n'ignore, je lui ai audit domicile et parlant comme dessus, laissé copie du présent, dont le coût est de

Jugement qui admet.

Attendu, etc. (*Les motifs*)

Maintenons et gardons le S.   en la possession et jouissance des maisons et héritages dont il s'agit ; faisons défenses au S.   de plus à l'avenir l'y troubler ni inquiéter ; le condamnons à lui rendre et restituer la somme de   montant des loyers qu'il a reçus, et celle de   pour la valeur des fruits par lui perçus, si mieux il n'aime les lui payer suivant l'estimation qui en sera faite par experts dont les parties conviendront, sinon par   qui, faute par elles d'en convenir, demeureront nommés d'office, ce que ledit S.   sera tenu d'opter dans les trois jours de la signification de notre présent jugement ; sinon, et le dit temps passé, en vertu d'icelui, et sans qu'il en soit besoin d'autres, disons que ledit sieur sera contraint purement et simplement au paiement de ladite somme de   ; condamnons ledit S.   en   de dommages-intérêts envers le dit S.   et aux dépens. Fait et jugé, etc....

Jugement qui rejette.

Attendu, etc. (*Les motifs*).

Nous déboutons le S.   de la demande en complainte par lui formée contre le S.   ; donnons acte à celui-ci de sa déclaration, par lui faite à notre audience, qu'il prend ladite demande pour trouble en sa possession : et faisant droit sur les conclusions par lui prises, faisons défense audit S.   de le troubler ni inquiéter, et le condamnons aux dépens. Fait et jugé, etc.

Demande en réintégrande.

L'an   le   jour de   à la requête du S.   etc. (*Comme ci-dessus.*)

Pour répondre sur ce que ledit S.   ayant dépossédé par violence (*ou autrement*) le requérant d'une maison et héritages sis à   dont il était en paisible possession et jouissait sans trouble depuis long-temps, que ledit S.   en a pris et enlevé les grains et fruits, voir dire que le requérant sera réintégré en la possession et jouissance de ladite maison et héritages ; qu'à lui rendre et délaisser ladite possession ledit S.   sera condamné et contraint par les voies de droit, avec défense de plus à l'avenir l'y troubler ni inquiéter ; se voir condamné à lui rendre et restituer les grains et fruits par lui enlevés, sinon la somme de   pour leur valeur, si mieux il n'aime à dire d'experts, etc. (*Comme au modèle précédent*) ; se voir condamné aux dommages-intérêts du requérant à donner par déclaration, et en outre procéder comme de raison à fin de dépens ; et à ce que ledit sus-nommé n'en ignore, etc.

Le jugement se rend en la même forme que ci-dessus. Lorsqu'il y a eu voies de fait, le jugement peut condamner à la restitution par corps, si cela est demandé.

Formules d'actes.

An 18

Justice de paix du canton de , département
de

45. Répertoire ordonné par l'article 3 de la loi du 26 frimaire an 4.

Dates des actes.	Nature de l'acte.	Parties dans l'acte.
2 janvier.	Enquête.	Le S. A demand. Le S. B défend.
2 dudit.	Jugement qui ordonne une visite.	Le S. C demand. Le S. D défend.
2 février.	Jugement définitif.	Le S. E demand. Le S. F défend.
4.	Jugement d'après l'enquête du 1er.	Le S. A demand. Le S. B défend.
6.	Visite et Jugement.	Le S. C demand. Le S. D défend.
8.	Jugement qui ordonne une mise en cause.	Le S. G demand. Le S. H défend.
15.	Jugement définitif.	Le S. G demand. Le S. H défend. Le S. I assigné en garantie.

Chap. I. Matières civiles.

An 18   , département

Justice de paix du canton de

de

46. Répertoire à colonnes, des actes sujets à l'enregistrement sur la minute.

Nos.	Date des actes.	Nature des actes.	Parties dans les actes.		Date de l'enregist.
			Prén. et nom.	Domicile.	
	Janv.				Janv.
1.	9.	Jugement portant nomination d'experts.	J. B. Germain.	Rouen, rue départem. de la Seine-Inférieure.	11.
			L. F. Michault.	Beaugency, rue dép. du Loiret.	
2.	19.	Condamnation sans titre à payer 80 fr.	Benoît le Sueur, demandeur.	Chartres, rue dép. de	21.
			Henri Bigaut, défendeur.	Paris, 7e arrondissem. rue	
3.	25.	Emancipation.	Joseph Poulain.	Paris, 7e arrondissem. section rue	
4.	25.	Apposition des scellés.	Après la mort de Jean Desquesnes.	Paris, 7e arrondissem. section rue	27.
5.	26.	Procès-verbal du bureau de paix.	Joseph le Fort.	Com. de C. de départ. de	
			Germain-Dude.	Paris, 7e arr. sect. rue	

Formules d'actes.
Procès-verbal de conciliation.

47. Cejourd'hui   l'an   devant nous juge de paix soussigné, tenant le bureau de paix du canton de département de   , s'est présenté le S. A   (*prénoms, nom, profession et domicile du citant*) comparant en personne *ou bien* « par le ministère de   (*prénoms, nom, profession et domicile du fondé de pouvoir*) son fondé de pouvoir
» suivant l'acte du   enregistré le   par   qui
» a reçu   ».
Lequel a dit que par citation du   enregistrée le   il avait fait citer à comparoir, cejourd'hui, devant nous, lieu et heure présens, le S. B   , pour se concilier, si faire se peut, sur la demande énoncée en ladite citation.
S'est aussi présenté le S. B   (*comme ci-dessus pour le citant*),
Lequel a dit :
Et après avoir entendu les parties dans leurs dires respectifs, elles sont tombées d'accord de ce qui suit, savoir : le S. A   ;
et le S. B   de son côté   : et ont lesdits SS. A
et B   signé le présent avec nous et notre greffier.
Fait à   lesdits jour et an.
(*Signature des S. A   et B   *).

Procès-verbal de non-conciliation.

48. Cejourd'hui   l'an   devant nous juge de paix du canton de   département de   s'est présenté
      (*la comparution du citant comme ci-dessus*).
S'est aussi présenté le S. B   défendeur aux fins de ladite citation.
N'ayant pu concilier les parties, nous les avons renvoyées à se pourvoir devant les juges qui en doivent connaître.

Mention à mettre sur le registre en cas de non-comparution de l'une des parties.

Citation à cejourd'hui, donné le   à la requête du
S.   contre le S.   . Défaut du S.   non-comparant.

Mention à mettre audit cas, sur l'original ou la copie.

Le S.   demandeur (*ou défendeur*) aux fins de la présente citation, a fait défaut. Cejourd'hui   l'an.
(*Signature du juge de paix*).

Procès-verbal en cas de serment déféré.

49.   S'est présenté le S. A   (*la comparution du citant comme ci-dessus*).
S'est aussi présenté le S. B   (*prénoms, nom, profession et domicile du cité*).
Lequel a dit qu'il avait souscrit au profit du S. A   le

28　*Chap. I. Matières civiles.*

billet de cent cinquante francs à lui présenté; mais que le il avait payé à compte dudit billet la somme de soixante francs par lui remise au S. M.　qui s'était chargé de la rendre le même jour au S. A　: qu'ainsi il ne devait plus que la somme de quatre-vingt-dix francs qu'il offrait payer présentement, déclarant s'en rapporter au serment du S. A　sur le paiement des soixante francs, et a signé.

(*Signature du S. C.*)

Et à l'instant, le S. A　a juré et affirmé pardevant nous qu'il n'avait pas reçu les soixante francs dont il s'agit, du S. M　ni au jour indiqué, ni depuis, et a signé.

(*Signature du S. A.*)

Le S. B　s'est déterminé à payer en notre présence la somme entière de cent cinquante francs audit S. A.　qui le reconnaît, et a signé.

(*Signature du S. B.*)

Fait à　lesdits jour et an.

(*Signature du juge de paix et du greffier*).

Si le S. A　ne veut pas prêter le serment, il en sera fait mention dans le procès-verbal.

Le S. A　, a refusé de prêter le serment à lui déféré par le S. R　, et a persisté à réclamer les cent cinquante francs contenus au billet par lui représenté.

N'ayant pu parvenir à concilier les parties....

Autre procès-verbal.

50. L'an mil huit cent　, le　pardevant nous juge de paix du canton de　tenant le bureau de conciliation en notre auditoire ordinaire, à　est comparu le sieur. demeurant à

(*Si c'est un fondé de pouvoir*).

Fondé de pouvoir sous seing-privé du S.　demeurant à　par acte du　enregistré le　par qui a reçu　lequel est demeuré annexé à notre registre après avoir été dudit　certifié véritable, signé et paraphé; lequel nous a dit qu'en vertu de notre cédule, en date du　notifiée par　huissier de notre justice de paix, le　il a fait citer devant nous à cejourd'hui le S.　demeurant à pour se concilier, si faire se peut, sur la demande que ledit　est dans l'intention de former contre lui afin de　en quoi il persiste et requiert défaut si ledit S.　ne comparaît pas ni personne pour lui; et a signé.

Est aussi comparu ledit S.

(*Si c'est un fondé de pouvoir, on procède comme ci-dessus*).

Lequel a dit que, etc.　et a signé; après que nous avons inutilement employé notre médiation pour accorder les parties,

Formules d'actes. 29

nous les avons renvoyées à se pourvoir pardevant les juges qui en doivent connaître. Fait à   les jour, mois et an que dessus.

Si le cité ne comparaît pas, on ne doit point faire de procès-verbal; on fait seulement mention sur le registre de la non-comparution. Le greffier du juge de paix en donne un simple certificat sur l'original de la citation, et l'on donne alors copie du certificat avec l'assignation.

Procès-verbal de conciliation contenant conventions.

51. L'an mil huit cent   , le   etc. (*Comme ci-dessus pour la comparution du citant, après quoi on met*) :
Est aussi comparu le S.   demeurant à   lequel a dit qu'il reconnaît être débiteur de la somme de   mais non de celle de   parce qu'il a déjà payé, tant en argent qu'en fournitures par lui faites audit   la valeur d'une somme de   ce qui réduit sa dette à celle ci-dessus de   ; qu'il n'est pas en état d'acquitter le restant, montant à   sur-le-champ ; qu'il prie ledit S.   de lui accorder un terme suffisant pour sa libération ; qu'il offre au surplus de s'acquitter en fournitures pareilles à celles qu'il a déjà faites ; à quoi par ledit   a été répliqué qu'à la vérité il a reçu une faible somme de   en argent et quelques fournitures qui lui ont été faites, mais dont ledit S.   porte le prix trop haut, pourquoi il entend persister dans sa demande ; et nous juge de paix avons représenté aux parties que leurs contestations judiciaires entraîneront des longueurs et des frais; nous avons engagé S.   à accorder un délai convenable, ou à accepter l'offre faite par le S.   de se libérer en fournitures pareilles à celles qu'il a déjà faites, en exhortant celui-ci à se relâcher sur le prix qu'il y met ; et les parties s'étant rapprochées d'après nos représentations, le S.   s'est réduit pour le prix des marchandises par lui fournies à la somme de   à raison de   par chaque pièce de   au moyen de quoi elles sont convenues que la créance dudit S.   serait et demeurerait réduite à la somme de   pour le tout; et pour acquitter ladite somme ledit S.   s'est obligé et a promis de livrer, dans le délai de   la quantité de   audit   qui l'a acceptée ; au moyen de quoi tous procès et contestations demeurent éteints et assoupis, sous la promesse de l'exécution des présentes conventions ; de tout quoi nous avons fait et rédigé le présent procès-verbal, dont il a été convenu qu'il serait délivré une expédition à chaque partie, qui en paieraient les frais chacune par moitié ; et ont signé avec nous et notre greffier.

Ce procès-verbal n'a que le caractère et la force d'un acte privé, en conséquence il n'est pas exécutoire ; et si l'une des parties manque à ses engagemens, il faut faire assigner et obtenir jugement à l'ordinaire.

Cédule pour convoquer une assemblée de famille.

52. Nous   juge de paix du canton de   département de   Sur ce qui nous a été représenté par   (*prénoms*,

nom, profession et domicile de celui qui convoque l'assemblée de famille), que le S. Joseph Benoît, maître maçon, décédé en la commune de   dans l'arrondissement de notre canton le   dernier, a laissé trois enfans mineurs ; 1°. Louis, 2°. Marie-Marguerite, et 3°. Françoise-Julie Benoît, sans leur avoir nommé de tuteur ; que Rosalie Lambert, épouse dudit S. Benoît et mère desdits mineurs, est prédécédée ; qu'il ne reste auxdits mineurs aucun ascendant dans l'une ou l'autre ligne ; qu'ainsi il importe de convoquer les parens et amis desdits enfans mineurs pour leur être pourvu de tuteur, même de subrogé-tuteur ; en conséquence requiert qu'il nous plaise lui délivrer notre cédule à l'effet de faire citer à cet effet à comparoir devant nous, jour, lieu et heure qu'il nous plaira indiquer, les parens desdits mineurs, savoir : 1°. Mathieu Benoît, oncle paternel, demeurant à   , 2°. Barthélemi Michaut, oncle paternel à cause de Nicole Benoît son épouse, demeurant à   3°. Maximilien Benoît, cousin paternel, demeurant à   et du côté maternel, 4°. François Rivard, frère utérin desdits mineurs, demeurant à   5°. Jean Lambert, oncle maternel, demeurans les cinq sus-nommés dans l'étendue de 2 myriamètres de la commune de   où demeurait le défunt Benoît ; et à défaut d'un 3e. parent maternel, domicilié dans la même étendue, 6°. Philippe Caron, ami, demeurant à   mandons à   à la requête dudit

Citer les parens et amis sus-nommés des mineurs Benoît à comparoir devant nous en notre demeure, le   heure de   , à l'effet de délibérer entre eux, conjointement avec nous sur la nomination d'un tuteur aux mineurs Benoît, même d'un subrogé tuteur.

Fait à   le   l'an
(*Signature du juge de paix*).

La notification de cette cédule se fait en la forme ordinaire.

Cédule pour convocation d'office.

53 Nous   juge de paix du canton de   département de

Etant informé que le S. Jacques Benoît, maître maçon,
(*comme en la précédente*)   même d'un subrogé tuteur.
Mandons à   à notre requisition,

Citer à comparoir devant nous en notre demeure le   heure de   à l'effet de délibérer entre eux, et conjointement avec nous, sur la nomination d'un tuteur, même d'un subrogé tuteur, les parens et amis desdits tuteurs, savoir 1°. 2°.   3°.   etc.

Avis de parens.

54. L'an   le   jour du   pardevant nous   juge de paix du canton du   département de

Sont comparus en notre demeure, heure de   (*S'il*

Formules d'actes.

y a eu cédule) « sur la notification à eux faite de notre cédule du »   par exploit de   en date du   enregistré le   » les parens et amis de : 1°. Louis, 2°. Marie-Marguerite, et 3°. Françoise-Julie Benoît, tous trois enfans mineurs de feu Joseph Benoît, maître maçon, décédé en la commune de   dans l'arrondissement de ce canton ; savoir : 1°.   2°.   3°.   4°.   etc.

Lesquels, assemblés en conseil de famille, ont délibéré avec nous sur la nomination d'un tuteur auxdits mineurs.

Nous avons choisi pour tuteur desdits mineurs Mathieu Benoît son oncle paternel ; et ce à l'unanimité, à l'exception dudit Mathieu Benoît, qui a déclaré s'en rapporter à justice. Pourquoi moi, juge de paix, ai proclamé ledit Mathieu Benoît tuteur desdits mineurs Louis, Marie-Marguerite et Françoise-Julie Benoît.

Ledit Mathieu Benoît élu tuteur, ne pouvant coopérer à la nomination du subrogé tuteur, s'est retiré.

Nous, restés au nombre de 6 et à raison de ce, en nombre compétent pour former le conseil de famille, avons délibéré sur la nomination du subrogé tuteur.

La majorité des voix s'étant réunie pour le S. Barthélemi Michaut, nous avons observé aux délibérans que le tuteur étant pris dans la ligne paternelle, il fallait choisir le subrogé tuteur hors de ladite ligne.

Pourquoi procédant à un nouveau choix, les S. Benoît cousin, Lambert et Rivard ont choisi pour subrogé tuteur le S. Caron, les S. Michaut, Caron et moi juge de paix, avons préféré le S. Lambert, oncle maternel, attendu sa qualité de parent. Les premiers ont dit que   (*réduire leurs motifs*).

Pourquoi moi, juge de paix, attendu la voix prépondérante qui m'est accordée, j'ai proclamé ledit Jean Lambert, oncle maternel, subrogé tuteur desdits mineurs Benoît ses neveux.

Lesquels Mathieu Benoît rentrés dans l'assemblée et Jean Lambert, nous ont déclaré accepter les charges auxquelles ils venaient d'être nommés : et nous avons à l'instant reçu de l'un et de l'autre le serment de bien remplir les devoirs que leur impose la charge qu'ils viennent d'accepter, et ont lesdits Mathieu Benoît, Jean Lambert, et les délibérans sus-nommés, signé avec nous et notre greffier le présent procès-verbal, à l'exception de   qui a déclaré ne savoir signer de ce enquis.   (*Signature.*)

Si le tuteur ou subrogé tuteur n'est pas présent à l'acte de sa nomination, il prêtera son serment un autre jour, et il en sera dressé à la suite procès-verbal séparé.

Et le   suivant, est comparu devant nous juge de paix susdit, le S.   (*Prénoms, nom, profession et domicile du comparant*) nommé par la délibération ci-dessus, tuteur de

Lequel, après que lecture lui a été faite par notre greffier de ladite délibération, a déclaré accepter ladite tutelle, et à l'instant

Chap. I. Matières civiles.

il a prêté en nos mains le serment de remplir fidèlement les devoirs que lui impose ladite tutelle, et a signé le présent avec nous et notre greffier.

(Signature).

AUTRES FORMULES.

Cédule pour la convocation.

55. Nous juge de paix du canton de   à la réquisition du S.   mandons à   huissier de notre justice de paix, citer les S. A   demeurant à   B demeurant à   C   demeurant à   D demeurant à   E   demeurant à   et F demeurant à   à comparoir et se trouver en notre domicile le   heure de   prochain, pour composer le conseil de famille de   mineur, fils de   et de ses père et mère, et délibérer avec nous sur la nomination à faire d'un tuteur et d'un subrogé tuteur à la personne dudit mineur. Donné en notre domicile, à   le .

Citation.

56. L'an mil huit cent   , le   à la requête de   j'ai   huissier de la justice de paix du canton de   demeurant à   patenté pour la présente année sous le n°.   soussigné, cité et fait sommation, en vertu de la cédule de M. le juge de paix du canton de   en date du 1°. au S. A   demeurant à   en son domicile, parlant à   2°. au S. B.   demeurant à   en son domicile, parlant à   3°. au S. C demeurant à   en son domicile, parlant à sa personne, ainsi qu'il m'a dit être ; 4°. au S. D   demeurant à   en son domicile, parlant à un portier qui n'a dit son nom, de ce sommé ; 5°.   au S. E   demeurant à   en son domicile, parlant à une fille domestique qui n'a dit son nom ; et 6°. enfin au S. F   avoué au tribunal de   demeurant à   en son domicile, parlant à un clerc qui n'a dit son nom ; à comparoir et se trouver le   heure de   prochain, au domicile et pardevant M. le juge de paix du canton de   pour composer le conseil de famille du S.   mineur, et délibérer avec mondit sieur le juge de paix sur les nominations à faire d'un tuteur et d'un subrogé tuteur à la personne dudit mineur, leur déclarant que faute de s'y trouver ils seront condamnés aux peines de droit ; et à ce que lesdits sus-nommés n'en ignorent, je leur ai à chacun séparément, en leurdit domicile, et parlant comme dessus, laissé copie tant de ladite cédule ci-dessus datée et énoncée, que du présent ; dont acte.

Il doit y avoir au moins trois jours d'intervalle entre cette citation et le jour indiqué ; en conséquence, si elle est donnée, par exemple,

Formules d'actes. 33

le premier du mois, le jour de la comparution ne peut pas être fixé avant le cinq.

Délibération.

57. L'an mil huit cent   , le   pardevant nous juge de paix du canton de   en notre domicile, situé à   est comparu le S.   demeurant à   lequel original dûment enregistré par   qui a reçu   les nous a dit qu'en vertu de notre cédule par nous à lui délivrée le   il a fait citer par exploit de l'huissier de notre justice de paix, du   dont il nous a représenté l'original dûment enregistré par   qui a reçu   les S. A B   C   D   E   et F   à comparoir et se trouver aujourd'hui devant nous pour composer le conseil de famille, et procéder à la nomination d'un tuteur et d'un subrogé tuteur à la personne de   mineur; que les S. A   B   C   D   E   sont ici présens, mais que le S. F   n'a point comparu; nonobstant quoi, et attendu que les parens et alliés dudit mineur sont en nombre suffisant pour délibérer aux termes de la loi, il nous a requis de constituer le conseil de famille pour procéder aux nominations à faire; et a signé en cet endroit.

Et à l'instant sont comparus le S. A   demeurant à   frère germain dudit mineur, le S. B   demeurant à   beau-frère dudit mineur, comme ayant épousé la demoiselle   sa sœur germaine; le S. C   demeurant à   oncle maternel dudit mineur; le S. D   demeurant à   cousin issu de germain maternel dudit mineur, et le S. E   ami dudit mineur, connu pour avoir eu des relations intimes avec ses père et mère; et le S. F   n'étant pas comparu, ni personne fondée de ses pouvoirs, après qu'il a été attendu jusqu'à l'heure de   nous avons contre lui donné défaut, et l'avons condamné en l'amende de cinquante francs, suivant la loi; et pour le profit nous avons constitué le conseil de famille sous notre présidence, et ordonné qu'il serait procédé par les membres présens avec nous aux nominations à faire; et de suite lesdits parens et amis ayant délibéré, les S. A   et B   ont été d'avis de nommer tuteur la personne de   et les S. C.   et D   la personne du S. A   frère germain dudit mineur; et nous étant réunis à cet avis, nous avons dit que le S. A   sera et demeurera tuteur à l'effet de régir et administrer les personne et biens dudit mineur.

Et à l'égard du subrogé tuteur, tous lesdits parens ont été unanimement d'avis de nommer la personne du S. C   oncle maternel dudit mineur, et par ledit S. C   a été à l'instant représenté qu'étant septuagénaire, son grand âge ne lui permet pas d'accepter cette charge, pourquoi il requiert qu'en admettant son excuse il soit procédé à la nomination d'une autre personne; sur

3

quoi le conseil ayant délibéré, il a été arrêté que l'excuse proposée par le S. C   était légitime; en conséquence il a été arrêté de recevoir son excuse, et le conseil a été d'avis de nommer à sa place, à la charge de subrogé tuteur, la personne du S. E   cousin issu de germain maternel dudit mineur; sur quoi nous disons que ledit S. F   est et demeure subrogé tuteur à la personne dudit mineur.

Et à l'instant lesdits S. A   et C   ont déclaré accepter les charges à eux déférées, et ont fait en nos mains le serment de bien et fidèlement s'en acquitter; et ont lesdits parens et amis signé avec nous. Fait en notre domicile, à   les jour, mois et an que dessus.

Si la personne nommée n'est pas présente à l'assemblée, il faut lui notifier ce procès-verbal, et lui en donner copie en la forme ordinaire.

Si cette personne a quelque excuse à proposer, elle doit, dans les trois jours de cette notification, requérir la convocation du conseil de famille, et en conséquence obtenir cédule à cet effet, afin de constater l'époque de ses diligences.

Cédule en ce cas.

58. Pardevant nous juge de paix du canton de   demeurant à   en notre domicile est comparu le S.   demeurant à   lequel nous a dit que par délibération du conseil de famille du S.   mineur, tenu devant nous et sous notre présidence, le   il a été nommé tuteur aux personne et biens dudit mineur, ainsi qu'il résulte du procès-verbal dudit jour à lui notifié par exploit du   dont il nous a représenté la copie; mais qu'il a une excuse légitime à proposer contre ladite nomination; pourquoi il nous requiert de convoquer le conseil de famille dudit mineur, et de lui délivrer notre cédule à l'effet de faire citer les parens et amis dénommés audit procès-verbal, à comparaître devant nous aux jour, lieu et heure qu'il nous plaira indiquer pour délibérer sur l'excuse qui sera proposée, l'admettre et procéder à la nomination d'une autre personne à la charge de tuteur dudit mineur; à quoi obtempérant, mandons à   huissier de notre justice de paix, à la requête dudit S.   citer les parens et amis dudit mineur dénommés audit procès-verbal, à comparaître et se trouver devant nous, le   prochain, heure de   en notre domicile, pour entendre ladite excuse, délibérer sur icelle, et procéder, s'il y a lieu, aux fins de la réquisition ci-dessus.

Fait en notre domicile, à   le

Cette cédule se signifie avec citation en la forme ci-dessus, et l'on en donne copie à chaque individu.

Au jour indiqué, on dresse le procès-verbal comme ci-devant, jusqu'à la constitution du conseil de famille, et alors on continue ainsi qu'il suit:

Formules d'actes.

Et à l'instant est comparu ledit sieur   , lequel a représenté qu'il a cinq enfans à sa charge, et qu'en conséquence, aux termes de la loi, il ne peut être forcé d'accepter la tutelle des personne et biens dudit mineur   pourquoi il requiert le conseil, en faisant droit sur ladite excuse, de le décharger de la nomination faite, et de procéder à celle d'une autre personne; et à l'instant ledit sieur s'étant retiré, le conseil, délibérant sur la demande, a été unanimement d'avis.

Si l'excuse est admise, on le déclare, et l'on procède à la nouvelle nomination en la forme ci-dessus; mais si elle est rejetée, on continue le procès-verbal de cette manière :

Le conseil, délibérant sur la demande dudit S. attendu qu'il n'a pas cinq enfans, parce que dans le nombre il y a deux petits enfans; qui, aux termes du Code civil, ne doivent compter que pour une personne du chef de leur père, a été unanimement d'avis de rejeter ladite excuse, et de maintenir la nomination faite dudit S.   ; pourquoi, nous juge de paix, sans nous arrêter ni avoir égard à l'excuse proposée par ledit S.   , disons qu'il est et demeure tuteur aux personne et biens dudit mineur, en vertu de la nomination faite par le procès-verbal du   .
Fait en notre domicile, en conseil de famille, les jour, mois et an que dessus; et ont lesdits parens et amis signé avec nous; et à l'instant ledit S.   ayant été appelé, il lui a été donné connaissance de la présente délibération, contre laquelle il a fait toutes protestations et réserves; et a signé.

Cet acte n'est pas un jugement, et n'en a point le caractère; en conséquence il n'est pas nécessaire d'interjeter appel pour l'attaquer : on doit assigner le subrogé tuteur à l'ordinaire devant le tribunal de première instance pour voir prononcer sur la validité de l'excuse, et le jugement sera sujet à l'appel.

Ces modèles suffisent pour la convocation du conseil de famille dans tous les cas, et pour le dressé des procès-verbaux de délibération.

Lorsque la délibération du conseil de famille est sujette à homologation, le tuteur chargé de l'obtenir ne doit point donner de requête, mais seulement présenter l'expédition du procès-verbal au président du tribunal de première instance, qui met au bas son ordonnance, portant :

Soit communiqué au procureur du Roi, pour, sur ses conclusions, être par le tribunal statué ce qu'il appartiendra, au rapport de M.   qui est commis à cet effet. Fait et donné en la chambre du conseil, le

On voit que, pour cette présentation, il n'est pas nécessaire d'employer le ministère d'un avoué. Le tuteur remet ensuite l'expédition portant cette ordonnance au *Procureur du Roi,* qui donne au bas et ensuite de l'ordonnance les conclusions qu'il croit devoir prendre;

après quoi il remet la même expédition au juge commis, qui fait son rapport à la chambre du conseil, où il intervient jugement.

Jugement.

59. Le tribunal de première instance de   vu la délibération prise par le conseil de famille du S.   mineur, devant et sous la présidence du juge de paix du canton de   le   par laquelle ledit conseil a été d'avis qu'il était utile pour ledit mineur de vendre une maison située à   pour le prix et somme au moins de   en observant les formalités requises, et a chargé le S.   tuteur dudit mineur, d'en poursuivre l'homologation; vu aussi l'ordonnance de soit-communiqué mise au bas de l'expédition de ladite délibération, le   par M. le président dudit tribunal, les conclusions du procureur du Roi étant ensuite de ladite ordonnance, portant qu'il n'empêche l'homologation de ladite délibération; ouï le rapport de M.   l'un des juges dudit tribunal, commis à cet effet par ladite ordonnance de M. le président; tout vu et considéré, le tribunal, approuvant les motifs énoncés en ladite délibération, l'a homologuée et homologue pour être exécutée suivant sa forme et teneur; en conséquence, autorise ledit S.   tuteur dudit mineur, à faire procéder à la vente de la maison désignée en ladite délibération, conformément à icelle. Fait et jugé en la chambre du conseil, où étaient, etc.   le

Si le tuteur chargé de poursuivre l'homologation, le néglige, un autre parent, membre du conseil de famille, peut le faire à sa place; mais alors les frais de l'homologation sont à la charge du tuteur sans répétition.

Lorsque la délibération n'a pas été unanime, les membres du conseil de famille qui ont été d'avis contraire, ou l'un d'eux, peuvent s'opposer à l'homologation, et ils doivent le déclarer à celui chargé de la suivre par un acte extrajudiciaire.

Formule.

60. L'an mil huit cent   , le   à la requête du S.   demeurant à   ayant fait partie du conseil de famille du S.   mineur, convoqué au domicile du juge de paix du canton de   le   dernier, tant pour lui que pour le S. A.   autre membre dudit conseil, j'ai, etc (*le protocole ordinaire des exploits*), soussigné, signifié et déclaré au S.   tuteur dudit mineur, chargé de poursuivre l'homologation de la délibération prise ledit jour par ledit conseil, en son domicile, à   parlant à   que ledit S.   audit nom est opposant, comme par ces présentes il s'oppose à l'homologation de ladite délibération, protestant de nullité de tout ce qui serait fait au préjudice de la présente opposition; et à ce que ledit S.   n'en ignore, je lui ai, audit domicile et parlant comme dessus, laissé copie du présent.

Formules d'actes.

Dans le cas où il survient cette opposition, il faut appeler l'opposant pour voir prononcer avec lui l'homologation de la délibération, autrement il pourrait former opposition au jugement qui interviendrait sans lui.

On doit l'appeler par assignation dans les délais ordinaires, à moins qu'on n'obtienne permission de faire assigner à bref délai : s'il n'y a point de préliminaires de conciliation ; il faut, dans ce cas, procéder à l'audience, mais comme en matière sommaire.

Formule d'assignation.

61. L'an mil huit cent sept, le   à la requête du S.   demeurant à   au nom et comme tuteur aux personne et biens de   mineur, j'ai, etc. *(suivant le protocole ordinaire)* soussigné, donné assignation au S.   demeurant à   en son domicile, parlant à   et au S.   demeurant à   en son domicile, parlant à   à comparoir dans le délai de la loi *(si on a obtenu permission de faire assigner à bref délai* A TROIS JOURS *)* au tribunal de   séant à   pour voir dire que sans s'arrêter ni avoir égard à l'opposition formée à la requête desdits S.   par acte extrajudiciaire du   à l'homologation de la délibération prise par le conseil de famille dudit mineur, dûment convoqué et assemblé au domicile de M. le juge de paix du canton de   en date du   et pour les causes mentionnées en ladite délibération, elle sera et demeurera homologuée pour être exécutée suivant sa forme et teneur, et en outre se voir lesdits S.   condamnés aux dépens et aux dommages et intérêts dudit mineur à donner par déclaration ; et j'ai, auxdits S   à chacun séparément, en leurdit domicile, et parlant comme dessus, laissé copie du présent.

Si les assignés constituent procureur, l'avoué du tuteur sans donner aucunes écritures, doit poursuivre l'audience par un simple avenir.

S'ils ne se présentent pas, il prend défaut au jour de l'échéance, et alors il ne doit point y avoir d'opposition recevable.

Dans le cas du mariage du mineur, le conseil de famille doit être convoqué à la réquisition du tuteur en la forme ci-dessus.

Délibération pour ce cas.

62. L'an mil huit cent   , le   etc. *(Comme ci-dessus, jusqu'à la constitution du conseil de famille, après quoi on continue).*

Par ledit S.   tuteur dudit mineur, a été dit et exposé qu'il se présente un établissement avantageux pour ledit mineur en la personne de la demoiselle   âgée de   fille de   et de   ; que la dot proposée est de la somme de   savoir, celle de   en biens fonds, maisons et terres situées à   et celle de   en deniers comptans ; que le mariage est proposé sous le régime de la communauté ; et

38 Chap. I. Matières civiles.

que les conditions dudit mariage, détaillées dans un projet signé dudit S.   tuteur, et par lui à l'instant remis en nos mains, lequel demeurera annexé à la minute des présentes, paraissent très-favorables, pourquoi il requiert le conseil de famille d'approuver lesdites conditions, et de donner son consentement au mariage proposé; ledit tuteur retiré, la matière mise en délibération, les SS. A.   B   C.   ont été d'avis d'agréer lesdites propositions, et de consentir audit mariage; mais les SS. D.   E. et F.   ont été d'avis contraire, et ont trouvé les conditions du mariage plus onéreuses que profitables audit mineur; sur quoi, nous juge de paix, après avoir mûrement examiné lesdites conditions, les qualités, les familles et les fortunes des deux personnes dont il s'agit, nous sommes réunis à l'opinion des SS.   A. B   et C.   ; en conséquence, il a été arrêté en conseil de famille que les propositions annoncées par ledit S.   tuteur dudit mineur, sont et demeurent approuvées, et que le conseil consent au mariage dudit mineur   avec la demoiselle   ; autorise ledit tuteur à passer le contrat de mariage suivant le projet par lui remis, et à assister à la célébration dudit mariage, et y consentir pour le conseil de famille, lui donnant à cet effet tout pouvoir, à l'effet de quoi il lui sera délivré expédition du présent. Fait en conseil de famille, en notre domicile, à   les jour, mois et an que dessus; et ont lesdits parens signé avec nous, à l'exception des SS. D   E.   et F.   lesquels ont déclaré ne le vouloir faire.

Cette délibération n'a pas besoin d'être homologuée, et les parens ou amis qui ont été d'avis contraire ne peuvent ni l'attaquer, ni former opposition au mariage.

Apposition de scellés d'office.

63. L'an   le   jour du   heure de Nous   juge de paix du canton de   département de   , étant informé que le S. A   (*prénoms, nom, profession et domicile du défunt*) est décédé ce matin, et que son héritier présomptif est le S. B   demeurant à   département de   son   (*énoncer la parenté*), lequel n'est pas présentement en ce pays *ou bien* « est le S. B «son   mineur, n'ayant pas de tuteur, *ou* servant dans le « régiment » nous, pour la conservation des droits dudit héritier, nous sommes transportés d'office avec notre greffier, à l'effet d'apposer nos scellés sur les meubles et effets du défunt, en sa maison, sise en la commune de   rue de   n°.   tenant à

Où étant, (*si l'apposition a lieu avant l'inhumation, on commence par constater la présence du corps*) entrés en   (*désigner la pièce, l'étage, sa vue*) nous avons trouvé le corps dudit « défunt gisant sur un lit. »

Se sont présentés devant nous   (*énoncer les personnes trouvées dans la maison, veuve ou autre maître, et les domestiques*) auxquels nous avons fait part du sujet de notre trans-

Formules d'actes.

port, lesquels ont déclaré ne point s'opposer à l'apposition de nos scellés.

Et de suite nous avons apposé nos scellés par plusieurs bandes de papiers scellées en cire rouge, empreintes de notre sceau, ainsi qu'il suit ; savoir :

Dans la chambre à coucher du défunt, sise au premier étage, ayant vue par   croisée sur

1°. Une bande de papier sur l'ouverture de chacun des quatre tiroirs, deux grands et deux petits, d'une commode de noyer, fermant tous les quatre avec la même clef ; et après avoir fermé lesdits tiroirs, avons remis la clef aud.   notre greffier, pour rester en ses mains jusqu'à la levée.

2°. Trois bandes en haut, bas et milieu, sur les deux battans d'une armoire de   fermante à bascule, haut et bas, au milieu une serrure fermante à tour et demi, avec sa clef, que nous avons remise audit   notre greffier, pour rester en ses mains jusqu'à la levée.

Dans un cabinet attenant ladite chambre à coucher, ayant vue par deux croisées sur

3°. Trois bandes placées en haut, bas et milieu, à l'intérieur, sur l'ouverture de chacune des deux croisées.

4°. Trois bandes en haut, bas et milieu, placées à l'extérieur sur l'ouverture de la porte du cabinet, donnant dans la chambre à coucher, fermée de deux tours et demi avec la clef, que nous avons remise audit   notre greffier, pour rester en ses mains jusqu'à la levée

Dans
5°.   6°.   7°.

Suit la description des effets laissés en évidence :
Dans   1°.   2°.   3°.
Dans   4°.   5°.
Dans   6°.   7°.   8°.

(Dans les villes « suit l'état du linge donné à la lessive »)

L'argent comptant trouvé monte à la somme de   laquelle a été placée   dans   sous nos scellés, à l'exception de celle de   laissée à   pour les dépenses courantes de la maison.

Lesquels lieux et effets sus-désignés, sont tous ceux qui nous ont été indiqués pour avoir été occupés par le défunt, et pour lui avoir appartenu.

Se sont de nouveau présentés devant nous
(dénommer la veuve, autres maîtres et les domestiques de la maison) desquels nous avons séparément pris de chacun le serment qu'ils n'avaient rien pris ni détourné ; qu'ils n'avaient rien vu prendre ni détourner, et qu'ils n'avaient pas connaissance qu'on eût rien pris ni détourné des meubles, effets et papiers dépendans de la succession dud. défunt, et ont signé en cet endroit.

Avons établi pour gardien de nos scellés, et des effets laissés en évidence, la personne de   qui a déclaré s'en charger, pour

les représenter à qui il appartiendra, et a signé en cet endroit.
(*Signature du gardien.*)
Fait en ladite maison, lesdits jour et an, depuis l'heure de jusqu'à celle de
(*Signature du juge de paix et du greffier*).

Apposition des scellés sur réquisition.

64. L'an   le jour de   heure de   pardevant nous   juge de paix du canton de   département de   est comparu le S. A
(*prénoms, nom, profession et domicile du requérant*)
(*On ajoutera, s'il est nécessaire* « en qualité de tuteur de
« fils mineur de   , ledit mineur) habile à se dire seul et
« unique héritier ou héritier en partie » du S. B
(*prénoms, nom, profession du défunt*) décédé le
Lequel, pour la conservation de ses droits, a requis notre transport en la maison du défunt, sise en la commune de
de ce canton, rue   n°.   tenante   , à l'effet d'apposer nos scellés sur les meubles, effets et papiers dudit défunt, et a signé avec nous et notre greffier.
(*Signature*).

Et à l'instant, nous juge de paix susdit, accompagné de notre greffier, nous sommes transportés avec le S.   requérant, en la maison sus-désignée, où étant arrivés
(*l'apposition de scellés comme au précédent procès-verbal. Ce requérant assiste à toute l'opération et signe à la fin*).

Si pendant l'apposition des scellés il survient une revendication, il en sera fait mention.

S'est présenté le S. Louis Richard, marchand mercier, demeurant même rue   n°.   en la maison attenante à gauche à la présente maison ; lequel a dit que dans le nombre des effets du défunt, doivent se trouver six couverts d'argent marqués des lettres L R qu'il avait prêtés au défunt huit jours avant sa mort, et qui ne lui ont pas été renvoyés. Nous ont été représentés à l'instant par M   domestique du défunt, six cuillers et six fourchettes d'argent, marquées desdites lettres L R, comme étant celles réclamées par le comparant qui les a reconnus pour être les siens, et ont lesdits Richard et M. signé en cet endroit. (*Signatures*).

Sur quoi nous, juge de paix susdit, avons donné au S. Richard acte de sa déclaration, pour lui valoir opposition à la levée des scellés, lors de laquelle il fera valoir sa réclamation : défenses au contraire réservées.

Lorsque la veuve ou l'un des héritiers demande à être autorisé à une gestion provisoire, le juge de paix l'accorde à la fin de son procès-verbal.

Opposition à ce que les scellés soient apposés.

65. S'est présenté le S. D   (*prénoms, nom, profession et*

domicile du comparant) lequel nous a dit qu'il est habile à se dire seul et unique héritier du défunt, comme étant son cousin issu de germain dans les deux lignes paternelle et maternelle; que le S. A   qui a requis l'apposition de nos scellés, parent au défunt du côté paternel seulement, est dans un degré bien plus éloigné que lui comparant, et n'a par cette raison aucun intérêt dans la succession; pourquoi il s'oppose à ce que l'apposition encommencée, soit par nous continuée, requiert même la levée de ceux déjà apposés, et a signé.

(*Signature de l'opposant*).

Par le S. A   a été répliqué qu'en qualité de parent paternel du défunt, il était habile à se dire son héritier pour moitié; en conséquence nous requiert de continuer l'opération encommencée, et a signé.

(*Signature du requérant*).

Sur quoi, nous juge de paix susdit, pour être fait droit sur l'opposition ci-dessus, nous avons ordonné qu'il en serait par nous référé sur-le-champ (*ou* le jour de demain) à M. le Président du tribunal de première instance, séant   et jusqu'à l'ordonnance à intervenir sur le référé, nous avons établi pour la conservation des droits de qui il appartiendra dans les lieux susdésignés, les S.   demeurans, pour empêcher qu'il ne soit soustrait ou enlevé aucun effet, jusqu'à ce qu'il ait été statué sur l'opposition ci-dessus.

(*Signature du juge de paix et du greffier.*)

L'ordonnance rendue en référé est consignée sur le procès-verbal du juge de paix; il s'y conforme de suite le jour même ou le lendemain.

S'il est ordonné que l'apposition aura lieu.

Et de suite, nous juge de paix susdit, obtempérant à ladite ordonnance, et à la réquisition ci-dessus, nous sommes transportés de nouveau accompagné de notre greffier, avec ledit S. A   en la maison du défunt sus-désignée, où étant arrivés, nous avons continué l'opération ainsi qu'il suit :

S'il est ordonné que l'apposition n'aura pas lieu.

Et de suite, nous juge de paix susdit, obtempérant audit jugement, et à la réquisition ci-dessus, nous sommes transporté de nouveau accompagné de notre greffier, avec ledit S. D   en la maison du défunt sus-désignée, où étant arrivés (*s'il y a déjà des scellés apposés,* nous avons levés les scellés, par nous apposés, sur les portes, fenêtres et meubles désignés en notre procès-verbal ci-dessus :) nous avons ordonné aux S.   et établis gardiens, de se retirer; et (*s'il y a lieu*, après avoir fait remettre audit S. D   les clefs de   dont nous avions chargé notre greffier, nous nous sommes retirés :) et a ledit S. D   signé le présent avec nous et greffier.

(*Signatures*).

Chap. I. Matières civiles.
Opposition à la levée des scellés.

Ces oppositions sont consignées, à mesure qu'elles sont faites, à la suite du procès-verbal d'apposition.

66. Et le   , est comparu devant nous juge de paix susdit, le S. E   (*prénoms, nom, profession et domicile de l'opposant*) qui a élu domicile en la maison de   , lequel nous a déclaré qu'il est opposant et s'oppose à la reconnaissance et levée de nos scellés pour (*énoncer les causes de son opposition*).

et a signé avec nous et notre greffier.
(*Signatures*).

Ces oppositions peuvent se faire aussi par exploit notifié au juge de paix, en la personne de son greffier : et alors le juge de paix en fait mention à la suite de son procès-verbal, auquel il joint la copie laissée à son greffier ; « du   opposition à la requête de   qui a élu domicile   ».

Cédule à notifier aux opposans pour assister à la levée.

67. Nous   juge de paix du canton de   département de

Sur ce qui nous a été représenté par le S. A.
(*prénoms, nom, profession et domicile du comparant*)
habile à se dire héritier pour moitié du S. B.
(*prénoms, nom, profession du défunt*), décédé en sa maison, commune de   , le   dernier, de présent en ce pays, logé en la maison du défunt, comme étant son seul cousin germain paternel : que le   il a été par nous procédé à sa requête, à l'apposition des scellés sur les meubles, effets et papiers dudit défunt B   trouvés en sa maison ; que pour procéder à la reconnaissance et levée de nos scellés, il est nécessaire de faire citer à comparoir devant nous, en ladite maison, à tels jour et heure qu'il nous plaira indiquer, pour assister, si bon leur semble, à ladite reconnaissance et levée, les parties intéressées ; savoir : 1°. la dame   veuve dudit défunt, demeurant en ladite maison ; 2°. le S. D   demeurant à   département de   habile à se dire héritier pour un quart dudit défunt, comme étant son cousin germain maternel, étant de présent sur les lieux, logé en la maison du défunt ; 3°. le S. P notaire à   nommé d'office par l'ordonnance de M. le président du tribunal de 1re. instance de   pour stipuler les intérêts du S. E   demeurant à   département de   habile à se dire héritier pour le dernier quart dudit défunt, comme son cousin germain maternel, attendu son défaut de présence sur les lieux et son domicile au-delà de cinq myriamètres : et en outre les opposans qui sont   4°.   5°. etc. Pourquoi il nous requiert de lui délivrer notre cédule, à ce nécessaire et a signé   sur quoi, nous juge de

Formules d'actes.

paix susdit, mandons à　　　　à la requête dudit　　　　citer à comparoir devant nous, en la maison du défunt, sise en la commune de　　　　de notre arrondissement, rue　　　　n°.　tenante　　　　, le　　　　heure de　　　　, tous les susnommés, à l'effet d'assister, si bon leur semble, à la reconnaissance et levée de nos scellés.

　　Donné à　　　　le　　　　l'an
　　　　　　　　(*Signature du juge de paix.*)

Procès-verbal de reconnaissance et levée de scellés.

68. L'an　　　　à la requête de　　　　veuve de (ou bien, de　　　　tout autre requérant).
　　Nous juge de paix du canton de　　　　, nous sommes transporté accompagné de notre greffier, en une maison sise où est décédé le feu S.　　　　, où étant arrivés, heure de
　　Est comparu devant nous (1) la dame　　　　veuve dudit défunt B　　　　(*prénoms, nom de la veuve ; et prénoms, nom et profession du défunt*).
　　Laquelle nous a dit qu'aux termes de notre cédule du　　　　notifiée par exploit du　　　　enregistré le　　　　elle a fait citer à comparoir devant nous cejourd'hui, lieu et heure présente, à l'effet d'assister, si bon leur semble à la présente reconnaissance et levée des scellés ; 1°.　　2°.　　3°.　　4°. etc. ; pour quoi requiert qu'il nous plaise y procéder, tant en leur présence qu'absence pour la conservation de ses droits, sous la réserve par elle de prendre, après l'inventaire, telle qualité qu'elle avisera, et a signé.
　　(*Signature de la veuve*).
　　Sont aussi comparus, 1°. le S. A　　　　demeurant à　　　　département de　　　　habile à se dire héritier pour moitié dudit défunt B　　　　en qualité de son seul cousin germain paternel ; 2°. le S. D　　　　demeurant à　　　　département de　　　　et le S. P　　　　notaire à　　　　nommé d'office par l'ordonnance de M. le Président du tribunal de 1re. instance, pour défendre les droits du S. E　　　　attendu son défaut de présence sur les lieux et son domicile au-delà de 5 myriamètres, lesdits D　　　　et E　　　　habiles à se dire héritiers, chacun pour un quart dudit défunt B　　　　, lesquels A, D　　　　et P　　　　ont dit qu'ils adhèrent à ladite demande à fin de reconnaissance et levée, même la requièrent de leur chef pour la conservation des droits de toutes les parties, sous la réserve　　　　, et ont signé.
　　　　　　　　(*Signature des héritiers*)
　　Et est aussi comparu le S. F　　　　, demeurant en la pré-

---

(1) *On nomme successivement toutes les parties comparantes à la levée des scellés ; mais il faut énoncer d'abord la comparution de celui qui requiert la levée, soit la veuve, soit un héritier.*

sente maison, établi gardien de nos scellés par notre procès-verbal des autres parts.

Lequel a déclaré qu'il est prêt à nous représenter tant nos scellés sains en entiers, que les effets en évidence confiés à sa garde, par notre procès-verbal des autres parts, et a signé (*ou bien* « a déclaré ne savoir signer) ».

Est aussi comparu le S. G.   , opposant à la présente reconnaissance et levée des scellés, suivant sa déclaration du   , consignée des autres parts à la suite de notre procès-verbal d'apposition (*ou bien* « suivant son exploit d'opposititon, « à nous notifié en la personne de notre greffier le   , enregistré le   ) »

Lequel a dit qu'il était opposant à nos scellés, pour les causes énoncées en sadite opposition.

Est aussi comparu le S. Louis Richard opposant, suivant sa déclaration consignée en notre procès-verbal d'apposition de scellés, lequel a dit que la veuve et les héritiers étant présens, il n'y avait pas lieu à lui refuser les six couverts par lui réclamés, et a signé.

Signé RICHARD.

La dame   , veuve du défunt, a déclaré que les six couverts en question avaient été prêtés au défunt par le réclamant : que les embarras de la dernière maladie n'avaient pas permis de les lui rendre, qu'elle ne s'opposait pas à la remise, sous la réserve qu'on ne pourrait lui opposer le présent consentement comme une acceptation de qualité, et sauf la réserve des héritiers et des créanciers qui voudraient réclamer, et a signé.

(*Signature de la veuve*).

Les S. A.   , D   et E   , en leurs qualités sus-énoncées, ont dit que les couverts en question étant marqués des lettres L R, initiales des noms de Louis Richard réclamant, que la domestique du défunt les ayant reconnus pour lui avoir été prêtés par ledit Richard lors de l'apposition des scellés, que la veuve les ayant pareillement reconnus pour appartenir au réclamant, ils ne s'opposent pas à ce que, par provision, ils soient remis audit Louis Richard, sous la réserve des droits des créanciers, et que le présent consentement ne pourra leur être imputé comme acceptation de qualité, et ont signé.

(*Signature des héritiers*).

Le S. G   créancier opposant, a déclaré par les mêmes motifs, ne pas s'opposer à la remise des couverts en question, et a signé.

En conséquence, du consentement de toutes les parties présentes, les six couverts dont il s'agit pesant ensemble   , ont été délivrés à titre de remise provisoire, et sauf les droits des créanciers qui voudraient réclamer, au S. Louis Richard qui le reconnaît, et a signé.

Signé; LOUIS RICHARD.

Nous juge de paix susdit, avons donné acte aux parties compa-

Formules d'actes.

-rantes de leurs dires et réquisition ci-dessus : et attendu qu'il est l'heure de   , sans que les SS.   ,   , soient , cités en vertu de notredite cédule du   comparus, ni personne pour eux, nous avons contre eux donné défaut, et pour le profit, avons ordonné qu'il serait en leur absence, procédé à la reconnaissance et levée de nos scellés ; ce qui a été exécuté ainsi qu'il suit :

Nous avons d'abord reconnu sains et entiers nos scellés apposés sur   et nous les avons levés pour être procédé à l'inventaire par Me.   notaire et autres officiers choisis par les parties.

Le juge de paix procède particulièrement à la levée des scellés, à fur et à mesure qu'elle devient nécessaire pour continuer les opérations de l'inventaire, il ne fait remettre au notaire les clefs dont il a chargé son greffier qu'à fur et à mesure qu'elles sont nécessaires.

Il réappose, à la fin de chaque séance, les scellés sur les chambres ou armoires dont la description commencée ne serait pas terminée.

Il dresse séparément le procès-verbal de chaque séance; il fait signer les parties.

Le notaire et les officiers de l'inventaire ne signent pas sur son procès-verbal. Pareillement lui et son greffier ne signent pas l'inventaire.

Autre formule d'un procès-verbal d'apposition de scellés.

69. L'an   le   jour de   onze heures du matin, pardevant nous juge de paix du canton de   département de

Est comparu le S.   demeurant à   habile à se dire et porter héritier en partie du S.   son aïeul paternel, décédé dans la nuit dernière, à   heure du matin, en cette commune,

Lequel nous a dit que le S.   son frère, aussi habile à se dire héritier pour partie dudit défunt, étant mineur, il requiert notre transport en la maison du défunt, sise en cette ville, rue   n°.   à l'effet d'apposer nos scellés sur les meubles, effets et papiers qui s'y trouvent, et a signé en cet endroit avec nous et notre greffier ; et à l'instant nous juge de paix susdit, assisté et accompagné de notre greffier, nous sommes transportés avec ledit S.   en la maison sus-désignée, où étant, ledit comparant nous a introduit dans une chambre sise au   étage de ladite maison, ayant vue sur   où nous avons trouvé gissant sur un lit un corps qu'il nous a dit être celui du défunt, et nous a requis de faire l'apposition de nos scellés sur les meubles fermant à clef, et la description de ceux en évidence qui seront trouvés dans les lieux qu'occupait le défunt ; et a signé (1).

---

(1) *Si le requérant demeure hors de la commune où se fait l'apposition des scellés, il faut élire domicile dans cette commune.*

46   *Chap. I. Matières civiles.*

Et à l'instant est comparu le S.   aussi habilé à se dire et porter héritier dudit S.

Lequel nous a déclaré qu'il n'empêche l'apposition desdits scellés; mais avant d'y procéder il nous a requis de faire dans les papiers du défunt la recherche d'un testament dont l'existence lui a été assurée par ledit défunt quelques mois avant sa mort, et a signé en cet endroit; sur quoi, nous juge de paix susdit, avons donné acte audit S.   et audit S.   de leurs comparution, réquisition et déclaration; et avant de procéder à l'apposition, avons ouvert une pièce que ledit S.   nous a dit être le cabinet dudit défunt, et en présence des parties nous avons cherché dans le tiroir d'un secrétaire placé dans ledit cabinet; et nous y avons trouvé un paquet couvert d'une enveloppe de papier blanc cacheté de cire rouge, portant l'empreinte d'une tête de femme antique, et sur ladite enveloppe nous avons trouvé une suscription portant ces mots : *Ceci est mon testament.* Nous avons paraphé l'enveloppe dudit paquet, et l'avons fait parapher par lesdits S.   et ordonné que ledit paquet, resté provisoirement entre les mains de notre greffier serait par nous présenté à M. le président du tribunal civil de   le   heure de midi, auxquels jour, lieu et heure les parties se trouveraient si bon leur semble; et de suite nous avons procédé à la description des effets qui sont en évidence, et à l'apposition de nos scellés sur les meubles fermans à clef et sur les portes comme il suit :

Premièrement, dans la chambre à coucher dudit défunt s'est trouvé en évidence   etc.; et ne s'étant plus rien trouvé à décrire, nous avons apposé notre sceau aux deux extrémités de trois bandes de papier mises en haut, au milieu et en bas, sur les battans d'une armoire en bois d'acajou, fermant à bascule par le haut et par le bas, placée dans ladite chambre à côté de la porte, à   . La clef de cette armoire, après qu'elle a été fermée, a été remise à notre greffier, qui s'en est chargé.

Secondement, étant entrés dans le cabinet attenant à ladite chambre à coucher, et ayant vue sur   nous avons trouvé sur une table divers papiers que nous avons réunis et renfermés dans les tiroirs d'un secrétaire à cylindre en bois d'acajou placé dans ledit cabinet; et sur l'ouverture dudit secrétaire nous avons mis trois bandes de papier, arrêtées aux extrémités par l'empreinte de notre sceau. Ledit secrétaire ayant été fermé, la clef est restée entre les mains de notre greffier, qui s'en est chargé; et dans ledit cabinet nous avons trouvé en évidence, outre la table ci-dessus mentionnée   etc.; nous avons en outre fermé la porte d'entrée dudit cabinet à deux tours et demi, dont la clef a été remise à notre greffier, qui s'en est chargé; et nous avons sur l'ouverture de ladite porte apposé trois bandes de papier, aux extrémités desquelles nous avons apposé notre sceau.

Troisièmement, dans une chambre éclairée par   croisée donnant sur   nous avons trouvé en évidence   etc., et apposé nos scellés comme dit est sus.

Formules d'actes. 47

Quatrièmement, dans un cabinet à côté de ladite chambre, et comme nous procédions auxdites opérations, est comparu le S. demeurant dans la même maison que celle où nous opérons, lequel nous a dit que dans le nombre des effets appartenant au défunt doivent se trouver couverts d'argent, marqués sur des lettres qu'il a prêtées audit défunt jours avant sa mort, lesquels couverts d'argent ne lui ont pas été rendus à l'instant, et qu'il réclame; et a signé. En effet, il nous a été représenté par domestique dudit défunt cuillers et fourchettes d'argent marquées sur des lettres qu'elle nous a déclaré être celles réclamées par la comparant, et qu'il a reconnus lui appartenir, et ladite fille a signé en cet endroit; sur quoi nous juge de paix susdit, avons donné audit acte de sa déclaration, pour lui valoir opposition à la levée des scellés, lors de laquelle il sera fait droit à sa réclamation.

Et les héritiers nous ayant requis de laisser à leur disposition dépendant de ladite maison, ainsi que les meubles qui y sont placés, comme aussi de leur accorder l'usage du linge de table et de nuit dont ils ont besoin, aux offres de se charger de ces objets en compte, et de les représenter quand et à qui il appartiendra, nous juge de paix susdit, obtempérant à ladite demande, avons laissé à la disposition de savoir etc.

Desquels effets lesdits se sont chargés pour les représenter à toutes réquisitions, et sans que cette jouissance puisse leur attribuer d'autre qualité que celle qu'ils jugeront à propos de prendre par la suite ; et ont signé en cet endroit.

Ce fait, tous les lieux mentionnés ci-dessus étant les seuls que les parties nous aient indiqués comme ayant été occupés par ledit défunt, nous avons des S. de la dame et de fille domestique dudit défunt, pris le serment, qu'ils ont chacun séparément prêté en nos mains, qu'ils n'ont rien détourné ni vu détourner, et qu'ils n'ont aucune connaissance que rien ait été détourné directement ni indirectement des effets et papiers de la succession dudit défunt; et ont lesdits comparans signé en cet endroit.

Et avant de nous retirer nous avons établi pour gardien de nos scellés et des effets laissés en évidence la personne du S. qui a déclaré s'en charger pour les représenter à toutes réquisitions, et a signé; de tout quoi nous avons fait et rédigé le présent procès-verbal, auquel il a été vaqué depuis neuf heures du matin jusqu'à trois heures de relevée, en présence des parties comparantes, qui ont signé avec nous et notre greffier les jour et an que dessus.

Procès-verbal d'ouverture de testament.

70. Et le du présent mois de audit an, nous juge de paix du canton de département de assisté de notre greffier, nous sommes rendus et présentés à l'heure

de midi à l'audience de M. le président du tribunal civil de   tenant les référés, auquel nous avons présenté le paquet trouvé dans le secrétaire dudit S.   décédé en la commune de   arrondissement de   et décrit en notre procès-verbal du   à l'effet d'en faire l'ouverture.

Et en conformité de l'intimation insérée en notredit procès-verbal du   sont comparus MM.   ; après que lecture a été faite du procès-verbal d'apposition de nos scellés, en ce qui concerne ledit paquet, M. le président a reconnu que le paquet cacheté qui lui est représenté et remis par nous est tel qu'il a été trouvé et décrit.

Et ayant de suite procédé à l'ouverture dudit paquet, mondit S. le président a trouvé sous l'enveloppe une grande feuille de papier timbré du timbre de   sur laquelle est rédigé le testament dudit défunt, commençant par ces mots   et finissant par

Le tout écrit sur trois pages entières qui ont été paraphées par mondit S. le président.

Lecture faite dudit testament à haute voix par notre greffier, les comparans ont requis qu'il fût remis et déposé entre les mains de M^e notaire à   et ont signé en cet endroit.

Obtempérant à cette demande, mondit S. le président a rendu son ordonnance ainsi qu'il suit :

Nous président du tribunal civil de   ordonnons que ledit testament sera remis et déposé entre les mains de M^e. notaire à   pour y rester au nombre de ses minutes et en délivrer expédition aux parties intéressées, et sera notre présente ordonnance exécutée nonobstant l'appel ; et a signé.

Dont et de tout ce que dessus nous avons dressé le présent procès-verbal, que lesdits comparans ont signé avec nous et notre greffier.

Et le trois du présent mois de   audit an, nous juge de paix du canton de   département de   en présence de   héritiers ci-dessus qualifiés et domiciliés ; en exécution de l'ordonnance rendue le jour d'hier par M. le président du tribunal civil de   et à la réquisitions desdits   nous avons remis le testament mentionné en ladite ordonnance et ci-dessus décrit audit M^e.   qui s'en est chargé pour le mettre au rang de ses minutes et en délivrer expédition aux parties intéressées ; et a signé.

En foi de quoi nous avons dressé le présent procès-verbal, dont une expédition sera annexé à l'acte déposé ; et ont lesdits comparans signé avec nous et notre greffier.

Formule d'opposition à la continuation des scellés.

71. Et comme nous procédions auxdites opérations, s'est présenté le S.   demeurant à

Lequel nous a dit qu'il est seul habile à se dire et porter héritier

Formules d'actes.   49

du défunt comme étant   et en conséquence son parent le plus proche ; que le S.   qui a requis l'apposition de nos scellés, est à un degré très-éloigné, et n'a par cette raison aucun intérêt dans la succession ; pourquoi il nous a déclaré qu'il s'oppose à ce que l'apposition encommencée de nos scellés soit par nous continuée, et qu'il requiert même la levée de ceux déjà apposés.

Le S.   a répondu qu'en qualité de parent du défunt du côté paternel, il était habile à se dire et porter son héritier pour moitié ; en conséquence, il nous a requis de continuer l'opération de l'apposition de nos scellés ; et a signé.

Sur quoi, nous juge de paix susdit, pour être fait droit sur l'opposition ci-dessus, nous avons renvoyé en référé devant M. le président du tribunal civil de   les parties, auxquelles nous avons fait délivrer par notre greffier copie du présent procès-verbal ; ensuite nous nous sommes retiré, après avoir établi le S. gardien de nos scellés jusqu'au jugement à intervenir.

Continuation.

Et le   audit an, heure de   devant nous juge de paix susdit, est comparu le S.   ci-dessus nommé, qualifié et domicilié.

Lequel nous a exhibé une ordonnance rendue sur référé le   par M. le président du tribunal civil de   par laquelle il a été dit qu'il serait passé outre à l'apposition de nos scellés, et signifié ladite ordonnance dûment en forme signée, scellée par   le   et nous a requis de procéder en vertu de ladite ordonnance et obtempérant à la réquisition ci-dessus, nous sommes transporté de nouveau, accompagné dudit S. et assisté de notre greffier, en la maison sus-désignée, où étant arrivés nous avons continué l'opération de l'apposition de nos scellés ainsi qu'il suit, etc.

Formule de réquisition pour la levée des scellés auxquels il est survenu des oppositions.

Et le   du mois de   mil   devant nous juge de paix s'est présenté la dame   veuve et commune en biens du S.   décédé en cette ville, en sa maison ; rue   n°.   où nous avons apposé nos scellés, et en laquelle ladite dame est encore demeurante.

Laquelle désirant faire procéder à la reconnaissance et levée desdits scellés mis à sa requête, suivant le procès-verbal qui précède, sur les meubles et effets, titres et papiers dépendant de la communauté et de la succession dudit défunt, et sous la réserve faite par ladite dame comparante d'accepter ou de répudier ladite communauté dans les délais de la loi.

Nous a requis de l'autoriser à faire sommer les parties intéressées de se trouver en la maison sus-désignée à   tels jour et heure qu'il nous plaira d'indiquer, pour assister, si bon leur semble, à ladite reconnaissance et levée de nos scellés, et a nommé pour

4

procéder à la prisée des effets étant en évidence sous nosdits scellés la personne du S.   commissaire-priseur, demeurant à et celle de M°.   notaire, demeurant à   pour faire l'inventaire, sauf aux autres parties intéressées à faire choix de leur côté des officiers qu'ils jugeront à propos d'appeler pour procéder auxdites opérations et a signé.

Ordonnance du juge de paix.

Nous juge de paix susdit, faisant droit audit réquisitoire, avons déclaré à ladite dame comparante que nous nous transporterons en la maison sus-désignée le   du présent mois, dix heures du matin, pour procéder à la reconnaissance et levée de nos scellés, à l'effet de quoi nous autorisons la requérante à faire sommer, tant les héritiers dudit défunt que les opposans à la levée desdits scellés, pour y assister si bon leur semble, et aux prisée et inventaire qui seront faits de tous les meubles, effets, titres et papiers dépendant desdites communauté et succession, pour la conservation des droits de toutes les parties intéressées.

Fait à   ce   mil.

Procès-verbal de levée.

73. Et le   heure de   en vertu de notre ordonnance du   nous   juge de paix susdit accompagné de   notre greffier, nous sommes transportés en la maison sus-désignée, où étant est comparu la dame   laquelle nous a dit qu'en vertu de notre dernière ordonnance, et par exploit de   en date du   elle a fait assigner aux fins d'icelle à ce jour, lieu et heure   etc.

Pourquoi ladite dame comparante nous a requis de procéder présentement à la reconnaissance et à la levée de nos scellés, tant en l'absence qu'en présence des sus-nommés, pour la conservation des droits de toutes les parties intéressées, et sous la réserve qu'elle fait de prendre, après l'inventaire qui va être fait à fur et à mesure de la levée desdits scellés, telle qualité qu'elle avisera, et a signé.

Sont aussi comparus le S.   et le S.   propriétaire, demeurant à   tous deux habiles à se dire et porter héritiers, chacun pour moitié, dudit S.   leur oncle maternel.

Lesquels ont dit qu'ils adhèrent à la demande à fin de reconnaissance et levée desdits scellés, même les requièrent de leur chef pour la conservation des droits de toutes les parties, sous la réserve qu'ils font expressément de prendre, après l'inventaire qui va être fait, telle qualité qu'ils jugeront convenable; et ont signé.

Sont pareillement comparus les SS.

Tous opposans à la levée de nos scellés, suivant leurs déclarations en date des   consignées des autres parts à la suite de notre procès-verbal d'apposition desdits scellés, *ou suivant leurs exploits d'opposition notifiés au S.   notre greffier, les   et dont les originaux dûment enregistrés nous ont été représentés.*

Formules d'actes.

Lesquels ont dit qu'ils comparaissent au désir de la sommation qui leur a été faite en exécution de notre ordonnance, et consentent qu'il soit par nous procédé à l'instant à la levée desdits scellés, sous la réserve qu'ils font de tous leurs droits et pour les causes énoncées en leursdites oppositions; et ont lesdits comparans signé.

Est aussi comparu le S. opposant suivant sa déclaration consignée en notre procès-verbal d'apposition de scellés,

Lequel a dit que la veuve et les héritiers du S. étant présens, il n'y a pas lieu de lui refuser les six couverts d'argent par lui réclamés comme les ayant prêtés audit défunt; et a signé.

La dame veuve du défunt, a déclaré que les six couverts d'argent dont est question ont été effectivement prêtés à son mari par le réclamant, que les embarras de la dernière maladie du défunt n'avaient pas permis de les rendre; qu'elle ne s'oppose pas à la remise qui en est demandée, sous la réserve que l'on ne pourrait lui opposer le présent consentement comme une acceptation de qualité, et sauf les droits des héritiers ou des créanciers qui voudraient réclamer et s'opposer à ladite remise; et a signé.

Les SS. habiles à se dire et porter héritiers du défunt, ont dit que les six couverts d'argent dont est question étant marqués des lettres initiales des noms du réclamant, que la domestique du défunt les ayant reconnus lors de l'apposition des scellés comme ayant été prêtés audit défunt par ledit ; que la veuve les ayant pareillement reconnus comme appartenant au réclamant, ils ne s'opposent pas à ce qu'ils soient remis provisoirement audit sous la réserve des droits des créanciers, et sans que le présent consentement puisse leur être imputé comme acceptation de qualité de leur part; et ont signé.

En conséquence du consentement de toutes les parties présentes, les six couverts d'argent dont est question, pesant ensemble ont été délivrés à titre de remise provisoire, et sauf les droits des créanciers absens qui voudraient réclamer audit qui les reconnaît; et a signé.

Nous juge de paix susdit, avons donné acte aux parties comparantes de leurs dires et réquisitions ci-dessus; et attendu qu'il est midi sonné, sans que les autres opposans appelés en vertu de notre ordonnance ou en vertu de l'ordonnance sus-datée de mondit S. le Président du tribunal civil de soient comparus ni personne pour eux, nous avons contre défaillans donné défaut.

Est ensuite comparu M⁰ notaire public, résidant à

Lequel, en exécution de l'ordonnance rendue le ce mois, par M. le Président du tribunal civil de de dit qu'il comparaît au désir de la sommation qui lui a été faite nous a par exploit du pour assister à l'inventaire qui va être fait en sa présence, à l'effet d'y représenter les absens, de veiller à la conservation de leurs droits, et d'y stipuler leurs intérêts en ladite qualité; et a signé.

Sont aussi comparus M⁰ et M⁰ notaires publics,

résidans à   les SS.   commissaires-priseurs   et les SS.   experts,

Lesquels, en exécution de l'ordonnance sus-datée rendue par M. le président du tribunal civil de   nous ont dit qu'ils comparaissent au désir de la sommation qui leur a été faite par exploit du   et qu'ils sont prêts à procéder, à fur et à mesure de la levée de nos scellés, à l'inventaire, description, et estimation des meubles, effets, marchandises, etc.; dépendant de la communauté et de la succession dudit défunt, en présence des comparans et dudit M^e.   notaire commis pour représenter les absens, veiller à la conservation de leurs droits, et stipuler leurs intérêts audit inventaire; et ont signé.

S'est aussi présenté le S.   établi gardien à nosdits scellés, Lequel a offert d'en faire la représentation comme sains et entiers, tels que nous les avons laissés en sadite garde, ainsi que des effets en évidence, et décrits sur notredit procès-verbal d'apposition dudit jour   ; et a signé.

Ladite dame veuve, lesdits héritiers et opposans, nous ayant réitéré leur réquisition, ainsi qu'à mesdits SS..   notaires, commissaires-priseurs et experts, de procéder à la reconnaissance et levée de nosdits scellés, et aux description, prisée et inventaire des effets, tant de ceux étant en évidence que de ceux qui sont sous nosdits scellés, il a été procédé de suite auxdites reconnaissance, levée des scellés et autres opérations, ainsi qu'il suit :

Dans une chambre au rez-de-chaussée ayant vue et ouvrant sur la cour de ladite maison,

Les meubles et effets étant en évidence s'étant trouvés tels qu'ils ont été décrits, ont été prisés et inventoriés ainsi qu'il est porté audit inventaire.

Et lesdits effets étant inventoriés, nous avons procédé à la reconnaissance et levée de nos scellés étant dans la pièce où nous sommes ainsi qu'il suit :

Premièrement, après avoir reconnu nos scellés apposés aux deux bouts d'une bande de papier (*ou de ruban de fil.*) appliquée sur   sains et entiers, nous les avons levés; et ouverture faite par notre greffier avec la clef dont il était chargé, et qu'il a ensuite laissée audit meuble, les effets, linges et hardes y étant ont été prisés ou inventoriés ainsi qu'il est porté audit inventaire.

Il a été vaqué depuis dix heures du matin jusqu'à celle de de relevée, par double vacation.

Ce fait, les objets prisés et inventoriés ensemble, les scellés subsistans ont été laissés en la garde et possession dudit S. qui le reconnaît, et s'en charge pour les représenter quand et à qui il appartiendra ; et a signé.

Et la vacation pour la continuation du présent procès-verbal a été remise à demain   du présent mois, dix heures du matin, en la maison où nous opérons, et où toutes les parties ont promis de se trouver; et ont signé.

Formules d'actes.
Seconde vacation.

74. Et le   dudit mois de   audit an, suivant l'assignation prise par la clôture de la première vacation ci-dessus,

Nous, juge de paix du canton de   nous sommes transporté, assisté de notre greffier, en la maison sus-désignée, sise en cette commune, rue   n°.   où étant arrivés à dix heures du matin, nous y avons trouvé les SS.   ci-dessus nommés et qualifiés, qui nous ont requis de continuer la reconnaissance et levée de nos scellés, à quoi il a été procédé à l'instant comme il suit :

Dans une chambre, au premier étage de ladite maison, éclairée par deux croisées donnant sur la rue....

Les meubles et effets étant en évidence s'étant trouvés tels qu'ils ont été décrits en notre procès-verbal d'apposition de scellés, ont été prisés et inventoriés ainsi qu'il est porté en l'inventaire fait et dressé par lesdits notaires.

Et lesdits effets inventoriés, nous avons procédé à la continuation de la reconnaissance et levée de nosdits scellés, étant dans ladite pièce où nous sommes.

Et ayant examiné l'un de nos scellés apposés aux deux extrémités d'une bande de papier sur   nous avons remarqué que celui étant à gauche à la partie inférieure est déchiré, ce que nous avons fait observer aux S.   tous présens, ainsi qu'à Me.. X   et Z   notaires, et autres; lesquels ont reconnu, ainsi que nous, que ladite altération existait et était telle qu'elle est ci-dessus décrite, lesdits SS.   nous ont requis de faire ce qui est de notre ministère pour en découvrir les auteurs; et ont signé.

Vu laquelle réquisition nous nous sommes enquis du S.   gardien établi à nosdits scellés, s'il savait comment et par qui ladite altération avait été faite; et après serment par lui prêté de dire vérité, ledit S.   gardien, nous a répondu qu'il ne savait pas comment et par quel moyen ladite altération avait eu lieu, et qu'il ne connaissait pas les personnes qui l'avaient commise; et a signé.

Et lesdites déclarations ci-dessus reçues, le S.   ès qualités qu'il procède, nous ayant observé qu'il résulte desdites déclarations que l'altération dont est question n'est que l'effet d'un accident involontaire, ou d'une imprudence dont il ne peut résulter le moindre soupçon de mauvaises intentions de la part de celui qui l'a commise, nous a requis de continuer nos opérations et de lever nosdits scellés, ainsi que nous aurions fait s'ils avaient été trouvés sains et entiers, si toutefois toutes les personnes présentes et intéressées y consentent ; et a signé.

Et lesdits SS.   tous ès noms et qualités qu'ils procèdent, y ayant consenti, nous ont, ainsi que ledit S.   requis de reprendre la continuation de nos opérations, et de lever nosdits scellés comme si nous les avions trouvés sains et entiers ; et ont signé.

Vu lesquels observations, réquisitions et consentement, et en conséquence d'iceux, avons levé nosdits scellés ; et ouverture fait de   par notre greffier, avec la clef dont il était chargé, et qu'il a ensuite laissée audit meuble, les effets, linge et hardes y étant ont été prisés et inventoriés ainsi qu'il est porté audit inventaire.

En procédant à la levée de nos scellés, s'est présenté devant nous (*ou est survenu*) le S.

Lequel nous a déclaré qu'en sa qualité de créancier du défunt (*ou bien*), d'un tel, héritier du défunt,

Il s'oppose   ; et a signé.

Et à l'instant le S.   ci-dessus qualifié et domicilié, nous a dit qu'il est instruit que différens effets de la succession dudit défunt ont été soustraits et emportés de ladite maison où nous opérons ;

En conséquence, ledit S.   déclarant, requiert que ces différens effets soient à l'instant rapportés ; et dans le cas où ils ne le seraient pas, il nous a déclaré qu'il s'oppose formellement à la continuation de nos opérations jusqu'à ce qu'il en ait été référé et statué, nous invitant et requérant même de faire en cette circonstance ce qui est de notre ministère pour acquérir autant qu'il nous sera possible, à l'instant et sans désemparer, la preuve des divertissemens, soustractions et détournemens qu'il vient de nous dénoncer ; et a signé.

Clôture générale du procès-verbal.

75. Il a été vaqué à tout ce que dessus, par double vacation, depuis dix heures du matin jusqu'à   heures de relevée.

Ce fait, tous les effets, tant ceux en évidence que ceux qui étaient sous nos scellés, ensemble les titres et papiers, ayant été décrits, prisés, inventoriés et compris dans l'inventaire fait par lesdits notaires en notre présence, à fur et mesure de la levée desdits scellés, tout le contenu audit inventaire, tant en objets mobiliers qu'en papiers, est resté en la garde et possession de ladite dame veuve dudit défunt, qui le reconnaît et s'en charge au lieu et place dudit S.   qui en est par conséquent déchargé, pour, par elle les représenter quand et à qui il appartiendra.

En conséquence, nous avons clos et arrêté définitivement le présent procès-verbal, que les parties ont signé avec nous et notre greffier, les jour et an que dessus.

Formule de procès-verbal d'apposition de scellés en cas de faillite.

76. L'an etc.,   heure de
Nous, juge de paix du canton de   arrondissement de   département de   en vertu de l'envoi à nous fait d'un jugement du tribunal de commerce de

Formules d'actes.

du portant que N. marchand
demeurant à rue n°. est en faillite ouverte;
et que les scellés seront apposés sur ses meubles, effets et papiers,
Nous sommes transporté accompagné de notre greffier au domicile dudit sus-indiqué, où étant, nous avons trouvé
N. auquel nous avons expliqué le sujet de notre transport, et exhibé le jugement susdaté; lequel dit S. nous
a dit qu'il ne s'opposait à l'exécution dudit jugement et a signé en cet endroit vu laquelle réponse et après serment fait en nos mains par ledit qu'il n'a rien détourné, vu, ni su qu'il ait été rien détourné directement ni indirectement; nous avons procédé à l'apposition de nos scellés ainsi qu'il suit :

Premièrement, dans une boutique par bas ouvrant sur la rue nous avons trouvé les livres dudit au nombre de savoir : 1°. le livre-journal commençant à la date du au f°. 1er. et finissant à la date du au f°. lequel a été coté par première et dernière page
le et nous a paru tenu régulièrement; 2°. 3°.
(constater ainsi sommairement l'état de chaque livre)
lesquels livres nous avons fait mettre dans une armoire étant à droite au fond de ladite boutique fermant à clef, sur laquelle armoire nous avons apposé nos scellés sur les deux bouts d'une bande de ruban de fil blanc, couvrant l'entrée de la serrure que nous avons fermée, et remis la clef à notre greffier qui s'en est chargé pour la représenter toutes fois et quantes; dans ladite boutique sont deux comptoirs ayant chacun deux tiroirs, dans lesquels ne se sont trouvés aucuns deniers comptans, mais plusieurs porte-feuilles que nous y avons laissés, et sur lesdits tiroirs que nous avons fermés et remis les clefs à notre greffier, nous avons apposé nos scellés ainsi qu'il est dit ci-dessus.

Et dans ladite boutique se sont trouvés en évidence les marchandises et effets dont le détail suit:

Secondement, dans une salle étant ensuite de ladite boutique, éclairée par se sont trouvés et à chaque côté de la cheminée une armoire en placard en bois de chêne, fermant à clefs, sur lesquelles, après les avoir fermées et remis les clefs à notre greffier, nous avons apposé les scellés ainsi qu'il est dit ci-devant.

Troisièmement, étant monté au premier étage en une chambre éclairée sur par se sont trouvés en évidence un secrétaire en abattant en bois d'acajou, dans le bas duquel est une caisse, le tout fermant à clef de sûreté, sur lequel secrétaire, après l'avoir fermé et remis les clefs à notre greffier, nous avons apposé nos scellés sur les deux bouts de deux bandes de ruban de fil, couvrant les entrées des serrures; plus, une commode aussi en bois d'acajou à trois tiroirs fermant à clef, sur laquelle commode, après que, sur la réquisition de la dame épouse dudit il en a été extrait pour son usage, lesquels lui ont été remis ainsi qu'elle le reconnaît, et dont elle se charge pour les représenter toutes fois qu'elle en sera requise; et a signé   et que ladite commode a été fermée, et la clef remise à notre greffier, nous avons, sur chacun des tiroirs apposé nos scellés ainsi qu'il est dit ci-dessus; plus, à chaque côté de la cheminée une armoire en placard, en bois de chêne, fermant à clefs, sur lesquelles armoires, après les avoir fermées et remis les clefs à notre greffier, nous avons apposé nos scellés ainsi qu'il est dit ci-devant.

Et ne s'étant plus rien trouvé qui exigeât l'apposition de nos scellés nous avons établi à la garde de ceux apposés, la personne de   demeurant à   lequel s'en est chargé, a promis veiller à leur conservation et les représenter à toutes réquisitions et a signé.

Il a été vaqué à tout ce que dessus depuis ladite heure de   jusqu'à celle de   de tout quoi nous avons fait et dressé le présent procès-verbal que nous avons signé avec notre greffier les jour, mois et an que dessus, et dont une expédition sera adressée au greffe dudit tribunal de commerce.

En cas d'apposition d'office, le procès-verbal s'ouvre ainsi qu'il suit:

77. L'an, etc.   nous juge de paix du canton de   arrondissement de   département de   instruit que le S.   marchand   demeurant à   rue   n°.   dans notre canton, est en faillite ouverte, et que même il a disparu de son domicile sans qu'on sache où il est actuellement: nous ordonnons que nous nous transporterons sur-le-champ au domicile dudit   et en vertu de notredite ordonnance, nous, juge de paix susdit, accompagné de notre greffier, nous sommes transportés au domicile dudit sus-désigné où étant, nous avons trouvé la porte de sa boutique fermée, et ayant frappé, elle nous a été ouverte par une fille domestique, et étant entré en ladite boutique, nous avons demandé ledit S.   à quoi la même fille a dit qu'il n'était pas chez lui, et ne savait où il était; ladite fille interrogée de ses nom, prénoms, âge, profession et domicile, a dit s'appeler   âgée de   native de   fille au service dudit   depuis   laquelle après serment par elle fait de dire vérité, nous a déclaré que   interrogée si elle sait que ledit ait emporté quelque chose, a répondu que non, qu'elle ne lui a rien vu emporter qui est tout ce qu'elle a dit savoir, et après serment par elle fait entre nos mains qu'elle n'a rien détourné, ni fait détourner, vu ni su qu'il ait été rien détourné, nous avons procédé à l'apposition de nos scellés sur les effets, titres et papiers dudit   à la conservation des droits de qui il appartiendra. (*Le reste comme ci-dessus*).

Formule de levée de scellés à la requête des agens de la faillite, pour leur remettre les livres et les effets à courte échéance.

78. L'an, etc.   pardevant nous   juge de paix

Formules d'actes. 57

du canton de   sont comparus N   demeurant à
de   agens nommés par jugement du tribunal de commerce
           du   à la faillite du S.

Lesquels après nous avoir exhibé ledit jugement, nous ont requis de nous transporter au domicile dudit   pour reconnaître les scellés que nous y avons apposés par procès-verbal du   lever lesdits scellés, à l'effet de remettre auxdits agens les livres du failli, ensemble les effets de porte-feuille à courte échéance, ainsi que ceux qui se trouveraient sujets à acceptation, conformément à l'article 463 du Code de commerce, et ont signé en cet endroit   sur quoi nous, juge de paix susdit, disons que le   prochain heure de   nous nous transporterons au domicile dudit   pour procéder aux opérations requises, à l'effet de quoi ledit   sera cité à se trouver si bon lui semble, ledit jour   à l'heure indiquée en soudit domicile pour être présent auxdites opérations, avec déclaration qu'il y sera procédé tant en absence que présence, et avons signé avec notre greffier.

Et ledit jour   heure de   en vertu de notredite ordonnance, nous juge de paix susdit, accompagné de notre greffier, nous sommes transportés au domicile dudit   sis à   rue   n°.   où étant nous avons trouvé lesdits N.   et   ci-dessus nommés, qualifiés et domiciliés, lesquels audit nom, ont requis défaut contre ledit   non-comparant ni personne pour lui, et que pour le profit il soit par nous procédé aux opérations requises; et ont signé   et à l'instant est comparu ledit   (ou) le S.   demeurant à   fondé de pouvoirs dudit   par acte sous seing-privé en date du   enregistré le   par   qui a reçu   ledit pouvoir spécial à l'effet desdites opérations, lequel après avoir été dudit S. certifié véritable, signé et paraphé, est demeuré annexé à la minute du présent, lequel dit S.   audit nom nous a déclaré comparaître au désir de notredite ordonnance du   signifiée audit   par exploit de   en date du   dûment enregistré, contenant sommation de comparaître à ce jour, lieu et heure, et ne point s'opposer à ce qu'il soit procédé aux opérations requises; et a signé   est aussi comparu le S.   gardien desdits scellés, établi par notre procès-verbal du   lequel nous en a fait la représentation, et déclaré s'en rapporter à justice; et a signé.

Vu lesquels dires et consentemens, nous juge de paix susd. avons procédé aux opérations requises ainsi qu'il suit:

Premièrement, nous avons reconnu les scellés par nous apposés sur une armoire étant dans le fond à droite de la boutique dud.   désignée en notredit procès-verbal du   et les ayant trouvés sains et entiers, nous les avons levés, et ayant ouvert lad. armoire avec sa clef qui nous a été remise par notre greffier, s'y sont trouvés les   livres décrits en notredit procès-

58 *Chap. I. Matières civiles.*

verbal du　　　　　lesquels ont été par nous remis auxdits agens qui les reconnaissent et s'en chargent, après que lesd. livres ont été par nous arrêtés, signés et paraphés *ne varientur;* ce fait, nous avons refermé ladite armoire avec la clef que nous avons remise à notre greffier et sur icelle réapposé nos scellés sur les deux bouts d'une bande de ruban de fil couvrant l'entrée de la serrure.

Secondement, sur l'indication dud.　　　　nous avons reconnus les scellés apposés sur le premier tiroir du comptoir étant à gauche de lad. boutique, et les ayant trouvés sains et entiers nous les avons levés; ouverture faite dud.　　　tiroir avec sa clef qui nous a été remise par notre greffier, il s'y est trouvé un porte-feuille de maroquin noir fermant à clef que led.　　　a déclaré contenir ses effets actifs, et en effet il s'est trouvé dans ledit porte-feuille plusieurs effets dont *(décrire les effets que l'on extrait)* lesquels effets dont il a été dressée un bordereau pour M.　　　　　juge nommé commissaire à lad. faillite ont été remis auxd.　　　agens qui le reconnaissent et s'en chargent. Ce fait, nous avons remis led.　　porte-feuille dans led.　　　tiroir que nous avons refermé avec sa clef qui a été rendue à notre greffier, et sur led.　　tiroir réapposé nos scellés ainsi qu'il est dit ci-devant.

Et à tout ce que dessus a été vaqué depuis lad.　　heure de jusqu'à celle de　　　à la réquisition desd.　　　en présence dud.　　et après avoir reconnus tous nos scellés sains et entiers, nous les avons remis à la garde dudit　　　et nous sommes retirés avec les parties et notre greffier.

De tout quoi nous avons fait et dressé le procès-verbal qui a été signé avec nous par　　　et notre greffier les jour, mois et an que ci-dessus.

Si les agens ne trouvent point les scellés mis, ils doivent les faire apposer.

Formule.

79. l'an, etc　　　à la requête de　　　et de agens de la faillite du S.　　　nommés par jugement du tribunal de commerce de　　　du　　　à nous exhibé, et à l'instant rendu, nous sommes transportés accompagné de notre greffier au domicile dudit　　　sis à　　　rue n°.　　où étant, en　　　éclairé sur　　　par　　　nous avons trouvé lesdit N.　　　demeurant à　　　et N.　　demeurant à　　　agens de ladite faillite, lesquels nous ont dit que n'ayant point trouvé les scellés apposés sur les meubles-effets, titres et papiers dudit　　　ils nous requièrent de les apposer, pour la conservation des droits des créanciers, à l'exception néanmoins des livres dudit　　　et des effets de porte-feuille à courte échéance ou susceptibles d'acceptation, si aucuns se trouvent, lesquels ils requièrent leur être remis, conformément à l'art. 463 du Code de commerce, et ont signé　　　Sur quoi, nous juge de paix susdit, procédant au désir dudit réquisitoire, avons trouvé livre; le premier intitulé journal, etc. *(décrire sommairement les*

Formules d'actes. 59

livres) lesquels après avoir été par nous arrêtés, signés et paraphés *ne varientur* ont été remis auxdits agens qui les reconnaissent et s'en chargent; à l'égard des effets de commerce, il ne s'en est trouvé aucun, (*ou*) se sont trouvés, etc. (*les décrire et en faire la remise comme ci-dessus*).

Ce fait, nous avons à la réquisition desdits agens, procédé à l'apposition de nos scellés sur les meubles-effets, titres et papiers dudit ainsi qu'il suit :

Premièrement, etc. (*comme ci-devant*).

Formule de procès-verbal de levée des scellés à la réquisition des syndics provisoires.

80. Et le   jour de   audit an, pardevant nous, juge de paix susdit, sont comparus N.   demeurant à   et N.   demeurant à   syndics provisoires de la faillite dudit S.   nommé, qualifié et domicilié en notre procès-verbal du   nommés à ladite charge par jugement du tribunal de commerce de   en date du   à nous exhibé et à l'instant rendu, lesquels audit nom nous ont requis de nous transporter aux jour et heure qui seraient par nous indiqués au domicile dudit   à l'effet de lever les scellés par nous apposés sur les meubles-effets, titres et papiers dudit   et assister à l'inventaire qui sera fait par les requérans desdits effets, titres et papiers, et ont signé   Sur quoi, nous juge de paix susdit, disons que le   prochain, heure de   nous nous transporterons audit domicile dudit   pour procéder en vertu dudit réquisitoire; qu'en conséquence, à la requête desdits syndics, le   sera cité à comparaître aux lieu, jour et heure indiqués pour être présent si bon lui semble auxdites opérations, avec déclaration qu'il y sera procédé tant en absence que présence, et avons signé avec notre greffier.

Et ledit jour   heure de   en vertu de l'ordonnance ci-dessus, nous juge de paix susdit, nous sommes transporté accompagné de notre greffier au domicile dudit   ci-dessus désigné, où étant nous avons trouvé lesdits syndics provisoires, lesquels nous ont requis défaut contre ledit   non-comparant, ni personne pour lui quoique dûment cité par exploit de en date du   dûment enregistré   dont l'original nous a été représenté; et pour le profit qu'il fût procédé aux opérations requises et ont signé, et à l'instant est comparu ledit (*ou son fondé de pouvoir comme ci-dessus*) lequel nous a dit qu'il comparaît au désir de notre ordonnance sus-datée, et qu'il n'entend s'opposer à ce qu'il soit procédé conformément à icelle, et a signé   Est aussi comparu N.   gardien de nosdits scellés à ce commis par notredit procès-verbal du   lequel nous a déclaré être prêt à nous en faire la représentation, a requis sa décharge, et a signé   Desquels dires, consentement et réquisition, avons donné acte à toutes les parties ; et conformément à iceux il va être par nous procédé à la reconnaissance et levée de nos scellés, à mesure de l'inventaire qui va être fait par lesdits syndics provisoires en notre présence des effets étant sous iceux. La prisée des meubles, marchandises et autres objets susceptibles d'estimation sera faite par   demeurant à   requis à cet effet par lesdits syndics provisoires, après serment par eux fait en nos mains, de procéder à ladite estimation en leur âme et conscience, et ont signé   Et de suite il a été procédé auxdites reconnaissance et levée de scellés, inventaire et prisée en notre présence ainsi qu'il suit :

Premièrement, dans une boutique par bas, ouvrant sur la rue   , nous avons reconnu les scellés étant sur une armoire au fond à droite de ladite boutique, et les ayant trouvés sains et entiers, nous les avons levés; ouverture faite de ladite armoire avec sa clef qui nous a été remise par notre greffier, l'inventaire des effets qui s'y sont trouvés a été fait ainsi qu'il est dit ci-dessus.

Secondement etc., et attendu qu'il est   heures sonnées, remettons la continuation desdites opérations au   heure de   auxquels jour et heure les parties comparaîtront sans autre sommation. Les effets inventoriés ont été laissés en la garde dudit   ; gardien des scellés, lequel s'en est chargé, et a signé, et avons signé avec lesdites parties et notre greffier.

Et ledit jour   , heure de   , il a été continué de procéder auxdites opérations, ainsi qu'il suit, etc. etc.

Et ne s'étant plus rien trouvé à inventorier, nous avons clos le présent procès-verbal, les effets, marchandises, titres et papiers ont été laissés à la disposition desdits syndics provisoires, qui le reconnaissent et s'en chargent du consentement dudit   failli à ce présent ; en conséquence disons que le S.   , qui avait été établi à la garde de nosdits scellés, demeure quitte et déchargé de toutes choses, de tout quoi nous avons fait et dressé le présent procès-verbal, qui a été signé par toutes les parties comparantes, avec nous et notre greffier, les jour, mois et an que dessus.

Acte d'adoption.

81. L'an   , pardevant nous,   , juge de paix du canton de   , arrondissement de   , département de   , est comparu le S.   , demeurant à   , rue   , n°.   , lequel a dit que, pour la bonne amitié qu'il porte à N.   , fils de   et de   , auquel il a depuis long-temps donné des soins et rendu des services, il est dans l'intention d'adopter, comme de fait il adopte par ces présentes ledit   , pour par lui jouir de tous les avantages résultans de l'adoption aux termes du Code civil.

Est aussi comparu ledit S.   , demeurant à

rue   n°.   , lequel a déclaré consentir à ladite adoption, et en remercier ledit S.

A ce fait sont intervenus et ont été présens le S. demeurant à   , rue   n°.   , et la dame   , son épouse, demeurant avec lui, susdite rue   , père et mère dudit   lesquels ont déclaré consentir à ladite adoption.

De tout quoi nous avons fait rédiger le présent acte, qui a été signé par toutes lesdites parties, par nous et notre greffier, les jour, mois et an que dessus.

Si les père et mère ne sont pas présens, il faut rapporter leur consentement par acte authentique, et alors on dit:

Est aussi comparu ledit S.   , lequel, du consentement des sieur et dame   , ses père et mère, porté par acte passé le   , devant   et son confrère, notaires royaux, à la résidence de   , dont une expédition dûment en forme est demeurée annexée à la minute des présentes, après avoir été dudit   certifiée véritable, signée et paraphée, a déclaré agréer ladite adoption, et remercier ledit S.   , etc. (*Le reste comme dessus*).

Si les père et mère refusent leur consentement, il faut le requérir en la même forme que pour le mariage, et en rapporter l'acte qui s'annexe.

Est aussi comparu le S.   etc., lequel après avoir requis le consentement des sieur et dame   , ses père et mère, ainsi qu'il en justifie par l'original de l'acte respectueux à eux fait par le ministère de Me.   notaire royal à   , en présence de témoins, le   enregistré le   , par   , qui a reçu   . Lequel, après avoir été dudit   certifié véritable, signé et paraphé, est demeuré annexé à la minute des présentes, a déclaré avoir ladite adoption pour agréable, en remercier ledit S.   etc.

Si enfin les père et mère sont morts, il faut rapporter leurs actes mortuaires, et les annexer en la forme suivante:

Est aussi comparu ledit S.   lequel usant de la plénitude de ses droits à l'égard de l'adoption, attendu que ses père et mère sont morts, qu'il en justifie par leurs actes mortuaires, l'un en date du   délivré par   officier de l'état civil en la municipalité de   légalisé par   , l'autre en date du   délivré par   légalisé   lesquels actes après avoir été dudit   certifiés véritables, signés et paraphés, ont été annexés à la minute des présentes, a déclaré, etc. (*le reste comme ci-devant*).

Procès-verbal de tutelle officieuse.

82. L'an, etc.   pardevant nous juge de paix du canton de   ont comparus le S.   demeurant à

veuf sans enfant d'une part,
Et le S.   demeurant à   et N   son
épouse, demeurant avec lui.

Lesquelles parties ont fait les conventions suivantes.

Le S.   a requis lesdits S. et dame   de lui accorder la tutelle officieuse de N   leur fils, âgé de onze ans, ainsi qu'il appert par son acte de naissance en date du   délivré par l'officier de l'état civil de la municipalité de   aux offres que fait ledit S.   de remplir toutes les obligations imposées aux tuteurs officieux par le Code civil.

Et de leur part, lesdits S.   et dame   ont déclaré consentir et acquiescer à la demande dudit S   à la charge par lui de   (*énoncer les conditions imposées par les père et mère.*) auxquelles charges et conditions ledit S   a déclaré souscrire, et a promis les accomplir et exécuter.

En conséquence lesdits S.   et dame   ont accordé audit   ce requérant et acceptant, la tutelle officieuse de N   leur fils, aux charges, clauses et conditions ci-devant énoncées, et acceptées par ledit   ainsi qu'il est ci-devant dit, au moyen de quoi la personne dudit   mineur sera remise audit   et de tout ce que dessus, nous juge de paix susdit, avons fait rédiger le présent procès-verbal qui a été signé par les parties comparantes, par nous et notre greffier, les jour, mois et an que dessus.

Formule de tutelle officieuse donnée par un conseil de famille.

83. L'an, etc., en l'assemblée des parents et amis de N   fils mineur de défunts N.   et N.   ses père et mère, convoqués à la réquisition de   tuteur dudit mineur   pardevant nous   juge de paix du canton de   et où se sont trouvés, etc   s'est présenté le S.   demeurant à   lequel a requis lesdits parents et amis dudit mineur   de lui en accorder la tutelle officieuse, aux offres qu'il fait, etc.   il s'est retiré; sur laquelle demande lesdits parents et amis ayant délibéré, ont été unanimement d'avis de   et ledit   rentré en l'assemblée, nous lui avons fait connaître son vœu, et a ledit S   déclaré accepter toutes les conditions que le conseil de famille est d'avis de lui imposer, et a promis de les accomplir et exécuter ; en conséquence, nous juge de paix susdit, de l'avis dudit conseil de famille, avons accordé audit   la tutelle officieuse dudit   etc.

De tout quoi nous avons fait et rédigé le présent procès-verbal, qui a été signé par les membres du conseil de famille, par ledit   par nous et notre greffier les jour, mois et an que dessus.

Nomination de conseil de tutelle à une mère.

84. L'an, etc.   pardevant nous juge de paix du canton

Formules d'actes.

de   est comparu le S   demeurant à   lequel
nous a dit que de son mariage avec la demoiselle   il a
        enfans, savoir   âgé de   et   âgé de
        lesquels en cas de prédécés dudit S   comparant,
seront sous la tutelle de ladite dame   son épouse ;
Et nous a déclaré que, pour des considérations particulières, et au cas que ladite tutelle de la dame   ait lieu, il nomme pour conseil la personne de   demeurant à   sans le concours et l'avis duquel ladite dame   son épouse, ne pourra faire aucun acte de gestion de ladite tutelle. Desquelles déclaration et nomination, nous juge de paix susdit avons fait dresser le présent acte qui a été signé par ledit S   par nous et notre greffier les jour, mois et an que dessus.

Nomination du tuteur.

85. L'an   etc., pardevant nous   juge de paix du canton de   est comparu le S   demeurant à tuteur légitime de   son fils mineur, et de défunte son épouse, lequel nous a dit et déclaré qu'en cas qu'il vienne à décéder avant que ledit mineur ait acquis sa majorité, ou soit émancipé, il nomme pour continuer la gestion de la tutelle de sondit fils mineur, la personne du S   son ami, demeurant à   et au cas où ledit S   se ferait excuser, la personne de   demeurant à   desquelles déclaration et nomination, nous avons donné acte audit   et fait dresser le présent acte qu'il a signé avec nous et notre greffier, les jour, mois et an que dessus.

Acte d'émancipation.

86. Pardevant nous   juge de de paix du canton de
en notre demeure, assistés de notre greffier, est comparu le S demeurant à   tuteur légitime de N   son fils mineur, et de   son épouse, lequel nous a dit que sondit fils étant âgé de plus de quinze ans, et en état d'administrer ses revenus, il l'a émancipé et l'émancipe par ces présentes, et le met hors de sa tutelle, de quoi il nous a requis acte à lui octroyé, fait à le   et a ledit S   signé avec nous et notre greffier.

Quand l'émancipation se fait par le conseil de famille, c'est par délibération à l'ordinaire, et il faut que le mineur ait dix-huit ans accomplis.

Emancipation avec autorisation pour le commerce.

87. L'an, etc.   Pardevant nous   juge de paix du
canton de   en notre demeure, assisté de notre greffier, est
comparu le S   demeurant à   rue   n°.
division de   lequel nous a présenté N   son fils,
et de dame   son épouse, et nous a déclaré que les circons-

tances, et l'inclination dudit S   son fils, le déterminant à faire le négoce, ledit comparant, pour satisfaire à l'article 2 du Code de commerce, émancipe ledit S   son fils, âgé de dix-huit ans accomplis, ainsi qu'il appert par son acte de naissance, en date du   délivré par   officier de l'état civil de la municipalité de   lequel est à la réquisition dudit demeuré annexé à la minute du présent, et l'autorise à faire le commerce, de tout quoi il nous a requis acte à lui octroyé, et a signé avec nous et notre greffier.

NOTA. *Quand cette autorisation se donne par le conseil de famille, c'est par une délibération à l'ordinaire; mais elle doit être homologuée par le tribunal de première instance.*

Affirmation de procès-verbaux.

89. Le S.   , ci-devant nommé et qualifié, a affirmé le présent procès-verbal devant nous   , juge de paix du canton de   , département de   le   , l'an   , et a signé avec nous la présente affirmation.

Procès-verbal dressé sur la déclaration d'un garde-champêtre.

90. Cejourd'hui   , l'an   , est comparu devant nous   , juge de paix du canton de   département de   (*prénoms, nom et demeure du comparant*) garde-champêtre de la commune de
Lequel nous a dit que cejourd'hui (*ou « le jour d'hier »*) heure de   , (*mettre la déclaration du garde-champêtre sur le délit dont il s'agit*) et a led.   affirmé devant nous la déclaration ci-dessus sincère et véritable, et a signé avec nous, (*ou bien « a déclaré ne savoir signer »*).

Prestation de serment.

91. L'an etc.   , est comparu devant nous   juge de paix du canton de   , département de   , le S.   (*prénoms, nom et domicile du comparant*) nommé à   , (*énoncer la place ou commission à laquelle il est nommé, et le titre en vertu duquel il la remplit*) lequel a prêté devant nous le serment de bien et fidèlement remplir les fonctions attachées à la place (*ou commission*) sus-énoncée, et a signé avec nous et notre greffier.

Exécutoire pour contraindre au remboursement d'avances faites pour le droit d'enregistrement.

92. L'an   , le   , pardevant   est comparu le S. A   (*prénoms, nom et profession du requérant*).
Lequel nous a dit qu'en sa qualité de   , il avait été

Formules d'actes.

obligé de faire pour le S. B   (prénoms, nom, profession et domicile de celui pour qui l'avance a été faite) l'avance des frais de l'enregistrement de   (énoncer l'acte) montant à   , suivant la quittance du S.   , préposé à l'enregistrement au bureau de   , étant au bas dudit acte à nous représenté ; pour quoi nous requiert exécutoire du montant de ladite somme.

Nous, juge de paix susdit, vu l'acte du   , au bas duquel est la relation du préposé en date du   , contenant mention du paiement de la somme de   , pour les droits d'enregistrement, disons que par le premier huissier sur ce requis, le S. B   sera contraint par toutes voies dues et raisonnables, de payer au S. A   , la somme de   , pour remboursement, de l'avance par lui faite des droits d'enregistrement de l'acte sus-énoncé.

La partie requérante se fera expédier cet acte en forme exécutoire.

Ordonnance pour avoir extrait des registres du préposé aux droits d'enregistrement.

93. L'an   le   , pardevant   est comparu   ; lequel nous a dit que, dans l'instance pendante entre lui et le S.   , il a intérêt de prouver   ; que pour y parvenir il lui serait nécessaire d'avoir extrait des registres du préposé aux droits d'enregistrement au bureau de   , dans l'arrondissement de notre canton, en ce qui concerne   ; mais que n'étant ni héritier, ni successeur des parties contractantes audit acte, il a besoin de notre autorité pour avoir expédition de ladite pièce, et a signé.

Nous, juge de paix susdit, autorisons le requérant à se faire délivrer par le S. A   , receveur des droits d'enregistrement, au bureau de   , extrait de ses registres en ce qui concerne l'acte du   .

Donné à   , les jour et an susdits.

CHAPITRE SECOND.

Formules d'actes relatifs aux matières criminelles.

Citation au tribunal de police, à la requête du ministère public.

94. L'an   le   jour de   , à la requête de   (*commissaire de police, ou adjoint du maire*) faisant les fonctions de procureur du Roi près le tribunal de police du canton de   , département de   , je soussigné   (*prénoms, nom, demeure et qualité de l'huissier*) ai cité et donné assignation à   (*prénoms, nom, profession et domicile du cité*)   en son domicile, en parlant à   , à comparoir et se trouver en personne le   , heure de   , au tribunal de simple police du canton de   , département de   , séant à   pour se voir condamner en l'amende de   pour contravention par lui commise aux réglemens de police constatée par procès-verbal du   enregistrée à   , le   , (*s'il n'y pas de procès-verbal, détailler le fait dont il s'agit*) et ai, audit parlant comme dessus, laissé copie du présent.

Enregistré à   le

Citation au tribunal de police à la requête d'une partie privée.

95. L'an   le   , à la requête de   (*prénoms, nom, profession et domicile du citant*), je soussigné, (*prénoms, nom, qualité et demeure de l'huissier*) ai cité et donné assignation à   (*prénoms, nom, profession et domicile du cité*),   en son domicile en parlant à   , à comparoir et se trouver en personne le   , heure de   , au tribunal de simple police du canton de   , département de, séant à   , pour se voir condamner à payer au demandeur la somme de   , pour dommages et intérêts du préjudice qu'il a causé au demandeur, pour avoir le   en contravention aux réglemens de police   (*énoncer le fait*) que défenses lui seront faites de continuer à l'avenir, sous les peines prononcées par la loi, et de plus grands dommages et intérêts, et en outre se voir condamner aux frais de la présente instance, coût du jugement, signification et mise à exécution d'icelui ; et j'ai audit   parlant comme dessus, laissé copie du présent.

Enregistré à   le

Formules d'actes. 67

Devant les maires, le ministère d'huissier n'est pas nécessaire. Il suffit d'un avertissement du maire.

Avertissement.

96. Le sieur   , demeurant à   , rue   , n°.   est averti de se trouver le   heure de   , à la maison commune, pardevant M. le maire tenant l'audience de police, pour répondre sur la plainte portée contre lui par

Fait à   , le
(*Et aux témoins*) pour déposer vérité dans l'affaire entre A., demandeur, et B., (défendeur).

Jugement du tribunal de police, sur la poursuite du ministère public.

97. Entre   (*commissaire de police ou adjoint du maire, suivant les circonstances*)   faisant les fonctions de procureur du Roi près le tribunal, demandeur aux fins de la citation donnée à sa requête, par exploit de   en date du   enregistrée le   , tendante à ce que le ci-après nommé, soit condamné en l'amende de   , pour avoir (*expliquer le fait*).   (*S'il y a un procès-verbal, on ajoutera :* « ainsi qu'il résulte du procès-verbal dressé par   le   dûment enregistré le   ») affirmé d'une part.

Et le S. A   (*prénoms, nom, profession et domicile du cité*)   défendeur aux fins dudit exploit, comparant en personne (*ou bien* par   (*prénoms, nom, profession et domicile du fondé de pouvoir*)   son fondé de pouvoir, par acte du   enregistré le   ) lequel a conclu à être déchargé de la demande.

Lecture a été faite, par le greffier, du procès-verbal sus-énoncé, (*s'il y a des témoins, on ajoutera :* « ont été entendus les « S. B   , C   , D   . et E   (*mettre* « *leurs prénoms, noms, professions et demeures*), citer à comparaître à la requête dudit procureur royal, par exploit de « en date du   enregistré le   ») ouï le S. A en sa défense, (*s'il y a des témoins de son côté*) « ensemble les « S. E   , G   , H   (*prénoms : noms,* « *professions et demeures*), témoins amenés par ledit A ou cités à sa requête par exploit de   en date du registré le.

Ouï ensuite le S.   , faisant les fonctions de procureur du Roi, lequel a persisté dans les conclusions de l'exploit. (*Ou bien* « a requis que   »).

Nous   juge de paix (*ou bien*   « suppléant du juge « de paix »*) du canton de   , département de   tenant le tribunal de police dudit canton, considérant que d'après le procès-verbal sus-énoncé, et les déclarations des témoins entendus devant nous, il est constant que le   , heure

5*

de   , le S. A   a   , le condamnons en
l'amende de   , conformément à l'article   de la
loi du   , lequel est ainsi conçu   (*insérer l'article*).
    Le condamnons en outre aux frais liquidés à   ,
compris le coût du présent jugement et de la signification, conformément à l'article   de la loi du   an   , lequel est ainsi conçu,   (*transcrire l'article*).
    Donné à   , le   l'an   , par nous
(*prénoms et nom du juge de paix, ou du suppléant qui le remplace, avec qualification de premier ou second*) du canton de   , département de   , le condamnons en outre à payer au S. A   , la somme de   par forme de dommages et intérêts.
    Lorsque le cité ne comparaît pas, le jugement différera en peu de choses.

    Entre le S.   procureur du Roi   (*comme ci-dessus*)   d'une part.
    Et le S. A   défendeur aux fins dudit exploit, non-comparant, ni personne pour lui.
    Lecture a été faite   (*comme ci-dessus hors la comparution du cité et de ses témoins*).
    Nous   juge de paix, avons contre le S. A   non-comparant, ni personne pour lui, donné défaut : et pour le profit, considérant   (*la fin comme ci-dessus*).

Jugement sur la comparution de celui qui s'est laissé condamner par défaut.

    98. Entre le S. A   (*prénoms, nom, profession et domicile du comparant*), lequel a dit que, par jugement de notre tribunal, en date du   rendu à la requête du   faisant les fonctions de procureur du Roi, à lui signifié le   il avait été condamné à   ; qu'il a formé opposition à notre jugement par   et se présente devant nous pour être reçu opposant audit jugement, faisant droit sur son opposition, le décharger des condamnations contre lui prononcées par ledit jugement.
    Et le S.   procureur du Roi, défendeur à ladite opposition.
    Ouï le S. A   en ses moyens de défense.
    Ouï ensuite le S.   procureur du Roi, lequel a conclu à ce que
    Nous   juge de paix, tenant le tribunal de police, considérant que le S. A   avons reçu le S. A   opposant audit jugement : faisant droit de son opposition, considérant que   , nous avons déchargé ledit S. A   des condamnations contre lui prononcées par ledit jugement; et néanmoins le condamnons aux frais de contumace liquidés à
    Donné à   le   etc.

Lorsque l'opposant est condamné sur son opposition, qui est mal fondée, le dispositif sera ainsi conçu :

Nous   juge de paix   (*le commencement comme ci-dessus*)   opposant audit jugement : faisant droit sur son opposition, considérant   déboutons le S. A de son opposition ; ordonnons que ledit jugement sera exécuté selon sa forme et teneur : le condamnons en outre aux frais de la présente instance, liquidés à   , compris le coût du présent jugement et de la signification, conformément à l'article   de la loi du   an   , lequel est ainsi conçu.

Lorsque le condamné par défaut a laissé écouler les délais qui lui sont accordés par la loi, le jugement le déclare non-recevable.

Entre le S. A   (*comme ci-devant*).
Et le S.   procureur du Roi, lequel, attendu que   conclut à ce que le S. A   soit déclaré non-recevable dans son opposition, et condamné aux frais du présent jugement et de la signification.
Nous   juge de paix, considérant que depuis le jour auquel le jugement du   a été notifié au S. A jusqu'au   jour de son acte d'opposition, il s'est écoulé plus de   jours, déclarons le S.   non-recevable dans son opposition ; ordonnons que le précédent jugement du   sera exécuté selon sa forme et teneur, condamnons en outre le S. A   aux frais du présent jugement, et de sa signification, liquidés à   conformément à l'article premier de la loi du 28 germinal an 7, lequel est ainsi conçu :   (*transcrire l'article*).

Lorsqu'il y a partie civile et que l'opposition est reçue.

    avons reçu le S. A   opposant au jugement du   : faisant droit sur son opposition, attendu que   disons, etc.

Jugement sur la poursuite d'une partie civile.

99. Entre le S. A   (*prénoms, nom, profession et domicile du demandeur*) demandeur aux fins de l'exploit de   enregistré le   en date du   ci-après nommé, soit condamné à lui payer la somme de   , pour dommages et intérêts du préjudice qu'il lui a causé pour avoir, le   (*détailler le fait*) comparant en personne   (ou « par   (*prénoms, nom, profession et domicile du fondé de pouvoir*),   son fondé de pouvoir, suivant l'acte du   enregistré le   ») d'une part.
Et le S. B   (*prénoms, nom, profession et domicile du défendeur*)   défendeur aux fins dudit exploit, compa-

rant   d'autre part, lequel a requis d'être renvoyé de la demande.

Ouï les S. A   et B   en leurs moyens respectifs. (*S'il y a des témoins entendus, il en sera fait mention*).

Ouï ensuite le S.   faisant les fonctions de procureur du Roi, lequel a conclu à ce que

Nous   juge de paix, tenant le tribunal de police, considérant qu'il est constant que le S. B   a le (*détailler le fait prouvé*)   , faisons défenses au S. B de récidiver à l'avenir, sous telle peine qu'il appartiendra : pour l'avoir fait, le condamnons en l'amende de   conformément à l'article   de la loi du   lequel est ainsi conçu   : le condamnons en outre à payer au S. A , la somme de   par forme de dommages et intérêts.

Si c'est le cas d'acquitter le défenseur, le dispositif sera ainsi conçu :

Considérant que le délit reproché au S. B   n'est pas prouvé,   (*ou bien « que   »*),

Renvoyons le S.   des demandes contre lui formées, soit par le procureur du Roi, soit par le S. A dans son exploit du

Donné à

Procès-verbal d'audition des témoins.

100. Du   à l'audience de police tenue par   , défendeur. Entre A.   , plaignant et demandeur, et B.   , défendeur. Après que le procès-verbal dressé le   par a été lu, sont comparus C.   , témoin assigné à la requête de   ; lequel, après serment par lui fait de parler sans haine et sans crainte, de dire la vérité, toute la vérité, et rien que la vérité; enquis de ses nom, prénoms, âge, profession et demeure, s'il n'est parent, allié, serviteur ni domestique des parties, a dit s'appeler   , âgé de   , demeurant à   , n'être parent, allié, serviteur ni domestique des parties; après que B. , de ce interpellé, a dit n'avoir aucun reproche à fournir (*ou déclaré reprocher ledit témoin sur ce que   *), a ledit témoin déposé.

Si le jugement ne doit pas être rendu en dernier ressort, il faut faire note de la déposition.

A déposé que

Est ensuite comparu D.   , témoin assigné à la requête de   ; lequel, etc.

Procès-verbal d'un garde-forestier.

101. L'an, etc., le   jour de   , moi, garde forestier de la forêt de   appartenant à   , demeurant à   , reçu et assermenté devant   le   faisant ma

Formules d'actes.

tournée, me suis aperçu qu'il avait été nouvellement coupé plusieurs arbres en ladite forêt, au canton de   lieu dit   et ayant plus particulièrement inspecté le lieu du délit, j'ai reconnu que   et ayant reconnu des traces de voitures (ou des pas de cheval, ou d'hommes) partant dudit lieu, et se dirigeant vers   , j'ai suivi lesdites traces, et étant arrivé à   , j'ai trouvé   de bois que j'ai reconnu être de même essence que celui coupé audit lieu de   , pourquoi j'ai sequestré ledit bois consistant en   , et l'ai mis en la garde de   , qui s'en est chargé comme dépositaire de justice, et a promis de le représenter à toutes réquisitions et a signé.

Si le bois est dans une cour ou dans un enclos :

J'ai suivi lesdites traces qui m'ont conduit à la porte d'une maison occupée par   , pourquoi je me suis transporté chez M. le maire de ladite commune, et l'ai requis de m'accompagner pour m'autoriser à entrer dans ladite maison, et y vaquer aux fonctions de mon office, ce qu'il a fait, et étant accompagné de mondit sieur maire, je suis revenu à ladite maison, où étant entré j'ai trouvé   ayant fait connaître l'objet de mon transport, il m'a dit et fait réponse que   sommé de signer sa réponse a refusé de ce faire, nonobstant laquelle réponse, j'ai constaté qu'il existe dans sa cour, sous un hangar, la quantité de   , qui sont fraîchement coupés, et de la même essence que le bois coupé audit lieu de   , et j'ai déclaré audit   , que je mettais ledit bois trouvé en sa cour en sequestre; sommé de me présenter un gardien solvable, a refusé, pourquoi j'ai établi à la garde dudit bois la personne de   , demeurant à   , lequel s'en est chargé, et a promis de le représenter à toutes réquisitions, et a signé. Dont et de tout ce que dessus j'ai fait et dressé le présent procès-verbal en présence de mondit sieur maire de ladite commune, qui a signé avec moi.

Et le   , je me suis transporté à   pardevant auquel j'ai remis le présent procès-verbal.

Au bas l'officier qui le reçoit, met :

Le procès-verbal ci-dessus et des autres parts nous a été remis le   , par   , garde forestier qui l'a dressé, lequel a en nos mains affirmé ledit procès-verbal sincère et véritable, fait à   , ledit jour et a signé avec nous.

Procès-verbal d'un garde champêtre.

102. L'an, etc., à la réquisition de   , demeurant à   , je   demeurant à   , garde forestier de la commune de   , reçu et assermenté devant   , le   , me suis transporté avec ledit   en une pièce de vignes qui lui appartient, au lieu dit   , terroir de ladite commune, où étant, il m'a fait voir que ladite pièce était vendangée en partie; et de fait j'ai reconnu que de ladite pièce, de la contenance de   environ, il y a un tiers dont les raisins ont été coupés

et enlevés, et dans le cours de notre visite, nous avons trouvé un panier d'osier dans lequel sont encore quelques grappes qui peuvent former environ deux à trois livres de raisin; et plusieurs particuliers étant survenus, l'un d'eux appelé   , de cette commune, m'a dit qu'il n'y avait pas long-temps qu'il avait vu le nommé N., journalier de la commune de   qui coupait des raisins dans la pièce de vigne où nous sommes, qu'il en chargeait un âne avec lequel il a pris le chemin de ladite commune, et ayant suivi ledit chemin, j'ai trouvé à   ledit   qui menait devant lui un âne   chargé de deux paniers pleins de raisins ; auquel j'ai demandé où il avait pris lesdits raisins, lequel m'a dit et fait réponse que   . Sommé de signer sa réponse, a refusé, nonobstant laquelle réponse j'ai saisi et arrêté ledit âne et les paniers dont il était chargé ; j'ai mis ledit âne en fourrière chez   et ai séquestré entre ses mains les raisins et les paniers, ainsi que celui par moi trouvé dans la vigne. Les raisins pesés se sont trouvé former   ; lequel dit sieur s'est du tout chargé comme dépositaire de justice, a promis de les représenter à toutes réquisitions, et a signé. Contre lesquels saisie et séquestre, ledit   a déclaré faire toutes protestations et réserve. De tout quoi, etc.

La remise et l'affirmation du procès-verbal se font comme ci-dessus.

PROCÉDURES EN CAS DE FLAGRANT DÉLIT.

Procès-verbal dans le cas de Vol avec effraction.

103. Aujourd'hui .   jour de   18   heure du matin, sur l'avis qui nous a été donné qu'il avait été commis un vol avec effraction cette nuit, dans la maison du nommé A.   marchand mercier, demeurant à   rue   n°.   Nous   nous sommes transporté en ladite maison, et avant d'y entrer, avons remarqué dans le mur qui forme le bas de la boutique sur la rue, une ouverture de la largeur de   sur   de haut, pratiquée au moyen du dérangement d'une pierre qui s'est trouvée sur le pavé de la rue, à la distance de   laquelle porte l'empreinte, en plusieurs endroits, d'une pince avec laquelle elle paraît avoir été déplacée ; après quoi nous nous sommes introduit dans ladite boutique, où nous avons trouvé ledit A.   Lequel, après serment par lui fait de dire vérité, nous a déclaré que cette nuit, vers les trois heures du matin, s'étant éveillé, et entendant du bruit dans sa boutique, il avait battu le briquet pour se procurer de la lumière, qu'étant descendu il n'avait trouvé personne, mais qu'il avait remarqué ledit trou, et qu'il s'était aperçu qu'il lui avait été volé plusieurs effets et marchandises de merceries consistant en différentes pièces de linge marquées des lettres   six couverts d'argent marqués des mêmes lettres   dans le tiroir

Formules d'actes.

de son comptoir, environ   en petites monnaies qui y étaient restées   et comme nous procédions, est survenu un particulier qui nous a dit s'appeler   homme de peine, demeurant rue   n°.   lequel, après serment par lui fait de dire vérité, nous a remis une pince de fer, de la longueur de   grosseur de   qu'il nous a dit avoir trouvée dans l'instant, dans cette rue, près la porte de la maison numérotée   qui est tout ce qu'il a dit savoir, et a déclaré ne savoir écrire ni signer; après quoi, en cherchant dans ladite boutique, nous aurions trouvé derrière le comptoir, étant à gauche en entrant, une chemise d'homme, de toile de   marquée des lettres   et un mouchoir de coton à carreaux, des Indes, marqué des mêmes lettres, que ledit A.   a reconnu pour lui appartenir et faire partie des effets qui lui ont été volés, lesquels chemise et mouchoir lui ont été remis. Avons aussi trouvé en ladite boutique, la nommée B,   servante dudit A.,   laquelle, après serment par elle fait de dire vérité, nous a dit qu'elle couche dans un cabinet attenant à l'appartement dudit A.,   qui l'a éveillée en descendant, qu'elle l'a suivi, et s'est aussi aperçu du vol, qu'elle reconnaît la chemise et le mouchoir ci-dessus désignés, pour appartenir à son maître, mais ne sait rien de plus; avons ensuite sommé ledit A   et ladite B   de nous déclarer les personnes qu'ils peuvent soupçonner de ce vol; lesquels nous ont dit qu'ils ne soupçonnent personne en particulier, néanmoins ladite B   nous a dit qu'elle se rappelle qu'hier sur les   heures du soir, il est entré deux particuliers, dont l'un paraissait âgé de   taille de   (*signalement*), portant un habit   , a marchandé long-temps diverses marchandises; que, pendant ce temps, l'autre particulier, paraissant âgé de   (*signalement*), se tenait sur le pas de la boutique, regardant tantôt en dedans, tantôt en dehors, ce qui ne l'a point alors frappée. Nous avons ensuite fait rapprocher la pince de fer des différentes empreintes que porte la pierre qui a été ôtée de l'appui de la boutique, et nous avons reconnu qu'elle s'y adapte exactement, dont, et de tout ce que dessus avons dressé le présent procès-verbal, ordonnons que ladite pince de fer, que nous avons fait mettre dans un sac de toile sur lequel nous avons apposé notre sceau, sera déposée au greffe pour servir de pièce de conviction. Fait à   les jour, mois et an que dessus, et avons signé avec ledit A   , ladite B   ayant déclaré ne savoir écrire ni signer.

Nota. *Je ne crois pas que le procureur du Roi ni les autres officier de police judiciaire puissent instrumenter quand il n'y a point de flagrant délit.*

Procès-verbal en cas de flagrant délit.

104. Aujourd'hui   jour de   18   heure de   sur l'avis à nous donné, qu'il venait d'être com-

Chap. II. Matières criminelles;

mis un meurtre dans la rue   Nous   juge de paix du canton de   , informé par   que, dans l'instant, un particulier venait d'être frappé de deux coups de couteau dans la rue de   près de la boutique d'un   n°.   , après avoir donné avis de notre transport à M.   juge d'instruction du tribunal de   , nous nous sommes transporté à l'endroit indiqué, où étant arrivé, nous avons trouvé dans la boutique d'une maison numérotée   occupée par   marchand   un particulier qu'on nous a dit être   blessé de deux coups de   (*détailler des blessures*), lequel est sans connaissance actuellement; ayant fait appeler MM. B et C,   chirurgiens, après avoir pris d'eux le serment en tel cas requis et accoutumé, nous avons ordonné que le blessé serait par eux visité et pansé, et qu'ils nous en feraient leur rapport, et ayant mandé la force armée, il est venu quatre hommes commandés par   auquel nous avons défendu de laisser sortir personne de l'endroit où nous sommes; et continuant nos opérations, nous avons fait comparaître ledit   marchand, locataire de la boutique où nous sommes, et principal locataire de la maison, lequel, après serment par lui fait de dire vérité, enquis de ses nom, prénoms, âge, profession et demeure, et s'il n'est parent, allié, serviteur ni domestique d'aucune des parties, a dit s'appeler N   D   marchand, demeurant en cette ville, dans la maison où nous sommes, n'être parent, allié, serviteur, ni domestique du blessé;

Dépose que le blessé est le sieur A   qui paraît vivre de son bien, occupant dans la maison où nous sommes un petit appartement au second étage composé de deux pièces donnant sur la rue; que ce matin, il y a environ une heure, il a entendu dans l'allée, du bruit, comme de deux personnes qui se disputent vivement, qu'il est venu sur la porte de sa boutique, pour voir ce que ce pouvait être, qu'il a vu sortir ledit A,   et un autre particulier à lui inconnu, taille de   etc. (*signalement*) couvert d'un habit de,   etc., paraissant âgé de   ; que ledit A   et ledit particulier paraissaient très-échauffés, que ledit A tutoyait ledit particulier, et semblait lui faire de vifs reproches, en le retenant fortement par le collet de son habit, ledit particulier paraissant vouloir s'éloigner : que dans l'instant ledit particulier a frappé ledit A,   qui n'a jeté qu'un cri et est tombé devant la boutique du déposant; ledit particulier a pris la fuite, et que lui déposant, occupé à secourir le blessé, n'en a pas vu davantage, qui est tout ce qu'il dit savoir. Lecture à lui faite de sa déposition, a dit icelle contenir vérité, y persister, n'y vouloir rien changer, augmenter, ni diminuer, et a signé avec nous.

Et à l'instant lesdits B.   et C   chirurgiens, nous ont dit et déclaré qu'ayant visité ledit A.,   ils ont reconnu qu'il a reçu au bas ventre du côté gauche, deux blessures, l'une de la largeur de   longueur   profondeur l'autre un peu au-dessus de, etc., que lesdites blessures paraissent

Formules d'actes.

avoir été faites avec un instrument pointu et tranchant, que lesdites blessures sont dangereuses, mais ne paraissent pas mortelles, qu'on peut espérer d'en opérer la cure, laquelle sera longue, que l'état d'insensibilité du blessé est causé plutôt par la quantité du sang qu'il a perdu que par les blessures elles-mêmes, qu'ils estiment que ledit A.   peut maintenant être reporté chez lui, qui est tout ce qu'ils ont dit savoir; lecture à eux faite de leur rapport, ont dit icelui contenir vérité, y persister, et ont signé avec nous; après quoi, ayant fait visiter les poches du blessé, a été trouvé, etc., ledit blessé a été reporté à son appartement, dont la porte s'est trouvée fermée à un tour, ouverte avec la clef trouvée sur ledit blessé; il a été mis dans son lit, à l'aide des chirurgiens; et dans ledit appartement rien ne paraît avoir été dérangé; dans la chambre à coucher, qui est la seconde pièce dudit appartement, sur une table près de la fenêtre, il s'est trouvé deux chapeaux, l'un ayant en-dedans le nom dudit A.   imprimé en lettres d'or sur le cuir, l'autre sans nom, ayant seulement sur un papier collé, au fond de la forme, le nom de   chapelier   rue

Et ayant demandé audit   si le particulier qui avait frappé ledit A.,   avait un chapeau, il nous a répondu qu'il croit se rappeler qu'il était nu-tête, et qu'il ne lui a point vu de chapeau. Dont et de tout ce que dessus, avons fait et dressé le présent procès-verbal, fait en présence de M   commissaire de police de l'arrondissement de   , qui a signé avec nous les jour, mois et an que dessus.

Ordonnons que le chapeau trouvé sur la table, étant dans la chambre à coucher dudit A.   , portant l'adresse de chapelier, sur lequel nous avons apposé notre sceau, sera déposé au greffe pour servir de pièce de conviction. Fait à   le

Ordonnons que le quidam qui a frappé ledit A.   , taille de, etc., (*signalement*) sera amené devant nous pour répondre aux interrogats qui lui seront faits sur les faits énoncés en notre procès-verbal de ce jour, mandons à   huissier que nous commettons à cet effet, de mettre notre présente ordonnance à exécution, et à tous commandans de la force armée sur ce requis de prêter main-forte à cet effet. Fait à   le

Et continuant les opérations encommencées :

Est comparu le S.   lequel, après serment par lui fait de dire vérité, enquis de ses nom, âge, profession, domicile et demeure, et s'il est parent, allié, serviteur et domestique des parties, a dit s'appeler   rentier, demeurant en ladite maison, dans l'appartement au-dessus du blessé, n'être parent, allié, serviteur ni domestique du blessé; dépose que, etc. qui est tout ce qu'il a dit savoir. Lecture à lui faite de sa déposition, a dit icelle contenir vérité, y persister, n'y vouloir rien changer, augmenter ni diminuer, et a signé avec nous.

Est ensuite comparu N.   , lequel, après serment, etc., dépose qu'il passait dans cette rue au moment où il a vu deux particuliers qui paraissaient se disputer vivement, sortir de l'allée de la maison où nous sommes; que dans l'instant l'un d'eux, taillé de, etc. *(signalement)*, a frappé l'autre qui est tombé, et a pris la fuite; que le déposant l'a poursuivi, mais n'a pu l'atteindre; ledit particulier ayant pris la rue de   où lui, déposant, l'a perdu de vue, et est revenu pour avoir des nouvelles du blessé, qui est tout ce qu'il a dit savoir.

Lecture à lui faite, etc.

Et à l'instant, ayant été averti que ledit A.   venait de recouvrer l'usage de ses sens, et qu'il désirait nous parler, nous nous sommes approchés de son lit, et après serment par lui fait de dire vérité, il nous a déclaré s'appeler, etc.; que cejourd'hui, etc. Desquels faits il nous rend plainte, déclarant qu'il se rend partie civile; requérant la jonction de M. le procureur du Roi; et requis de signer a déclaré ne le pouvoir faire, attendu sa faiblesse et son état de souffrance. Et ne s'étant plus trouvé personne qui pût nous donner des renseignemens sur les faits, nous avons de tout ce que dessus fait et dressé le présent procès-verbal, qui sera par nous remis à M. le procureur du Roi. Fait les jour, mois et an que dessus.

Ensuite le procureur du Roi transmet les procès-verbaux au juge d'instruction, en cette forme :

A M. le Juge d'instruction du Tribunal de

Je vous transmets, Monsieur, le procès-verbal dressé le   par   juge de paix du canton de   , contenant plainte par   qui a déclaré se rendre partie civile, des faits contenus en sa déclaration insérée audit deuxième procès-verbal, requérant ma jonction, je requiers qu'il me soit donné acte de ce que je me joins audit   plaignant, et qu'il soit ordonné qu'il sera informé à la requête dudit   plaignant, moi joint, des faits contenus auxdits procès-verbaux, circonstances et dépendances, pour, l'information faite et à moi communiquée, être par moi requis, et par vous ordonné ce qu'il appartiendra.

Au bas de cette requête, le juge d'instruction met son ordonnance, portant :

Donnons acte de la plainte, et au procureur du Roi de sa jonction; permettons d'informer à la requête dudit plaignant, le procureur du Roi joint, à l'effet de quoi les témoins seront assignés pardevant nous. Fait à   le

Si, pendant que le juge de paix procède, le procureur du Roi ou le juge d'instruction survient, il doit lui céder la place, et dit:

Et comme nous procédions, M.   procureur du Roi ou Juge d'instruction étant survenu, nous avons en cet endroit clos notre présent procès-verbal que nous avons signé, et remis à M.   procureur du Roi ou Juge d'instruction, ensemble les effets ci-dessus mentionnés, et à M.   procureur du Roi, ou juge d'instruction, signé avec nous en cet endroit, et nous sommes retirés.

Formules d'actes. 77

Si le procureur du Roi, ou le juge d'instruction commet le juge de paix pour continuer les opérations, il met son ordonnance au bas du procès-verbal, et le juge de paix continue :

Et en exécution de l'ordonnance de M.   , en date de cejourd'hui, dûment signée par laquelle   procédant en vertu de la commission à nous donnée par ladite ordonnance, auxdites opérations, etc.

Autre procès-verbal en cas de flagrant délit, en cas de vol.

105. Aujourd'hui   jour   du mois de   18 sur les   heures de relevée, à la réquisition de demeurant en cette ville   rue   n°.   qui nous a fait dire qu'il venait d'être volé, et que le voleur était pris sur le fait. Nous   juge de paix du canton de nous sommes transporté en la demeure dudit   occupant un appartement de quatre pièces au premier étage d'une maison dont il est le propriétaire, et dans laquelle on entre par une allée, où étant, nous aurions trouvé ledit   et plusieurs autres particuliers, dont un, qu'on nous a dit être le voleur, était contenu par plusieurs personnes ; et ayant requis la force armée, il nous est venu cinq hommes commandés par   caporal auquel nous avons ordonné d'empêcher que personne sorte des lieux où nous sommes, et avons mis le particulier dénoncé comme voleur dans une autre pièce, à la garde de deux soldats.

Et en cet instant, M. le procureur du Roi près le tribunal de   chez lequel ledit   avait aussi envoyé, est survenu ; pourquoi lui avons laissé la suite des opérations, et avons signé en cet endroit.

Et ledit jour, nous   procureur du Roi de à la réquisition du S   etc., nous sommes transporté en la maison dudit   où étant arrivé, nous aurions trouvé M.   juge de paix du canton de   , qui nous avait précédé, aussi à la requête dudit   et avait commencé son procès-verbal ; en conséquence nous, attendu nos occupations, commettons ledit M•   juge de paix, pour continuer lesdites opérations, et avons signé.

Et ledit jour, nous, juge de paix susdit, procédant en vertu de la commission à nous donnée par M. le procureur du Roi, avons fait comparaître ledit   lequel, après avoir fait serment de dire vérité, a dit s'appeler   etc., et nous a déclaré que cejourd'hui, ayant été dîner dehors, il est rentré sur les heures, et qu'ayant trouvé sa porte d'entrée ouverte, et ayant remarqué qu'elle avait été forcée, n'osant point entrer, il avait appelé plusieurs de ses voisins ; qu'étant revenu avec quatre d'entre eux, ils avaient vu le particulier maintenant détenu sortant rapidement de l'appartement, criant : *au voleur*, et qu'il allait chercher le commissaire ; que l'ayant arrêté il avait fait effort pour passer outre, ce qui le leur avait rendu encore plus suspect ; que

78 *Chap. II. Matières criminelles.*

l'ayant forcé de rentrer avec eux dans l'appartement, ils avaient trouvé, ainsi que nous le voyons, les armoires et le secrétaire forcés, et beaucoup d'effets appartenant au déclarant répandus çà et là; qu'étant survenu du monde, le déclarant a envoyé chez nous et chez M. le procureur du Roi; que cependant le déclarant ayant visité son secrétaire, il a reconnu qu'il lui avait été volé un sac contenant six cents francs en pièces de cinq francs; dans un tiroir d'icelui douze pièces d'or de vingt-quatre livres tournois, et dans ses armoires plusieurs habits et du linge dont il ne peut actuellement nous donner le détail; qu'ayant demandé au particulier arrêté comment il se trouvait dans son appartement, il a répondu que c'était par hasard. Desquels faits il a déclaré nous rendre plainte, sans entendre se porter partie civile, et a signé en cet endroit avec nous;

Et de suite nous nous sommes transportés à la porte d'entrée dudit appartement, et nous avons remarqué que l'on a fait sauter la gâche qui est scellée en plâtre, au moyen d'une pince dont la porte est marquée assez profondément en dehors sur une largeur de   à la profondeur de   Et revenant dans la pièce où nous sommes, qui est la chambre à coucher dudit nous avons trouvé répandus sur le plancher, et sur différens meubles, savoir : (*détailler et désigner les effets et les marques qu'ils portent*); et visitant les meubles, nous avons trouvé deux armoires en placard, aux deux côtés de la cheminée, forcées (*détailler et désigner exactement les fractures*); le secrétaire en bois d'acajou à abattage également forcé au moyen d'une pince avec laquelle on a fait sortir le pêne en plusieurs endroits, savoir :   (*détailler encore les fractures et les marques faites par l'instrument*). Et ledit   étant allé regarder dans l'armoire à gauche de la cheminée, où il met son argenterie, a trouvé le panier vide, et nous a déclaré qu'il y avait six couverts à filets marqués des lettres   liées ensemble en forme de chiffre entouré de roses; et en cherchant dans ladite armoire, nous avons trouvé une fourchette d'argent à filets, marquée du chiffre indiqué; de tout quoi nous avons dressé notre procès-verbal, qui sera par nous remis à M. le procureur du Roi. Fait en présence de   maire de   , que nous avions fait appeler à cet effet, et qui a signé avec nous, les jour, mois et an que dessus.

Et ledit jour, nous, juge de paix susdit, avons ordonné que nous procéderions sur-le-champ à l'audition des personnes présentes qui peuvent fournir des lumières sur les faits contenus audit procès-verbal. Fait à   le   et avons signé.

Et de suite, en vertu de notre ordonnance, est comparu par-devant nous N.   , lequel, après serment par lui fait de dire vérité, enquis de ses noms, âge, profession et demeure, et s'il est parent, allié, serviteur ou domestique des parties, a dit s'appeler, etc., dépose, etc.

Est ensuite comparu N.   , lequel, etc.

Formules d'actes. 79

On entend ainsi toutes les personnes présentes seulement qui peuvent fournir des lumières.

Après quoi le juge de paix rend encore son ordonnance, portant :

Vu laquelle information, nous juge de paix susdit, ordonnons que le particulier prévenu de vol, et gardé dans la chambre à côté, sera amené pardevant nous pour répondre aux questions que nous entendons lui faire. Fait à   le

Et à l'instant a été amené devant nous un particulier, taille de (*le signalement*) lequel après serment par lui fait de dire vérité, enquis par nous de nous déclarer ses nom, prénoms, âge, profession et demeure, nous a dit s'appeler   compagnon menuisier, demeurant en cette ville, rue   n°   chez

D'après laquelle réponse nous avons envoyé à l'adresse indiquée pour être informé de la vérité ou fausseté d'icelle, et nous avons fait inviter le principal locataire ou propriétaire de la maison à se rendre auprès de nous.

Et continuant l'interrogatoire dudit prévenu,

A lui demandé comment il s'est trouvé seul dans l'appartement où nous sommes, et dans lequel il a été commis un vol assez considérable;

A répondu que pressé par un besoin, il est entré dans l'allée et a monté l'escalier; qu'arrivé au premier étage, et trouvant la porte ouverte, il est entré pour demander, et ne s'est aperçu du vol que dans la pièce où nous sommes.

A lui demandé s'il a satisfait au besoin qui le conduisait;

A répondu que non, que sa frayeur l'a fait passer.

A lui observé qu'on lui a déjà demandé la raison de sa présence dans cet appartement, et demandé s'il s'en souvient ;

A répondu qu'oui.

A lui demandé quelle réponse il a faite;

A répondu qu'il a fait la même réponse qu'à nous.

A lui observé qu'il a répondu que *c'était par hasard*;

A répondu que cela peut être; que la violence qu'on a employée à son égard l'a troublé.

A lui demandé pourquoi, lorsqu'il a entendu venir du monde, il a cherché à fuir;

A répondu qu'il ne fuyait pas, qu'il appelait lui-même en criant *au voleur*.

A lui demandé pourquoi il n'a pas jeté sur-le-champ ces cris, et pourquoi, lorsqu'il a vu qu'on s'opposait à son passage, il a fait effort pour sortir;

A répondu qu'il s'est passé un peu de temps avant qu'il pût crier, et qu'il voulait nous aller chercher.

Nous avons ensuite fait fouiller le répondant, et il s'est trouvé dans ses poches, 1°.   etc.   et un ciseau de menuisier, appelé *bec-de-canne*.

A lui demandé pourquoi il a cet outil sur lui;

Chap. II. Matières criminelles.

A répondu qu'il n'en sait rien, que c'est sans réflexion qu'il l'a mis dans sa poche.

Ayant rapproché, en présence du répondant, ledit ciseau des marques faites sur l'abattant du secrétaire, il s'est trouvé s'y rapporter exactement; en sorte qu'il paraît que c'est avec cet outil qu'il a été forcé.

A lui demandé comment cela se fait;

A répondu qu'il ne peut le dire, que beaucoup de ces outils se ressemblent et sont du même calibre.

Et comme nous procédions, est survenu le principal locataire de la maison désignée par le répondant comme étant le lieu de sa demeure; lequel, après serment par lui fait de dire vérité, enquis de ses nom, etc., a dit s'appeler, etc., demeurant rue   dans une maison numérotée   dont il est principal locataire, et nous a dit ne point connaître le nom sur lequel nous l'avons fait questionner, et n'avoir aucun locataire de ce nom.

A lui demandé s'il connaît ledit   qui est devant lui;

A répondu ne l'avoir jamais vu et ne le connaît en aucune manière, qui est tout ce qu'il a dit savoir. Lecture faite, etc., et a signé en cet endroit.

Et continuant l'interrogatoire dudit

A lui demandé pourquoi il nous a donné une fausse adresse;

A répondu que l'adresse n'est pas fausse; qu'étant arrivé en cette ville depuis peu de jours, il a logé dans l'endroit indiqué dans la chambre du nommé   son ami, qui lui a donné retraite.

Avons demandé audit   si en effet le nommé   demeurait dans sa maison;

Lequel nous a dit qu'en effet un particulier portant ce nom occupait depuis le terme, non une chambre, mais un cabinet au cinquième étage; que déjà il lui a donné congé, parce que sa conduite paraît équivoque; qu'il découche souvent; que la nuit dernière il n'a point paru chez lui, et que cejourd'hui il est rentré sur les   heures, accompagné d'un autre particulier, et est sorti peu de momens après, emportant, ainsi que son camarade, plusieurs paquets.

Demandé au prévenu si la clef trouvée sur lui, et qui nous a paru être un passe-partout, est la clef de ce cabinet.

A répondu qu'oui.

Demandé audit   s'il a donné plusieurs clefs;

A répondu que non.

Et comme nous procédions, est survenu un particulier; lequel, après serment fait de dire vérité, enquis, etc.

Dépose qu'en cherchant dans la maison s'il n'y aurait pas encore quelques-uns des effets volés, il a trouvé près la porte des privés un outil de fer, qu'il nous remet; qui est tout ce qu'il a dit savoir, lecture à lui faite, etc.

Lequel outil s'est trouvé être une pince, vulgairement appelée *mandrin*, de la longueur de   grosseur

Nous avons représenté ladite pince audit prévenu, sommé de nous dire s'il la reconnaît;

A répondu qu'il ne la connaît en aucune manière.

Avons ensuite, en la présence dudit prévenu, présenté ladite pince à la porte à l'endroit où elle est marquée, et nous avons reconnu que ladite pince remplit exactement l'empreinte qu'elle a reçue; étant ensuite sortis, nous avons fait fermer ladite porte, en introduisant ladite pince à l'endroit où ladite porte a été attaquée, elle s'est trouvée remplir exactement l'espace formé par l'instrument dont on s'est servi.

Demandé au prévenu si ce n'est pas lui qui a fait l'effraction, ou s'il en connaît les auteurs;

A répondu que non.

Nous avons fait mettre ladite pince, et le ciseau ci-dessus désignés, dans un sac de toile, sur l'ouverture duquel, après qu'elle a été close, nous avons apposé notre sceau, et sommé ledit prévenu d'y apposer le sien; à quoi il a répondu qu'il n'en avait point, et qu'au reste cela était inutile.

Nous, juge de paix susdit, ordonnons que nous nous transporterons sur-le-champ avec ledit prévenu sous bonne et sûre garde, en la maison où il indique sa demeure, pour faire perquisition dans le cabinet où il prétend coucher, si la clef trouvée sur le prévenu en fait l'ouverture. Fait à   le

Et en vertu de notre présente ordonnance, nous nous sommes transportés rue   dans une maison numérotée   dont   est principal locataire ledit   ci-dessus nommé, qualifié et domicilié, où étant arrivés et montés au cinquième étage, ledit   nous a montré une porte qu'il nous a dit être celle du cabinet loué au nommé   et y ayant appliqué la clef trouvée sur ledit prévenu, elle l'a ouverte après quelques difficultés, et nous sommes entrés dans un cabinet lambrissé, éclairé par une fenêtre donnant sur les toits, où nous n'avons trouvé qu'un lit de sangle, sur lequel sont une paillasse, un mauvais matelas, et une vieille couverture sans draps; plus un coffre qui s'est trouvé ouvert et vide. Derrière ledit coffre s'est trouvé un mouchoir des Indes, presque neuf, à carreaux, rouge sur rouge, marqué des lettres   dans un des angles; ledit mouchoir présenté audit   qui a été volé, a dit ne le pas connaître; et qu'il ne lui appartient point; le même mouchoir présenté audit prévenu, sommé de déclarer s'il le reconnaît, a dit ne le point connaître, qu'il appartient sûrement à son ami. Ayant fait fouiller la paillasse étant sur le lit de sangle, s'y est trouvé un anneau de fer portant   crochets appelés rossignols; ledit anneau représenté au prévenu, a déclaré ne le point connaître et ne l'avoir jamais vu; et plus n'a été interrogé. Lecture à lui faite de son interrogatoire, a dit ses réponses contenir vérité, y persister, et n'y vouloir rien changer, augmenter ni diminuer; sommé de signer, a dit n'être nécessaire et ne vouloir le vouloir. De tout quoi, et de ce dessus avons fait et rédigé le procès-verbal, fait en présence de   qui a signé avec nous. Lecture faite au prévenu de nos procès-verbaux, et sommé de les signer, a dit n'être nécessaire et ne vouloir le faire. Fait les jour, mois et an que dessus.

Nous, juge de paix susdit, avons fait mettre ledit anneau avec les rossignols qui y sont annexés, ledit mouchoir des Indes, ensemble les effets trouvés sur le prévenu, et ci-dessus détaillés, dans un sac de toile sur l'ouverture duquel, après qu'il a été clos, nous avons apposé notre sceau; sommé ledit prévenu d'y apposer le sien, a dit n'être nécessaire; — ordonnons que ledit sac, ensemble celui contenant la pince et le ciseau trouvés sur le prévenu, seront par nous déposés au greffe, pour servir à l'instruction du procès. Fait à   le

Nous, juge de paix susdit, ordonnons que le nommé prévenu, etc. sera déposé en la maison d'arrêt de   jusqu'à ce qu'il en soit autrement ordonné par M. le juge d'instruction. Fait à   le

Ces procès-verbaux contiennent à-peu-près tous les accidens qui peuvent arriver en pareil cas.

Le juge de paix, ou autre officier qui a opéré, dépose les effets au greffe, et remet les procès-verbaux au procureur du Roi, qui donne les conclusions suivantes :

Je vous transmets, monsieur, les procès-verbaux dressés le   par   . Je demande acte de ce que je prends lesdits procès-verbaux pour dénonciation des faits y contenus ; je requiers qu'il me soit permis d'en informer, pour l'information faite et à moi communiquée, etc., et qu'il soit par vous donné mandat d'amener contre le nommé   qui paraît véhémentement suspect d'être auteur ou complice du vol fait   le

Au bas de ces conclusions, le juge met son ordonnance, portant :

Acte au procureur du Roi, permis d'informer des faits contenus auxdits procès-verbaux, circonstances et dépendances, à l'effet de quoi les témoins seront assignés pardevant nous.

Ordonnons que le nommé   taille de   (signalement) sera amené pardevant nous pour répondre aux questions qui lui seront faites. Mandons à   huissier de   mettre notre présent mandat à exécution, et à tous commandans de la force publique sur ce requis, de prêter main-forte. Fait à   le

Le juge doit interroger le plutôt possible le prévenu mis en dépôt.

Autre procès-verbal dans le cas de poison.

106. Pardevant nous   juge de paix du canton de   est comparu M.   officier de santé, demeurant à   lequel nous a dit qu'ayant été mandé pour constater la mort de   en la maison sise rue   et s'y étant transporté cejourd'hui à   heure de   l'inspection du cadavre, et l'état dans lequel il l'a trouvé, lui ont donné

Formules d'actes.

sujet de juger que la mort a été occasionnée par le poison; pourquoi il a cru devoir, avant de donner son certificat, nous en prévenir, pour être par nous pris tel parti que nous jugerons convenable, et a signé. Fait à   le

Sur quoi, nous, juge de paix susdit   attendu qu'il est urgent de constater l'état du cadavre, et de recueillir les preuves qui peuvent exister du crime, ordonnons que nous nous transporterons avec M.   médecin, et M.   chirurgien en ladite maison, aux fins susdites.

Fait à   le

Aujourd'hui   jour du mois de   18 nous, juge de paix du canton de   en vertu de notre ordonnance de cejourd'hui, nous sommes transporté, accompagné de M*.   notre greffier, de MM.   médecin, et   chirurgien, et de   huissier-audiencier de notre tribunal de paix, en une maison située rue   no. où est décédé le feu S.   où étant arrivés et montés au   étage, nous aurions trouvé le nommé N.   , domestique au service du défunt, lequel nous a introduit dans une chambre où est le cadavre d'un homme, etc. (*désigner le cadavre, détailler exactement les marques qu'il porte, les taches, la couleur, les diverses contractions des membres*). Ce fait, nous avons ordonné que le cadavre serait vu, visité et ouvert par lesdits MM.   lesquels, après serment par eux fait en nos mains, de bien et fidèlement s'acquitter de ladite commission, et de nous faire leur rapport en leur âme et conscience, ont vaqué à l'exécution de notre ordonnance, en notre présence et celle de   ; après quoi ils nous ont dit et rapporté que, etc que, etc. d'après quoi ils jugent en leur âme et conscience que la mort dudit   a été causée par le poison appelé etc., et ont signé en cet endroit. Ce fait, après avoir fait ensevelir le cadavre, nous avons apposé sur le suaire le sceau de notre juridiction.

Et ayant visité et fait visiter les vases qui se sont trouvés tant dans la chambre du défunt que dans les autres pièces de l'appartement, il ne s'est rien trouvé de suspect, non plus que dans les armoires et tiroirs des meubles dudit appartement où recherche a été faite.

De tout quoi et de ce que dessus avons fait et dressé le présent procès-verbal. Fait à   les jour, mois et an que dessus.

Nous, juge susdit, ordonnons que le cadavre dudit   sera inhumé dans une fosse particulière en présence de   commissaire de police qui en dressera procès-verbal. Fait à   le

Nous, juge susdit, ayant fait appeler le nommé   domestique dudit   , après serment par lui fait de dire vérité, enquis de ses nom, prénoms, âge, profession et demeure, a dit s'appeler, etc.

Chap. II. Matières criminelles.

A lui demandé de nous dire ce qui est arrivé à son maître, ce qu'il a fait hier, et comment lui a pris son mal;

A répondu : mon maître s'est levé hier bien portant, je l'ai habillé à l'ordinaire, et suivant sa coutume il est sorti vers   heures après midi, il me donna l'ordre de l'attendre à   heures du soir, il n'est rentré qu'à   heures, se plaignant de douleurs d'estomac, il me demanda du thé que je lui fis, après en avoir bu deux tases, il me dit qu'il se sentait mieux, qu'il avait soupé chez   qui est sa maîtresse, demeurant rue   n°.   qu'apparemment son souper lui avait fait mal, et il m'ordonna d'aller me coucher. Mais vers   heures je fus éveillé par un violent coup de sonnette. Je descendis promptement, je trouvai mon maître dans des douleurs et des convulsions affreuses. Je courus éveiller le portier, et lui recommandai d'aller chercher et d'amener le premier médecin ou chirurgien qu'il pourrait trouver; sa femme monta et m'aida à secourir mon maître, qui expira avant que le portier fût revenu; il amena un chirurgien qui ne jeta qu'un coup d'œil sur mon maître, et dit qu'il était mort d'une colique néphrétique. J'envoyai le portier chez le S.   demeurant rue   n°.   neveu de mon maître et son seul héritier, à ce que j'ai toujours ouï dire; il est venu ce matin, et m'a envoyé à la municipalité pour requérir l'enterrement; qui est tout ce qu'il a dit savoir.

Sommé ledit   de nous conduire à sa chambre, il l'a fait sans difficulté, et étant monté avec lui au   étage, nous sommes entrés dans une chambre   nous avons trouvé   et sur une planche s'est trouvé une bouteille de verre blanc, dans laquelle il y avait une liqueur pour faire mourir les punaises, et ladite bouteille remise auxdits MM.   ils nous ont dit que la liqueur y contenue était de l'essence de thérébentine; recherche faite dans la cassette dudit   qui nous a été ouverte par lui, dans les habits et dans les matelas de son lit, il ne s'y est rien trouvé de suspect.

Lecture à lui faite de sa déclaration, a dit icelle contenir vérité, etc., et a signé.

Redescendus dans l'appartement, nous avons fait appeler le portier de la maison, lequel étant comparu, enquis de ses nom, prénoms, âge, profession et demeure, après serment par lui fait de dire vérité, a dit s'appeler, etc.

A lui demandé ce qu'il sait relativement à la maladie et à la mort dudit ;

A déclaré que, etc.   Lecture à lui faite, etc.

Est ensuite comparu sur notre invitation, la femme dudit portier, laquelle après serment par elle fait de dire vérité, enquise, etc.

A déclaré que, etc.   Lecture à elle faite, etc.

Ce fait, nous juge susdit, ordonnons que nous nous transporterons de suite chez la nommée   où il paraît que ledit   a soupé le   jour de

Formules d'actes.

veille de sa mort, pour l'entendre et faire perquisition chez elle, et avons signé en cet endroit avec notre greffier.

Et ledit jour en vertu de notre ordonnance, nous juge susdit, accompagné dudit greffier, dudit huissier, et desdits MM. nous sommes transportés rue   en une maison numérotée   où étant montés au   étage, à un appartement dont la porte nous a été ouverte par une fille domestique, elle nous a introduits dans une chambre à coucher, où nous avons trouvé une femme qui nous a dit être   après serment d'elle pris de dire vérité, enquise de ses nom, etc., a dit s'appeler, etc.

A elle demandé si elle connaît le S.   a dit qu'oui.

A elle demandé quelles sont les relations qui existent entre elle et lui,

A dit que ce sont des relations d'amitié.

A elle demandé si elle le voit souvent,

A répondu, presque tous les jours.

A elle demandé si elle l'avait vu hier,

A répondu que non.

A elle demandé si elle en a eu des nouvelles,

A répondu que non.

A elle demandé si elle sait comment il se porte,

A répondu que cette question a lieu de la surprendre, qu'elle imagine qu'il se porte bien.

A elle demandé s'il n'a pas soupé chez elle le

A répondu qu'elle est étonnée de se voir ainsi pressée de questions sur questions.

A elle observé qu'elle doit dire vérité, et que nous la sommons de répondre par oui ou non,

A répondu qu'oui, que ledit   a soupé avec elle.

A elle demandé s'il y avait du monde à souper.

A répondu qu'oui, qu'il y avait plusieurs personnes.

A elle demandé le nom de ces personnes,

A répondu qu'elle ne se les rappelle pas dans le moment.

A elle demandé pourquoi elle a nié que ledit S.   soupé chez elle,

A répondu qu'elle ne croyait pas être obligée de rendre compte de ses actions et de celles dudit.

A elle demandé si elle ne savait pas que ledit   était mort cette nuit, et de l'effet d'un poison violent.

La répondante qui, pendant tout cet interrogatoire était tremblante, et s'agitait beaucoup, est restée interdite, elle a hésité, pleuré, et enfin a dit que non, qu'elle ne s'en doutait pas.

A elle demandé si elle ne soupçonne personne de lui avoir donné le poison,

A répondu qu'elle ne peut répondre à une pareille question ; comment peut-on supposer que je soupçonne quelqu'un ?

Lecture à elle faite de ses réponses, a dit icelle contenir vérité, etc.

Nous avons ensuite fait passer ladite   dans une autre
chambre, où nous l'avons mise à la garde dudit   huissier, et avons fait appeler la domestique, laquelle étant comparue,
après avoir fait serment de dire vérité, enquise de ses nom, etc.,
a dit s'appeler, etc.

A elle demandé si elle connaît le S.   a dit qu'oui,
qu'elle le connaît beaucoup, qu'il vient tous les jours voir sa maîtresse.

A elle demandé si elle connaît la liaison qui existe entre eux.

A répondu que cette liaison est très-intime, que ledit
reste souvent très-avant dans la nuit.

A elle demandé s'il est venu hier,

A répondu qu'oui, qu'il est venu sur les   heures
du soir, qu'en entrant il a dit à madame que le remboursement
qu'il attendait, avait été effectué, et qu'il souperait avec elle;
mais qu'il voulait se retirer de bonne heure.

A elle demandé s'il y avait des étrangers à souper,

A répondu que non, que ledit   était seul avec sa maîtresse, qu'elle a servi le souper à   que sa maîtresse lui a
demandé le plateau aux liqueurs, qu'elle a apporté, et qu'on lui a
dit de se retirer, ce qu'elle a fait; qu'environ une demi-heure après,
on l'a sonné pour éclairer ledit   qui s'en allait; que comme
sa maîtresse le reconduisait, il s'est plaint d'éprouver des douleurs
d'estomac, à quoi sa maîtresse a répondu que c'était sûrement des
vents, que l'air lui ferait du bien, et qu'ils se sont séparés, ledit
disant qu'il reviendrait ce matin.

Lecture à elle faite, etc.

Ce fait, nous avons fait rentrer ladite   et l'avons sommée de nous ouvrir ses armoires, commodes et autres meubles
fermant à clef, pour être par nous fait visite de ce qui y est contenu, à laquelle sommation ladite   demeura interdite,
dit qu'elle ne voyait pas le but de cette opération, et qu'elle ne
croyait point être obligée de nous obéir; et sur ce qui lui a été déclaré qu'à son refus, nous allions faire faire l'ouverture par un
serrurier, elle nous a remis les clefs.

Et dans une commode étant dans la chambre à coucher, dans le
tiroir d'en-haut, sous une pile de linge, nous avons trouvé un
porte-feuille de maroquin bleu, fermant avec une patte, sur lequel
est imprimé, en lettres d'or, le nom dudit défunt   dans
lequel s'est trouvé la somme de   en   billets de la
banque de France. Ledit porte-feuille représenté à la dame
à elle demandé si elle le reconnaît, a dit qu'oui, que c'est le porte-
feuille dudit   qui venait de recevoir un remboursement,
et qu'il l'a priée de garder, ne voulant pas le conserver sur lui en
s'en retournant, parce qu'il était tard, et qu'on parlait beaucoup
de voleurs.

Et continuant notre visite, ayant ouvert le second tiroir de ladite commode, ladite   a pris vivement un paquet de
vieux linges qui se trouvait dans un coin dudit tiroir, paraissant

Formules d'actes.

vouloir l'emporter, ce qu'elle a été empêchée de faire, et ayant examiné ledit paquet, il s'y est trouvé une petite bouteille contenant quelques gouttes d'une liqueur transparente, et ladite bouteille en forme de petit bocal en verre blanc, de la contenance à peu près de   sur laquelle avait été collé un papier qui avait été gratté; ladite bouteille fortement bouchée au moyen d'un bouchon de liége.

Ladite bouteille présentée à la dame   à elle demandé si elle la reconnaît; et sommée de nous dire quelle est la liqueur qui y est, a répondu qu'elle est destinée à enlever les taches sur les étoffes.

A elle demandé chez qui elle a acheté cette liqueur, a dit ne pas s'en rappeler.

Ladite bouteille présentée à   fille domestique de ladite   à elle demandé si elle la reconnaît, si elle sait quelle liqueur elle contient, et si elle s'en est servie, ou a vu sa maîtresse s'en servir pour détacher   a dit ne l'avoir jamais vue, ignorer quelle peut être la liqueur qui s'y trouve, et ne s'en être jamais servie, ni avoir vu sa maîtresse s'en servir.

Nous avons ensuite remis ladite bouteille auxdits MM.   , qui, après examen par eux fait de la liqueur qui s'y trouve, nous ont déclaré que ladite liqueur est du   poison violent, de la même nature que celui avec lequel ledit   a été empoisonné, ainsi qu'ils nous l'ont déclaré dans leur premier rapport, et ont signé en cet endroit.

Nous avons ensuite demandé   à ladite   comment elle se trouve avoir ce poison, où elle se l'est procuré, et à quelle fin; laquelle a dit qu'elle est bien malheureuse, qu'elle n'a jamais eu de poison, mais seulement de l'essence à détacher, qu'elle ne se rappelle point où elle l'a achetée, et qu'elle ne l'a eu que pour enlever des taches.

Nous avons fait reboucher ladite bouteille, et sur le bouchon nous avons appliqué une bande de papier, sur lequel nous avons mis notre sceau sur le bout de ladite bande couvrant le bouchon, et sur l'autre bout appliqué au fond extérieur de ladite bouteille, ladite   a appliqué son cachet portant trois lettres en forme de chiffre, lequel est resté en sa possession.

Nous avons également fait envelopper ledit porte-feuille ci-dessus désigné, d'une bande de papier de nous signée et paraphée, et signée de ladite   sur les deux bouts réunis de laquelle nous avons appliqué notre sceau, et ladite   son cachet.

De tout quoi nous avons fait et dressé le présent procès-verbal, en présence dudit   , et de ladite   lesquels ont signé avec nous et notre greffier, fait les jour, mois et an que dessus.

Nous, juge susdit, ordonnons que ladite bouteille sera déposée au greffe, pour servir à l'instruction du procès.

Et que ladite   sera conduite par   que nous commettons à cet effet en la maison d'arrêt de cette ville, pour y demeurer en dépôt, jusqu'à ce que autrement il en ait été ordonné. Fait à   le

Au moyen du mandat de dépôt, il faut mettre le scellé sur les meubles et effets du prévenu.

ARTICLE II, DES DÉNONCIATIONS ET PLAINTES.

Dénonciations.

107. Cejourd'hui   jour de   18   pardevant nous A   juge de paix du canton de   (ou commissaire de police), est comparu le S.   N   demeurant à   lequel nous a déclaré qu'il se rend dénonciateur à justice, et nous a requis de rédiger et écrire sa dénonciation contre B   , pour avoir ledit B.   fait et commis *(énoncer les faits avec toutes les circonstances connues)* dont et de tout quoi ont été témoins   déclarant ledit dénonciateur, que sa dénonciation contient vérité, et qu'elle n'est faite par vengeance ni calomnie, et a signé avec nous à toutes les pages des présentes à les jour, mois et an que dessus.

Si la dénonciation est faite par un fondé de pouvoir, on libelle ainsi :

Est comparu A   au nom et comme procureur fondé de B   suivant la procuration spéciale à l'effet des présentes passées devant   notaire à   et témoins le   dont expédition *(ou l'original en brevet)* à nous présentée; est demeurée annexée à la présente après avoir été dudit   certifiée véritable, signée et paraphée en notre présence, lequel a déclaré, etc., *(comme ci-dessus)*

La dénonciation peut être écrite par le dénonciateur, en cette forme :

Je soussigné N   , demeurant à   dénonce à justice, que le   heure de   il a été commis par *(énoncer le fait avec toutes les circonstances)* desquels faits on peut appeler en témoignage   et dont j'ai fait et rédigé la présente dénonciation à   le

Au bas de cette dénonciation, l'officier à qui elle est remise doit écrire :

La présente dénonciation a été apportée à nous   cejourd'hui   par ledit   qui a déclaré icelle contenir vérité, et n'être faite par haine, vengeance, ni calomnie, et a signé avec nous

Formule de procuration.

108. Pardevant le notaire royal à   et témoins ci-après nommés,

Est comparu N   demeurant à   lequel a fait et

Formules d'actes.

constitué pour son procureur spécial, la personne de   demeurant à   auquel il donne pouvoir de   pour lui et en son nom, dénoncer à justice que le   il a été commis par   (*énoncer les faits*), déclarer, ainsi que le comparant le déclare ès-mains du notaire soussigné, que ladite dénonciation contient vérité, qu'elle n'est faite par haine, vengeance, ni calomnie. Fait et passé à   (*ou* en la demeure dudit   ), et a signé après lecture à lui faite, etc.

Cette formule peut servir pour la procuration à l'effet de rendre plainte, sauf qu'on dit :

Requérir acte de ladite plainte; qu'il soit informé des faits y contenus, et procédé suivant la loi; déclarer que le comparant se rend partie civile contre ledit   requérant la jonction de M. le procureur du Roi (*ou déclarant le comparant, qu'il n'entend se rendre par partie civile*). Fait et passé à   le

Plainte d'une partie privée.

109. L'an 18   le   jour de   pardevant nous L.   est comparu N   , demeurant à   lequel nous a dit et déclaré que le   (*énoncer et circonstancier les faits*), desquels faits ledit   nous rend plainte, requérant qu'il soit informé contre ledit   et qu'il soit procédé suivant la loi; déclarant ledit   se rendre partie civile (*ou n'entendre se rendre partie civile*), et a signé avec nous à toutes les pages, les jour, mois et an que dessus.

La plainte doit, dans le plus court délai possible, être remise au juge d'instruction, qui met au bas son ordonnance, portant :

Soit communiqué au procureur du Roi. Fait à   le

Le procureur du Roi met ses conclusions, portant :

Si le plaignant se rend partie civile.

Vu la plainte ci-dessus, je déclare me joindre au plaignant, et requiers qu'il en soit donné acte, et permis d'informer, moi joint, pardevant vous, pour, etc.

Si le plaignant ne se rend pas partie.

Vu la plainte ci-dessus, je requiers acte de ce que je la prends pour dénonciation; en conséquence, qu'il me soit permis d'informer des faits y contenus, circonstances et dépendances, pour, etc.

Au bas des conclusions, le juge met son ordonnance en la forme ci-dessus.

Nota. *Quand le plaignant n'énonce pas son intention, il semble qu'il est de droit partie civile; cependant, il est bon de le faire expliquer sur ce point.*

Plainte rendue par un fondé de pouvoir.

110. Aujourd'hui   jour de   18   pardevant nous N.   est comparu le S.   demeurant à   au nom et comme fondé de pouvoir de   demeurant à   suivant sa procuration spéciale, à l'effet des présentes passées devant   et son confrère, notaires royaux à   le   dont l'original en brevet, et à nous représenté, est demeuré annexé à ces présentes après avoir été dudit   certifié véritable, signé et paraphé : lequel nous a dit et déclaré que ledit   son commettant, avait un garçon de magasin, nommé   taille de   (*signalement*), lequel il a renvoyé, il y a à-peu-près deux mois, parce qu'il a cru avoir quelques sujets de suspecter sa fidélité ; que depuis, ledit   est venu plusieurs fois chez le plaignant, sous différens prétextes ; que le   de ce mois, le plaignant est allé passer la journée à la campagne, d'où il est revenu sur les   du soir, qu'il a trouvé toutes ses portes fermées comme à l'ordinaire ; et s'est couché sans inquiétude ; qu'on n'a rien vu ni entendu dans la maison pendant la nuit ; que cependant le lendemain, quand on est entré dans le magasin du plaignant, on l'a trouvé vide, et à-peu-près déménagé : il a été volé   (*énoncer les effets volés*) qu'étant allé à l'armoire où l'on sert l'argenterie, on l'a également trouvée fermée ; mais ouverture d'icelle faite, l'argenterie s'est trouvée enlevée, il a été pris   couverts d'argent à filets, marqués des lettres   qu'il est évident que ce vol a été commis à l'aide de fausses clefs, par quelqu'un qui connaissait bien la maison, que le plaignant n'en peut soupçonner que ledit   qui est en effet venu le matin dudit jour, et qui depuis a disparu sans qu'on sache où il est.

Desquels faits ledit   nous rend plainte, requérant qu'il soit informé des faits y contenus, et procédé suivant la loi, déclarant qu'il n'entend se rendre partie civile, et a ledit procureur fondé, signé avec nous à toutes les pages.

RECUEIL CHRONOLOGIQUE

DES LOIS,

Décrets, ordonnances du Roi, circulaires et instructions ministérielles intervenues sur la Justice de Paix, depuis 1790 jusqu'à 1822.

Extrait de la loi sur l'organisation judiciaire du 16-24 août 1790 (1).

TITRE III.

Des Juges de paix.

Art. I. Il y aura dans chaque canton un juge de paix et des prud'hommes assesseurs du juge de paix.

2. S'il y a dans le canton une ou plusieurs villes ou bourgs dont la population excède deux mille âmes, ces villes ou bourgs auront un juge de paix et des prud'hommes particuliers. Les villes et bourgs qui contiendront plus de huit mille âmes auront le nombre de juges de paix qui sera déterminé par le Corps législatif, d'après les renseignemens qui seront donnés par les administrations de département.

3. Le juge de paix ne pourra être choisi que parmi les citoyens éligibles aux administrations de département et du district, et âgés de trente ans accomplis, sans autre condition d'éligibilité.

4. Le juge de paix sera élu au scrutin individuel, et à la pluralité absolue des suffrages, par les citoyens actifs réunis en assemblées primaires. S'il y a plusieurs assemblées primaires dans le canton, le recensement de leurs scrutins particuliers sera fait en commun par des commissaires de chaque assemblée. Il en sera de même dans les villes et bourgs au-dessus de huit mille âmes, à l'é-

---

(1) Les lois depuis 1789 jusqu'au 10 août 1792 ont deux dates : la 1re est celle du jour où le décret a été rendu par l'Assemblée nationale, et la 2me après le — est celle du jour où la sanction du Roi lui a imprimé le caractère de loi.

gard des sections qui concourront à la nomination du même juge de paix.

5. Une expédition de l'acte de nomination du juge de paix sera envoyée et déposée au greffe du tribunal de district. L'acte de nomination et celui du dépôt au greffe tiendront lieu de lettres patentes au juge de paix.

6. Les mêmes électeurs nommeront parmi les citoyens actifs de chaque municipalité, au scrutin de liste, et à la pluralité relative, quatre notables destinés à faire les fonctions d'assesseurs du juge de paix. Ce juge appellera ceux qui seront nommés dans la municipalité du lieu où il aura besoin de leur assistance.

7. Dans les villes et bourgs dont la population excédera huit mille âmes, les prud'hommes-assesseurs seront nommés en commun par les sections qui concourront à l'élection d'un juge de paix. Elles recenseront à cet effet leurs scrutins particuliers, comme il est dit en l'article ci-dessus.

8. Le juge de paix et les prud'hommes seront élus pour deux ans, et pourront être continués par réélection.

9. Le juge de paix, assisté de deux assesseurs, connaîtra avec eux de toutes les causes purement personnelles et mobiliaires; sans appel, jusqu'à la valeur de cinquante livres, et à charge d'appel, jusqu'à la valeur de cent livres; en ce dernier cas, ses jugemens seront exécutoires par provision, nonobstant l'appel, en donnant caution. Les législatures pourront élever le taux de cette compétence.

10. Il connaîtra de même sans appel jusqu'à la valeur de cinquante livres; et à charge d'appel à quelque valeur que la demande puisse monter;

1°. Des actions pour dommages faits, soit par les hommes, soit par les animaux, aux champs, fruits et récoltes.

2°. Des déplacemens de bornes, des usurpations de terres, arbres, haies, fossés et autres clôtures, commises dans l'année; des entreprises sur les cours d'eau servant à l'arrosement des prés, commises pareillement dans l'année, et de toutes autres actions possessoires;

3°. Des réparations locatives des maisons et fermes;

4° Des indemnités prétendues par le fermier ou locataire, pour non-jouissance, lorsque le droit de l'indemnité ne sera pas contesté, et des dégradations alléguées par le propriétaire;

5°. Du paiement des salaires des gens de travail, des gages des domestiques, et de l'exécution des engagemens respectifs des maîtres et de leurs domestiques ou gens de travail;

6°. Des actions pour injures verbales, rixes et voies de fait, pour lesquels les parties ne se seront point pourvues par la voie criminelle.

11. Lorsqu'il y aura lieu à l'apposition des scellés, elle sera faite par le juge de paix, qui procédera aussi à leur reconnaissance et levée, mais sans qu'il puisse connaître des contestations qui pourront s'élever à l'occasion de cette reconnaissance.

Il recevra les délibérations de famille pour la nomination des tuteurs, des curateurs aux absens, et aux enfans à naître, et pour l'émancipation et la curatelle des mineurs, et toutes celles auxquelles la personne, l'état où les affaires des mineurs et des absens pourront donner lieu pendant la durée de la tutelle ou curatelle, à la charge de renvoyer devant les juges de district la connaissance de tout ce qui deviendra contentieux dans le cours ou par suite des délibérations ci-dessus.

Il pourra recevoir dans tous les cas le serment des tuteurs et des curateurs.

12. L'appel des jugemens du juge de paix, lorsqu'ils seront sujets à l'appel, sera porté devant les juges du district, et jugé par eux en dernier ressort, à l'audience, et sommairement, sur le simple exploit d'appel.

13. Si le juge de paix vient à décéder dans le cours de deux années de son exercice, il sera procédé sans retard à une nouvelle élection ; et, dans le cas d'un empêchement momentané, il sera suppléé par un de ses assesseurs.

TITRE X.

Des bureaux de paix.

Art. 1. Dans toutes les matières qui excéderont la compétence du juge de paix, ce juge et ses assesseurs formeront un bureau de paix et de conciliation.

2. Aucune action principale ne sera reçue au civil devant les juges de district, entre parties qui seront toutes domiciliées dans le ressort du juge de paix, soit à la ville, soit à la campagne, si le demandeur n'a pas donné, en tête de son exploit, copie du certificat du bureau de paix, constatant que sa partie a été inutilement appelée à ce bureau, ou qu'il y a employé sans fruit sa médiation.

3. Dans le cas où les deux parties comparaîtront devant le bureau de paix, il dressera un procès-verbal sommaire de leurs dires, aveux ou dénégations sur les points de fait ; ce procès-verbal sera signé des parties, ou, à leur requête, il sera fait mention de leur refus.

4. En chaque ville où il y aura un tribunal de district, le conseil général de la commune formera un bureau de paix composé de six membres choisis pour deux ans parmi les citoyens recommandables par leur patriotisme et leur probité, dont deux au moins seront hommes de loi.

5. Aucune action principale ne sera reçue au civil dans le tribunal de district, entre parties domiciliées dans les ressorts de différens juges de paix, si le demandeur n'a pas donné copie du certificat du bureau de paix du district, ainsi qu'il est dit dans l'article 2 ci-dessus ; et, si les parties comparaissent, il sera de même dressé procès-verbal sommaire par le bureau, de leurs dires, aveux ou dénégations sur les points de fait ; lequel procès-verbal sera également signé d'elles, ou mention sera faite de leur refus.

6. La citation faite devant le bureau de paix suffira pour auto-

riser les poursuites conservatoires, lorsque d'ailleurs elles seront légitimes; elle aura aussi l'effet d'interrompre la prescription, lorsqu'elle aura été suivie d'ajournement.

7. L'appel des jugemens des tribunaux de district ne sera pas reçu, si l'appelant n'a pas signifié copie du certificat du bureau de paix du district où l'affaire a été jugée, constatant que sa partie adverse a été inutilement appelée devant ce bureau, pour être conciliée sur l'appel, ou qu'il a employé sans fruit sa médiation.

8. Le bureau de paix du district sera en même-temps bureau de jurisprudence charitable, chargé d'examiner les affaires des pauvres qui s'y présenteront, de leur donner des conseils, et de défendre ou faire défendre leurs causes.

9. Le service qui sera fait par les hommes de loi dans le bureau de paix et de jurisprudence charitable, leur vaudra l'exercice public des fonctions de leur état auprès des tribunaux, et le temps en sera compté pour l'éligibilité aux places de juges.

10. Tout appelant dont l'appel sera jugé mal fondé, sera condamné à une amende de neuf livres pour un appel de jugement de juges de paix, et de soixante livres pour l'appel d'un jugement du tribunal de district, sans que cette amende puisse être remise ni modérée sous aucun prétexte.

Elle aura également lieu contre les intimés qui n'auront pas comparu devant le bureau de paix, lorsque le jugement sera réformé; et elle sera double contre ceux qui, ayant appelé sans s'être présentés au bureau de paix, et en avoir obtenu le certificat, seront, par cette raison, jugés non-recevables.

11. Le produit de ces amendes, versé dans la caisse d'administration de chaque district, sera employé au service des bureaux de jurisprudence charitable.

12. S'il s'élève quelque contestation entre mari et femme, père et fils, grand-père et petit-fils, frères et sœurs, neveux et oncles, ou entre alliés aux dégrés di-dessus, comme aussi entre pupilles et leurs tuteurs pour choses relatives à la tutelle, les parties seront tenues de nommer des parens, ou, à leur défaut, des amis ou voisins pour arbitres, devant lesquels ils éclairciront leur différent, et qui, après les avoir entendues et avoir pris les connaissances nécessaires, rendront une décision motivée.

13. Chacune des parties nommera deux arbitres; et si l'une s'y refuse, l'autre pourra s'adresser au juge, qui, après avoir constaté le refus, nommera des arbitres d'office pour la partie refusante. Lorsque les quatre arbitres se trouveront divisés d'opinions, ils choisiront un sur-arbitre pour lever le partage.

14. La partie qui se croira lésée par la décision arbitrale, pourra se pourvoir par appel devant le tribunal du district, qui prononcera en dernier ressort.

15. Si un père ou une mère, ou un aïeul, ou un tuteur, a des sujets de mécontentement très-graves sur la conduite d'un enfant ou d'un pupille dont il ne puisse plus réprimer les écarts, il pourra porter sa plainte au tribunal domestique de la famille as-

semblée, au nombre de huit parens les plus proches, ou de six au moins, s'il n'est pas possible d'en réunir un plus grand nombre; et à défaut de parens, il y sera suppléé par des amis ou des voisins.

16. Le tribunal de famille, après avoir vérifié les sujets de plainte, pourra arrêter que l'enfant, s'il est âgé de moins de vingt ans accomplis, sera renfermé pendant un temps qui ne pourra excéder celui d'une année, dans les cas les plus graves.

17. L'arrêté de la famille ne pourra être exécuté qu'après avoir été présenté au président du tribunal des districts, qui en ordonnera ou refusera l'exécution, ou en tempérera les dispositions, après avoir entendu le commissaire du Roi, chargé de vérifier, sans forme judiciaire, les motifs qui auront déterminé la famille.

NOTA. *Ces dispositions des articles* 12, 13, 14, 15, 16 *et* 17, *rapportées ci-dessus ont été modifiées par le Code civil, titres* V, VI, IX, X *et* XI *du livre* 1er.

TITRE XI.
Des Juges en matière de police.

Art. 1er. Les corps municipaux veilleront et tiendront la main, dans l'étendue de chaque municipalité, à l'exécution des lois et des réglemens de police, et connaîtront du contentieux auquel cette exécution pourra donner lieu.

2. Le procureur de la commune poursuivra d'office les contraventions aux lois et aux réglemens de police; et cependant chaque citoyen qui en ressentira un tort ou un danger personnel, pourra intenter l'action en son nom.

3. Les objets de police confiés à la vigilance et à l'autorité des corps municipaux sont:

1°. Tout ce qui intéresse la sûreté, et la commodité du passage dans les rues, quais, places et voies publiques; ce qui comprend le nettoiement, l'illumination, l'enlèvement des encombremens, la démolition ou la réparation des bâtimens menaçant ruine, l'interdiction de rien exposer aux fenêtres ou autres parties des bâtimens, qui puisse nuire par sa chute, et celle de rien jeter qui puisse blesser ou endommager les passans, ou causer des exhalaisons nuisibles;

2°. Le soin de réprimer et punir les délits contre la tranquillité publique, tels que les rixes et disputes accompagnés d'ameutemens dans les rues, le tumulte excité dans les lieux d'assemblée publique, les bruits et attroupemens nocturnes qui troublent le repos des citoyens.

3°. Le maintien du bon ordre dans les endroits où il se fait de grands rassemblemens d'hommes, tels que les foires, marchés, réjouissances et cérémonies publiques, spectacles, jeux, cafés, églises et autres lieux publics.

4°. L'inspection sur la fidélité du débit des denrées qui se vendent au poids, à l'aune ou à la mesure, et sur la salubrité des comestibles exposés en vente publique;

5°. le soin de prévenir par les précautions convenables, et celui de faire cesser par la distribution des secours nécessaires, les accidens et fléaux calamiteux, tels que les incendies, les épidémies, les épizooties, en provoquant aussi, dans ces deux derniers cas, l'autorité des administrations de département et de district.

6°. Le soin d'obvier ou de remédier aux événemens fâcheux qui pourraient être occasionnés par les insensés ou les furieux laissés en liberté, et par la divagation des animaux malfaisans ou féroces.

4. Les spectacles publics ne pourront être permis, et autorisés que par les officiers municipaux. Ceux des entrepreneurs et directeurs actuels qui ont obtenu des autorisations, soit des gouverneurs des anciennes provinces, soit de toute autre manière, se pourvoiront devant les officiers municipaux, qui confirmeront leur jouissance pour le temps qui en reste à courir, à charge d'une redevance envers les pauvres.

5. Les contraventions à la police ne pourront être punies que de l'une de ces deux peines, ou de la condamnation à une amende pécuniaire, ou de l'emprisonnement par forme de correction, pour un temps qui ne pourra excéder trois jours dans les campagnes, et huit jours dans les villes, dans les cas les plus graves.

6. Les appels des jugemens en matière de police seront portés au tribunal du district; et ces jugemens seront exécutés par provision, nonobstant l'appel et sans y préjudicier.

7. Les officiers municipaux sont spécialement chargés de dissiper les attroupemens et émeutes populaires, conformément aux dispositions de la loi martiale, et responsables de leur négligence dans cette partie de leur service.

Nota. *Voyez ci-après les articles* 600 *et* 605 *du Code des délits et des peines, et, à la fin du volume, l'extrait du Code pénal de* 1810.

Loi contenant règlement pour la procédure en la justice de paix.

14 et 18-26 octobre 1790.

TITRE PREMIER.

Des citations.

Art. 1. Toute citation devant les juges de paix sera faite en vertu d'une cédule du juge, qui énoncera sommairement l'objet de la demande, et désignera le jour et l'heure de la comparution.

2. Le juge de paix délivrera cette cédule à la réquisition du demandeur, ou de son porteur de pouvoirs, après avoir entendu l'exposition de sa demande.

3. En matières purement personnelles ou mobiliaires, la cédule de citation sera demandée au juge du domicile du défendeur.

4. Elle sera demandée au juge de la situation de l'objet litigieux, lorsqu'il s'agira :

1°. Des actions pour dommages faits, soit par les animaux, aux champs, fruits et récoltes ;

2°. Des déplacemens de bornes, des usurpations de terres, arbres, haies, fossés et autres clôtures, commises dans l'année ; des entreprises sur les cours d'eau servant à l'arrosement des prés, commises pareillement dans l'année, et de toutes autres actions possessoires.

3°. Des réparations locatives des maisons et fermes ;

4°. Des indemnités prétendues par le fermier ou locataire pour non-jouissance, lorsque le droit de l'indemnité ne sera pas contesté, et des dégradations alléguées par le propriétaire.

5°. La notification de la cédule de citation sera faite à la partie poursuivie par le greffier de la municipalité de son domicile, qui lui en remettra copie, ou la laissera à ceux qu'il aura trouvés en sa maison, ou l'affichera à la porte de la maison, s'il n'y a trouvé personne. Ce greffier fera mention du tout, signé de lui, au bas de l'original de la cédule.

En cas de maladie, d'absence, ou autre empêchement du greffier, les officiers municipaux seront tenus d'en commettre un autre.

6°. Les cédules de citation, et leurs notifications, seront écrites sur papier timbré, dans les départemens où le timbre est établi, tant qu'il n'en aura pas été autrement ordonné ; mais, dans aucun cas, elles ne seront sujettes aux droits ni à la formalité du contrôle.

7°. Il y aura un jour franc au moins entre celui de la notification de la cédule de citation et le jour indiqué pour la comparution, si la partie citée est domiciliée dans le canton ou dans la distance de quatre lieues.

Il y aura au moins trois jours francs, si la partie est domiciliée dans la distance depuis quatre lieues jusqu'à dix ; au-delà, il sera ajouté un jour pour dix lieues.

Lorsque ces délais n'auront pas été observés, si le défendeur ne comparaît pas au jour pour lequel il aura été cité, le juge de paix ordonnera qu'il soit réassigné.

8°. Les délais ci-dessus pourront être abrégés par le juge de paix dans les cas urgens où il y aurait péril dans le retardement.

9°. Si, au jour de la première comparution, le défendeur demande à mettre un garant en cause, le juge de paix lui délivrera une cédule de citation, dans laquelle il fixera le délai de comparaître, relativement à la disposition du domicile du garant.

10°. Il n'y aura pas lieu à la mise en cause du garant, si la demande n'en a pas été formée au jour de la première comparution du défendeur ; et celle qui aurait été accordée demeurera comme non avenue, si elle n'a pas été notifiée au garant à temps utile, pour l'obliger de comparaître au jour indiqué ; sauf au défendeur à poursuivre l'effet de sa garantie, s'il y a lieu, séparément de la cause principale.

11°. Les parties pourront toujours se présenter volontairement et sans citation devant le juge de paix, en déclarant qu'elles lui demandent jugement : auquel cas il pourra juger seul leur différend, même sans appel, dans les matières où sa compétence est en dernier ressort, et cela encore qu'il ne fût le juge naturel des parties, ni à raison du domicile, ni à raison de la situation de l'objet litigieux.

La déclaration des parties, par laquelle elles auront volontairement saisi le juge de paix, sera reçue par écrit devant ce juge, et signée par les parties, ou mention sera faite si elles ne peuvent pas signer.

TITRE II.
De la récusation du juge de paix.

Art. 1. Les juges de paix ne pourront être récusés que quand ils auront un intérêt personnel à l'objet de la contestation, ou quand ils seront parens ou alliés d'une des parties jusqu'au degré de cousin issu de germain inclusivement.

2. La partie qui voudra récuser un juge de paix, sera tenue de former la récusation et d'en exposer les motifs par un acte qu'elle déposera au greffe du juge de paix, dont il lui sera donné, par le greffier, une reconnaissance faisant mention de la date du dépôt.

3. Le juge de paix sera tenu de donner au bas de cet acte, dans le délai de deux jours, sa déclaration par écrit, portant ou son acquiescement à la récusation, ou son refus de s'abstenir, avec ses réponses aux moyens de récusation allégués contre lui.

4. Les deux jours étant expirés, l'acte de récusation sera remis par le greffier à la partie récusante, soit que le juge de paix ait passé sa déclaration au bas de cet acte, ou non. Il en sera donné décharge au greffier par la partie, si elle sait signer ; et, si elle ne le sait pas, le greffier fera la remise, et en dressera procès-verbal en présence de deux témoins, qui signeront ce procès-verbal avec lui.

5. Lorsque le juge de paix aura déclaré acquiescer à la récusation, ou n'aura passé aucune déclaration, il ne pourra rester juge, et sera remplacé par l'un des assesseurs qui connaîtra de l'affaire avec l'assistance de deux autres assesseurs.

6. Si le juge de paix conteste l'acte de récusation et déclare qu'il entend rester juge, le jugement de la récusation sera déféré au tribunal de district, qui y fera droit sur les simples mémoires des deux parties plaidantes, sans forme de procédures et sans frais.

TITRE III.
De la comparution devant le juge de paix.

Art 1. Au jour fixé par la citation, ou convenu entre les parties, au cas qu'elles aient consenti de se passer de citation, elles comparaîtront en personnes, ou par leurs fondés de pouvoirs, dérant le juge de paix, sans qu'elles puissent fournir aucunes écritures, ni se faire représenter ou assister par aucunes des personnes qui, à quelque titre que ce soit, sont attachées à des fonctions relatives à l'ordre judiciaire.

2. Si, après une citation notifiée, l'une des parties ne comparaît pas au jour indiqué, la cause sera jugée par défaut, à moins qu'il n'y ait lieu à la réassignation du défendeur, au cas de l'article 7 du titre premier.

3. La partie condamnée par défaut, pourra former opposition au jugement, dans les trois jours francs de sa signification, en vertu d'une cédule qu'elle obtiendra du juge de paix; et qu'elle fera notifier à l'autre partie, ainsi qu'il est dit au titre premier pour les cédules de citation.

4. La partie opposante qui se laisserait juger une seconde fois par défaut sur son opposition, ne sera plus reçue à former une opposition nouvelle; et les tribunaux de districts ne pourront, dans aucun cas, recevoir l'appel d'un jugement de juge de paix, lorsqu'il aura été rendu par défaut, si ce n'est qu'il fût en contravention à l'article 7 du titre 6, ci-après.

5. Si un absent est condamné par un premier jugement rendu par défaut, le délai de l'opposition sera prorogé par le juge de paix, soit d'office, s'il connaît par lui-même la justice de cette prorogation, soit sur les représentations qui lui seront faites au nom de l'absent; et, dans le cas où la prorogation n'aurait été ni accordée d'office, ni demandée, l'absent pourra encore être relevé de la rigueur du délai et son opposition reçue, en justifiant que son absence a été telle qu'il n'ait pas pu être instruit de la procédure.

6. Lorsque les deux parties, ou leurs fondés de pouvoirs, comparaîtront, elles seront entendues contradictoirement par elles-mêmes, ou par leurs fondés de pouvoirs, et la cause pourra être jugée sur-le-champ; si le juge de paix et ses assesseurs se trouvent suffisamment instruits.

7. Il y aura lieu à juger sur-le-champ, toutes les fois qu'il ne sera pas nécessaire, pour l'entier éclaircissement de la cause, soit d'accorder à une des parties un délai pour présenter des pièces dont elle ne se trouvera pas saisie, soit d'ordonner une enquête, ou la visite du lieu contentieux.

TITRE IV.

Des enquêtes.

Art. 1. Si les parties sont contraires en faits qui soient de nature à être constatés par témoins, et dont le juge de paix et ses assesseurs trouvent la vérification utile et admissible, le juge de paix avertira les parties qu'il y a lieu de procéder par enquête, et les interpellera de déclarer si elles veulent faire preuve de leurs faits par témoins.

2. Lorsque, sur cet avertissement, les parties, ou l'une d'elles, requerront d'être admises à faire preuve par témoins, le juge de

paix, de l'avis de ses assesseurs, ordonnera la preuve, et en fixera précisément l'objet.

3. Les témoins seront toujours entendus en présence des deux parties, à moins que l'une d'elles ne soit défaillante au jour indiqué pour leur audition, et elle pourront fournir leurs reproches, soit avant, soit après les dépositions.

4. Il sera procédé au jugement définitif aussitôt après l'audition des témoins, sans qu'il soit nécessaire de faire écrire la prestation de serment des témoins, les reproches ni les dépositions, dans les causes où le juge de paix prononce en dernier ressort; mais les uns et les autres seront écrits par le greffier, dans les causes sujettes à l'appel. Dans les premières, les assesseurs seront toujours présens à l'audition des témoins; et, dans les secondes, ils pourront à volonté ou y assister, ou s'en abstenir.

5. Dans tous les cas où la vue du lieu est utile pour que les dépositions des témoins soient faites et entendues avec plus de sûreté, et spécialement dans les actions pour déplacemens des bornes, pour usurpations de terres, arbres, haies, fossés ou autres clôtures; et pour entreprises sur les cours d'eau, le juge de paix sera tenu de se transporter sur le lieu avec les assesseurs, et d'ordonner que les témoins y seront entendus.

TITRE V.

Des visites de lieu et des appréciations.

Art. 1. Lorsqu'il s'agira, soit de constater l'état des lieux dans les cas d'entreprises, de dommages, de dégradations, et autres de cette nature, soit d'apprécier la valeur des indemnités et dédommagemens demandés, le juge de paix et ses assesseurs ordonneront que le lieu contentieux sera visité par eux en présence des parties.

2. Si le juge de paix et ses assesseurs trouvent que l'objet de la visite ou de l'appréciation exige des connaissances qui leur soient étrangères, ils ordonneront que des gens de l'art, qu'ils nommeront par le même jugement, feront la visite avec eux et leur donneront leur avis.

3. Dans les cas où les assesseurs qui auront concouru au jugement qui ordonne la visite, où l'un d'eux ne se trouverait pas sur le lieu contentieux au jour et à l'heure indiqués, le juge de paix appellerait un ou deux assesseurs pris parmi les prud'hommes nommés dans la municipalité du lieu où se fera la visite.

4. Il ne sera pas nécessaire de faire écrire le procès-verbal de visite, ni la prestation de serment et l'avis des gens de l'art, dans les causes où le juge de paix peut prononcer en dernier ressort; ils seront écrits par le greffier, seulement dans les causes sujettes à l'appel.

TITRE VI.

Des jugemens préparatoires.

Art. 1. Aucun jugement préparatoire ou d'instruction, rendu contradictoirement entre les parties, et prononcé en leur présence, ne sera délivré à aucune d'elles; mais sa prononciation vaudra signification. Elle vaudra aussi intimation dans le cas où le jugement ordonnera une opération à laquelle les parties devront être présentes, et elles en seront averties par le juge de paix.

2. Lorsque le jugement préparatoire aura été rendu par défaut contre une des parties, ou lorsqu'après s'être défendue contradictoirement, elle n'aura pas été présente à la prononciation du jugement, la partie qui l'aura obtenu se le fera délivrer par extrait, et sera tenu de le faire notifier à l'autre partie, en la même forme qui est établie ci-dessus pour les citations, avec sommation d'être présente à l'opération ordonnée.

3. Si le jugement préparatoire ordonne une enquête, il fixera le jour, le lieu et l'heure de la comparution des témoins. Le juge de paix délivrera aussitôt aux parties qui auront requis la preuve, une cédule de citation pour faire venir leurs témoins, dans laquelle la mention du jour, du lieu et de l'heure de la comparution, sera réitérée.

4. Si le jugement préparatoire ordonne la visite du lieu contentieux, il indiquera de même le jour et l'heure où le juge de paix et ses assesseurs s'y transporteront, et où les parties devront s'y trouver présentes.

5. Lorsque le juge de paix et ses assesseurs auront nommé des gens de l'art pour faire la visite avec eux, aux termes de l'article 2 du titre précédent, le juge de paix délivrera à la partie poursuivante, ou à toutes les deux, si elles le requièrent également, une cédule de citation pour faire venir les experts nommés, dans laquelle le jour, le lieu et l'heure de la visite seront indiqués.

6. Toutes les fois que le juge de paix se transportera sur le lieu contentieux, soit pour en faire la visite, soit pour y entendre les témoins, il sera accompagné du greffier, qui apportera la minute du jugement par lequel la visite ou l'enquête aura été ordonnée.

7. Dans les causes où les juges de paix ne prononcent point en dernier ressort, il n'y aura lieu à l'appel des jugemens préparatoires qu'après le jugement définitif, et conjointement avec l'appel de ce jugement; mais l'exécution des jugemens préparatoires ne portera aucun préjudice aux droits des parties sur l'appel, sans qu'elles soient obligées de faire, à cet égard, aucunes protestations ni réserves.

TITRE VII.

Des jugemens, tant préparatoires que définitifs.

Art. 1. Les juges de paix n'auront point de costume particulier; ils pourront juger tous les jours, même ceux de dimanche et de fête, hors les heures du service divin, le matin et l'après-midi.

2. Ils pourront donner audience chez eux, en tenant leurs portes ouvertes; et lorsqu'ils iront visiter le lieu contentieux, ils pourront juger sur le lieu même, sans désemparer.

3. Les parties seront tenues de s'expliquer avec modération devant le juge de paix et ses assesseurs, et de garder en tout le respect qui est dû à la justice; si elles y manquent le juge de paix les y rappellera d'abord par un avertissement, après lequel, si elles récidivent, elles pourront être condamnées à une amende qui n'excédera pas la somme de six livres, avec l'affiche du jugement.

4. Dans le cas d'une insulte ou irrévérence grave commise envers le juge de paix personnellement, ou envers les assesseurs en fonctions, il en sera dressé procès-verbal, le coupable sera envoyé par le juge de paix à la maison d'arrêt du district, et sera jugé par le tribunal de district, qui pourra le condamner à la prison jusqu'à huit jours, suivant la gravité du délit, et par forme de correction seulement.

5. Le juge de paix et ses assesseurs pourront ordonner que les pièces et actes dont les parties se seront respectivement servies pour leur défense, leur soient remis, soit pour les examiner en présence des parties, soit pour en délibérer hors la présence des parties, à la charge de procéder incontinent à cette délibération et au jugement.

6. Ils auront la même faculté de délibérer en l'absence des parties, dans tous les autres cas où ils jugeront nécessaire de se recueillir ensemble avant de former leur opinion.

7. Les parties seront tenues de mettre leur cause en état d'être jugée définitivement, au plus tard dans le délai de quatre mois, à partir du jour de la notification de la citation, après lequel l'instance sera périmée de droit et l'action éteinte. Le jugement que le juge de paix rendrait sur le fond, serait sujet à l'appel, même dans les matières où il a droit de prononcer en dernier ressort, et annulé par le tribunal de district.

TITRE VIII.

Des minutes et de l'expédition des jugemens.

Art. 1. Chaque affaire portée devant le juge de paix, à la suite d'une citation, sera enregistrée et numérotée par le greffier, dans un registre tenu à cet effet, coté et paraphé par le juge de paix à toutes ses pages, et mention sera faite de la date de chaque enregistrement.

2. Il en sera usé de même pour toutes les affaires sur lesquelles les parties se présenteront volontairement devant le juge de paix sans citation.

3. Le greffier fera pour chaque affaire une minute détachée par-

ticulière, portant le même numéro que celui de l'enregistrement ci-dessus, sur laquelle minute seront inscrits, successivement et à l'ordre de leur date, tous les jugemens préparatoires, tous les autres actes d'instruction dans les affaires sujettes à l'appel, et ensuite le jugement définitif, de manière que cette minute présente, avec le jugement, le tableau de l'instruction qui l'aura précédé.

4. Toutes ces minutes seront mises en liasse par le greffier, à mesure qu'elles seront commencées, et, à la fin de chaque année; toutes celles dont les affaires seront définitivement jugées ou autrement terminées, seront rassemblées en forme de registre. Ce registre sera déposé au greffe du tribunal du district, et il en sera donné au greffier du juge de paix, pour sa décharge, une reconnaissance exempte de contrôle.

5. Le greffier du juge de paix désignera sur son registre, dont il est parlé dans l'article premier ci-dessus, par une note en marge de chacune des affaires qui y sont inscrites, celles dont les minutes auront été rassemblées dans le registre déposé à la fin de l'année au greffe du tribunal de district, et celles dont les minutes seront restées entre ses mains. Il continuera d'être responsable de ces dernières, jusqu'à ce que les affaires qu'elles concernent ayant été jugées définitivement, ou autrement terminées, elles soient entrées dans un registre déposé au greffe du tribunal du district.

6. Lorsque le jugement définitif ne sera pas sujet à l'appel, il suffira de délivrer ce jugement seul pour le faire mettre à exécution; mais, lorsqu'il y aura appel, le greffier délivrera une expédition de la minute entière, contenant la série des jugemens préparatoires, enquêtes, procès-verbaux de visite, et autres actes qui ont formé l'instruction de l'affaire.

7. Ces délivrances seront signées du juge de paix et du greffier, scellées gratuitement du sceau du juge de paix, et ne seront sujettes ni à la formalité, ni à aucun droit de contrôle.

8. Les directoires de district feront graver des sceaux portant un écu ovale, sur lequel seront écrits ces mots : *Juge de paix*, avec le nom du canton en entourage entre l'écu et le cordon du sceau, et ils remettront deux de ces sceaux à chacun des juges de paix.

TITRE IX.
Des dépens.

Art. 1. Les dépens qui seront adjugés à la partie qui aura gagné sa cause, seront réduits à ceux qui seront ci-après réglés, lorsque cette partie sera domiciliée dans le canton, ou lorsque, ne résidant pas dans le canton, elle aura été représentée par un fondé de pouvoirs domicilié dans le canton.

2. Il ne pourra être exigé des parties, ni taxé en dépens, que les sommes ci-après, savoir :

Pour chaque notification de citation, ou signification de jugement . . . . 1 l. 1 s.

Pour la délivrance d'un jugement définitif....	1 l.	» s.
Pour chacun des jugemens préparatoires, enquêtes ou procès-verbaux des visites délivrés avec le jugement définitif en cas d'appel.........	»	10
Pour la délivrance séparée d'un jugement préparatoire rendu contre une partie défaillante, au cas de l'article 2, du titre 6 ci-dessus......	»	15
Pour la vacation du greffier assistant le juge de paix, lorsqu'il se transportera sur le lieu.....	1	»
Pour la vacation des gens de l'art, lorsqu'ils seront appelés par le juge de paix, s'ils ont employé la journée entière, y compris l'allée et le retour, à chacun....................	3	»
Et s'ils n'ont employé qu'un demi-jour, à chacun..........................	1	10

Le juge de paix pourra augmenter cette dernière taxe relativement aux gens de l'art d'une capacité plus distinguée qu'il se trouverait forcé d'appeler.

3. Les notifications des citations aux témoins ou aux gens de l'art, s'ils sont domiciliés dans l'étendue de la même municipalité, seront faites par le greffier de cette municipalité : il sera payé et taxé vingt sous pour la première de ces notifications, et dix sous pour chacune des notifications subséquentes faites à des domiciles différens.

Si les témoins ou les gens de l'art sont domiciliés en plusieurs municipalités, les citations pourront être faites, ou par les greffiers de ces municipalités, chacune dans son territoire, ou par un huissier exploitant dans toutes : il sera payé et taxé de même vingt sous pour la première notification faite en chaque municipalité, et dix sous pour chacune des notifications subséquentes faites à des domiciles différens dans l'étendue de la même municipalité.

4. La partie à laquelle les dépens auront été adjugés, sera tenue, lorsqu'elle requerra la délivrance du jugement, de remettre au greffier les originaux de notification des différentes citations qu'elle aura fait faire tant à sa partie, qu'aux témoins ou aux gens de l'art, et l'expédition du jugement exprimera le résultat de la taxe des dépens qui seront liquidés par le juge, y compris le coût de la délivrance et de la signification du jugement.

TITRE X.

Dispositions particulières pour les juges de paix des villes.

1. Ce qui est contenu aux titres précédens, aura également lieu pour les juges de paix tant des villes que des campagnes, à l'exception des dispositions suivantes qui ne concernent que les juges de paix des villes.

2. Les juges de paix des villes désigneront trois jours au moins

par semaine, auxquels ils vaqueront à l'expédition et au jugement des affaires contentieuses, et cependant ils seront tenus d'entendre, tous les autres jours, celles qui exigeront une plus grande célérité, et celles pour lesquelles les parties se présenteront volontairement sans citation.

3. Ils pourront commettre un des huissiers ordinaires domiciliés dans leur arrondissement, ou au moins dans la ville, pour être attaché au service de leur juridiction.

4. Le nombre des prud'hommes pourra être porté jusqu'à six dans l'arrondissement de chaque juge de paix ; deux seront de service alternativement tous les deux mois ; et, pendant ce temps, aucun des deux ne pourra s'absenter, sans être assuré d'un de ses collègues pour le remplacer.

5. Les citations seront faites devant les juges de paix par le ministère de leur huissier, dans la forme ordinaire des exploits, sans qu'il soit nécessaire d'obtenir une cédule du juge de paix, et elles indiqueront le jour et l'heure de l'audience à laquelle les parties devront comparaître.

6. L'huissier rapportera à chaque audience les originaux des citations qu'il aura faites, sur lesquels il appellera les causes par ordre de priorité, suivant les dates des citations ; et s'il y a quelques affaires qui n'aient pas été en tour d'être appelées à la première audience, elles seront remises à la prochaine, et appelées les premières.

Extrait de la loi relative au nouvel ordre judiciaire.

Des 6-27 mars 1791.

Art. 1. Nul ne pourra être juge de paix, et en même temps officier municipal, membre d'un directoire, greffier, avoué, huissier, juge de commerce, percepteur d'impôts indirects.

2. Les assesseurs des juges de paix sont exclus des mêmes fonctions, si ce n'est que, dans les bourgs ou villages au-dessous de quatre mille âmes, il leur sera permis d'être officiers municipaux.

Ils ne peuvent être parens du juge de paix, au degré de cousins germains inclusivement ; et, s'ils sont parens entre eux à ce degré, ils ne jugeront point ensemble sans le consentement de toutes les parties.

3. La première fois que les assesseurs assisteront le juge de paix, ils prêteront dans ses mains le même serment prêté par lui devant le conseil général de la commune, et il en sera dressé acte.

4. Le juge de paix sera tenu de nommer un greffier, lequel ne pourra être son parent jusqu'au troisième degré, selon la supputation civile, c'est-à-dire, jusqu'au troisième degré d'oncle et de neveu inclusivement.

5. Les assesseurs des juges de paix ne pourront être en même temps officiers municipaux, membres d'un directoire, greffiers.

avoués, huissiers, juges de district, juges de commerce, percepteurs d'impôts indirects.

Il en sera de même des greffiers des tribunaux de district ou de commerce qui, en outre, ne pourront pas être notaires.

6. Si le greffier de la municipalité de campagne refuse de signifier les citations, actes et jugemens du juge de paix, il sera destitué de sa place, et l'huissier qui le remplacera pour les significations, ne recevra, à peine de concussion, que les droits attribués au greffier, si la signification est faite dans la municipalité du domicile de l'huissier ; mais en outre, en cas de transport, il recevra douze sous par lieue, sans qu'il puisse jamais être mis, à la charge de la partie condamnée, plus que les frais de deux lieues de transport, le tout compris.

7. Les juges de paix procéderont d'office à l'apposition des scellés, après l'ouverture des successions, lorsque les héritiers seront absens et non représentés, ou mineurs non émancipés, ou n'ayant pas de tuteurs ; et ils passeront outre nonobstant les oppositions, dont ils renverront le jugement au tribunal de district.

Chaque juge de paix apposera les scellés dans l'étendue de son territoire, et ne pourra pas, par suite, les apposer dans un autre territoire.

8 L'apposition de scellés étant un acte purement ministériel et conservatoire, il sera alloué au juge de paix deux livres pour une vacation de trois heures ; et vingt sous pour toutes les vacations suivantes, de manière qu'une apposition de scellés ne coûte pas plus de trois livres. Le greffier aura les deux tiers de la somme attribuée au juge.

Les droits seront d'une moitié en sus dans les villes au-dessus de vingt-cinq mille âmes, et du double pour Paris.

Il en sera de même pour les vacations de reconnaissance et levée de scellés, et pour celles employées aux avis de parens.

Le tout indépendamment des droits d'expédition du greffe.

9. Dans les cas qui n'excéderont pas sa compétence, le juge de paix connaîtra des contestations qui pourront s'élever entre père et fils, grand-père et petit-fils, frères et sœurs, neveux et oncles, ou entre alliés aux degrés ci-dessus, sans que les parties soient tenues de se pourvoir suivant les formes prescrites par l'article 12 du titre 10 du décret sur l'organisation judiciaire.

10. La confection des inventaires, procès-verbaux de descriptions et de carence, à l'ouverture des successions, n'appartiendra point au juge de paix, mais aux notaires, même dans les lieux où elle était attribuée aux juges et aux greffiers.

11. La légalisation des actes ne sera point faite, les certificats de vie ne seront point donnés par les juges de paix.

La légalisation sera faite, les certificats seront donnés gratuitement par les présidens des tribunaux de district, ou ceux des juges qui en feront les fonctions.

Dans les chefs-lieux où sont établis, soit les tribunaux, soit les administrations de district, les maires feront les légalisations, et donnerons les certificats de vie concurremment avec les présidens des tribunaux, mais seulement sur les actes des officiers publics, ou pour les citoyens qui seront domiciliés dans l'étendue de la commune.

12. Les juges de paix pourront porter, attaché au côté gauche de l'habit, un médaillon ovale en étoffe, bordure rouge, fond bleu, sur lequel seront écrits en lettres blanches ces mots : *la loi et la paix*.

13. Les huissiers des juges de paix dans les villes, lorsqu'ils seront en fonctions, porteront à la main une canne blanche. Les citations et jugemens des juges de paix seront signifiés par eux, et non par autres huissiers, à peine d'amende de six livres, qui sera prononcée par le juge de paix, dont moitié sera applicable à son huissier, l'autre moitié sera versée dans la caisse du receveur des amendes du district.

14. Si le juge de paix est pendant plus de huit jours consécutifs sans remplir ses fonctions, il sera tenu de remettre à l'assesseur qui l'aura remplacé, la portion proportionnelle du salaire qui lui est attribué; et, dans tous les cas où l'assesseur remplacera le juge de paix pour les commissions et les actes auxquels des vacations sont attachées, l'assesseur recevra lesdites vacations.

15. Les juges de paix ne pourront connaître de l'inscription de faux ou dénégation d'écriture; et, lorsqu'une des parties déclarera vouloir s'inscrire en faux, ils lui en donneront acte, et renverront la cause au tribunal de district.

Des bureaux de paix.

16. Aucuns avoués, greffiers, huissiers et ci-devant hommes de loi ou procureurs, ne pourront représenter les parties aux bureaux de paix; les autres citoyens ne seront admis à les représenter, que lorsqu'ils seront revêtus de pouvoirs suffisans pour transiger.

17. Les affaires commencées avant l'installation des tribunaux seront portées à ceux qui en doivent connaître, par simple assignation de la partie la plus diligente, sans autres procédures et sans avoir passé au bureau de paix.

18. Toutes saisies, oppositions et autres actes conservatoires, pourront être faits avant de donner la citation devant le bureau de paix.

Les affaires qui intéressent la nation, les communes et l'ordre public, pourront être portées aux tribunaux, sans qu'il soit besoin de comparution préalable devant ce bureau.

Il en sera de même des affaires de la compétence des juges de commerce, quand même ces affaires seraient portées au tribunal de district, au cas de l'article XIII du titre XII du décret du 16 août 1790, sur l'organisation judiciaire.

19. Les officiers municipaux sont autorisés à pourvoir économiquement aux menus frais de bois, lumières, papiers et secrétaire du bureau de paix, qui seront à prendre sur le produit des amendes prononcées sur les appels.

20. Les bureaux de paix exerceront leurs fonctions sans qu'il soit besoin d'aucune installation, et les citations pourront être notifiées par les greffiers des municipalités dans lesquelles les personnes citées auront leur domicile.

21. L'appel des jugemens des juges de paix, lorsqu'ils seront sujets à l'appel, ne sera pas reçu par les tribunaux de district, si l'appelant n'a pas signifié copie du certificat du bureau de paix du district, constatant que la partie adverse a été inutilement appelée devant ce bureau, pour être conciliée sur l'appel, ou qu'il a employé sans fruit sa médiation.

22. Si la partie ajournée en première instance devant un tribunal de district, n'a pas comparu au bureau de paix, et vient à perdre sa cause, elle sera condamnée par le même jugement à une amende de trente livres, au paiement de laquelle elle sera contrainte, soit qu'elle exécute le jugement, soit qu'elle en appelle, et sans restitution ; en ce dernier cas, quelque soit l'événement de l'appel, la même amende sera prononcée contre le demandeur qui, s'étant pourvu au tribunal de district sans avoir fait citer son adversaire devant le bureau de paix, sera, par cette raison, déclaré non-recevable.

23. Lorsqu'une partie citée devant le bureau de paix, sera exposée à l'exécution d'une contrainte par corps prononcée pour cause civile, le bureau de paix pourra lui accorder un sauf conduit ; et elle ne pourra être arrêtée, ni le jour fixé pour sa comparution, ni pendant son voyage pour aller au bureau de paix et pour en revenir.

24. Si un débiteur, après avoir obtenu de son créancier, devant le bureau de paix, un terme de paiement, manque de payer à l'échéance de ce terme, le créancier pourra l'ajourner directement au tribunal de district, sans le citer de nouveau devant le bureau de paix ; et le délai de l'ajournement ne sera, en ce cas, que de cinq jours, et d'un jour en outre pour dix lieues.

25. Lorsque, les deux parties présentes devant le bureau de paix, l'une déclarera s'en rapporter au serment de l'autre partie sur la vérité d'une dette méconnue ou d'une convention contestée, ou de tout autre fait décisif, le bureau de paix recevra le serment, ou fera mention, dans son procès-verbal, du refus de le prêter.

26. Le bureau de paix, après avoir concilié les parties, constatera, dans le procès-verbal, les points de conciliation dont elles sont tombées d'accord. Ce procès-verbal sera signé des parties, ou contiendra mention de la déclaration qu'elles auront faite de ne savoir signer.

Extrait de la loi concernant les biens et usages ruraux, et la police rurale.

28 septembre. — 6 octobre 1791.

TITRE II.

De la police rurale.

Art. 1. La police des campagnes est spécialement sous la juridiction des juges de paix et des officiers municipaux, et sous la surveillance des gardes-champêtres et de la gendarmerie nationale.

2. Tous les délits ci-après mentionnés sont, suivant leur nature, de la compétence du juge de paix ou de la municipalité du lieu où ils auront été commis.

3. Tout délit rural ci-après mentionné, sera punissable d'une amende, ou d'une détention, soit municipale, soit correctionnelle, ou de détention et d'amendes réunies, suivant les circonstances et la gravité du délit, sans préjudice de l'indemnité qui pourra être due à celui qui aura souffert le dommage. Dans tous les cas, cette indemnité sera payable par préférence à l'amende. L'indemnité et l'amende sont dues solidairement par les délinquans.

4. Les moindres amendes seront de la valeur d'une journée de travail aux taux du pays déterminé par le directoire du département. Toutes les amendes ordinaires qui n'excéderont pas la somme de trois journées de travail, seront doubles en cas de récidive dans l'espace d'une année, ou si le délit a été commis avant ou après le coucher du soleil; elles seront triples, quand les deux circonstances précédentes se trouveront réunies. Elles seront versées dans la caisse de la municipalité du lieu.

5. Le défaut de paiement des amendes et des dédommagemens ou indemnités, n'entraînera la contrainte par corps que vingt-quatre heures après le commandement. La détention remplacera l'amende à l'égard des insolvables; mais sa durée ou commutation de peine ne pourra excéder un mois. Dans les délits pour lesquels cette peine n'est point prononcée, et dans les cas graves où la détention est jointe à l'amende, elle pourra être prolongée du quart du temps prescrit par la loi.

6. Les délits mentionnés au présent décret, qui entraîneraient une détention de plus de trois jours dans les campagnes, et de huit jours dans les villes, seront poursuivis par voies de police correctionnelle; les autres le seront par voies de police municipale.

7. Les maris, pères, mères, tuteurs, maîtres, entrepreneurs de toutes espèces, seront civilement responsables des délits commis par leurs femmes et enfans, pupilles, mineurs, n'ayant pas plus de vingt ans et non mariés, domestiques, ouvriers, voituriers et autres subordonnés. L'estimation du dommage sera toujours faite par le juge de paix ou ses assesseurs, ou par des experts par eux nommés.

8. Les domestiques, ouvriers, voituriers ou autres subordonnés

seront, à leur tour, responsables de leurs délits envers ceux qui les emploient.

9. Les officiers municipaux veilleront généralement à la tranquillité, à la salubrité et à la sûreté des campagnes : ils seront tenus particulièrement de faire, au moins une fois par an, la visite des fours et cheminées de toutes maisons et de tous bâtimens éloignés de moins de cent toises d'autres habitations : ces visites seront préalablement annoncées huit jours d'avance.

Après la visite, ils ordonneront la réparation ou la démolition des fours et des cheminées qui se trouveront dans un état de délabrement qui pourrait occasionner une incendie ou d'autres accidens : il pourra y avoir lieu à une amende au moins de 6 liv., et au plus de 24 liv.

10. Toute personne qui aura allumé du feu dans les champs, plus près que cinquante toises des maisons, bois, bruyères, vergers, haies, meules de grains, de paille ou de foin, sera condamnée à une amende de la valeur de douze journées de travail, et paiera en outre le dommage que le feu aurait occasionné. Le délinquant pourra, de plus, suivant les circonstances, être condamné à la détention de police municipale.

11. Celui qui achètera des bestiaux hors des foires et marchés, sera tenu de les restituer gratuitement au propriétaire en l'état où ils se trouveront; dans le cas où ils auraient été volés.

12. Les dégâts que les bestiaux de toutes espèces laissés à l'abandon feront sur les propriétés d'autrui, soit dans l'enceinte des habitations, soit dans un enclos rural, soit dans les champs ouverts, seront payés par les personnes qui ont la jouissance des bestiaux : si elles sont insolvables, ces dégâts seront payés par celles qui en ont la propriété. Le propriétaire qui éprouvera les dommages aura le droit de saisir les bestiaux, sous l'obligation de les faire conduire dans les vingt-quatre heures au lieu du dépôt qui sera désigné à cet effet par la municipalité.

Il sera satisfait aux dégâts par la vente des bestiaux, s'ils ne sont pas réclamés, ou si le dommage n'a point été payé dans la huitaine du jour du délit.

Si ce sont des volailles, de quelque espèce que ce soit, qui causent le dommage, le propriétaire, le détenteur ou le fermier qui l'éprouvera, pourra les tuer, mais seulement sur le lieu au moment du dégât.

13. Les bestiaux morts seront enfouis dans la journée à quatre pieds de profondeur, par le propriétaire et dans son terrain, ou voiturés à l'endroit désigné par la municipalité, pour y être également enfouis, sous peine, par le délinquant, de payer une amende de la valeur d'une journée de travail, et les frais de transport et d'enfouissement.

14. Ceux qui détruiront les greffes des arbres fruitiers ou autres, et ceux qui écorcheront ou couperont, en tout ou en partie, des arbres sur pied qui ne leur appartiendront pas, seront condamnés à une amende double du dédommagement dû au propriétaire, et

28 *septembre.* — 6 *octobre* 1791. 111

à une détention de police correctionnelle, qui ne pourra excéder six mois.

15. Personne ne pourra inonder l'héritage de son voisin, ni lui transmettre volontairement les eaux d'une manière nuisible, sous peine de payer le dommage, et une amende qui ne pourra excéder la somme du dédommagement.

16. Les propriétaires et fermiers des moulins et usines construits ou à construire, seront garans de tous dommages que les eaux pourraient causer aux chemins ou aux propriétés voisines, par la trop grande élévation du déversoir ou autrement. Ils seront forcés de tenir les eaux à une hauteur qui ne nuise à personne, et qui sera fixée par le directoire du département, d'après l'avis du directoire du district. En cas de contravention, la peine sera une amende qui ne pourra excéder la somme du dédommagement.

17. Il est défendu à toute personne de combler les fossés, de dégrader les clôtures, de couper des branches de haies vives, d'enlever les bois secs des haies, sous peine d'une amende de trois journées de travail. Le dédommagement sera payé au propriétaire; et, suivant la gravité des circonstances, la détention pourra avoir lieu, mais au plus pour un mois.

18. Dans les lieux qui ne sont sujets ni au parcours ni à la vaine pâture, pour toute chèvre qui sera trouvée sur l'héritage d'autrui contre le gré du propriétaire de l'héritage, il sera payé une amende de la valeur d'une journée de travail par le propriétaire de la chèvre.

Dans les pays de parcours et de vaine pâture où les chèvres ne sont pas rassemblées et conduites en troupeau commun, celui qui aura des animaux de cette espèce ne pourra les mener aux champs qu'attachés, sous peine d'une amende de la valeur d'une journée de travail par tête d'animal.

En quelque circonstance que ce soit, lorsqu'elles auront fait du dommage aux arbres fruitiers ou autres, haies, vignes, jardins, l'amende sera double, sans préjudice du dédommagement dû au propriétaire.

19. Les propriétaires et fermiers d'un même canton ne pourront se coaliser pour faire baisser ou fixer à vil prix la journée des ouvriers ou les gages des domestiques, sous peine d'une amende du quart de la contribution mobilière des délinquans, et même de la détention de police municipale, s'il y a lieu.

20. Les moissonneurs, les domestiques et ouvriers de la campagne, ne pourront se liguer entre eux pour faire hausser et déterminer le prix des gages ou les salaires, sous peine d'une amende qui ne pourra excéder la valeur de douze journées de travail, et en outre de la détention de police municipale.

21. Les glaneurs, les rateleurs et les grappilleurs, dans les lieux où les usages de glaner, de rateler ou de grappiller sont reçus, n'entreront dans les champs, prés et vignes récoltés et ouverts, qu'après l'enlèvement entier des fruits. En cas de contravention, les produits du glanage, du ratelage et grappillage, seront confis-

qués, et, suivant les circonstances, il pourra y avoir lieu à la détention de police municipale. Le glanage, le ratelage et le grappillage sont interdits dans tout enclos rural, tel qu'il est défini à l'article 6 de la quatrième section du premier titre du présent décret.

22. Dans les lieux de parcours ou de vaine pâture, comme dans ceux où ces usages ne sont point établis, les pâtres et les bergers ne pourront mener les troupeaux d'aucune espèce dans les champs moissonnés et ouverts, que deux jours après la récolte entière, sous peine d'une amende de la valeur d'une d'une journée de travail; l'amende sera double, si les bestiaux d'autrui ont pénétré dans un enclos rural.

23. Un troupeau atteint de maladie contagieuse, qui sera rencontré au pâturage sur les terres de parcours ou de la vaine pâture, autres que celles qui auront été désignées pour lui seul, pourra être saisi par les gardes-champêtres, et même par toute personne; il sera ensuite mené au lieu de dépôt, qui sera indiqué à cet effet par la municipalité.

Le maître de ce troupeau sera condamné à une amende de la valeur d'une journée de travail par tête de bête à laine, à une amende triple par tête d'autre bétail.

Il pourra en outre, suivant la gravité des circonstances, être responsable du dommage que son troupeau aurait occasionné, sans que cette responsabilité puisse s'étendre au-delà des limites de la municipalité.

A plus forte raison cette amende et cette responsabilité auront lieu, si ce troupeau a été saisi sur des terres qui ne sont point sujettes au parcours ou la vaine pâture.

24. Il est défendu de mener sur le terrain d'autrui des bestiaux d'aucune espèce, et en aucun temps, dans les prairies artificielles dans les vignes, oseraies, dans les plans de câpriers, dans ceux d'oliviers, de mûriers, de grenadiers, d'orangers et arbres du même genre, dans tous les plans ou pépinières d'arbres fruitiers ou autres, faits de main d'homme.

L'amende encourue pour ce délit sera une somme de la valeur du dédommagement dû au propriétaire; l'amende sera double, si le dommage a été fait dans un enclos rural; et, suivant les circonstances, il pourra y avoir lieu à la détention de police municipale.

25. Les conducteurs de bestiaux revenant des foires, ou les menant d'un lieu à un autre, même dans les pays de parcours ou de vaine pâture, ne pourront les laisser pacager sur les terres des particuliers, ni sur les communaux, sous peine d'une amende de la valeur de deux journées de travail, en outre du dédommagement, si le dommage est fait sur un terrain ensemencé, ou qui n'a pas été dépouillé de sa récolte, ou dans un enclos rural.

A défaut de paiement, les bestiaux pourront être saisis et vendus jusqu'à concurrence de ce qui sera dû pour l'indemnité, l'amende

28 *septembre.* — 6 *octobre* 1791. 113

et autres frais relatifs; il pourra même y avoir lieu, envers les conducteurs, à la détention de police municipale, suivant les circonstances.

26. Quiconque sera trouvé gardant à vue ses bestiaux dans les récoltes d'autrui, sera condamné, en outre du paiement du dommage, à une amende égale à la somme du dédommagement, et pourra l'être, suivant les circonstances, à une détention qui n'excédera pas une année.

27. Celui qui entrera à cheval dans les champs ensemencés, si ce n'est le propriétaire ou ses agens, paiera le dommage et une amende de la valeur d'une journée de travail: l'amende sera double si le délinquant y est entré en voiture. Si les blés sont en tuyau, et que quelqu'un y entre même à pied, ainsi que dans toute autre récolte pendante, l'amende sera au moins de la valeur de trois journées de travail, et pourra être d'une somme égale à celle due pour dédommagement au propriétaire.

28. Si quelqu'un, avant leur maturité, coupe ou détruit de petites parties de blé en vert, ou d'autres productions de la terre, sans intention manifeste de les voler, il paiera en dédommagement, au propriétaire, une somme égale à la valeur que l'objet aurait eu dans sa maturité, il sera condamné à une amende égale à la somme du dédommagement, et il pourra l'être à la détention de police municipale.

29. Quiconque sera convaincu d'avoir dévasté des récoltes sur pied, ou abattu des plans venus naturellement, ou faits de main d'homme, sera puni d'une amende double du dédommagement dû au propriétaire, et d'une détention qui ne pourra excéder deux années.

30. Toute personne convaincue d'avoir, de dessein prémédité méchamment, sur le territoire d'autrui, blessé ou tué des bestiaux ou chiens de garde, sera condamné à une amende double de la somme du dédommagement. Le délinquant pourra être détenu un mois, si l'animal n'a été que blessé, et six mois, si l'animal est mort de sa blessure, ou en est resté estropié; la détention pourra être double, si le délit a été commis la nuit, ou dans un étable, ou dans un enclos rural.

31. Toute rupture ou destruction d'instrument de l'exploitation des terres, qui aura été commise dans les champs ouverts, sera punie d'une amende égale à la somme du dédommagement dû au cultivateur, et d'une détention qui ne sera jamais moindre d'un mois, et qui pourra être prolongée jusqu'à six, suivant la gravité des circonstances.

32. Quiconque aura déplacé ou supprimé des bornes, ou pieds-corniers, ou d'autres arbres plantés ou reconnus pour établir les limites entre différens héritages, pourra, en outre du paiement du dommage et des frais de replacement des bornes, être condamné à une amende de la valeur de douze journées de travail, et sera puni par une détention dont la durée, proportionnée à la gravité des circonstances, n'excédera pas une année : la détention cepen-

8

dant pourra être de deux années, s'il y a transposition de bornes à fin d'usurpation.

33. Celui qui, sans la permission du propriétaire ou fermier, enlèvera des fumiers, de la marne, ou tous autres engrais portés sur les terres, sera condamné à une amende qui n'excédera pas la valeur de six journées de travail, en outre du dédommagement, et pourra l'être à la détention de police municipale. L'amende sera de douze journées, et la détention pourra être de trois mois, si le délinquant a fait tourner à son profit lesdits engrais.

34. Quiconque maraudera, dérobera les productions de la terre qui peuvent servir à la nourriture des hommes, ou d'autres productions utiles, sera condamné à une amende égale au dédommagement dû au propriétaire ou fermier; il pourra aussi, suivant les circonstances du délit, être condamné à la détention de police municipale.

35. Pour tout vol de récolte fait avec des paniers ou des sacs, ou à l'aide des animaux de charge, l'amende sera du double du dédommagement; et la détention, qui aura toujours lieu, pourra être de trois mois, suivant la gravité des circonstances.

36. Le maraudage ou enlèvement de bois fait à dos d'homme dans les bois taillis ou futaies, ou autres plantations d'arbres des particuliers ou communautés, sera puni d'une amende double du dédommagement dû au propriétaire. La peine de la détention pourra être la même que celle portée en l'article précédent.

37. Le vol dans les bois taillis, fruitiers et autres plantations d'arbres des particuliers ou communautés, exécuté à charge de bête de somme ou de charrette, sera puni par une détention qui ne pourra être de moins de trois jours, ni excéder six mois; le coupable paiera en outre une amende triple de la valeur du dédommagement dû au propriétaire.

38. Les dégâts faits dans les bois taillis des particuliers ou des communautés par des bestiaux ou troupeaux, seront punis de la manière suivante :

Il sera payé d'amende, pour une bête à laine, une livre; pour un cochon, une livre; pour une chèvre, deux livres; pour un cheval ou autre bête de somme, deux livres; pour un bœuf, une vache ou un veau, trois livres.

Si les bois taillis sont dans les six premières années de leur croissance, l'amende sera double.

Si les dégâts sont commis en présence du pâtre, et dans les bois taillis de moins de six années, l'amende sera triple.

S'il y a récidive dans l'année, l'amende sera double; et, s'il y a réunion des deux circonstances précédentes, l'amende sera quadruple.

Le dédommagement dû au propriétaire sera estimé de gré à gré, ou à dire d'experts.

39. Conformément au décret sur les fonctions de la gendarmerie nationale, tout dévastateur des bois, des récoltes, ou chasseur masqué, pris sur le fait, pourra être saisi par tout gendarme national, sans aucune réquisition d'officier civil.

40. Les cultivateurs ou tous autres qui auront dégradé ou détérioré, de quelque manière que ce soit, des chemins publics, ou usurpé sur leur largeur, seront condamnés à la réparation ou à la restitution, et à une amende qui ne pourra être moindre de trois livres, ni excéder vingt-quatre livres.

41. Tout voyageur qui déclôra un champ pour se faire un passage dans sa route, paiera le dommage fait au propriétaire, et de plus, une amende de trois journées de travail, à moins que le juge de paix du canton ne décide que le chemin public étoit impraticable; et alors les dommages et les frais de clôture seront à la charge de la communauté.

42. Le voyageur qui, par la rapidité de sa voiture ou de sa monture, tuera ou blessera des bestiaux sur les chemins, sera condamné à une amende égale à la somme du dédommagement dû au propriétaire des bestiaux.

43. Quiconque aura coupé ou détérioré des arbres plantés sur les routes, sera condamné à une amende du triple de la valeur des arbres, et à une détention qui ne pourra excéder six mois.

44. Les gazons, les terres ou les pierres des chemins publics, ne pourront être enlevés en aucun cas, sans l'autorisation du directoire du département. Les terres ou matériaux appartenans aux communautés, ne pourront également être enlevés, si ce n'est par suite d'un usage général établi dans la commune pour les besoins de l'agriculture, et non aboli par une délibération du conseil général.

Celui qui commettra l'un de ces délits, sera, en outre de la réparation du dommage, condamné, suivant la gravité des circonstances, à une amende qui ne pourra excéder vingt-quatre livres, ni être moins de trois livres; il pourra, de plus, être condamné à la détention de police municipale.

Extrait du décret sur les postes.

29 mars 1793.

Art. 4. Les maîtres des postes qui auront exigé des voyageurs au-delà du prix fixé, seront tenus de restituer le trop perçu. La connaissance en est attribuée aux municipalités et aux juges de paix concurremment.

Extrait du décret relatif à la propriété des auteurs.

19 juillet 1793.

Art. 3. Les officiers de paix seront tenus de faire confisquer, à la réquisition et au profit des auteurs, compositeurs, peintres ou dessinateurs et autres, leurs héritiers ou cessionnaires, tous les exemplaires des éditions imprimées ou gravées sans la permission formelle et par écrit des auteurs.

Décret relatif au commerce maritime et aux douanes de l'Etat.

4 germinal an 2. — 24 mars 1794.

Tit. 6, art. 1. Aucune marchandise ne pourra être embarquée ou déchargée qu'en plein jour, entre le lever et le coucher du soleil, et après un *permis* du préposé des douanes.

2. Quiconque cachera ou achetera des objets saisissables, participera à une contravention aux lois des douanes, sera condamné à une amende de dix fois la valeur des objets cachés ou achetés en fraude.

3. Les objets qui doivent être pesés ou jaugés, ne pourront être déplacés du quai ou autre lieu de décharge, qu'après avoir été pesés ou jaugés, avec le *permis* des préposés.

4. L'Etat est préféré à tous créanciers, pour droits, confiscation, amende et restitution, et avec la contrainte par corps.

5. La facture faite au lieu de l'exportation, sera jointe à l'évaluation donnée au lieu d'importation.

6. Toute personne a droit de saisir et arrêter pour contravention aux lois sur la navigation et le commerce. Tout saisissant, préposé des douanes ou non, aura une moitié du produit des amendes et confiscations, l'autre moitié sera au profit de l'Etat.

7. Dans toute action sur une saisie, les preuves de non-contravention seront à la charge du saisi.

8. Un ou plusieurs préposés des douanes saisissant bâtimens ou marchandises feront, dans les vingt-quatre heures, un rapport énonciatif du fait de contravention, et descriptif de l'objet saisi.

9. Les rapports de saisie seront soumis à l'enregistrement.

10. Le lendemain du jour de la saisie, le rapport sera transcrit sur les registres du bureau des douanes le plus prochain.

11. Les expéditions et toutes pièces relatives aux bâtimens, cargaisons et voitures de la saisie, seront déposées au même bureau.

12. Ce rapport sera affiché à la porte du bureau dans le jour du dépôt, et contiendra sommation à la partie saisie, nommée ou inconnue, de comparaître dans trois jours devant le juge de paix du lieu le plus prochain.

13. Le rapport et les pièces jointes seront présentés au juge de paix qui recevra l'affirmation du saisissant et l'entendra sur le fait de la saisie.

14. Si la saisie est jugée bonne, et qu'il n'y ait point d'appel dans les trois jours suivans, le préposé du bureau indiquera la vente des objets confisqués, par affiche mise à la porte du bureau et à celle de l'auditoire, et procédera à la vente cinq jours après.

15. Les délais d'appel et vente expirés, toutes répétitions et actions seront non-recevables.

16. S'il y a appel, le tribunal du district de la situation du bureau prononcera en dernier ressort.

17. En première instance, et sur l'appel, l'instruction sera ver-

bale, sur simples mémoires, et sans frais de justice à répéter de part ni d'autre.

18. Le préposé de bureau interjetera appel du juge de paix, si la saisie n'est pas déclarée valable.

19. Si le tribunal d'appel déclare qu'il n'y avait pas une probabilité fondée de contravention, les objets saisis seront rendus au propriétaire, et les préposés des douanes et autres saisissans, seront condamnés personnellement envers lui en un intérêt d'indemnité pour le temps écoulé depuis la saisie jusqu'à la restitution, à raison de dix pour cent d'intérêt par an de la valeur des objets saisis.

20. S'il y a lieu à la procédure criminelle, on suivra les règles prescrites par le Code pénal et les lois sur la justice criminelle.

21. Toutes transactions, compositions, déports et remises, avant ou après le jugement, sont prohibés et déclarés nuls.

22. Tous les condamnés sur une saisie, sont solidaires pour la confiscation et l'amende.

23. Aucun juge ne modérera ni les droits, ni la confiscation, ni l'amende, sous peine d'en répondre personnellement.

Décret portant que les dispositions de la loi du 11 ventôse an 2 (1), relative aux scellés apposés sur les effets et papiers des parens des défenseurs de la patrie, sont communes aux officiers de santé et à tous autres citoyens attachés au service de l'état.

16 fructidor an 2. — 2 Septembre 1794.

Art. 1. Les dispositions de la loi du 11 ventôse dernier, concernant les défenseurs de la patrie, sont communes aux officiers de santé, et à tous autres citoyens attachés au service des armées de l'Etat.

2. Lorsque les citoyens compris dans l'article ci-dessus et dans la loi précitée, se trouveront, soit en pays ennemi, soit au bivouac, n'ayant point de notaire pour recevoir leurs procurations,

---

Texte de la loi du 11 ventôse an 2.

(1) *Immédiatement après l'apposition des scellés sur les effets et papiers délaissés par les pères et mères des défenseurs de la patrie et autres parens dont ils sont héritiers, le juge de paix qui les a apposés, en avertira ses héritiers, s'il sait à quel corps ou armée ils sont attachés; il en instruira pareillement le ministre de la guerre, et le double de ses lettres sera copié à la suite de son procès-verbal, avant de le présenter à l'enregistrement, sans augmentation de droit* (art. 1er.)

Nota. *Les articles 2, 3 et 4, règlent tout ce qui est relatif à la levée et reconnaissance des scellés.*

ils pourront s'adresser au conseil d'administration du corps auquel ils appartiendront.

3. Cette procuration sera signée et certifiée par les membres du conseil; elle sera scellée du sceau de l'administration.

4. Le fondé de pouvoir sera tenu de soumettre à la formalité de l'enregistrement l'acte de procuration qui lui aura été adressé, avant d'en faire usage, à peine de nullité.

5. Les procurations données antérieurement à la présente loi dans la forme prescrite par les articles précédens, sont valables.

Extrait de la loi sur l'incompatibilité des fonctions administratives et judiciaires.

24 vendémiaire an 3. — 15 octobre 1794.

TITRE PREMIER.

Incompatibilité des fonctions administratives et judiciaires.

Art. 1. Les membres du tribunal de cassation, les juges des tribunaux criminels de départemens, les accusateurs publics de ces tribunaux et leurs substituts, les juges des tribunaux de district, les commissaires nationaux auprès de ces tribunaux, les juges des tribunaux de commerce, les juges de paix et leurs assesseurs, les membres des bureaux de paix et de conciliation, les greffiers de ces divers établissemens et tribunaux, ne pourront être membres des directoires de départemens et districts, officiers municipaux, présidens, agens nationaux ou greffiers de ces diverses administrations.

2. Ils ne pourront non plus être notaires publics, membres des administrations forestières, receveurs de district ou de l'enregistrement, employés dans le service des douanes, postes et messageries, ni remplir des fonctions publiques sujettes à comptabilité pécuniaire.

3. Cette incompatibilité cessera néanmoins pour les assesseurs des juges de paix, quant aux places d'officiers municipaux, dans les communes dont la population est au-dessous de 4,000 âmes.

TITRE III.

De l'incompatibilité des diverses fonctions judiciaires entre elles.

Les membres du tribunal de cassation, les juges et accusateurs publics des tribunaux criminels des départemens, les juges et commissaires nationaux des tribunaux de district, les juges de commerce, les juges de paix et leurs commis salariés par l'Etat ne pourront cumuler avec leurs fonctions celles attachées à quelques-unes des autres places énoncées dans le précédent article.

TITRE IV.

Dispositions générales.

Art. 1. Les instituteurs salariés par la nation....., ne pourront cumuler avec ces fonctions aucune autre fonction publique.

2. Les fonctionnaires publics qui réuniraient actuellement des fonctions incompatibles, seront tenus de faire leur option dans le délai d'une décade après la publication de la présente loi par la voie du bulletin, à peine d'être destitués des unes et des autres, après ce délai expiré.

3. Ceux qui seraient appelés à l'avenir à remplir des fonctions incompatibles avec celles qu'ils exerceraient déjà, seront pareillement tenus, sous la même peine, de faire leur option dans la décade qui suivra la notification qui leur sera faite du nouveau choix qui aura eu lieu en leur faveur.

4. Il est dérogé par le présent décret aux dispositions contraires des lois précédentes sur les incompatibilités.

Décret portant que les fonctions attribuées aux officiers de paix par l'article 3 de la loi du 19 juillet 1793, seront à l'avenir exercées par les commissaires de police, et par les juges de paix dans les lieux où il n'y a pas de commissaires de police.

25 prairial an 3. — 13 juin 1795.

La convention nationale, après avoir entendu le rapport de ses comités de législation et d'instruction publique sur plusieurs demandes en explication de l'article 3 de la loi du 19 juillet 1793, dont l'objet est d'assurer aux auteurs et artistes la propriété de leurs ouvrages, par des mesures répressives contre les contrefacteurs, décrète ce qui suit :

Art. 1. Les fonctions attribuées aux officiers de paix, par l'article 3 de la loi du 19 juillet 1793 (vieux style) seront à l'avenir exercées par les commissaires de police, et par les juges de paix, dans les lieux où il n'y a pas de commissaire de police.

Loi qui modifie plusieurs dispositions de celle du 4 germinal an 2. relative aux douanes.

14 fructidor an 3. — 31 août 1795.

La convention nationale voulant modifier plusieurs dispositions du titre 5 de la loi du 4 germinal an 2 relative aux douanes, et faire cesser les difficultés auxquelles elle a donné lieu ; après avoir entendu son comité de commerce, décrète :

Art. 1. Les rapports pour contravention aux lois relatives aux importations et aux exportations, tant sur mer que sur terre, seront signés au moins par deux préposés des douanes ; ou autres citoyens français.

2. Ceux qui procéderont aux saisies feront conduire dans un bureau des douanes, et autant que les circonstances pourront le permettre, au plus prochain du lieu de l'arrestation, les marchandises, les voitures et chevaux servant aux transports; ils y rédigeront de suite leur rapport, dans lequel ils seront seulement tenus d'énoncer la date et la cause de la saisie, les noms, qualités et demeures des saisissans et du préposé des douanes, ainsi que la description des objets saisis.

3. Si la partie trouvée en contravention est au bureau, lors de la clôture du rapport, il lui en sera donné copie à l'instant même, et mention en sera faite sur l'original; sinon cette copie sera affichée dans le jour à la porte du bureau. Dans l'un et dans l'autre cas, le rapport contiendra sommation à la partie nommée ou inconnue de comparaître le lendemain matin devant le juge de paix de l'arrondissement.

4. Lors de la comparution devant le juge de paix, ou, à son défaut, devant ses assesseurs, le rapport sera présenté; le juge recevra l'affirmation des saisissans, entendra la partie si elle est présente, et sera tenu de rendre sans délai son jugement. L'amende sera toujours de 500 livres, lorsqu'il s'agira d'importations ou d'exportations prohibées.

5. Dans le cas où la saisie n'étant pas déclarée valable, l'agence des douanes interjetterait appel du jugement, les bâtimens, voitures et chevaux saisis, même les marchandises sujettes à dépérissement, seront remis, sous caution solvable, après estimation de leur valeur. Si la remise, aux conditions ci-dessus, n'est pas demandée dans les huit jours de la date du jugement, l'agence des douanes pourra faire procéder à la vente dans les trois jours de l'annonce qui en aura été faite à la partie, soit à son domicile, ou par affiche à la porte de la maison commune ou à celle du bureau : cette vente aura lieu, soit que la partie comparaisse ou non : toute opposition est non-recevable.

6. L'appel devra être notifié dans la huitaine de la signification du jugement, sans citation du jugement, sans citation préalable au bureau de paix et de conciliation : après ce délai, il ne sera point recevable, et le jugement sera exécuté purement et simplement; la déclaration d'appel contiendra assignation à trois jours devant le tribunal civil dans le ressort duquel se trouvera le juge de paix, qui aura rendu le jugement; et le tribunal sera tenu de prononcer dans les délais fixés par la loi pour les appels des jugemens de juges de paix.

7. Si la saisie est jugée bonne, et qu'il n'y ait pas d'appel dans la huitaine de la signification, le neuvième jour le préposé du bureau indiquera la vente des objets confisqués, par une affiche signée de lui, et apposée tant à la porte du bureau qu'à celle de l'auditoire du juge de paix; et procédera à la vente cinq jours après.

8. Les objets saisis qui auront été confisqués, seront vendus publiquement et après l'apposition d'affiches dans la forme prescrite par l'article 7.

14 *fructidor an* 3. — 31 *août* 1795.

9. Si la saisie n'est pas fondée, et qu'il y ait lieu d'en donner main-levée, le propriétaire des marchandises aura droit à un intérêt d'indemnité, à raison d'un pour cent par mois, de la valeur des objets saisis, depuis l'époque de la retenue jusqu'à celle de la remise où de l'offre qui lui en aura été faite.

10. Les tribunaux de paix qui connaissent en première instance des saisies, jugeront également en première instance les contestations concernant le refus de payer les droits, le non-rapport des acquits à caution, et les autres affaires relatives aux douanes.

11. Tous jugemens rendus sur une saisie seront signifiés, soit à la partie saisie, soit au préposé indiqué par le rapport. Les significations à la partie seront faites à son domicile, si elle en a un réel, ou élu dans le lieu de l'établissement du bureau, sinon à celui de l'agent national de la commune. Les significations à l'agence des douanes seront faites au préposé.

12. Au moyen des dispositions du présent décret, le titre 6 de la loi du 4 germinal est rapporté en tout ce qui pourrait y être contraire.

Code des délits et des peines.

Du 3 brumaire an 4.

Art. 600. Les peines de simple police sont celles qui consistent dans une amende de la valeur de trois journées de travail ou au-dessous, ou dans un emprisonnement qui n'excède pas trois jours.

Elle se prononcent par les tribunaux de police.

TITRE I.

Des peines de simple police.

Art 605. Sont punis de peines de simple police;

1°. Ceux qui négligent d'éclairer ou nettoyer les rues devant leurs maisons, dans les lieux où ce soin est à la charge des habitans.

2°. Ceux qui embarassent ou dégradent les voies publiques.

3°. Ceux qui contreviennent à la défense de rien exposer sur les fenêtres ou au-devant de leurs maisons sur la voie publique, de rien jeter qui puisse nuire ou endommager par sa chute, ou causer des exhalaisons nuisibles.

4°. Ceux qui laissent divaguer des insensés ou furieux, ou des animaux malfaisans ou féroces.

5°. Ceux qui exposent en vente des comestibles gâtés, corrompus ou nuisibles.

6°. Les boulangers et bouchers qui vendent le pain ou la viande au-delà du prix fixé par la taxe légalement faite et publiée.

7°. Les auteurs d'injures verbales, dont il n'y a pas de poursuite par la voie criminelle.

8°. Les auteurs de rixes, attroupemens injurioux ou nocturnes, voies de fait et violences légères, pourvu qu'ils n'aient blessé ni frappé personne, et qu'ils ne soient pas notés, après les dispositions de la loi du 19 juillet 1791, comme *gens sans aveu, suspects ou mal intentionnés*, auxquels cas ils ne peuvent être jugés que par le tribunal correctionnel.

9°. Les personnes coupables des délits mentionnés dans le titre II de la loi du 28 septembre 1791, sur la police rurale, lesquelles, d'après ses dispositions étaient dans le cas d'être jugées par voie de police municipale.

Loi qui détermine le lieu où seront déposées les minutes des actes de juges de paix.

26 frimaire an 4. — 17 décembre 1795.

Considérant que l'institution des juges de paix a été faite pour que chaque citoyen trouvât, comme au milieu de sa famille, la justice et la paix; que tous les actes et jugemens de ces tribunaux doivent toujours être sous la main des justiciables : que le dépôt des minutes qui en a été fait annuellement dans les greffes des tribunaux de district, et qu'il faudrait en faire désormais dans ceux des tribunaux civils de département, contredit manifestement le but de ces établissemens salutaires, puisqu'il occasionnerait des frais, des pertes de temps et des suspensions de travaux qu'il est dans l'intention de la loi d'épargner; et qu'il est intéressant de retirer promptement des greffes des tribunaux de district les minutes des actes des juges de paix.

Art. 1er. Toutes les minutes des actes, procès-verbaux et jugemens faits et rendus par les juges de paix, qui ont été déposées dans les greffes des tribunaux de districts, en seront retirées et remises aux greffiers des juges de paix, sur inventaires sommaires qu'ils signeront pour valoir décharge, et desquels il leur sera délivré une expédition.

2. Néanmoins les minutes des actes des juges de paix, procès-verbaux et jugemens, dans les départemens infestés de rebelles et de chouans, seront transférées et déposées dans les greffes des tribunaux civils de département, et ce, provisoirement, et jusqu'à ce que l'ordre et la tranquillité publique aient été rétablis dans ces départemens.

3. Les greffiers des juges de paix tiendront des répertoires qui seront cotés et paraphés par les juges de paix, sur lesquels ils inscriront, jour par jour, les dates des actes, leur nature, celle des procès-verbaux et des jugemens par eux faits et rendus, avec les noms des citoyens qui y sont parties.

4. Les minutes des actes des juges de paix, en matière civile, seront déposées, tous les ans, dans un local de la maison de l'administration municipale, et les expéditions en seront délivrées par les greffiers de ces juges.

26 ventôse an 4. — 16 mars 1796.

Extrait de la loi qui ordonne l'échenillage des arbres.

26 ventôse an 4. — 16 mars 1796.

Art. 6.... L'échenillage sera fait....; avant le premier ventôse de chaque année. — (dans le courant du mois de février).

7. Dans le cas où quelques propriétaires et fermiers auraient négligé de le faire avant cette époque, les agens et adjoints le feront faire aux dépens de ceux qui l'auront négligé, par des ouvriers qu'ils choisiront; l'exécutoire des dépenses leur sera délivré sur les quittances des ouvriers.

Loi contenant réglement sur la manière de procéder en conciliation.

26 ventôse an 4. — 16 mars 1796.

Considérant que les affaires dont le jugement n'appartient ni aux juges de paix, ni aux tribunaux de commerce, soit en dernier ressort, soit à la charge d'appel, doivent être portées, aux termes de l'article 215 de la constitution, immédiatement devant le juge de paix et ses assesseurs, pour être conciliées;

Qu'il est instant de déterminer un mode uniforme pour procéder à cet égard, et de régler d'une manière précise la marche à suivre en conciliation.

Art. 1er. En matière purement personnelle ou mobiliaire, le bureau de conciliation sera formé du juge de paix et de deux assesseurs, dans le canton où est situé le domicile du défendeur.

2. Il sera formé, lorsqu'il y aura plusieurs défendeurs co-obligés solidaires, dans le canton où est situé le domicile de celui d'entre eux que le demandeur aura préféré citer.

3. Dans les affaires, soit réelles, soit mixtes, le demandeur aura le choix de citer en conciliation, ou devant le juge de paix du domicile du défendeur, ou devant celui du canton où les biens sont situés.

Néanmoins, en matière de succession, toutes contestations entre les cohéritiers ou autres parties intéressées, jusqu'au partage, seront portées, pour la conciliation, pardevant le juge de paix du lieu où la succession est ouverte.

4. Toute citation devant le bureau de conciliation sera faite en vertu d'une cédule qui sera délivrée par le juge de paix au demandeur ou à son fondé de pouvoirs; elle énoncera sommairement l'objet de la demande, et désignera le jour, le lieu et l'heure de la comparution.

3. Les cédules de citations et les certificats des bureaux de conciliation seront délivrés sur du papier timbré. Les exploits de leur notification seront faits par des huissiers, en conformité de l'article 27 du titre 3 de la loi du 10 vendémiaire an 4, et ils seront assujétis au droit de l'enregistrement.

6. Il y aura trois jours francs, au moins, entre celui de la notification de la cédule de citation et le jour de la comparution, si

la partie citée est domiciliée dans le canton, ou dans la distance de cinq myriamètres (dix lieues moyennes de 2666 toises chacune); au-delà de cette distance, il sera ajouté un jour pour cinq myriamètres.

7. L'huissier remettra au greffier du juge de paix les originaux des citations qu'il aura faites, et les affaires seront expédiées, suivant les dates, par ordre de priorité.

8. Le demandeur principal qui se sera pourvu au tribunal civil, et dont l'action n'aura pas été reçue pour n'avoir point cité son adversaire en conciliation, sera recevable à l'exercer de nouveau, en rapportant la quittance de l'amende de 30 livres par lui encourue, et le certificat du bureau de conciliation qui constatera que sa partie a été inutilement appelée à ce bureau, ou qu'il a employé sans fruit sa médiation.

9. Le défendeur qui, suivant la loi du 21 germinal de l'an 2, n'aura pas été entendu dans ses défenses, pour n'avoir pas justifié de la quittance de l'amende de 30 livres, encourue par la non-comparution au bureau de conciliation, et qui aura été condamné, sera reçu opposant au jugement rendu contre lui, dans les dix jours de la signification, s'il rapporte la quittance de ladite amende.

10. Les contestations sur l'appel des jugemens rendus, seront portées devant le tribunal civil qui doit en connaître, pour y être jugées, sans qu'il soit besoin de citer préalablement en conciliation.

11. Les dispositions du titre 10 de la loi du 16-24 août 1790, et de celle du 6-27 mars 1791, relatives aux bureaux de paix et de conciliation, continueront d'avoir leur effet en tout ce qui n'est point contraire à la présente résolution.

Loi relative à la prestation de serment des employés de la régie de l'enregistrement, des gardes-forestiers, des experts, etc.

16 thermidor an 4. — 3 août 1796.

Considérant que la suppression des tribunaux de districts ne permet plus aux employés de la régie d'enregistrement, aux gardes-forestiers, aux experts, d'y prêter le serment qui leur est imposé par les lois, que leur transport auprès du tribunal civil du département entraîne des longueurs et des frais préjudiciables à l'intérêt public et particulier, et qu'il est instant d'y pourvoir.

1er Art. 1. Les employés de la régie de l'enregistrement, les gardes-forestiers, les experts et tous autres qui, à raison de leurs emplois ou fonctions, sont assujettis par les lois à une prestation préalable de serment, sont autorisés, lorsqu'ils ne résident pas dans la commune où le tribunal civil du département est établi, à prêter leur serment devant le juge de paix de l'arrondissement dans lequel ils sont pour leurs fonctions ou pour leur commission.

2. Il sera dressé acte de cette prestation: les employés de la régie,

les gardes-forestiers et tous autres employés et fonctionnaires, en enverront tout de suite l'extrait au greffe du tribunal civil du département, pour y être enregistré : pourront néanmoins les experts se dispenser de cet envoi, à la charge d'indre extrait de leur prestation de serment à leur rapport, lorsqu'ils le remettent au greffe.

Loi relative aux procès-verbaux des gardes-champêtres.

23 thermidor an 4.-10 août 1796.

Considérant que le défaut de la nouvelle organisation de la gendarmerie nationale ôte à la police rurale et forestière un grand moyen de surveillance;

Considérant que l'absence d'une infinité de jeunes cultivateurs, maintenant occupés à combattre les ennemis de la république, commande au corps législatif des mesures coërcitives, afin de conserver à ces braves citoyens les récoltes abondantes qui se trouvent sur leurs terres;

Considérant que les moissons étant en pleine activité dans la plupart des départemens, il est impossible d'attendre la révision des lois relatives à la police rurale et forestière pour chercher à prévenir et réprimer les délits qui se multiplient.

Art. 1. Les procès-verbaux des gardes-champêtres et forestiers ne seront pas soumis à la formalité de l'enregistrement : les gardes champêtres seront seulement tenus d'en affirmer la sincérité, dans les vingt-quatre heures, devant le juge de paix ou l'un de ses assesseurs.

2. La peine d'une amende de la valeur d'une journée de travail ou d'un jour d'emprisonnement, fixée comme la moindre par l'article 606 du code des délits et des peines, ne pourra, pour tout délit rural et forestier, être au-dessous de trois journées de travail, ou de trois jours d'emprisonnement.

3. Les lois rendues sur la police rurale seront au surplus exécutées.

Lettre du ministre de la justice, aux juges de paix, sur leur compétence en matière de juridiction.

Paris, 23 thermidor an 4-10 août 1796.

A l'époque prochaine des congés de location il s'élève, Citoyens, la question de savoir si les juges de paix sont compétens pour connaître des demandes en congé de location, en dernier ressort, quand le prix d'un terme n'excède point cinquante francs, et à la charge d'appel, quand le prix n'excède pas cent francs.

Votre compétence, à cet égard, est également assurée par les principes et par la loi.

En effet, le droit de propriété serait illusoire s'il fallait, pour une location de deux cents francs par an, accumuler délai sur délai, lors de l'échéance du temps des congés, citer devant les tribunaux de conciliation, lever des procès-verbaux, réitérer ensuite les citations devant le tribunal civil, payer à grands frais des défenseurs officieux, être privé, en attendant, de la faculté de louer, enfin, dépenser infiniment au-delà du prix du loyer.

Une loi positive appuie ces justes considérations. Celle du 16 août 1790, art. 9, porte : « Le juge de paix, assisté de deux asses-« seurs, connaîtra avec eux de toutes les causes purement person-« nelles et mobiliaires, sans appel, jusqu'à la valeur de cinquante « francs, et à la charge de l'appel, jusqu'à la valeur de cent « francs. »

Salut et fraternité,

Signé MERLIN.

Lettre du ministre de la justice.

Vous demandez, Citoyen, par votre lettre du 21 fructidor, quelles mesures le bureau central doit prendre relativement aux nombreux délits de police non prévus par les lois nouvelles, et devant quels juges ceux qui en sont prévenus doivent être traduits.

Chez un peuple libre, c'est la loi seule qui règne : en matière de délits, c'est elle qui condamne ; et le juge prononce. Il ne doit rien y avoir d'arbitraire dans les jugemens : tous les délits, par conséquent, doivent êtres classés dans le livre de la loi, avec des peines proportionnées au genre de trouble qu'ils apportent à l'ordre social. Pour remplir cet objet important, il faut que la sagesse fasse des méditations profondes sur la perversité.

Ce n'est pas dans les premières années d'un gouvernement nouveau, que le législateur peut se flatter de ne rien laisser à désirer sur cette matière ; et, dans la nécessité de punir tous les genres de délits, même ceux non prévus par la législation nouvelle, il faut recourir aux réglemens ou ordonnances anciennes, dans tout ce qui ne contrarie pas les principes et les bases posées par les lois nouvelles.

Ainsi, quand un délit de police ne se trouve point énoncé dans l'art. 605 du code du 3 brumaire, dans les lois des 19 juillet et 28 septembre 1791, dans celles du 20 messidor an 3, et quelques autres, il faut recourir aux anciennes ordonnances qui statuent sur ces délits.

C'est d'après la nécessité d'une pareille mesure, que la loi du 19 juillet 1791 ordonne l'exécution d'anciens réglemens dans certaines parties de police dont elle ne contient pas les détails, et que le code du 3 brumaire renvoie à l'ordonnance de 1669, pour les peines encourues par les délits forestiers.

Il existe d'ailleurs, sur cette matière, une disposition plus générale dans le deuxième des décrets rendus le 21 septembre 1792. Il porte que, *jusqu'à ce qu'il en ait été autrement ordonné, les lois non abrogées seront provisoirement exécutées.*

Il faut, dans la poursuite des délits non prévus par les lois nouvelles, se conformer aux règles établies pour l'ordre judiciaire actuel.

Or une de ces règles, qui est infiniment sage, est de déterminer la compétence du tribunal par la nature de la peine, d'attribuer *aux tribunaux de simple police* la connaissance des délits dont la peine n'excède pas une amende de la valeur de trois journées de travail ou trois jours d'emprisonnement, et aux tribunaux correctionnels celle des délits qui excèdent cette peine, sans être néanmoins afflictive ou infamante.

Il résulte de là que si le délit non prévu par la loi nouvelle est puni par un ancien réglement d'une peine qui n'excède pas la valeur de trois journées de travail ou un emprisonnement de trois jours, il suffit qu'il soit constaté par le procès-verbal d'un commissaire de police. Le commissaire de police remettra son procès-verbal entre les mains du commissaire du pouvoir exécutif, qui fera citer le délinquant devant le *tribunal de police*, et poursuivra contre lui la peine portée par l'ancien réglement.

Mais si le délit dont il s'agit est puni par cet ancien réglement d'une peine qui soit de la compétence du tribunal correctionnel, comme l'objet a plus de gravité, c'est au *juge de paix* du lieu du délit qu'il appartient de faire l'instruction préparatoire, et de procéder d'après la voie tracée par le nouveau code.

Le ministre de la justice,

Signé MERLIN.

Extrait de la loi qui autorise la perception d'un droit de navigation sur le canal du Midi.

21 vendémiaire an 5-12 octobre 1796.

Art. 25. Les contestations qui pourront survenir, soit sur l'exécution du réglement de police de navigation, soit relativement aux entreprises des riverains du canal, seront portées devant les juges de paix et tribunaux de l'arrondissement.

Loi qui étend aux neuf départemens réunis le mode établi pour procéder dans les instances en matière de douanes.

23 vendémiaire an 5-14 octobre 1796.

Considérant que la loi du 14 fructidor an 3, qui accorde spécialement aux juges de paix la connaissance et le jugement des contraventions aux lois des douanes, sauf l'appel, n'est pas moins convenable aux départemens réunis qu'à ceux qui composent l'ancien territoire de la république;

Considérant que la disposition de l'acte constitutionnel, qui attribue aux tribunaux correctionnels le jugement des délits dont la peine n'est ni afflictive ni infamante, n'est pas applicable aux amendes et confiscations résultant des contraventions aux lois sur les douanes;

Considérant qu'elle ne pourra leur être appliquée sans nuire essentiellement au commerce et aux manufactures nationales;

Considérant que la loi du 14 fructidor an 3, postérieure à l'acte constitutionnel, en accorde spécialement la connaissance et le jugement aux juges de paix, sauf l'appel.

Art. 1. Les instances, en matière de douanes, seront portées, dans les neuf départemens réunis, comme dans toute la France devant le juge de paix du canton de l'arrondissement; en cas d'appel, devant les tribunaux civils de département, pour y être jugées conformément aux lois.

Circulaire du ministre de la justice aux juges de paix, etc., sur les bureaux de conciliation.

Du 29 brumaire an 5.-19 novembre 1796.

Une des plus salutaires institutions du nouvel ordre judiciaire est, sans contredit, l'établissement des bureaux de conciliation.

Les lois ont déterminé leurs fonctions avec autant de clarté que de précision, et les dispositions de ces lois sont trop connues pour qu'il soit nécessaire de les rappeler ici.

Leur vœu ne pouvait d'ailleurs être mieux prononcé. Le législateur, en ménageant aux parties prêtes à entrer en contestation, une dernière entrevue, une conférence définitive en présence d'hommes recommandables et dignes de leur confiance, a conçu l'espoir de rétablir souvent la concorde qui, à défaut de ces explications fraternelles, aurait été bannie sans retour.

Les membres des bureaux de conciliation ne doivent pas perdre de vue leur institution primitive et la nature de leurs attributions. Ce sont de simples médiateurs qui n'ont d'autre mission que celle d'étouffer dès le principe, à l'aide de leurs lumières et de leurs conseils, les procès dont les parties sont menacées. Leurs fonctions, purement conciliatives, font entièrement disparaître le caractère de juge dont ils se trouvent investis pour d'autres circonstances. Ce n'est que par les armes de la raison et de la conviction, que les hommes de paix et de conciliation peuvent combattre l'opiniâtreté du plaideur prévenu. Qu'ils se gardent donc de substituer le poids, toujours dangereux, de leur propre opinion à la volonté libre de l'une ou l'autre des parties, qu'ils se méfient de l'ascendant de leurs talens et de leur autorité, pour obtenir d'elles des sacrifices désavoués, à l'instant par la volonté intime de celui qui les aurait faits; qu'ils ne s'érigent point en arbitres du différend, si les parties elles-mêmes ne les constituent tels. En évitant ces divers écueils les parties, loin de regretter des consentemens quelquefois prêtés trop légèrement, béniront des accommodemens qui seront le fruit de la réflexion, de l'équité et de la raison.

Ces premiers devoirs sont dictés aux membres des bureaux de conciliation par leur propre délicatesse; mais il en est d'autres sur lesquels j'insisterai davantage, en ce qu'ils tiennent à l'harmonie des autorités judiciaires.

L'ordre judiciaire serait imparfait si les bornes de chaque autorité n'avaient été circonscrites ; si les fonctions des divers officiers publics avaient été confondues. Les lois ont limité les attributions des bureaux de paix et de conciliation aux affaires de nature contentieuse ; les seules transactions sur procès sont de leur ressort. Les parties amenées, en vertu d'une citation, devant les citoyens chargés de les concilier, peuvent, à raison de leur future litige, faire entre elles tel accord que bon leur semble, et l'acte en est rédigé sur-le-champ. La faveur due à ces sortes d'actes est telle, qu'ils sont exempts des droits d'enregistrement. Ce n'est que dans le cas où ils contiennent transmission de propriété qu'ils ont été soumis à ces droits.

Ce serait donc un grand abus si, sous prétexte de conciliation, les bureaux de conciliation pouvaient recevoir indistinctement d'autres conventions ; des actes, en un mot, qui ne serait pas la suite d'une conciliation où le terme d'un procès. Ce serait, de leur part, envahir des fonctions qui leur sont étrangères et qui ont été départies à d'autres fonctionnaires, aux seuls notaires. Ce serait devenir les instrumens d'une fraude pratiquée par ceux qui imaginent se soustraire ainsi aux droits de timbre et d'enregistrement. Ce serait, enfin, compromettre la plus belle des institutions, si jamais il était permis d'en abuser au point de blesser les intérêts de la nation.

Tous ces désordres existent cependant. Dans divers cantons ruraux, des juges de paix méconnaissent leurs devoirs et confondent toutes les attributions. Couverts du masque de médiateurs, et sous la forme de conciliation, ils reçoivent habituellement les conventions ordinaires des parties, telles que ventes, baux, obligations, quittances, etc. Il n'est pas jusqu'aux inventaires dans lesquels ils ne s'entremettent, quoique la conciliation ne puisse leur servir de prétexte ; et que l'article 10 de la loi du 6—27 mars 1791 le défende expressément aux juges de paix. Leur auditoir est transformé, en quelque sorte, en une étude de notaire. Les citoyens, à leur insu, se trouvent ainsi privés de l'hypothèque, ce gage sacré de nos conventions ; la nation est frustrée d'une partie de ses revenus ; les notaires font entendre les réclamations les plus légitimes.

D'après des motifs aussi puissans, j'ai dû rappeler les bureaux de conciliation à l'unité et à la simplicité de leur institution. Mieux éclairés dorénavant, les juges de paix s'empresseront de rendre hommage aux lois qui fixent leurs attributions conciliatives, et ils ne les exécuteront pas avec moins de fidélité et de respect que celles qui assurent leur compétence en matière judiciaire.

Je charge les commissaires du directoire exécutif près les tribunaux civils de leur transmettre le présent avertissement, de les surveiller, de faire poursuivre les contrevenans, et de me rendre compte de leurs diligences, ainsi que du résultat qu'ils en auront obtenu.

Extrait de l'arrêté du directoire exécutif, qui détermine les rapports existans entre les commissaires du gouvernement près les administrations et près les tribunaux, et qui prescrit les mesures pour la poursuite des délits.

4 frimaire an 5. — 24 novembre 1796.

Art. 4. A compter de la publication du présent arrêté, les commissaires du directoire exécutif près les administrations municipales établies dans l'arrondissement de chaque tribunal correctionnel, feront parvenir, tous les décadis, au commissaire du directoire exécutif près ce tribunal, l'état des délits qui, pendant les dix jours précédens, auront été commis dans leurs cantons respectifs, soit que ces délits soient de nature à être jugés par les tribunaux de police, soit qu'ils doivent être poursuivis par les juges de paix ou directeurs du jury, en leur qualité d'officiers de police judiciaire.

5. Cet état indiquera en même-temps les poursuites qui auront été faites, tant pour constater les délits, que pour en découvrir et arrêter les auteurs.

6. Lorsque, dans les dix jours précédens, il n'aura été commis dans un canton aucun délit qui soit venu à la connaissance du commissaire du directoire exécutif près l'administration municipale, celui-ci sera tenu d'en envoyer un certificat signé de lui au commissaire du directoire exécutif près le tribunal correctionnel.

Extrait d'une lettre du ministre à ce sujet.

Paris, 22 frimaire an 5. — 12 décembre 1796.

J'observerai, à l'occasion de quelques jugemens, que, dans des causes relatives à des délits forestiers, des tribunaux correctionnels se sont fait une jurisprudence vicieuse. Il n'ont point prononcé, par exemple, la confiscation des bestiaux saisis en dommage dans les bois nationaux, et ils se sont fondés sur les dispositions de la loi du 28 septembre 1791, concernant la police rurale. L'article 38 du titre 2 de celle-ci porte que les dégats faits dans les bois taillis des particuliers ou des communautés, seront punis de la manière établie au paragraphe suivant; et, dans ce paragraphe, il n'est point question de la peine de confiscation. Mais ce simple énoncé montre assez que l'article ne se rapporte qu'aux bois des particuliers. Il n'y avait donc pas lieu de l'appliquer à l'espèce: et l'on n'en peut douter, en effet, si l'on se rappelle que les lois qui doivent être invoquées contre les délits commis dans les bois nationaux, sont celles qui ont été rendues pour la conservation des eaux et forets; et que l'ordonnance de 1669 doit, ainsi que les autres réglemens, être provisoirement exécutée par les différens tribunaux auxquels le jugement des actions appartient, suivant la nature des peines encourues. C'est par ce motif que le tribunal de cassation a annulé, le premier floréal an 3, un ju-

22 frimaire an 5. — 12 décembre 1796.

gement du tribunal du district de Bernay, infirmatif d'un jugement du tribunal du district de Louviers, qui avait prononcé la confiscation de bestiaux trouvés en dommage dans un bois national.

Les tribunaux criminels doivent soigneusement veiller à ce qu'aucune erreur ne se reproduise, à cet égard, dans les jugemens correctionnnels dont l'appel est porté devant eux.

Loi qui autorise les juges de paix à nommer et destituer leurs greffiers.

28 frimaire an 5. — 18 décembre 1796.

Considérant que le mode actuel de nomination des greffiers des juges de paix donne lieu à des inconvéniens qu'il est instant de faire cesser.

Art. 1. A l'avenir, les juges de paix seuls nommeront et destitueront leurs greffiers.

Toute loi à ce contraire est rappportée.

Extrait d'un arrêté du directoire exécutif, qui prescrit des mesures pour assurer la perception des amendes et confiscations prononcées par les tribunaux.

Premier nivôse an 5. — 21 décembre 1796.

Le directoire exécutif, sur le rapport du ministre de la justice :

Considérant qu'il importe d'assurer la perception des amendes et confiscations prononcées par les tribunaux, et que ce but ne peut-être rempli qu'autant que les commissaires du directoire exécutif et les préposés de la régie des droits d'enregistrement et domaines entretiendront entre eux une correspondance active, à l'effet d'accélérer, chacun en ce qui le concerne, l'exécution de cette partie des jugemens,

Arrête ce qui suit :

Art. 1. Les commissaires du directoire exécutif près les tribunaux sont tenus, dans les trois jours qui suivent la prononciation d'un jugement portant peine d'amende ou de confiscation, de remettre un extrait de ce jugement au receveur des droits d'enregistrement établi dans l'arrondissement.

4. Les commissaires du directoire exécutif tiendront la main à ce qu'aucun détenu, dans les cas indiqués tant par l'article 41 du titre 2 de la loi du 19 juillet 1791, sur la police correctionnelle, que par l'article 5 du titre 2 de la loi du 28 septembre 1791, sur la police rurale, et qui ne sera point dans le cas prévu par la loi du 5 octobre 1793, ne soit mis en liberté, s'il n'a produit la quittance du receveur des droits d'enregistrement, constatant qu'il a satisfait aux condamnations pécuniaires prononcées contre lui.

Arrêté du directoire exécutif, qui établit un mode pour faciliter les correspondances entre les ministres, etc., et les autorités constituées et fonctionnaires publics qui ne sont pas servis directement par la poste.

4 nivôse an 5. — 24 décembre 1796.

Le directoire exécutif, considérant que les heureux effets qui doivent résulter de la stricte exécution de son arrêté du 4 frimaire dernier, relatif à la correspondance entre ses commissaires près les administrations centrales, tribunaux criminels, tribunaux correctionnels et tribunaux de police, ne peuvent avoir lieu qu'autant que la transmission de cette correspondance sera parfaitement assurée; que d'ailleurs il importe d'établir l'uniformité entre les administrations municipales des cantons ruraux, sur les moyens qu'elles peuvent employer pour faire retirer des bureaux des postes le plus à leur portée, les bulletins des lois qui leur sont destinés et les dépêches qui leur sont adressées, soit par les ministres, soit par les administrations départementales, soit par les commissaires du directoire exécutif près ces administrations; et qu'enfin il est possible, sans augmenter les frais, de faire servir les mêmes moyens à transmettre aux juges de paix, aux commissaires du directoire exécutif près les administrations municipales et tribunaux de police, et aux receveurs d'enregistrement, la correspondance qu'ils doivent entretenir avec les autres autorités, et qu'alors ceux-ci ne pourront plus alléguer, soit le défaut, soit la lenteur de la réception des lois et des dépêches qui les concernent;

Après avoir entendu le ministre de la justice,

Arrête ce qui suit:

Art 1. A compter de la publication du présent arrêté, chaque administration municipale qui se trouve placée, ou dont partie des membres résident dans une commune où il n'existe point de bureau de poste, sera tenue de nommer un commis qui sera spécialement chargé de se rendre tous les tridis, sextidis et décadis, au bureau de poste le plus voisin, tant pour y porter les dépêches de l'administration municipale, du commissaire du directoire exécutif près cette administration, du juge de paix et du receveur de l'enregistrement du canton, qu'il sera tenu d'aller prendre chez eux, que pour en retirer les dépêches qui leur seront adressées, et les remettre à chacun d'eux sous récépissé.

2. Les appointemens de ce commis ne pourront s'élever à plus de trois cents francs par année, et ils seront supportés par les communes du canton, conformément à l'article 3 de la loi du 28 messidor an 4.

3. Les ministres, les administrations départementales et les autres autorités qui correspondent avec les administrations municipales des cantons ruraux, avec le commissaire du directoire exécutif près ces administrations, avec les juges de paix et avec les receveurs d'enregistrement placés dans ces cantons, leur adresse-

ront leurs dépêches par la voie de la poste, au bureau le plus à portée du chef-lieu de chaque canton, quand même ce bureau se trouverait dans un autre département que celui dont ce même canton fait partie.

4. En conséquence, et conformément à l'arrêté du comité de salut public, du 6 frimaire an 3, les corps administratifs et les tribunaux ne pourront envoyer des gendarmes exprès pour porter des avis, instructions et dépêches quelconques, sauf à profiter de leurs tournées dans les campagnes, pour accélérer des envois urgens.

5. Pour assurer l'exécution de l'article 3, en ce qui concerne les ministres, et spécialement pour mettre celui de la justice à portée d'adresser directement aux administrations municipales et aux juges de paix des cantons ruraux, les bulletins des lois qui leur sont destinés, ainsi que le prescrit l'art. 4 de la loi du 22 vendémiaire an 4, l'administration des postes sera tenue, aussitôt après la publication du présent arrêté, de faire connaître à chacun des sept ministres quel est le bureau de la poste le plus voisin du chef-lieu de chaque canton rural.

6. Au moyen des précautions ci-dessus prises pour assurer la transmission des correspondances officielles, tout retard des fonctionnaires publics placés dans les cantons ruraux, à répondre aux dépêches qui leur seront adressées, sera considéré comme négligence, sauf la preuve du contraire; et en conséquence, tout administrateur municipale, tout commissaire du directoir exécutif près d'une administration municipale, tout juge de paix, tout receveur d'enregistrement qui différera plus d'une décade après la réception d'une dépêche, d'y faire la réponse pertinente, sera dénoncé par l'autorité de laquelle sera partie cette dépêche, savoir :

Les administrateurs municipaux, à l'administration du département, qui sera tenue de les rappeler à leur devoirs, et, en cas de récidive, de les suspendre de leurs fonctions;

Les commissaires du directoire exécutif au ministre de l'intérieur, qui les avertira d'être plus exacts à l'avenir, et, en cas de récidive, provoquera leur révocation au directoire exécutif;

Les juges de paix, à l'accusateur public, qui procédera à leur égard conformément aux art. 284 et suivans du code des délits et des peines ;

Et les receveurs d'enregistrement à la régie des droits d'enregistrement et domaines, laquelle sera tenue de les réprimander, et, en cas de récidive, de les révoquer.

Extrait d'un arrêté du directoire exécutif, en interprétation de celui du 1er. nivôse, concernant la remise aux receveurs des droits d'enregistrement, d'un extrait des jugemens portant peine d'amende et de confiscation.

16 nivôse an 5.— 5 janvier 1797.

Le directoire exécutif, après avoir entendu le ministre de la justice,

Arrête ce qui suit :

Art. 1er. Le délai de trois jours, dans lequel l'art. 1er. de l'arrêté du directoire exécutif, du 1er. nivôse présent mois, oblige ses commissaires près les tribunaux de remettre aux receveurs du droit d'enregistrement, un extrait des jugemens portant peine d'amende ou de confiscation, n'est applicable qu'aux jugemens rendus par les tribunaux de police, contre lesquels il n'y a point de déclaration de recours en cassation.

2. A l'égard des jugemens de ces tribunaux contre lesquels il a été fait, dans les trois jours, une déclaration de recours en cassation, les extraits n'en seront remis aux receveurs du droit d'enregistrement que dans les trois jours qui suivront, soit la réception du jugement confirmatif du tribunal de cassation, soit la déchéance du recours en cassation, par l'effet du défaut de consignation d'amende dans les dix jours fixés par l'art. 449 du code des délits et des peines pour la remise au greffe de la requête en cassation à laquelle la quittance de consignation d'amende doit être jointe, aux termes de l'art. 17 de la loi du 2 brumaire an 4.

4. Les commissaires du directoire exécutif près les tribunaux de police correctionnelle ne pourront, au surplus, se prévaloir de l'art. 4 de son arrêté du 1er de ce mois, pour empêcher qu'un condamné insolvable, qui se trouvera dans le cas prévu par l'art. 5 du titre 2 de la loi du 28 septembre 1791 sur la police rurale, ne soit mis en liberté après le terme pendant lequel cette loi autorise la continuation de la détention pour cause d'insolvabilité.

Arrêté du directoire exécutif.

27 nivôse an 5. — 16 janvier 1797.

Le directoire exécutif, informé que certains tribunaux de police se bornent, en statuant sur les délits qui sont de leur compétence, à condamner les délinquans aux dommages intérêts des parties lésées, sans prononcer ni amende ni emprisonnement, ce qui constitue, de leur part, un véritable déni de justice, puisque par-là ils refusent de faire droit sur l'action publique intentée au nom de la nation, pour la réparation des délits, et qui est essentiellement distincte de l'action civile, appartenant à ceux à qui les délits ont causé du dommage, et avec laquelle celle-ci peut bien concourir, mais sans pouvoir lui préjudicier.

Considérant que tout déni de justice entraîne contre l'officier public qui s'en est rendu coupable, la prise à partie et la condamnation aux dommages intérêts; que cela résulte de la combinaison de l'article 565 du code des délits et des peines, numéros 1 et 2, avec l'article 4 du titre 25 de l'ordonnance du mois d'avril 1667, laquelle, aux termes de la loi du 21 septembre 1792, doit continuer, à cet égard, de recevoir son exécution, tant qu'il n'y aura pas été dérogé par le corps législatif;

Considérant enfin qu'il importe à l'ordre public et au maintien de la constitution, de pourvoir, par les moyens que la loi a mis à la disposition du gouvernement, à ce que les tribunaux de police n'abusent pas de l'autorité dont elle les a investis;

27 nivôse an 5. — 16 janvier 1797.

Après avoir entendu le ministre de la justice,
Arrête ce qui suit :

Art. 1er. Tout commissaire du directoire exécutif près chaque administration municipale est tenu, en sa qualité de commissaire près le tribunal de police de l'arrondissement, de se pourvoir en cassation, dans les formes et les délais prescrits par l'article 163 du code des délits et des peines, contre les jugemens qui, en matière de délits de sa compétence, feraient remise aux délinquans dûment convaincus, soit de l'amende, soit de l'emprisonnement déterminés par la loi.

Il est pareillement tenu d'en faire une mention expresse dans les états décadaires qu'il doit fournir au commissaire près le tribunal correctionnel, en exécution de l'arrêté du 4 frimaire dernier.

2. Le ministre de la justice, sur l'envoi qui lui sera fait de chacun de ces jugemens, et sans préjudice de la transmission qu'il doit en faire au tribunal de cassation, examinera s'il y a lieu de poursuivre la prise à partie contre le tribunal de police qui a rendu le jugement, pour le faire condamner aux dommages-intérêts envers l'Etat et, dans le cas de l'affirmative, il adressera les instructions nécessaires, pour cet effet, au commissaire du directoire exécutif près l'administration centrale du département où ce tribunal est placé, lequel est chargé par la loi du 19 nivôse an 4, d'intenter au nom de l'Etat toutes les actions judiciaires qui la concernent.

Arrêté du conseil des cinq-cents, relatif à la compétence des huissiers de la justice de paix.

18 pluviôse an 5. — 6 février 1797.

Le conseil des cinq-cents, après avoir entendu le rapport de sa commission sur la pétition de plusieurs huissiers, tendante à obtenir le rapport de l'article 27 de la loi du 19 vendémiaire an 4, qui accorde aux huissiers des juges de paix le droit exclusif d'instrumenter dans les affaires de la compétence de ces tribunaux,

Passe l'ordre du jour.

Extrait de l'arrêté du directoire exécutif, qui détermine la manière dont le bulletin des lois doit être remis aux fonctionnaires publics.

16 ventôse an 5. — 6 mars 1797.

Le directoire exécutif, considérant que s'il est essentiel au bien du service, que le gouvernement soit assuré par des récépissés exacts, de la transmission du bulletin des lois, il n'est pas moins nécessaire de ménager le temps des fonctionnaires publics qui le doivent tout entier à l'exercice de leurs fonctions, et de prévenir les nombreux inconvéniens qui pourraient résulter d'un mode de distribution aussi vicieux,

Arrête :

Art. 1. Le bulletin des lois sera porté et distribué de la même manière et dans la même forme que les lettres venant de la poste.

2. Dans toutes les communes de l'Etat où, avec un bureau de poste, il se trouve des autorités ou des fonctionnaires publics, auxquels le bulletin des lois est adressé officiellement, il sera remis au facteur ou au distributeur des lettres, par le directeur de la poste, un livre-journal destiné à revoir les décharges du bulletin des lois.

4. Ce livre-journal sera porté, avec le bulletin, chez un fonctionnaire public auquel le bulletin est adressé ; et celui-ci, en recevant ce bulletin, sera tenu d'écrire sa décharge sur ce livre.

Extrait de la loi concernant les pensionnaires et les invalides de la marine.

15 germinal an 5. — 4 avril 1797.

TITRE IV.

Des formalités pour parvenir aux paiemens desdites pensions.

Art. 6. Toutes les pensions de 200 francs et au-dessous, ainsi que les demi-soldes, continueront d'être payées, sans autre formalité que celle d'un simple certificat de vie non sujet à l'enregistrement, qui sera délivré *gratis* par les *juges de paix* ou municipalités.

Extrait de la loi concernant le mode de remplacement des fonctionnaires publics qui deviennent membres du corps législatif.

30 germinal an 5. — 19 avril 1797.

Art. 12. Dans toutes les occasions où il est nécessaire de recourir à des remplacemens provisoires des fonctionnaires publics, ils se feront conformément aux lois actuellement existantes, sauf les modifications ci-après.

13. Lorsque la place de juge de paix vient à vaquer définitivement avant la tenue des assemblées primaires, les assesseurs le remplaceront provisoirement par la désignation d'un juge de paix qu'ils prennent parmi eux :

Et, pour le remplacement provisoire des assesseurs, chaque fois qu'il devient nécessaire, le juge de paix et les assesseurs restans s'en adjoignent qu'ils prennent parmi les citoyens qui aient rempli des fonctions publiques, par l'effet de la nomination du peuple.

30 *germinal an* 5. — 19 *avril* 1797.

Le ministre de la justice au commissaire du pouvoir exécutif près l'administration municipale du canton de Saint-Germain-en-Viry.

20 prairial an 5. — 8 juin 1797.

Le conseil des cinq cents, citoyen, par un arrêté du 14 de ce mois, en passant à l'ordre du jour, a posé en principe que la nomination et la révocation de l'huissier de la *justice de paix* appartenaient au juge de paix *seul*, et sans le concours de ses assesseurs.

Au reste, ni dans l'un ni dans l'autre cas, la loi ne l'oblige de rendre compte de ses motifs.

Le ministre de la justice,

Signé MERLIN.

Extrait de la loi relative à l'exploitation, à la fabrication et à la vente des poudres et salpêtres.

13 fructidor an 5. — 30 août 1797.

Art. 10. Si le citoyen chez lequel on aura fouillé, a quelque plainte à porter contre le salpêtrier pour cause de dégradation ou autres abus, il s'adressera au juge de paix qui connoîtra des contestations, et ordonnera les réparations et indemnités convenables, sauf le recours de droit aux tribunaux supérieurs.

Dans ce cas, le salpêtrier fournira une caution suffisante, à défaut de laquelle ses meubles et ustensiles pourront être saisis pour répondre de sa solvabilité, et au besoin, il sera fait opposition au paiement de ce qui lui serait dû par l'administration des poudres.

Arrêté concernant la tenue des répertoires et la remise annuelle des minutes des justices de paix.

Du 28 brumaire an 6. — 18 novembre 1797.

Art. 1er. Les juges de paix veilleront, sous leur propre responsabilité, à ce que les minutes de leurs actes, en matières civiles, soient déposées dans la première décade du mois de vendémiaire de chaque année (*maintenant dans les dix premiers jours de janvier*) dans le local de la maison de l'administration municipale qui sera désigné par ladite administration.

2. Ils prendront un reçu de l'administration municipale, visé par le commissaire du gouvernement près cette administration (*maintenant le maire*), qu'ils feront passer, dans les dix jours suivans, aux procureurs du Roi.

3. Le procureur du Roi dénoncera au *procureur général*, dans les dix jours du même mois, tous les juges de paix de son arrondissement qui n'auront point rempli les dispositions du présent arrêté.

4. Il en rendra compte au ministre de la justice dans les dix premiers jours du mois de février suivant.

5. Les procureurs du Roi près les tribunaux de police correctionnelle veilleront à ce que les répertoires que les greffiers des justices de paix doivent tenir, conformément à l'article 3 de la loi du 26 frimaire an 4, soient cotés et paraphés par les juges de paix, et clos par ces mêmes juges dans les dix premiers jours de janvier; ils y mettront en conséquence leur *visa* après la clôture faite par ce juge.

6. Dans les dix jours suivans, ils rendront compte aux procureurs du Roi et généraux des greffiers et des juges de paix qui auront ou n'auront pas accompli, à cet égard, les dispositions de la loi.

7. Le procureur du Roi dénoncera, dans les dix derniers jours de janvier, au procureur général, les juges de paix ou les greffiers en retard.

8. Il en rendra compte au ministre de la justice dans les dix premiers jours de février suivant.

9. Il lui transmettra aussi les noms des procureurs du Roi qui ne lui auront point fait passer à temps l'état prescrit par l'article 7.

Loi relative aux loteries particulières.

6 germinal an 6. — 26 mars 1798.

Après avoir entendu le rapport de sa commission des finances sur le message du directoire exécutif, du 13 ventôse dernier, duquel il résulte qu'au mépris de l'article 91 de la loi du 9 vendémiaire an 6, des particuliers ont établi clandestinement des loteries avec tirage pour leur propre compte, et que d'autres offrent des chances au public sur les tirages de la loterie royale;

Considérant que ces sortes d'établissemens ne présentent aucune garantie aux citoyens, qu'ils nuisent aux recettes de la loterie royale, et que leur existence est une contravention formelle aux dispositions de l'article 91 de la loi du 9 vendémiaire;

Art. 1. Quiconque sera prévenu de recevoir des mises ou de distribuer des billets pour les loteries étrangères ou particulières, ou de tenir la banque pour lesdites loteries, de prêter ou louer un local pour le tirage de ces loteries, sera traduit devant le *juge de paix*.

Le *juge de paix* interrogera le prévenu, entendra les témoins, se fera remettre toutes pièces pouvant servir à conviction, se transportera même, s'il est nécessaire, dans les endroits qui lui seront indiqués, pour saisir les pièces à conviction et les deniers de la banque.

3. S'il est prouvé que le prévenu ait reçu ou tenu la banque pour lesdites loteries, distribué des billets, prêté ou loué un local pour faire le tirage desdites loteries, il sera mis en arrestation; le procès verbal, ainsi que les pièces à conviction, seront envoyées *dans les vingt-quatre heures* au greffe du jury d'accusation, pour être jugé sommairement au tribunal de police correctionnelle de l'arrondissement dans lequel aura été commis le délit.

4. Quiconque sera convaincu d'avoir reçu ou tenu la banque pour les loteries étrangères et particulières, prêté ou loué un local

6 germinal an 6. — 26 mars 1798.

pour le tirage desdites loteries, sera condamné à un emprisonnement qui ne pourra excéder six mois, et en 6,000 francs d'amende, pour la première fois ; et, en cas de récidive, il sera condamné en deux années d'emprisonnement, et l'amende sera doublée; le tout indépendamment de la saisie des billets, registres et fonds qui se trouveront, soit chez le receveur, soit chez le banquier.

5. Les actionnaires de loteries étrangères ou particulières ne pourront demander la restitution de leurs mises sur les fonds saisis, à moins qu'ils n'aient dénoncé eux-mêmes le receveur ou le banquier ; auquel cas leurs mises leur seront restituées, et ils pourront de plus avoir part à l'amende qui sera prononcée contre ceux qu'ils auraient dénoncés, ainsi qu'il sera dit ci-après.

6. Les receveurs de la loterie royale qui seront prévenus d'avoir reçu pour les loteries étrangères, d'avoir tenu la banque pour leur propre compte ou pour celui des particuliers, seront traduits devant le juge de paix : l'instruction sera faite, à leur égard, de la même manière qu'il est prescrit articles 1, 2 et 3 ; et, s'ils sont convaincus, ils seront condamnés à un emprisonnement d'une année, et en 12,000 francs d'amende, par le tribunal de police correctionnelle, et destitués par l'administration de la loterie royale.

7. Les amendes et saisies qui seront prononcées en exécution des articles 4, 5, 6 ci-dessus, seront appliqués au profit des hôpitaux, sous la modification ci-après.

8. Les amendes et les deniers saisis seront perçus par le caissier de l'administration de la loterie royale, qui est autorisé à décerner toutes contraintes ; à l'effet de quoi, le greffier du tribunal de police correctionnelle sera tenu de lui faire passer extraits des jugemens dans les vingt-quatre heures du jour où ils auront été rendus.

9. Les administrateurs de la loterie royale seront autorisés à disposer, jusqu'à concurrence du quart, des amendes recouvrées et des deniers saisis, pour être appliqué au profit, tant de ceux qui auront indiqué les contrevenans à la présente loi, que de ceux qui auront coopéré à les découvrir, sur l'état de répartition arrêté par lesdits administrateurs.

10. Tout jugement qui sera rendu en exécution de la présente loi, sera imprimé et affiché aux frais des auteurs des délits.

Extrait de la loi sur la contrainte par corps.

15 germinal an 6. — 4 avril 1797.

Tit. 3. art. 3. Nulle contrainte par corps ne pourra être exercée contre aucun individu, qu'elle n'ait été précédée de la notification au contraignable, visée par le juge de paix du canton où s'exerce la contrainte, 1° du titre qui a servi de base à la condamnation, s'il en existe un ; 2° des jugemens prononcés contre le contraignable, etc. . . . . .

Lettre du ministre de la justice, aux accusateurs publics, aux directeurs du jury, aux juges de paix, aux membres des bureaux centraux de Paris, Lyon, Bordeaux et Marseille, aux commissaires du pouvoir exécutif près les tribunaux criminels et les directeurs du jury.

Paris, 23 floréal an 6. — 12 mai 1798.

J'apprends, citoyens, que quelques officiers de police judiciaire retiennent en arrestation provisoire les citoyens qu'ils ont évoqués par des mandats d'amener, sans entendre sur-le-champ les témoins du délit qui leur est imputé, sans les interroger, sans dresser les procès-verbaux que les circonstances peuvent exiger; en un mot, sans vaquer aux opérations prescrites par la loi;

Que quelques autres, pour éviter aux prévenus cette arrestation provisoire qu'ils croient illégale, les laissent en liberté pendant la durée de l'instruction, dont ils s'acquittent ensuite sans zèle, sans empressement, si même ils ne l'éludent sous différens prétextes.

J'apprends aussi que quelques directeurs du jury, saisis de la poursuite, après des mandats d'arrêt légalement décernés, se permettent de les annuller par des motifs pris du fond même de l'instruction, et qu'ils se constituent ainsi juges de la gravité des charges.

Ces abus dangereux, qui pourraient devenir fréquens, doivent exciter toute ma sollicitude.

L'article 224 de l'acte constitutionnel porte, que toute personne saisie et conduite devant l'officier de police sera examiné sur le champ, ou dans le jour au plus tard : cette disposition est rappelée dans l'article 64 du code des délits et des peines.

Les officiers de police judiciaire ne doivent donc jamais oublier que leurs fonctions les plus urgentes, celles qu'ils ne peuvent jamais ajourner, sont le procès-verbal du flagrant délit, la saisie des pièces de conviction, l'audition des témoins, l'interrogatoire des individus arrêtés, et l'examen des inculpations portées contre eux ; qu'ils doivent s'en occuper sans interruption, afin que si, de cet examen fait avec autant de soin que de célérité, il doit résulter que le prévenu détruise entièrement les inculpations qui ont déterminé à le faire comparaître, il recouvre promptement sa liberté.

Sans doute nul ne peut refuser de venir rendre compte de sa conduite à l'officier de police judiciaire. Cet hommage rendu à la puissance uniforme de la loi, est tout à la fois le prix et la sauvegarde de la liberté de chaque individu ; mais ce droit d'évoquer les citoyens et de les examiner sur leur conduite, n'est pas un droit arbitraire ; et la police judiciaire a ses règles dont elle ne peut s'écarter sans dégénérer en une oppression intolérable.

Les accusateurs publics sont chargés par la loi d'avertir et de réprimander les officiers de police judiciaire négligens, et de les faire punir en cas de récidive. Les accusateurs publics ne peuvent donc exercer avec trop de soin cette surveillance, qui contribuera efficacement à faire aimer les lois et respecter ses organes.

Tout citoyen appelé devant l'officier de police judiciaire doit être provisoirement privé de sa liberté, jusqu'à ce qu'il ait détruit entièrement les inculpations portées contre lui, ou qu'il soit traduit dans la maison d'arrêt. On conçoit, en effet, combien il serait dangereux de laisser en liberté un individu prévenu d'un délit grave, sur-tout après qu'un mandat d'amener lui a appris qu'il est l'objet d'une instruction judiciaire. Tous ces coupables, dont les tribunaux ont fait justice et qui expient leurs crimes exemplairement, n'ont d'abord été atteints que sur des mandats d'amener; et, s'ils eussent été remis en liberté dans l'intervalle de ces mandats aux mandats d'arrêts, ne se seraient-ils pas soustraits facilement aux poursuites et au châtiment?

L'article 224 de l'acte constitutionnel veut que toute personne saisie soit conduite devant l'officier de police.

Et l'article 225 : « que s'il résulte de l'examen qu'il n'y a aucun « sujet d'inculpation contre elle, elle soit remise aussitôt en « liberté. »

Les articles 64 et 66 du code des délits et des peines veulent aussi que le prévenu, amené devant le juge de paix en vertu d'un mandat d'amener, soit examiné, et que s'il détruit entièrement les inculpations, le juge de paix le mette en liberté.

Le prévenu est donc privé de sa liberté du moment qu'il est saisi et amené devant le juge de paix, quoiqu'il n'existe point encore de mandat d'arrêt, puisque la loi dit qu'il n'est remis en liberté qu'après l'examen des inculpations, il est évident que jusqu'à cet examen il doit cesser d'être libre.

L'article 527 du code des délits et des peines fournit un autre exemple de l'état du prévenu après le mandat d'amener. Lorsque le mandat d'arrêt a été annullé par le tribunal criminel pour incompétence, ou pour violation des formes prescrites à peine de nullité, le prévenu, contre lequel il ne reste plus qu'un mandat d'amener, sera-t-il immédiatement remis en liberté? Non; cet article veut qu'il soit renvoyé en état d'arrestation provisoire devant un autre officier de police judiciaire, qui, après l'avoir entendu, le met en liberté, ou décerne contre lui un nouveau mandat d'arrêt, suivant les circonstances.

Mais, dans l'intervalle du mandat d'amener au mandat d'arrêt, ou à la mise en liberté, jamais le prévenu ne doit être déposé dans la maison d'arrêt ni dans aucune prison : les articles 634 et 636 du code des délits et des peines le défendent sous peine de six années de gêne. Le prévenu sera gardé, mais non incarcéré; il sera retenu dans une des salles de la maison commune par des gendarmes, ou par la garde nationale en activité, ou par la garde nationale sédentaire, (article 168 de la loi du 28 germinal dernier, relative à l'organisation de la gendarmerie royale).

Circulaire du ministre de la justice aux juges de paix sur les exactions.

Du 22 vendémiaire an 7. — 13 octobre 1798.

J'ai reçu, citoyens, des dénonciations affligeantes sur différentes exactions que l'on s'est permises dans plusieurs justices de paix ; et les renseignemens que j'ai pris à cet égard ont malheureusement confirmé les avis qui m'étaient parvenus.

Quoique la loi n'attribue rien aux juges de paix pour leurs cédules, quelques-uns de ces magistrats exigent, pour les délivrer, depuis cinquante jusqu'à soixante-quinze centimes, et chargent de cette perception illégale leurs huissiers qui augmentent d'autant les frais de leurs citations. Il est de mon devoir, citoyens, de vous rappeler que toute perception non autorisée par les réglemens est qualifiée de concussion par l'art. 33 de la loi du 6 mars 1791, et qu'elle expose celui qui se la permet aux poursuites indiquées contre ce genre de prévarication.

J'espère que les commissaires du pouvoir exécutif, chargés de surveiller l'exécution des lois, ne se verront point obligés de fixer l'attention des tribunaux sur de si honteuses exactions.

Beaucoup d'huissiers exigent, pour leurs exploits et notifications, plus d'un franc, malgré les dispositions de la loi du 14 octobre 1791, titre IX, art. 2. Des greffiers de justices de paix perçoivent des émolumens pour les certificats de non comparution ou de non conciliation, quoique la loi ne leur alloue rien à cet égard.

Il importe aux juges de paix de réprimer sévèrement de semblables prévarications, desquelles ils deviennent nécessairement responsables; puisque leurs officiers ministériels sont entièrement à leur disposition : ils ne peuvent rien toucher sans leur autorisation, et dès que ceux-ci perdent leur confiance, ils sont susceptibles d'être destitués par eux.

La confiance que j'ai, citoyens, dans votre vigilance et dans votre intégrité, me donne lieu de penser que je ne recevrai plus de plaintes de cette nature, et que vous concourrez d'un effort commun à conserver à la justice de paix la considération publique due à cette sublime institution.

Extrait de la loi sur les patentes.

1er. brumaire an 7. — 22 octobre 1798.

Art. 37. Nul ne pourra former de demande, ni fournir aucune exception ou défense en justice, ni faire aucun acte ou signification par acte extrajudiciaire, pour tout ce qui serait relatif à son commerce, sa profession ou son industrie, sans qu'il soit fait mention en tête des actes, de la patente prise, avec désignation de la classe, de la date, du numéro et de la commune où elle aura été délivrée, à peine d'une amende de 500 francs, tant contre les particuliers sujets à la patente que contre les fonctionnaires publics

1ᵉʳ. *brumaire an 7.* — 22 *octobre* 1798.

qui auraient fait ou reçu les dits actes sans mention de la patente. La condamnation à cette amende sera poursuivie au tribunal civil du département, à la requête du commissaire du pouvoir exécutif près ce tribunal. Le rapport de la patente ne pourra suppléer au défaut de l'énonciation, ni dispenser de l'amende prononcée ci-dessus. (Cet article a été remis en vigueur par une ordonnance du Roi du 23 décembre 1814.)

Art. 38. Tout citoyen qui expose des marchandises en vente dans quelque lieu que ce soit, est tenu d'exiber sa patente toutes les fois qu'il en est requis par les juges de paix, commissaires de police, administrateurs, agens ou adjoints municipaux et commissaires du pouvoir exécutif.

Extrait de la loi sur les expropriations forcées.

11 brumaire an 7. — 1ᵉʳ novembre 1798.

Art. 2. . . . . L'original (du commandement) sera visé dans les vingt-quatre heures, par le juge de paix du lieu où il aura été signifié, ou par l'un de ses assesseurs, et il sera laissé une seconde copie à celui qui donnera le *visa*. . . .

6. . . . . Les originaux des procès-verbaux (d'apposition d'affiches) et des exploits de leur notification, sont soumis au *visa* prescrit par l'article 2.

Extrait de la loi sur le timbre.

13 brumaire an 7. — 3 novembre 1798.

Art. 12. Sont assujettis au droit du timbre, établi en raison de la dimension, tous les papiers employés pour les actes et écritures, soit public, soit privés, savoir :

1º. . . . . Les actes des huissiers, et les copies et expéditions qu'ils en délivrent. . . . .

Les actes et jugemens de la justice de paix, des bureaux de paix et de conciliation, de la police ordinaire, des tribunaux et des arbitres, et les extraits, copies et expéditions qui en sont délivrés;

Les actes particuliers des juges de paix et de leurs greffiers, ceux des autres juges et des commissaires du directoire exécutif et ceux reçus au greffe ou par les greffiers, ainsi que les extraits, copies et expéditions qui s'en délivrent. . . . .

2º. Les registres de l'autorité judiciaire, où s'écrivent des actes sujets à l'enregistrement sur les minutes et les répertoires des greffiers. . . . .

Ceux des notaires, huissiers et autres officiers publics et ministériels, et leurs répertoires. . . . .

16. Sont exceptés du droit et de la formalité du timbre, savoir :

. . . . . Les quittances des traitemens et émolumens des fonctionnaires publics et employés salariés par l'Etat. . . . .

Les certificats d'indigence. . . . .

Les actes de police générale et de vindicte publique, et ceux des commissaires du directoire exécutif, non soumis à la formalité de l'enregistrement. . . . .

Les registres des tribunaux, des accusateurs publics et des commissaires du directoire exécutif, où il ne se transcrit aucune minute d'acte soumis à la formalité de l'enregistrement.

17. Les notaires, huissiers, secrétaires des administrations centrales et municipales, et autres officiers et fonctionnaires publics, les arbitres, les avoués ou défenseurs officieux près les tribunaux, ne pourront employer, pour les actes qu'ils rédigeront, et leurs copies et expéditions, d'autre papier que celui timbré des timbres des départemens où ils exercent leurs fonctions.

18. La faculté accordée par l'article 7 de la présente, aux citoyens qui voudront employer d'autre papier que celui fourni par la régie, en le faisant timbrer avant d'en faire usage, est interdite aux notaires, huissiers, greffiers, arbitres, avoués ou défenseurs officieux, et à tous autres officiers ou fonctionnaires publics : ils seront tenus de se servir du papier timbré débité par la régie. . . . .

Les notaires ou autres officiers publics pourront néanmoins faire timbrer à l'extraordinaire du parchemin, lorsqu'ils seront dans le cas d'en employer.

19. Les notaires, greffiers, arbitres et secrétaires des administrations ne pourront employer, pour les expéditions qu'ils délivreront des actes retenus en minute et de ceux déposés ou annexés, de papier timbré d'un format inférieur à celui appelé *moyen papier*, et dont le prix est fixé à 75 centimes. . . . .

20. Les papiers employés à des expéditions, ne pourront contenir, compensation faite d'une feuille à l'autre, savoir :

Plus de vingt-cinq lignes par page de moyen papier ;
Plus de trente lignes par page de grand papier ;
Et plus de trente-cinq lignes par page de grand raisin.

21. L'empreinte du timbre ne pourra être couverte d'écriture ni altérée.

22. Le papier timbré qui aura été employé à un acte quelconque, ne pourra plus servir pour un autre acte, quand même le premier n'aurait pas été achevé.

23. Il ne pourra être fait ni expédié deux actes à la suite l'un de l'autre sur la même feuille de papier timbré, nonobstant tout usage ou règlement contraire.

Sont exceptés. . . . . Les procès-verbaux et autres actes qui ne peuvent être consommés dans un même jour et dans la même vacation ; les procès-verbaux de reconnaissance et levée des scellés. . . . . . qu'on pourra faire à la suite du procès-verbal d'apposition, et les significations des huissiers qui peuvent également être écrites à la suite des jugemens et autres pièces dont il est délivré copie. . . .

24. Il est fait défenses aux notaires, huissiers, greffiers, arbitres et experts d'agir ; aux juges, de prononcer aucun jugement ; et aux administrations publiques, de rendre aucun arrêté sur un acte, registre ou effet de commerce, non écrit sur papier timbré du timbre prescrit ou non visé pour timbre.

Aucun juge ou officier public ne pourra non plus coter et parapher un registre assujéti au timbre, si les feuilles n'en sont timbrées.

Circulaire du ministre de la justice aux juges de paix des cantons maritimes, sur la vente des effets naufragés.

Du 15 brumaire an 7. — 5 novembre 1798.

Je suis informé, citoyens, que, dans quelques cantons maritimes, il s'est élevé des difficultés relativement à la destination et à l'emploi des deniers provenant de la vente des effets naufragés.

La loi du 13 août 1791, concernant la police de la navigation et des ports de commerce, titre Ier., charge le juge de paix, et à son défaut le premier officier municipal ou le syndic des gens de mer, des mesures à prendre dans les cas de bris et naufrages.

L'article 6 porte que le juge de paix pourra faire vendre de suite, sur la réquisition du chef des classes, les effets qui ne seront pas susceptibles d'être conservés; et que s'il ne se présente point de réclamations dans le mois, il procédera, en présence du même chef, à la vente des marchandises les plus périssables : « et » sur les deniers en provenant, seront payés les salaires des ou- « vriers, suivant le réglement qui en sera fait provisoirement et « sans frais. »

Cette disposition de la loi a fait croire à quelques juges de paix que, puisqu'ils étaient chargés de régler les salaires des ouvriers employés au sauvetage, c'était à eux à les payer. En conséquence, ils se sont crus autorisés à retenir les deniers provenant de la vente, et à payer les salaires des ouvriers, suivant la taxe qu'ils avaient jugée convenable ; sauf à remettre le surplus, s'il y en a, dans la caisse des Invalides.

C'est une erreur qu'il importe de détruire.

La loi précitée porte, titre IV, article 1 : « que pour la recette des droits sur la navigation, inventaire et dépôt..... des marchandises sauvées ou séquestrées, ou des deniers provenant de leur vente, autres que ceux qui doivent être versés à la caisse des Invalides, il sera établi des receveurs dans les villes maritimes où il y aura des tribunaux de commerce. »

A ces receveurs particuliers qui étaient nommés par les tribunaux de commerce, la loi du 30 décembre 1791 a substitué les receveurs des douanes nationales. C'est donc dans la caisse de ces derniers que doit être fait le dépôt des marchandises naufragées, ou des deniers provenant de leur vente.

Aussi il est à remarquer que la loi du 13 août 1791, après avoir dit que le juge de paix procédera à la vente des marchandises les plus périssables, ajoute : « et sur les deniers en provenant, seront payés les salaires des ouvriers, suivant le réglement que le juge de paix en aura fait. » Cet énoncé prouve évidemment que le réglement des salaires et leur paiement ne peuvent être effectués par une seule et même personne.

« Le réglement sera fait par le juge de paix. Les salaires seront payés par le receveur dans la caisse duquel les deniers provenant de la vente auront été déposés.

S'il en était autrement, si le juge de paix réglait et payait les mémoires des ouvriers, il pourrait en résulter les plus grands inconvéniens. Le réglement du juge de paix n'est que provisoire; s'il a accordé ce qui n'était point dû, ou au-delà de ce qui était dû, les parties intéressées peuvent se pourvoir devant le tribunal de commerce qui procédera de nouveau au réglement contesté, aux termes de l'article 7 du titre Ier. de la loi du 18 août 1791. Dans ce cas, si le tribunal jugeait excessive la taxe du juge de paix, quelles difficultés ne trouverait-on pas à faire restituer par de malheureux journaliers employés au sauvetage, ce qu'ils auraient reçu de trop ?

Au reste, le mode indiqué par la loi, de faire régler par le juge, et payer par le receveur, est bien plus convenable et plus conforme aux principes d'une sage administration que celui qui confondrait les deux opérations dans une seule main ; et c'est la seule interprétation qu'on puisse raisonnablement donner au texte précis des dispositions de la loi du 13 août 1792.

Je vous invite, citoyens, à faire de ces observations la règle de votre conduite dans les cas de bris et naufrages où votre ministère pourra être requis.

Extrait de la loi relative au régime, à la police et à l'administration des bacs et bateaux sur les fleuves, rivières et canaux navigables.

6 frimaire an 7. — 26 novembre 1798.

Art. 51. Il est enjoint aux adjudicataires, mariniers et autres personnes employées au service des bacs, de se conformer aux dispositions de police administrative et de sûreté contenues dans la présente loi, ou qui pourraient leur être imposées par le directoire et les administrations, pour son exécution, à peine d'être responsables en leur propre et privé nom des suites de leur négligence, et en outre être condamnés, pour chaque contravention, en une amende de la valeur de trois journées de travail, le tout à la diligence des commissaires du directoire exécutif près les administrations centrales et municipales.

52. Il est expressément défendu aux adjudicataires, mariniers et autres personnes employées au service des bacs et bateaux, d'exiger, dans aucun temps, autres et plus fortes sommes que celles portées au tarif, à peine d'être condamnés par le juge de paix du canton, soit sur la réquisition des parties plaignantes, soit sur celles des commissaires du directoire, à la restitution des sommes indûment perçues, et en outre, par forme de simple police, à une amende qui ne pourra être moindre de la valeur d'une journée de

travail et d'un jour d'emprisonnement, ni excéder la valeur de trois journées de travail et trois jours d'emprisonnement; le jugement de condamnation sera imprimé et affiché au frais du contrevenant.

En cas de récidive, la condamnation sera prononcée par le tribunal correctionnel, conformément à l'article 607 du Code des délits et des peines.

53. Si l'exaction est accompagnée d'injures, menaces, violences ou voies de fait, les prévenus seront traduits devant le tribunal de police correctionnelle, et, en cas de conviction, condamnés à une amende qui pourra être de 100 francs, et à un emprisonnement qui ne pourra excéder trois mois.

54. Les adjudicataires seront, dans tous les cas, civilement responsables des restitutions, dommages et intérêts, amendes et condamnations pécuniaires prononcées contre leurs préposés et mariniers.

55. Ils pourront même, dans le cas de récidive légalement prononcée par un jugement, être destitués par les administrations centrales, sur l'avis des administrations municipales, et alors leurs baux demeureront résiliés sans indemnité.

56. Toute personne qui se soustrairait au paiement des sommes portées auxdits tarifs, sera condamnée par le juge de paix du canton, outre la restitution des droits, à une amende qui ne pourra être moindre de la valeur d'une journée de travail, ni excéder trois journées.

En cas de récidive, le juge de paix prononcera, outre l'amende, un emprisonnement qui ne pourra être moindre d'un jour, ni être de plus de trois jours; et l'affiche du jugement sera aux frais du contrevenant.

57. Si le refus de payer était accompagné d'injures, menaces, violences ou voies de fait, les coupables seront traduits devant le tribunal de police correctionnelle, et condamnés, outre les réparations civiles et dommages-intérêts, en une amende qui pourra être de 100 francs, et à un emprisonnement qui ne pourra excéder trois mois.

58. Toute personne qui aura aidé ou favorisé la fraude, ou concouru à des contraventions aux lois sur la police des bacs, sera condamnée aux mêmes peines que les auteurs des fraudes ou contraventions.

59. Toute personne qui aurait encouru quelques-unes des condamnations prononcées par les articles précédens, sera tenu d'en consigner le montant au greffe du juge de paix du canton ou de donner caution solvable, laquelle sera reçue par le juge de paix ou l'un de ses assesseurs;

Sinon, seront ses voitures et chevaux mis en fourrières, et les marchandises déposées à ses frais, jusqu'au paiement ou jusqu'à la consignation, ou jusqu'à la réception de la caution.

60. Toute consignation ou dépôt sera restitué immédiatement après l'exécution du jugement qui aura prononcé sur le délit pour raison duquel les consignations ou dépôts auront été faits.

61. Les délits plus graves et non prévus par la présente, ou qui se compliqueront avec ceux qui sont énoncés, continueront d'être jugés suivant les dispositions pénales des lois existantes, auxquelles il n'est point dérogé.

81. Les dispositions de la présente loi ne sont pas applicables au département de la Seine, dans lequel la loi du 16 brumaire an 5 sur les bacs, bateaux et batelets, continuera d'être exécutée.

Cependant sont abrogées les dispositions pénales prononcées par ladite loi; et celles énoncées en la présente, seront appliquées aux contrevenans, dans l'étendue du département de la Seine, comme dans toute l'étendue de la France.

Arrêté du directoire exécutif, concernant les ports de lettres adressés aux juges de paix.

9 frimaire an 7. — 29 novembre 1708.

Art. 1. Les juges de paix. . . . . sont autorisés à tenir, avec le bureau de la poste aux lettres de leur résidence, un compte ouvert sur lequel ils rapporteront, jour par jour, la mention et le montant des lettres qui leur parviendront. Le compte sera arrêté le 30 de chaque mois.

2. Les fonctionnaires publics, mentionnés dans l'article premier, feront ordonnancer par le président du tribunal criminel, le montant des ports de lettres relatives au service public; l'ordonnance sera acquittée par le receveur de l'enregistrement et des domaines, de la même manière qu'il paie les frais des exécutoires de justice.

3. Le compte des ports de lettres reçus par les fonctionnaires mentionnés dans l'article premier, sera par eux acquitté au plus tard le 15 de chaque mois, pour le mois précédent entre les mains du directeur de la poste aux lettres, avec lequel le compte sera tenu. Ils ne pourront porter en dépense que celles concernant le service public; ils paieront le port de celles qui leur seront particulières.

Circulaire du ministre de la justice aux juges de paix, sur les salaires des greffiers et des huissiers.

Du 14 frimaire an 7. — 4 décembre 1798.

Ma circulaire du 22 vendémiaire dernier, citoyens, en rappelant les greffiers des justices de paix à la stricte exécution des lois qui règlent les salaires de leurs expéditions, et en relevant également les abus qui peuvent s'être introduits dans le réglement des droits dus aux huissiers de ces mêmes tribunaux pour les citations dont ils sont chargés, a donné lieu à quelques-uns d'entre vous de m'adresser, sur ces deux objets, des observations sur lesquelles j'ai pensé que quelques explications ultérieures devenaient nécessaires pour dissiper entièrement les doutes auxquels vous avez pu vous livrer.

1°. A l'égard des expéditions de procès-verbaux de non conciliation ou de non comparution, j'ai rappelé qu'il n'était rien dû à votre greffier, parce qu'en effet, jusqu'à présent, la loi ne lui alloue aucun émolument pour ces sortes d'actes, et que je ne peux être sur cet objet que l'organe passif de la loi.

Mais mon prédécesseur et moi avons toujours pensé que les certificats de conciliation qui règlent en quelque sorte les droits respectifs des parties, et qui forment pour elles un titre contradictoire et définitif, pouvaient, par cette raison, être assimilés à des jugemens définitifs, susceptibles, par conséquent, de l'application de l'article 2 du titre 1er. de la loi du 26 octobre 1790 qui attribue au greffier un franc pour la délivrance de ces sortes de jugemens.

2°. Ce n'est qu'en thèse générale, et abstraction faite de la circonstance d'un déplacement, que j'ai recommandé l'exécution, de la part des huissiers, de la disposition du même article, qui ne leur accorde qu'un franc pour chaque citation.

Mais je n'ai pas entendu pour cela porter aucune atteinte à la faculté que leur donne, en cas de déplacement, l'article 6 de la loi du 27 mars 1791, de percevoir, pour leur transport, soixante centimes (douze sous) par quatre kilomètres (une lieue de poste), sans néanmoins qu'il puisse jamais être mis à la charge de la partie condamnée, plus que les frais de huit kilomètres (deux lieues de poste), le retour compris.

J'ai lieu d'espérer que ces éclaircissemens, en vous mettant, citoyens, à portée de connaître et de régler avec exactitude les justes rétributions des fonctionnaires dont je viens de parler, préviendront toute disposition de votre part, qui tendrait, soit à outre passer en leur faveur la disposition littérale des lois, soit à rester au-dessous de ce qu'elles permettent. Je me repose à cet égard sur la vigilance et le civisme des juges de paix.

Extrait de la loi sur l'enregistrement.

22 frimaire an 7. — 12 décembre 1798.

TITRE Ier.

De l'enregistrement, des droits et de leur application.

Art. 7. Les actes civils et extrajudiciaires sont enregistrés sur les minutes, brevets ou originaux.

Les actes judiciaires reçoivent cette formalité, soit sur les minutes, soit sur les expéditions, suivant les distinctions ci-après.

Ceux qui doivent être enregistrés *sur les minutes*, sont les procès-verbaux d'apposition, de reconnaissance et levée de scellés, et ceux de nomination de tuteurs et curateurs, les avis de parens, les émancipations, les actes de notoriété. . . . . les nominations d'experts et arbitres, les oppositions à levée des scellés par comparution personnelle, ... les ordonnances et mandemens d'assigner les opposans à scellés; tous procès-verbaux, généralement quelconques des bureaux de paix, portant conciliation ou non conciliation, défaut ou congé, remise ou ajournement. . . . . . d'apposition à délivrance de titres ou jugemens, de procès-verbaux et rapports, ... les certificats de toute nature, ... les jugemens portant transmission d'immeubles, et ceux par lesquels il est prononcé des condamnations sur des conventions sujettes à l'enregistrement, sans énonciation de titres enregistrés.

Tous les autres actes et jugemens, soit préparatoires ou d'instruction, soit définitifs, ne sont soumis à l'enregistrement, que sur les expéditions.

Les jugemens de la police ordinaire, des tribunaux de police correctionnelle et des tribunaux criminels, ne sont de même soumis à l'enregistrement que sur les expéditions, *lorsqu'il y a partie civile*, et seulement pour les expéditions requises par elle, ou autres intéressés.

8. Il n'est dû aucun droit d'enregistrement pour les extraits, copies ou expéditions des actes qui doivent être enregistrés sur les minutes ou originaux.

Quant à ceux des actes judiciaires qui ne sont assujétis à l'enregistrement que sur les expéditions, chaque expédition doit être enregistrée; savoir: la première pour le droit proportionnel, s'il y a lieu, ou pour le droit *fixe*, si le jugement n'est pas passible du droit proportionnel, et chacune des autres pour le droit *fixe*.

11. Lorsque, dans un acte quelconque, soit civil, soit judiciaire ou extrajudiciaire, il y a plusieurs dispositions indépendantes, ou ne dérivant pas nécessairement les unes des autres, il est dû pour chacune d'elles, et selon son espèce, un droit particulier: la quotité en est déterminée par l'article de la présente, dans lequel la disposition se trouve classée, ou auquel elle se rapporte.

TITRE II.

Des valeurs sur lesquelles le droit proportionnel est assis, et de l'expertise.

14. La valeur de la propriété, de l'usufruit et de la jouissance des *biens-meubles*, est déterminée par la liquidation et le paiement du droit proportionnel, ainsi qu'il suit; savoir: . . . . .

3°. Pour les quittances et tous autres actes de libération, *par le total des sommes ou capitaux dont le débiteur se trouve libéré*; . . . . .

5°. Pour les ventes ou autres transmissions à titre onéreux, *par le prix exprimé et le capital des charges qui peuvent ajouter au prix*; . . . . .

10°. Pour les actes et jugemens portant condamnation, collocation, liquidation ou transmission, *par le capital des sommes, et les intérêts liquidés.* . . . . .

15. La valeur de la propriété, de l'usufruit et de la jouissance *des immeubles*, est déterminée, pour la liquidation et paiement du droit proportionnel, ainsi qu'il suit, savoir : . . . .

6°. Pour les ventes, adjudications, cessions, rétrocessions, licitations, et tous autres actes civils ou judiciaires, portant translation de propriété ou d'usufruit à titre onéreux, *par le prix exprimé, en y ajoutant toutes les charges en capital, ou par une estimation d'experts, dans les cas autorisés par la présente.*

Si l'usufruit est réservé par le vendeur, il sera évalué à la moitié de tout ce qui forme le prix du contrat, et le droit sera perçu sur le total; mais il ne sera dû aucun droit pour la réunion de l'usufruit à la propriété : cependant, si elle s'opère par un acte de cession, et que le prix soit supérieur à l'évaluation qui en aura été faite pour régler le droit de la translation de propriété, il est dû un droit par supplément sur ce qui se trouve excéder cette évaluation. Dans le cas contraire, l'acte de cession est enregistré pour le droit fixe. . . . .

16. Si les sommes et valeurs ne sont pas déterminées dans un acte ou un jugement donnant lieu au droit proportionnel, les parties seront tenues d'y suppléer, avant l'enregistrement, par une déclaration estimative, certifiée et signée au pied de l'acte.

17. Si le prix énoncé dans un acte translatif de propriété ou d'usufruit des biens immeubles, à titre onéreux, paraît inférieur à leur valeur vénale à l'époque de l'aliénation, par comparaison avec les fonds voisins de même nature, la régie pourra requérir une expertise, pourvu qu'elle en fasse la demande dans l'année à compter du jour de l'enregistrement du contrat.

18. La demande en expertise sera faite au tribunal civil du département dans l'étendue duquel les biens sont situés, par une pétition portant nomination de l'expert de l'état.

L'expertise sera ordonnée dans les dix jours de la demande.

En cas de refus par la partie de nommer son expert sur la sommation qui lui aura été faite d'y satisfaire dans les trois jours, il lui en sera nommé un d'office par le tribunal.

Les experts, en cas de partage, appelleront un tiers-expert. S'il ne peuvent en convenir, le juge de paix du canton de la situation des biens y pourvoira.

Le procès-verbal d'expertise sera rapporté au plus tard dans le mois qui suivra la remise qui aura été faite aux experts de l'ordonnance du tribunal, ou dans le mois après l'appel d'un tiers-expert. . . . .

TITRE III.

Des délais pour l'enregistrement des actes et des déclarations.

Art. 20. Les délais pour faire enregistrer les actes publics, sont, savoir :

De quatre jours, pour ceux des huissiers et autres ayant pouvoir de faire des exploits et procès-verbaux. . . .

De vingt jours ; pour les actes judiciaires soumis à l'enregistrement sur les minutes, et pour ceux dont il ne reste pas de minute au greffe, ou qui se délivrent en brevet. . . .

25 Dans les délais fixés par les articles précédens pour l'enregistrement des actes et déclarations, le jour de la date de l'acte, ou celui de l'ouverture de la succession, ne sera point compté.

Si le dernier jour du délai se trouve un jour de fête, ce jour là ne sera point compté.

TITRE IV.

Des bureaux où les actes doivent être enregistrés.

Art. 26. . . . Les huissiers, ou tous autres ayant pouvoir de faire des exploits, procès-verbaux ou rapports feront enregistrer leurs actes, soit au bureau de leur résidence, soit au bureau du lieu où ils les auront faits.

Les greffiers et les secrétaires des administrations centrales et municipales feront enregistrer les actes qu'ils sont tenus de soumettre à cette formalité, aux bureaux dans l'arrondissement desquels ils exercent leurs fonctions.

TITRE V.

Du paiement des droits et de ceux qui doivent les acquitter.

Art. 29. Les droits des actes à enregistrer seront acquittés, savoir : . . . . .

Par les huissiers et autres ayant pouvoir de faire des exploits et procès-verbaux, pour ceux de leur ministère.

Par les greffiers, pour les actes et jugemens (sauf le cas prévu par l'article 37 ci-après) qui doivent être enregistrés sur les minutes, aux termes de l'article 7 de la présente, et ceux passés et reçus aux greffes, et pour les extraits, copies et expéditions qu'ils délivrent des jugemens qui ne sont pas soumis à l'enregistrement sur les minutes. . . .

30. Les officiers publics qui, aux termes des dispositions précédentes, auraient fait pour les parties l'avance des droits d'enregistrement, pourront prendre exécutoire du juge de paix de leur canton, pour le remboursement.

L'opposition qui serait formée contre cet exécutoire, ainsi

que toutes les contestations qui s'éleveraient à cet égard, seront jugées conformément aux dispositions portées par l'article 65 de la présente, relatif aux instances poursuivies au nom de l'état.

31. Les droits des actes civils et judiciaires emportant obligation, libération ou translation de propriété ou d'usufruit de meubles ou immeubles, seront supportés par les débiteurs et nouveaux possesseurs, et ceux de tous les autres actes le seront par les parties auxquelles les actes profiteront, lorsque, dans ces divers cas, il n'aura pas été stipulé de dispositions contraires dans les actes.

TITRE VI.

Des peines pour défaut d'enregistrement des actes et déclarations dans les délais, et de celles portées relativement aux omissions, aux fausses estimations et aux contre-lettres.

34. La peine contre un huissier ou autre ayant pouvoir de faire des exploits ou procès-verbaux, est, pour un exploit ou procès-verbal non présenté à l'enregistrement dans le délai, d'une somme de 25 francs, et de plus, une somme équivalente au montant du droit de l'acte non enregistré. L'exploit ou procès-verbal non enregistré dans le délai est déclaré nul, et le contrevenant responsable de cette nullité envers la partie.

Ces dispositions, relativement aux exploits et procès-verbaux, ne s'étendent pas aux procès-verbaux de vente de meubles et autres objets mobiliers, ni à tout autre acte du ministère des huissiers, sujet au droit proportionnel. La peine pour ceux-ci sera d'une somme égale au montant du droit, sans qu'elle puisse être au-dessous de 50 francs. Le contrevenant paiera en outre le droit dû pour l'acte, sauf son recours contre la partie pour ce droit seulement.

35. Les greffiers qui auront négligé de soumettre à l'enregistrement, dans le délai fixé, les actes qu'ils sont tenus de présenter à cette formalité, paieront personnellement, à titre d'amende, et pour chaque contravention, une somme égale au montant du droit.

Ils acquitteront en même temps le droit, sauf leur recours, pour ce droit seulement, contre la partie.

37. Il est néanmoins fait exception aux dispositions des deux articles précédens; quant aux jugemens rendus à l'audience, qui doivent être enregistrés sur les minutes, et aux actes d'adjudication en séance publique des administrations, lorsque les parties n'auront pas consigné aux mains des greffiers et les secrétaires, dans le délai prescrit pour l'enregistrement, le montant des droits fixés par la loi. Dans ce cas, le recouvrement en sera fait dans les dix jours contre les parties par les receveurs; elles supporteront, en outre, la peine du droit en sus.

Pour cet effet, les greffiers et les secrétaires fourniront aux receveurs de l'enregistrement, dans la décade qui suivra l'expiration du délai, des extraits par eux certifiés des actes et jugemens dont les droits ne leur auront pas été remis par les parties, à peine d'une amende de 10 francs pour chaque acte et jugement, et d'être personnellement contraints au paiement des doubles droits.

TITRE VII.

Des obligations des notaires, huissiers, greffiers, secrétaires, juges, arbitres, administrateurs, et autres officiers ou fonctionnaires publics, des parties et des receveurs, indépendamment de celles imposées sous les titres précédens.

41. Les notaires, huissiers, greffiers, et les secrétaires des administrations centrales et municipales, ne pourront délivrer en brevet, copie ou expédition, aucun acte soumis à l'enregistrement sur la minute ou l'original, ni faire aucun autre acte en conséquence, avant qu'il ait été enregistré, quand même le délai pour l'enregistrement ne serait pas encore expiré, à peine de 50 francs d'amende, outre le paiement du droit.

Sont exceptés les exploits et autres actes de cette nature qui se signifient à parties, ou par affiches et proclamations, et les effets négociables compris dans l'article 69, paragraphe 2, nombre 6 de la présente.

À l'égard des jugemens qui ne sont assujétis à l'enregistrement que sur les expéditions, il est défendu aux greffiers, sous les mêmes peines, d'en délivrer aucune, même par simple note ou extrait, aux parties ou autres intéressés, sans l'avoir fait enregistrer.

42. Aucun notaire, huissier, greffier, secrétaire ou autre officier public, ne pourra faire ou rédiger un acte en vertu d'un acte sous signature privée, ou passé en pays étranger, l'annexer à ses minutes, ni le recevoir en dépôt, ni en délivrer extrait, copie ou expédition, s'il n'a été préalablement enregistré, à peine de 50 francs d'amende, et de répondre personnellement du droit.

44. Il sera fait mention dans toutes les expéditions des actes publics, civils ou judiciaires, qui doivent être enregistrés sur les minutes, de la quittance des droits, par une transcription littérale et entière de cette quittance.

Pareille mention sera faite dans les minutes des actes publics, civils, judiciaires ou extrajudiciaires, qui se feront en vertu d'actes sous signature privée, ou passés en pays étrangers, et qui sont soumis à l'enregistrement par la présente.

Chaque contravention sera punie par une amende de 10 fr.

45. Les greffiers qui délivreront des secondes et subséquentes expéditions des actes et jugemens assujétis au droit proportionnel,

mais qui ne sont pas dans le cas d'être enregistrés sur les minutes, seront tenus de faire mention dans chacune de ces expéditions, de la quittance du droit payé pour la première expédition, par une transcription littérale de cette quittance.

Ils feront également mention sur la minute, de chaque expédition délivrée, de la date de l'enregistrement et du droit payé.

Toute contravention à ces dispositions sera punie par une amende de dix francs.

46. Dans le cas de fausse mention d'enregistrement, soit dans une minute, soit dans une expédition, le délinquant sera poursuivi par la partie publique, sur la dénonciation du préposé de la régie, et condamné aux peines prononcées pour le faux.

47. Il est défendu aux juges et arbitres de rendre aucun jugement, et aux administrations centrales et municipales de prendre aucun arrêté en faveur des particuliers, sur des actes non enregistrés, à peine d'être personnellement responsables des droits.

48. Toutes les fois qu'une condamnation sera rendue, ou qu'un arrêté sera pris sur un acte enregistré, le jugement, la sentence arbitrale ou l'arrêté en fera mention, et énoncera le montant du droit payé, la date du paiement et le nom du bureau où il aura été acquitté; en cas d'omission, le receveur exigera le droit, si l'acte n'a pas été enregistré dans son bureau, sauf restitution dans le délai prescrit, s'il est ensuite justifié de l'enregistrement de l'acte sur lequel le jugement aura été prononcé ou l'arrêté pris.

49. Les notaires, huissiers, greffiers et les secrétaires des administrations centrales et municipales, tiendront des répertoires à colonnes, sur lesquels ils inscriront, jour par jour, sans blancs ni interlignes, et par ordre de numéros, savoir : . . . .

2°. Les huissiers, tous les actes et exploits de leur ministère, sous peine d'une amende de cinq francs pour chaque omission ;

3°. Les greffiers, tous les actes et jugemens qui, aux termes de la présente, doivent être enregistrés sur les minutes, à peine d'une amende de dix francs pour chaque omission. . . . .

5o. Chaque article du répertoire contiendra, 1°. son numéro ; 2°. la date de l'acte ; 3°. sa nature ; 4°. les noms, prénoms des parties et leur domicile ; 5°. l'indication des biens, leur situation et le prix, lorsqu'il s'agira d'actes qui auront pour objet la propriété, l'usufruit ou la jouissance de biens-fonds ; 6°. la relation de l'enregistrement.

51. Les notaires, huissiers, greffiers, et les secrétaires des administrations centrales et municipales présenteront, tous les trois mois, leurs répertoires aux receveurs de l'enregistrement de leur résidence, qui les viseront et qui énonceront dans leur *visa* le nombre des actes inscrits. Cette présentation aura lieu, chaque année, dans les dix premiers jours de chacun des mois de janvier, avril, juillet et octobre, à peine d'une amende de dix francs pour chaque décade de retard.

52. Indépendamment de la représentation ordonnée par l'article précédent, les notaires, huissiers, greffiers et secrétaires seront tenus de communiquer leurs répertoires, à toute réquisition, aux préposés de l'enregistrement qui se présenteront chez eux pour les vérifier, à peine d'une amende de cinquante francs, en cas de refus.

Le préposé, dans ce cas, requerra l'assistance d'un officier municipal, ou du maire, ou de l'adjoint de la commune du lieu, pour dresser, en sa présence, procès-verbal du refus qui lui aura été fait.

53. Les répertoires seront cotés et paraphés ; savoir : ceux des notaires, huissiers et greffiers de la justice de paix, par le juge de paix de leur domicile ; ceux des greffiers des tribunaux, par le président, et ceux des secrétaires des administrations, par les présidens de l'administration.

54. Les dépositaires des registres de l'état civil, ceux des rôles des contributions, et tous autres chargés des archives et dépôts de titres publics, seront tenus de les communiquer, sans déplacer, aux préposés de l'enregistrement, à toute réquisition, et de leur laisser prendre, sans frais, les renseignemens, extraits et copies qui leur seront nécessaires pour les intérêts de l'état, à peine de cinquante francs d'amende pour refus constaté par procès-verbal du préposé, qui se fera accompagner, ainsi qu'il est prescrit par l'article 52 ci-dessus, chez les détenteurs et dépositaires qui auront fait refus.

Ces dispositions s'appliquent aussi aux notaires, huissiers, greffiers et secrétaires des administrations centrales et municipales, pour les actes dont ils sont dépositaires.

Les communications ci-dessus ne pourront être exigées les jours de fêtes, et les séances, dans chaque autre jour, ne pourront durer plus de quatre heures de la part des préposés, dans les dépôts où ils feront leurs recherches.

58. Les receveurs de l'enregistrement ne pourront délivrer d'extraits de leurs registres que sur ordonnance du juge de paix, lorsque ces extraits ne seront pas demandés par quelqu'une des parties contractantes, ou de leurs ayans-cause.

TITRE IX.

Des poursuites et instances.

65. L'introduction et l'instruction des instances auront lieu devant les tribunaux civils de département. La connaissance et la décision en sont interdites à toutes autres autorités constituées ou administratives.

L'instruction se fera par simples mémoires respectivement signifiés.

Il n'y aura d'autres frais à supporter pour la partie qui succombera, que ceux du papier timbré, des significations, et du droit d'enregistrement des jugemens.

Les tribunaux accorderont, soit aux parties, soit aux préposés

22 *frimaire an* 7. — 12 *décembre* 1798.

de la régie qui suivront les instances, le délai qu'ils leur demanderont pour produire leur défense. Il ne pourra néanmoins être de plus d'un mois.

Les jugemens seront rendus dans les trois mois au plus tard, à compter de l'introduction des instances, sur le rapport d'un juge fait en audience publique, et sur les conclusions des procureurs royaux. Ils seront sans appel, et ne pourront être attaqués que par la voie de cassation.

TITRE X.

De la fixation des droits.

Art. 67. Les droits à percevoir pour l'enregistrement des actes et mutations, sont et demeurent fixés aux taux et quotités tarifés par les articles 68 et 69 suivans.

Des droits fixes.

Art. 68. Les actes compris sous cet article seront enregistrés, et les droits payés ainsi qu'il suit, savoir :

§. Ier.

Actes sujets à un droit fixe d'un franc.

30°. Les exploits, les significations, celles des cédules des juges de paix, les. . . . notifications, citations. . . . .

Il sera dû un droit pour chaque demandeur ou défendeur, en quelque nombre qu'ils soient dans le même acte, excepté les copropriétaires et co-héritiers, les parens réunis, les co-intéressés, débiteurs ou créanciers associés ou solidaires, les séquestres, les experts et les témoins, qui ne seront comptés que pour une seule et même personne, soit en demandant, soit en défendant, dans le même original d'acte, lorsque leurs qualités y seront exprimées.

32°. Les nominations d'experts ou arbitres.

35°. Les procès-verbaux et rapports d'employés, garde, commissaires, séquestres, experts, arpenteurs et agens forestiers ou ruraux.

46°. Les actes (les cédules exceptées) et jugemens préparatoires, interlocutoires ou d'instruction des juges de paix; certificats d'individualité, procès-verbaux d'avis de parens; *visa* de pièces et poursuites préalables à l'exercice de la contrainte par corps; les oppositions à la levée des scellés par comparence personnelle dans le procès-verbal; les ordonnances et mandemens d'assigner les opposans aux scellés; tous autres actes des juges de paix non classés dans les paragraphes et articles suivans, et leurs jugemens définitifs portant condamnation de sommes dont le droit proportionnel ne s'éleverait pas à un franc.

47°. Tous les procès-verbaux des bureaux de paix desquels il ne résulte aucune disposition donnant lieu au droit proportionnel, ou dont le droit proportionnel ne s'éleverait pas à un franc.

48°. Les actes et jugemens de la police ordinaire et des tribunaux de police correctionnelle et criminelle, soit entre parties, soit sur la poursuite du ministère public, avec partie civile, lorsqu'il n'y a pas condamnation de sommes et valeurs, ou dont le droit proportionnel ne s'éleverait pas à un franc, et les dépôts et décharges aux greffes desdits tribunaux, dans les mêmes cas où il y a partie civile.

51°. Et généralement tous actes civils, judiciaires ou extrajudiciaires, qui ne se trouvent dénommés dans aucun des paragraphes suivans, ni dans aucun autre acticle de la présente, et qui ne peuvent donner lieu au droit proportionnel.

§. II.

Actes sujets à un droit fixe de deux francs.

3°. Les procès-verbaux d'apposition, de reconnaissance et de levée de scellés.
Il est dû un droit pour chaque vacation.
4°. Les procès-verbaux de nomination de tuteurs et curateurs.
6°. Les jugemens des juges de paix portant renvoi ou décharge de demande, débouté d'opposition, validité de congé, expulsion, condamnation à réparation d'injures personnelles, et généralement tous ceux qui, contenant des dispositions définitives, ne donnent pas ouverture au droit proportionnel.

§. IV.

Actes sujets à un droit de cinq francs.

2°. Les actes d'émancipation; *le droit est dû pour chaque émancipé.*
3°. Les déclarations et significations d'appel des jugemens des juges de paix, aux tribunaux civils.

§. VI.

Actes sujets à un droit fixe de quinze francs.

3°. Le premier acte de recours au tribunal de cassation, soit par requête, mémoire ou déclaration, en matière civile, de police ou correctionnelle.

Droits proportionnels.

Art. 69. Les actes et mutations compris sous cet article seront enregistrés, et les droits payés suivant les quotités ci-après, savoir:

§. II.

Cinquante centimes par cent francs.

9°. Les expéditions des jugemens contradictoires ou par défaut des juges de paix, des tribunaux civils, de commerce et d'arbitrage; de la police ordinaire, de la police correctionnelle et des tribunaux criminels, portant condamnation, collocation ou liquidation de sommes et valeurs mobiliaires, intérêts et dépens entre particuliers, excepté les dommages-intérêts, dont le droit proportionnel est fixé à deux pour cent, sous le paragraphe 5, nombre 8, ci-après.

Dans aucun cas, et pour aucun de ces jugemens, le droit proportionnel ne pourra être au-dessous du droit fixe, tel qu'il est rédigé dans l'article précédent pour les jugemens des divers tribunaux.

Lorsque le droit proportionnel aura été acquitté sur un jugement rendu par défaut, la perception sur le jugement contradictoire qui pourra intervenir, n'aura lieu que sur le supplément des condamnations : il en sera de même des jugemens rendus sur appel et des exécutoires.

S'il n'y a pas de supplément de condamnation, l'expédition sera enregistrée pour le droit fixe, qui sera toujours le moindre droit à percevoir.

Lorsqu'une condamnation sera rendue sur une demande non établie par un titre enregistré et susceptible de l'être, le droit auquel l'objet de la demande aurait donné lieu, s'il avait été convenu par acte public, sera perçu indépendamment du droit dû pour l'acte ou le jugement qui aura prononcé la condamnation.

§. III.

Un franc par cent francs.

3°. Les contrats, transactions, promesses de payer, arrêtés de comptes, billets, mandats; les transports, cessions et délégations de créances à termes; les délégations de prix stipulés dans un contrat, pour acquitter des créances à terme envers un tiers, sans énonciation de titre enregistré, sauf, pour ce cas, la restitution dans le délai prescrit, s'il est justifié d'un titre précédemment enregistré; les reconnaissances, celles de dépôts de sommes chez les particuliers, et tous autres actes ou écrits qui contiendront obligation de sommes, sans libéralité, et sans que l'obligation soit le prix d'une transmission de meubles ou immeubles non enregistrée.

§. V.

Deux francs par cent francs.

8°. Les dommages-intérêts prononcés par les tribunaux criminels, correctionnels et de police.

§. VII.

Quatre francs par cent francs.

1°. Les adjudications, ventes, reventes, cessions, rétrocessions et tous autres actes civils ou judiciaires translatifs de propriété ou d'usufruit de *biens-immeubles*, à titre onéreux.

TITRE XI.

Des actes qui doivent être enregistrés en débet ou gratis, et de ceux qui sont exempts de cette formalité.

Art. 70. Seront soumis à la formalité de l'enregistrement et enregistrés en *débet* ou *gratis*, ou exempts de cette formalité, les actes ci-après, savoir:

§. Ier.

A enregistrer en débet.

1º. Les actes et procès-verbaux des juges de paix pour faits de police;
2º. Ceux faits à la requête des procureurs du roi près les tribunaux;
3º. Ceux des commissaires de police;
4º. Ceux des gardes établis par l'autorité publique, pour délits ruraux et forestiers;
5º Les actes et jugemens qui interviennent sur ces actes et procès-verbaux.

Il y aura lieu de suivre la rentrée des droits d'enregistrement de ces actes, procès-verbaux et jugemens, contre les parties condamnées, d'après les extraits des jugemens qui seront fournis au préposés de la régie par les greffiers.

§. II.

A enregistrer gratis.

3º. Les actes des huissiers et gendarmes, dans les cas spécifiés par le paragraphe suivant, nombre 9.

§. III.

Des actes exempts de la formalité de l'enregistrement.

9º. Tous les actes et procès-verbaux (excepté ceux des huissiers et gendarmes qui doivent être enregistrés, ainsi qu'il est dit au paragraphe précédent, nombre 4), et jugemens concernant la police générale et de sûreté, et la vindicte publique.
10º. Les cédules pour appeler au bureau de conciliation, sauf le droit de signification.
2º. Les affirmations de procès-verbaux des employés, gardes et agens salariés par l'Etat, faits dans l'exercice de leurs fonctions.

28 frimaire an 7. — 18 décembre 1798.

Circulaire du ministre de la justice aux juges de paix, sur la poursuite des affaires relatives à la taxe d'entretien des routes.

Du 28 frimaire an 7. — 18 décembre 1798.

La loi du 14 brumaire dernier (B. 239, S^{ie}. 2.) a établi, citoyens, pour la poursuite des affaires concernant la taxe d'entretien des routes, de nouvelles règles sur lesquelles je crois devoir fixer particulièrement votre attention.

Trois espèces d'amendes sont prononcées par la loi du 3 nivôse dernier (B. 171) : l'amende de 25 fr. pour défaut de plaque ; celle de 50 fr. envers ceux qui passent les barrières, sans acquitter le droit, et celle de 100 fr. contre ceux qui insultent ou maltraitent les préposés ; qui s'opposent, par violences ou menaces, à l'exercice de leurs fonctions, ou endommagent les bureaux.

La loi du 14 brumaire porte, article 18, que « les amendes pour *fraude et contravention* aux lois relatives à la taxe d'entretien des routes, sont converties en une taxe fixe équivalente au montant desdites amendes. »

Ces expressions pour *fraude et contravention*, et les dispositions de l'article 26 de la même loi, qui statue que les procès-verbaux des préposés feront foi jusqu'à inscription de faux, en matière de fraude et de contravention, et jusqu'à preuve contraire en matière correctionnelle, pourraient vous déterminer à croire que les amendes pour défaut de plaque et pour fraude des droits, qui sont établies par les articles 9 et 10 de la loi du 3 nivôse dernier, sont seules converties en taxes fixes, et que l'amende de 100 fr. que prononce l'article 11 de la même loi, pour voies de fait envers les préposés, ou bris de barrières, a conservé son caractère pénal. Si vous adoptiez un pareil système, vous embrasseriez une erreur.

L'article 25 de la loi du 25 brumaire ne laisse aucun doute à ce sujet. Il porte que le juge de paix du canton prononcera sans appel, et en dernier ressort, lorsque la taxe fixe n'excédera pas cinquante francs.

Il résulte évidemment de ces dispositions, qu'il est des taxes fixes qui peuvent excéder 50 francs ; car si le juge de paix n'est compétent que lorsque la taxe fixe n'excède pas 50 francs, c'est qu'il en existe de supérieures à ce taux, qui sortent de sa compétence.

Or, les amendes prononcées par la loi du 3 nivôse n'étant que de 25, 50 et 100 francs, il est clair que ce ne sont pas seulement les amendes de 25 et 50 francs, mais encore celle de 100 francs que l'art. 18 de la loi du 14 brumaire a converties en taxes fixes.

On ne peut tirer aucune induction contraire des termes *de fraude et de contravention*, qui sont employés dans le dernier article, car ces termes s'appliquent au cas prévu par l'art. 11 de la loi du 3 nivôse, qui prononce l'amende de 100 francs, comme aux cas prévus par les articles 9 et 10 de la même loi, qui prononcent les amendes de 25 et 50 francs. En effet l'article 11, qui établit l'amende de 100 francs, défendant expressément à toute personne d'insulter ou maltraiter les préposés à la perception de la taxe d'entretien et de s'opposer, par violence ou menaces, à l'exercice de leurs fonctions, de briser ou endommager les bureaux des barrières, c'est évidemment contrevenir, non-seulement aux lois générales, mais encore spécialement à la loi du 3 nivôse relative à la taxe d'entretien des routes, que de maltraiter les préposés à la perception de cette taxe, que de briser ou endommager les bureaux établis pour la perception, etc. ; et l'on doit, par conséquent, considérer l'amende de 100 francs, qui est établie par l'art. 11, comme une amende pour contravention aux lois sur la taxe d'entretien des routes.

A l'égard de la disposition de l'art. 26 de la loi du 14 brumaire, qui suppose qu'en cette matière il peut encore y avoir lieu à des poursuites correctionnelles, on ne doit pas en conclure que l'amende de 100 francs n'est pas convertie en taxe fixe ; il en résulte seulement que les législateurs ont prévu dans cet article, comme dans l'art. 11 de la loi du 3 nivôse, que les voies de fait envers les préposés, le bris des barrières, pourraient être accompagnés de circonstances aggravantes qui donnassent lieu à des peines plus graves, et qui rendissent compétens les tribunaux correctionnels ou criminels, suivant que le cas serait d'appliquer, soit les peines correctionnelles que prononce la loi du 19 juillet 1791, soit celles qui sont établies par les articles 1, 2, 3, 4 et 5, section 4, titre 1er. 2e. partie du code pénal, et par l'article 2 de la loi du 22 floréal an 2.

Ainsi toutes les amendes que prononce la loi du 3 nivôse sont, par la loi du 14 brumaire, converties en taxes fixes, et c'est par conséquent sur des poursuites purement civiles qu'elles doivent être prononcées.

Votre compétence particulière à ce sujet ne présente pas la moindre difficulté ; le taux en est fixé par l'article 25 de la loi du 14 brumaire. Suivant cet article, toutes les fois que la taxe fixe n'excédera pas 50 francs, vous devez statuer en dernier ressort : dans le cas contraire, vous n'êtes pas même compétens pour juger en premier ressort ; la loi vous impose l'obligation de renvoyer les procès-verbaux devant un autre tribunal.

La loi du 14 brumaire ne détermine pas, il est vrai, d'une manière précise, le tribunal auquel vous devez faire l'envoi des procès-verbaux ; mais la conversion que cette loi a faite des amendes en taxes fixes, et le pouvoir qu'elle vous a attribué de statuer en dernier ressort, lorsque ces taxes fixes n'excéderaient pas 50 francs, annoncent assez que l'intention des législateurs est que ces sortes de contraventions soient poursuivies civilement, et qu'en conséquence, c'est au tribunal civil qu'il appartient de prononcer les taxes fixes, lorsqu'elles excéderont le taux de votre compétence.

Ainsi l'art. 26 de la loi du 14 brumaire chargeant, dans ce cas, le commissaire du directoire exécutif près le tribunal compétent, de poursuivre l'affaire devant ce tribunal, c'est au commissaire du directoire exécutif près le tribunal civil de votre département que vous devez faire l'envoi des procès-verbaux qui vous seront remis, lorsqu'il y aura lieu de prononcer une taxe fixe au-dessus de 50 francs.

Je ne saurais trop vous recommander de mettre beaucoup d'exactitude et de célérité dans cet envoi. Le même article que je viens de citer, portant que les actions résultant des procès-verbaux des préposés, seront poursuivies dans le mois, *à peine de nullité*, si vous négligiez d'envoyer, avant l'expiration de ce délai, les procès-verbaux au commissaire du directoire exécutif près les tribunaux civils, vous favoriseriez la fraude en procurant l'impunité au contrevenant, et vous porteriez encore un double préjudice à l'Etat, en ce que vous le priveriez, non-seulement de la taxe fixe qui était encourue, mais encore du droit dû pour avoir passé la barrière. Vous ne vous mettrez pas, sans doute, dans le cas d'encourir une si grande responsabilité.

Votre premier devoir, lorsque des procès-verbaux vous sont remis en cette matière, est de veiller à ce qu'ils soient affirmés dans les trois jours, devant vous ou devant l'un de vos assesseurs, conformément à l'article 26 de la loi du 14 brumaire, qui le prescrit à peine de nullité; ensuite vous devez vérifier la nature de la contravention constatée, pour savoir à quelle taxe fixe elle peut donner lieu. Si la quotité de la taxe fixe n'excède pas 50 francs, vous devez prononcer sur-le-champ; si elle excède, vous devez renvoyer, sans délai, les procès-verbaux au commissaire du directoire exécutif près du tribunal civil; si, enfin, la contravention est de nature à entraîner une peine proprement dite, vous devez instruire comme officiers de police judiciaire, et renvoyer les procès-verbaux et autres pièces au directeur du jury, conformément à ce qui est prescrit par le Code des délits et des peines.

L'obligation que vous impose la loi du 14 brumaire, d'envoyer les procès-verbaux au tribunal compétent, ne vous dispense pas, dans ce dernier cas, d'instruire comme officiers de police judiciaire, et de renvoyer, suivant l'usage, les pièces au directeur du jury; parce que cet envoi, prescrit par la loi du 14 brumaire, est nécessairement subordonné aux réglemens établis par les lois existantes.

Je dois encore vous prémunir contre les difficultés que pourrait vous présenter le mode de juger en cette matière.

L'intention des législateurs est de rendre la poursuite de ces sortes de contraventions simple et prompte : c'est pour cela qu'ils n'ont point prescrit la formalité des citations, qu'il aurait été difficile, et souvent même impossible, de donner à des contrevenans qui, la plupart, demeurent fort loin du lieu du délit, et sont fort souvent inconnus. Les tribunaux de paix ou les tribunaux civils doivent donc prononcer sur le seul vu des procès-verbaux. Le contrevenant est censé avoir été entendu, soit lors de la rédaction de ces procès-verbaux, soit lors de la consignation qu'il aura dû faire des droits et de la taxe fixe, soit lors de la réception de sa caution, soit, enfin, lors du séquestre de ses voitures et de ses chevaux, s'il n'a ni consigné, ni donné caution. Il a pu, dans l'un ou l'autre de ces cas, donner ses moyens de défense, et se présenter au juge avant la condamnation prononcée, pour être entendu : s'il ne l'a pas fait, il ne peut s'en prendre qu'à lui-même.

Mais la loi du 14 brumaire porte, article 26, que « dans les cas qui excéderont la compétence des juges de paix, l'affaire sera poursuivie à la diligence du commissaire du directoire exécutif près le tribunal qui en devra connaître », et ne statue rien relativement à la poursuite de ces sortes d'affaires devant les juges de paix. Il ne faut pas conclure de ce silence de la loi, à cet égard, comme l'ont fait quelques-uns de vous, que la poursuite doit être faite à la requête du commissaire du directoire exécutif près l'administration municipale. Ce commissaire n'est point établi près le tribunal de paix, il exerce seulement des fonctions près le tribunal de police, en vertu de l'attribution que lui en donne le Code des délits et des peines. Pour qu'il pût, en cette matière, remplir des fonctions près le tribunal de paix, il faudrait que la loi lui en donnât formellement le pouvoir, comme à l'égard des patentes. Il suffit que la loi du 14 brumaire soit muette sur ce point, pour que le commissaire du directoire exécutif près l'administration municipale doive s'abstenir de toutes fonctions dans les affaires concernant la taxe d'entretien des routes. Vous devrez donc vous regarder comme suffisamment saisis de la connaissance de celles de ces sortes d'affaires qui seront de votre compétence, par la remise qui vous sera faite des procès-verbaux, et vous devrez prononcer sur-le-champ les condamnations qui en résulteront.

Je terminerai, en vous observant que, quoique la loi désigne nommément les juges de paix, c'est le tribunal de paix qu'il faut entendre ; et, qu'en conséquence, un juge de paix ne peut valablement juger ces sortes d'affaires, sans être assisté de deux de ses assesseurs.

Loi contenant fixation du traitement des juges de paix.

8 ventôse an 7. — 26 février 1799.

Art. 1. A compter du premier vendémiaire de l'an 7, les traitemens des juges de paix sont fixés de la manière et dans la proportion suivante :

A Paris.	2,400 fr.
Dans les communes dont la population excède 100,000 âmes.	1,600
Dans celles de 50,000 âmes et au-dessus, jusqu'à 100,000 âmes.	1,200
Dans celles de 30,000 âmes et au-dessus, jusqu'à 50,000 âmes.	1,000
Et dans les communes au-dessous de 30,000 âmes.	800

8 ventôse an 7. — 26 février 1799.

2. Quant aux menus frais des bureaux de conciliation et tribunaux de police judiciaire, il y sera pourvu par les administrations municipales, conformément à la loi du 2 nivôse an 5, d'après les états par elles préalablement dressés, et approuvés par les administrations centrales de département; celle-ci transmettront ces états au ministre de la justice dans le courant de thermidor prochain, au plus tard.

Loi relative au remboursement des frais de justice en matière criminelle.

18 germinal an 7. — 7 avril 1799.

Art. 1. Tout jugement d'un tribunal criminel, correctionnel ou de police, portant condamnation à une peine quelconque, prononcera en même temps, au profit de l'état, le remboursement des frais auxquels la poursuite et punition des crimes et délits aura donné lieu.

2. Lorsqu'il y aura plusieurs accusés, auteurs ou complices du même fait, la condamnation au remboursement sera prononcée solidairement contre eux.

3. Les frais seront liquidés, et la liquidation rendue exécutoire, par le président du tribunal ; le recouvrement sera poursuivi par les préposés à la régie de l'enregistrement du domaine public.

4. Pour faciliter cette liquidation, les officiers de police judiciaire, les directeurs du jury ou présidents des tribunaux correctionnels, aussitôt qu'ils auront terminé leurs fonctions relativement à chaque affaire, joindront aux pièces l'état signé d'eux des frais et déboursés dont la liquidation pourra avoir lieu lorsqu'il y aura condamnation exécutoire.

5. Les indemnités accordées à ceux qui auront souffert un dommage résultant du délit, seront prises sur les biens des condamnés avant les frais adjugés.

Loi relative à la nomination des greffiers des tribunaux et des justices de paix.

27 germinal an 7. — 16 avril 1799.

Art. 1. Nul ne peut être élu greffier ou commis greffier assermenté d'un tribunal auquel la loi attribue la nomination du premier de ces fonctionnaires, s'il est parent ou allié jusqu'au troisième degré inclusivement, selon la supputation civile, de l'un des juges, quand même ce dernier se serait abstenu de voter dans cette élection.

Mais si un parent ou allié du greffier ou d'un commis greffier vient à être nommé juge ou suppléant, ils peuvent simultanément exercer leurs fonctions respectives.

Extrait de la loi sur le tarif des douanes.

9 floréal an 7. — 28 avril 1799.

TITRE IV.

De la législation.

Art. 1. Deux préposés de l'administration des douanes, ou autres citoyens français, suffisent pour constater une contravention aux lois relatives aux importations, exportations et circulations.

2. Ceux qui procéderont aux saisies, feront conduire, dans un bureau de douane, et autant que les circonstances pourront le permettre, au plus prochain du lieu de l'arrestation, les marchandises, voitures, chevaux et bateaux servant aux transports ; ils y rédigeront de suite leur rapport.

3. Les rapports énonceront la date et la cause de la saisie, la déclaration qui en aura été faite au prévenu, les noms, qualités et demeures des saisissans, et de celui chargé des poursuites, l'espèce, poids ou nombre des objets saisis; la présence de la partie à leur description, ou la sommation qui lui aura été faite d'y assister; le nom et la qualité du gardien, le titre de la rédaction du rapport et l'heure de sa clôture.

4. Dans le cas où le motif de la saisie portera sur le faux ou l'altération des expéditions, le rapport énoncera le genre de faux, les altérations ou surcharges.

Lesdites expéditions signées et paraphées des saisissans *ne varietur*, seront annexées au rapport qui contiendra la sommation faite à la partie de les signer, et sa réponse.

5. Il sera offert main-levée, sous caution solvable, ou en consignant la valeur des bâtimens, bateaux, voitures, chevaux et équipages saisis pour autre cause que pour prohibition de marchandises dont la consommation est défendue, et cette offre, ainsi que la réponse de la partie, seront mentionnés au rapport.

6. Si le prévenu est présent, le rapport énoncera qu'il lui en a été donné lecture, qu'il a été interpelé de le signer, et qu'il en a reçu de suite copie, avec citation à comparaître dans les vingt-quatre heures devant le juge de paix de l'arrondissement.

En cas d'absence du prévenu, la copie sera affichée dans le jour à la porte du bureau.

Ces rapports, citations et affiches devront être faits tous les jours indistinctement.

7. Lorsqu'il y aura lieu de saisir dans une maison, la description y sera faite, et le rapport y sera rédigé; les marchandises, dont la consommation n'est pas prohibée, ne seront pas déplacées, pourvu que la partie donne caution solvable pour leur valeur; si la partie ne fournit pas caution, ou s'il s'agit d'objets

prohibés, les marchandises seront transportés au plus prochain bureau.

8. A l'égard des saisies faites sur bâtimens de mer pontés, lorsque le déchargement ne pourra avoir lieu de suite, les saisissans apposeront les scellés sur les fermans et écoutilles des bâtimens ; le procès-verbal, qui sera dressé à fur et à mesure du chargement, fera mention du nombre, des marques et des numéros des ballots, caisses et tonneaux. La description en détail ne sera faite qu'au bureau, en présence de la partie, ou après sommation d'y assister ; il lui sera donné copie à chaque vacation.

L'apposition des scellés sur les portes, ou d'un plomb ou cachet sur les caisses et ballots, aura lieu toutes les fois que la continuation de la description sera renvoyée à une autre séance ou vacation.

9. Les rapports ne sont dispensés de l'enregistrement qu'autant qu'il ne se trouvera pas de bureau dans la commune du dépôt de la marchandise, ni dans celle où est placé le tribunal qui doit connaître de l'affaire : auquel cas le rapport sera visé le jour de sa clôture, ou le lendemain avant midi, par le juge de paix du lieu, ou, à son défaut, par le maire ou l'adjoint.

10. Les rapports seront affirmés au moins par deux des saisissans, devant le juge de paix ou l'un de ses assesseurs, dans le délai donné pour comparaître ; l'infirmation énoncera qu'il en a été donné lecture aux affirmans.

11. Les rapports ainsi rédigés et affirmés seront crus jusqu'à inscription de faux.

Les tribunaux ne pourront admettre contre lesdits rapports d'autres nullités que celles résultantes de l'omission des formalités prescrites par lesdits articles précédens.

12. Celui qui voudra s'inscrire en faux contre un rapport sera tenu d'en faire la déclaration par écrit, en personne ou par un fondé de pouvoir spécial passé devant notaire, au plus tard à l'audience indiquée par la sommation de comparaître devant le tribunal qui doit connaître de la contravention : il devra, dans les trois jours suivans, faire au greffe dudit tribunal, le dépôt des moyens de faux, et des noms et qualités des témoins qu'il voudra faire entendre : le tout à peine de déchéance de l'inscription de faux.

Cette déclaration sera reçue et signée par le juge et le greffier, dans le cas où le déclarant ne saurait écrire ni signer.

13. Au jour indiqué pour la comparution, le juge entendra la partie, si elle est présente, et sera tenu de rendre de suite son jugement.

Si les circonstances de la saisie nécessitaient un délai, ce délai ne pourra excéder trois jours ; et dans ce cas, le jugement de renvoi autorisera la vente provisoire des marchandises sujettes à dépérissement, et des chevaux saisis comme ayant servi au transport.

Le délai de l'assignation sur l'appel, fixé à trois jours par l'article 6 de la loi du 14 fructidor an 3, sera augmenté d'un jour par chaque deux myriamètres de distance entre la commune où est établi le tribunal de paix, et celle où siége le tribunal civil.

15. Lorsque la main-levée des objets saisis pour contravention aux lois dont l'exécution est confiée à l'administration des douanes, sera accordée par jugemens contre lesquels il y aurait pourvoi en cassation, la remise n'en sera faite à ceux au profit desquels lesdits jugemens auront été rendus, qu'au préalable ils n'aient donné bonne et suffisante caution de leur valeur. La main-levée ne pourra jamais être accordée pour les marchandises dont l'entrée est prohibée.

16. Lorsque la saisie n'est pas fondée, le propriétaire des marchandises a droit à une indemnité d'un pour cent par mois de la valeur des objets saisis, depuis l'époque de la retenue jusqu'à celle de la remise ou de l'offre qui lui en aura été faite. Il est expressément défendu aux juges d'excuser les contrevenans sur l'intention.

17. Il est expressément défendu de faire aucune remise sur les confiscations ou amendes pour contraventions à la loi du 10 brumaire an 5, ni pour celles encourues pour introduction de marchandises prohibées, ou en fraude des droits; et dans les autres cas, la loi du 23 brumaire an 3 ne pourra être exécutée lorsqu'il sera intervenu un jugement définitif.

18. Aux moyens des dispositions énoncées dans le présent titre, le titre 10 de la loi du 22 août 1791, l'article 19 du titre 6 de celle du 4 germinal an 2, et les articles 1, 2, 3, 4 et 9 de celle du 4 fructidor an 3, sont abrogés.

Loi relative au traitement des secrétaires-greffiers des juges de paix.

21 prairial an 7. — 9 juin 1799.

Art. 1. A compter du premier vendémiaire an 7, les traitemens des secrétaires-greffiers des juges de paix seront du tiers de celui fixé par la loi du 8 ventôse dernier pour les juges auprès desquels ils sont établis.

Ils sont, en conséquence, déterminés de la manière et dans les proportions suivantes :

A Paris.................	800 fr.	
Dans les communes dont la population excède cent mille habitans.........	533 fr.	33 c.
Dans celles de cinquante mille âmes et au-dessus jusqu'à cent mille........	400	
Dans celles de trente mille et au-dessus jusqu'à cinquante mille..........	333	33 ½
Et dans les communes au-dessous de trente mille habitans............	266	66 ½

Indépendamment du traitement ci-dessus déterminé, les greffiers percevront les droits qui leur sont attribués, suivant le tarif modéré déterminé par les lois existantes.

3. Les expéditions des jugemens en matière de police et des procès-verbaux des bureaux de paix et de conciliation, leur seront payées quatre décimes le rôle qui contiendra vingt lignes à la page, et huit à dix syllabes à la ligne, compensation faite des unes avec les autres.

4. Ils mettront leurs reçus au bas des expéditions qu'ils délivreront, et ne pourront percevoir d'autres et plus forts droits que ceux qui leur sont attribués par les lois, à peine de destitution et de restitution envers les parties ; et sauf, en cas de fraude et de malversation évidente, à être poursuivis devant les tribunaux, conformément aux lois.

5. Toutes dispositions de lois contraires à la présente sont abrogées.

Circulaire du ministre de la justice aux juges de paix, sur les domaines nationaux.

Du 23 fructidor an 7. — 9 septembre 1799.

Vous connaissez, citoyens, la loi du 1er. décembre 1790 (v. s.), relatives aux domaines nationaux. Vous savez qu'au paragraphe Ier, qui est intitulé : *de la nature du domaine national*, art. 3, elle porte : « Tous les biens et effets, meubles ou immeubles demeurés vacans et sans maître, et ceux des personnes qui décèdent sans héritiers légitimes, ou dont les successions sont abandonnées, appartiennent à la nation. »

Vous savez encore que les actions auxquelles le recouvrement de ces objets donne lieu, doivent être intentées par la régie du droit d'enregistrement et des domaines (art. 17 de la loi du 9 octobre 1791) : « La forme de la procédure prescrite par l'article 25 de la loi du 19 décembre 1790, sera suivie pour toutes les instances relatives aux domaines et droits dont la régie est réunie à celle de l'enregistrement. »

L'avantage de l'état, et même celui des créanciers et héritiers des décédés qui peuvent se présenter, serait perdu, si la régie n'était pas prévenue assez tôt pour pouvoir faire procéder utilement à l'inventaire et à la vente du mobilier. Mais par qui peut-elle être mieux avertie des circonstances qui exigent l'action de son zèle, que par le magistrat que la loi charge de l'apposition des scellés, sur-tout ce que laisse le défunt ? Vous apercevez déjà combien le plus ou le moins d'attention de votre part, dans cette occurrence, peut être utile ou préjudiciable. Si toute apposition de scellés, pour ne pas devenir à-peu-près inutile, doit être faite immédiatement après le décès de celui dont il s'agit de conserver la succession, vous concevez qu'il n'est pas moins important que la régie soit instruite le plus promptement possible. Sans cette précaution, le temps s'écoule, et le produit de la vente se trouve absorbé ou considérablement réduit par les frais de garde, de loyer, et par le dépérissement inévitable qu'éprouvent des effets mobiliers dans des lieux constamment fermés. Je ne saurais donc trop vous engager à donner exactement avis, soit à la régie elle-même, soit à l'administration centrale de votre département, des scellés par vous apposés dans vos arrondissemens respectifs, chez les personnes décédées sans héritiers connus, et dont vous pouvez présumer que la succession se trouve ainsi dévolue à la nation, à titre de déshérence. Au reste, cette attention n'est pas plus pénible que celle que vous impose la loi du 11 ventôse an 2, pour les successions ouvertes au profit des citoyens absens pour la défense de la patrie, puisqu'il s'agit simplement, dans le dernier cas, d'avertir la régie ou l'administration centrale, comme, dans le cas précédent, vous informez le ministre de la guerre ; j'ai lieu d'espérer que, loin de regarder cette mesure conservatrice, comme un surcroît de travail, vous ne l'envisagerez que comme une nouvelle occasion de signaler votre dévoûment et votre activité.

Loi sur la manière de juger les contestations relatives au paiement des octrois municipaux.

2 vendémiaire an 8. — 24 septembre 1799.

Art. 1. Les contestations civiles qui pourront s'élever sur l'application du tarif, ou sur la quotité des droits exigés par les receveurs des octrois municipaux et de bienfaisance créés par les lois existantes, ou qui pourront être créés par les diverses communes de l'état, pour l'acquit de leurs dépenses locales ; celles des hospices civils et secours à domicile, seront portées devant le juge de paix de l'arrondissement, à quelque somme que le droit contesté puisse s'élever, pour être par lui jugé sommairement et sans frais, soit en dernier ressort, soit à la charge de l'appel, suivant la quotité de la somme.

2. Les amendes encourues en vertu desdites lois, seront prononcées par les tribunaux de simple police, ou de police correctionnelle, suivant la quotité de la somme.

3. Lorsqu'il y aura lieu à contestation sur l'application du tarif, ou sur la quotité du droit exigé par le receveur, tout porteur ou conducteur d'objets, compris dans le tarif, sera tenu de consigner entre les mains du receveur le droit exigé : il ne pourra être entendu, qu'en rapportant au juge qui devra en connaître, la quittance de ladite consignation.

Extrait de la constitution consulaire.

22 frimaire an 8. — 13 décembre 1799.

Art. 60. Chaque arrondissement communal a un ou plusieurs juges de paix élus immédiatement par les citoyens pour trois années.

Leur principale fonction consiste à concilier les parties qu'ils invitent, en cas de non conciliation, à se faire juger par des arbitres.

Extrait de la loi qui exige des fonctionnaires publics une promesse de fidélité à la constitution.

21. nivôse an 8. — 11 janvier 1800.

Art. 1. Les fonctionnaires publics dans l'ordre judiciaire, ne pourront commencer ou continuer l'exercice de leurs fonctions ou emplois, que préalablement ils n'aient fait la déclaration suivante : *Je promets d'être fidèle à la constitution.*

2. Toute autre formule ou déclaration de serment est abrogée.

Nota. Depuis 1814, la formule est : *Fidélité au Roi*, et obéissance à *la charte constitutionnelle et autres lois de l'État.*

Loi portant réduction des justices de paix.

8 pluviôse an 9. — 28 janvier 1801.

Art. 1. Il y aura, pour tout le territoire européen de l'état, trois mille justices de paix au moins, et trois mille six cents au plus.

2. Les arrondissemens des justices de paix se régleront, autant que les localités n'y apporteront pas d'obstacle, sur les bases combinées de la population et de l'étendue territoriale, et dans les proportions suivantes :

3. La population moyenne d'un arrondissement de justice de paix sera de dix mille habitans : l'arrondissement ne pourra en embrasser plus de quinze mille.

4. La moyenne étendue territoriale de l'arrondissement sera de deux cent cinquante kilomètres carrés ; elle ne pourra en comprendre plus de trois cent soixante-quinze, ni moins de cent vingt-cinq.

5. Néanmoins, et lorsque, dans une étendue territoriale moindre de vingt-cinq kilomètres carrés, il existera une population supérieure à quinze mille habitans, la composition des arrondissemens se fera d'après la seule base de la population.

6. Le territoire actuel des petites villes, bourgs et villages, ne pourra être scindé ni divisé, de manière que partie en soit donnée à un arrondissement, et partie à un autre.

Ce territoire sera conservé dans son intégrité, et placé dans un seul et même arrondissement de justice de paix.

7. La règle énoncée dans le précédent article ne s'applique pas aux communes qui, par leur propre population, auront droit à l'établissement de plusieurs arrondissemens de justice de paix dans leur sein.

8. Dans chaque arrondissement de justice de paix, formé de la réunion de plusieurs communes, le gouvernement désignera celle qui, soit à raison de sa neutralité, soit par rapport à ses relations avec les autres communes du même arrondissement, en sera le chef-lieu.

9. A l'égard des villes dont la population excède cent mille ha-

bitans, le gouvernement pourra, sans consulter les bases ci-dessus posées, maintenir les arrondissemens des justices de paix tels qu'ils existent, les modifier ou les réduire selon qu'il le jugera convenable, pourvu qu'au cas de réduction, le nombre des justices de paix n'y soit pas inférieur à celui des municipalités.

10. Jusqu'aux nouvelles démarcations de territoires et aux nominations constitutionnelles des juges de paix, ceux qui en remplissent aujourd'hui les fonctions, continueront de les exercer dans les limites actuelles.

Extrait de la loi qui autorise l'établissement de trois ponts à Paris.

24 ventôse an 9. — 15 mars 1801.

Art. 1. Il sera établi trois ponts à Paris, sur la Seine.

4. Il sera perçu par les concessionnaires et à leur profit, une taxe au passage sur lesdits ponts, conformément au tarif.

9. Les contestations qui pourront s'élever sur le paiement de la taxe, seront jugées comme celles sur la perception de l'octroi de bienfaisance (par les juges de paix.)

Loi qui détermine le mode d'élection des juges de paix.

29 ventôse an 9. — 20 mars 1801.

Art. 1. Les citoyens composant l'arrondissement ou canton d'un juge de paix, procéderont seuls à son élection.

2. Ils voteront par séries : à cet effet, le sous-préfet fera le tableau particulier des séries du canton, conformément aux dispositions des articles 3 et 4 de la loi du 13 du présent mois sur les listes de notabilité. Ce tableau sera mis sous les yeux des votans.

3. Le scrutin sera fermé et dépouillé conformément aux règles prescrites par la même loi pour la notabilité communale, sauf les modifications ci-après.

4. Le scrutin sera simple et individuel : quand il concourra avec celui qui aura lieu pour la notabilité communale, les bulletins seront insérés dans une boîte particulière sur laquelle seront inscrits ces mots : *suffrages donnés par les votans du canton de* (on mettra le nom du chef-lieu du canton) *pour l'élection du juge de paix*.

Si le scrutin relatif à l'élection du juge de paix ne se fait pas en même temps que celui de la notabilité communale, il ne sera ouvert que pendant cinq jours.

6. Dans tous les cas, si le premier scrutin relatif à l'élection du juge de paix ne donne à aucun citoyen la majorité absolue des votans du canton, il sera procédé à un second scrutin, qui ne durera que trois jours, et ne pourra porter que sur les six candidats à qui le premier aura donné le plus de voix.

7. Celui des citoyens qui, au premier scrutin, aura eu la majorité absolue, ou, en cas de deuxième scrutin, celui des six candidats qui aura obtenu la majorité relative, sera proclamé juge de paix du canton.

8. Il sera installé par le sous-préfet, après avoir prêté serment à l'audience du tribunal de l'arrondissement communal.

9. Il sera tenu de donner ses audiences au chef-lieu de canton.

Loi qui supprime les assesseurs des juges de paix, et donne deux suppléans à chacun de ces juges.

29 ventôse an 9. — 20 mars 1801.

Art. 1. Les assesseurs des justices de paix sont supprimés : ils cesseront leurs fonctions du moment où les juges de paix des nouveaux cantons seront installés.

2. Chaque juge de paix remplira seul les fonctions, soit judiciaires, soit de conciliation, ou autres qui sont attribuées aux justices de paix par les lois actuelles.

3. En cas de maladie, absence ou autre empêchement du juge de paix, ses fonctions seront remplies par un suppléant.

A cet effet, chaque juge de paix aura deux suppléans.

4. Ces deux suppléans, désignés par *premier* et *second*, seront les deux citoyens ayant réuni le plus grand nombre de suffrages après le juge de paix, dans les élections du canton.

Extrait de l'arrêté relatif à l'apposition des scellés après le décès des officiers-généraux ou supérieurs, etc.

Du 13 nivôse an 10. — 3 janvier 1802.

Art. 1. Aussitôt après le décès d'un officier-général ou supérieur de toute arme, d'un commissaire-ordonnateur, inspecteur aux revues, officier de santé en chef des armées, retirés ou en activité de service, les scellés seront apposés sur les papiers, cartes, plans et mémoires militaires, autres que ceux dont le décédé est l'auteur, par le juge de paix du lieu du décès, en présence du maire ou de son adjoint.

Art. 3. Lors de l'inventaire de ces objets, ceux qui seront reconnus appartenir au gouvernement, ou que l'officier nommé par le général commandant la division, jugera devoir l'intéresser, seront inventoriés séparément, et remis audit officier sur son reçu.

Loi relative aux justices de paix.

Du 28 floréal an 10. — 18 mai 1802.

Art. 1. Lorsqu'il vaquera, par mort, démission ou autrement, une place de juge de paix, le premier suppléant succédera à ce juge pour le temps d'exercice qui restait à ce dernier, si toutefois ce temps n'excède pas une année.

Au cas contraire, les citoyens du canton procéderont, selon les formes établies, à l'élection d'un juge de paix dont les fonctions finiront à l'époque où eussent dû se terminer celles du juge primitivement nommé.

2. Dans le cas où, soit par la promotion de droit exprimée en l'article précédent, soit de toute autre manière, une place de suppléant de juge de paix viendrait à vaquer, il sera pourvu au remplacement de la manière suivante :

Si le procès-verbal de la dernière élection triennale fait mention du citoyen qui avait le plus de voix après les deux suppléans élus, et s'il y est énoncé que le nombre des voix par lui obtenues s'élevait à vingt au moins, ce citoyen sera proclamé suppléant par le sous-préfet de l'arrondissement.

Au cas contraire, le Roi nommera le suppléant, qui exercera jusqu'aux prochaines élections.

3. Tous les greffiers des juges de paix seront nommés par le Roi. Ils fourniront un cautionnement, savoir :

A Paris, de. 4,800 fr.
A Bordeaux, Lyon et Marseille, de. 3,600
Dans les villes de cinquante à cent mille habitants, de 2,400
Dans celles de trente à cinquante mille habitants, de. 1,800
Dans celles de dix à trente mille habitants, de. . . 1,200
Dans les villes ou bourgs au-dessus de trois mille jusqu'à dix mille habitants, de. 800
Et dans les autres lieux, de. 400

4. Lorsque les greffiers des juges de paix auront un commis greffier, le traitement de ce commis sera à leur charge.

5. Chaque juge de paix nommera un huissier au moins, et deux au plus.

La première nomination pourra porter sur ceux qui ont exercé ou exercent actuellement les fonctions simples d'huissiers près des justices de paix, ou sur les huissiers déjà reçus par les tribunaux d'appel, criminels ou de première instance, pourvu qu'ils résident dans le ressort de la justice de paix.

6. A l'avenir, les juges de paix ne pourront prendre leurs huissiers que dans cette dernière classe.

7. Si cependant il n'y a point d'huissiers de cette qualité résidant dans le canton, le juge de paix pourra nommer tous autres citoyens, lesquels n'entreront néanmoins en exercice qu'après que le tribunal de première instance, s'étant fait rendre compte de leurs mœurs et de leur capacité, aura confirmé leur nomination.

8. Tout juge de paix qui, après sa nomination, ne résidera point dans le canton, sera averti par le procureur du Roi près le tribunal de première instance, d'y fixer son domicile dans le mois de l'avertissement; passé lequel délai, après que le procureur du Roi aura dénoncé la non-résidence au sous-préfet, il sera, à la diligence de ce dernier, pourvu, conformément à l'article 1er, au

remplacement du juge de paix considéré comme démissionnaire.
Il en sera de même des suppléans.

9. On ne pourra considérer comme cessation de résidence d'un juge de paix, les absences qui seront autorisées comme il suit :

Lorsqu'un juge de paix voudra s'absenter de son canton, il se munira d'une autorisation du procureur du roi près le tribunal civil de son arrondissement.

Lorsque son absence devra durer plus d'un mois, il s'adressera au ministre de la justice pour en obtenir un congé.

10. Dans tous les cas où un juge de paix demandera un congé, il devra justifier d'un certificat du premier suppléant, et à son défaut, du second, constatant que le service public n'en souffrira point.

Extrait du sénatus-consulte organique de la constitution consulaire du 16 thermidor an 10. — 4 août 1802.

Art. 8. L'assemblée de canton désigne deux citoyens sur lesquels le Roi choisit le juge de paix du canton.

Elle désigne pareillement deux citoyens pour chaque place vacante de suppléant de juge de paix..

Art. 9. Les juges de paix et leurs suppléans sont nommés pour dix ans.

Extrait de l'arrêté, contenant règlement pour l'exécution du sénatus-consulte, du 16 thermidor précédent, relatif aux assemblées de canton, etc.

Du 19 fructidor an 10. — 6 septembre 1802.

Art. 89. Dans le cinquième des départemens de la France, les juges de paix seront renouvelés en l'an 11, et ainsi de suite par cinquième d'année en année.

Arrêté qui règle le traitement fixe des greffiers des tribunaux de police dans les villes où il y a plusieurs justices de paix.

Du 30 fructidor an 10. — 17 septembre 1802.

Les consuls de l'Etat, sur le rapport du ministre de la justice, et le conseil d'état entendu ;

Arrêtent :

Art. 1er. Indépendamment des droits d'expédition attribués en matière de police, les greffiers particuliers des tribunaux de police établis dans les villes où il y a plusieurs justices de paix, auront, tant pour traitement fixe, que pour subvenir aux frais d'entretien de leurs greffes et aux salaires des commis dont ils auraient besoin, les sommes portées dans l'état ci-annexé.

2. Les traitemens seront acquittés sur les centimes additionnels destinés aux traitemens et dépenses fixes.

3. Il sera payé annuellement, pour menues dépenses de ces tri-

bunaux, les sommes portées en l'état ci-annexé, et sur les fonds réservés aux dépenses variables.

4. Les administrations municipales de chacune de ces villes pourvoiront aux frais de premier établissement et fourniront un local distinct pour la tenue des audiences et du greffe de ces tribunaux, de manière que leurs minutes ne soient, en aucun cas, confondues avec celles des justices de paix et bureaux de conciliation.

5. Le grand-juge ministre de la justice, et les ministres de l'intérieur, des finances et du trésor public, sont chargés, chacun en ce qui le concerne, de l'exécution du présent arrêté.

Etat des sommes à payer pour les tribunaux de police particuliers établis dans les villes où il y a plusieurs justices de paix.

TRAITEMENS des GREFFIERS.		MENUES DÉPENSES.	
A Paris, ci............	1,800.	....	900.
A Lyon, Bordeaux et Marseille, chacun 1,200 fr. ci.	3,600.	Pour chaque tribunal. 400, ci.	1,200.
Toulouse, Nantes, Lille, et Rouen, chacun 900 fr., ci.	3,600.	...... 200, ci.	800.
A Caen, Nîmes, Montpellier, Rennes, Orléans, Angers, Reims, Metz, Clermont, Strasbourg, Versailles et Amiens, chacun 600, ci......	7,200.	...... 100, ci.	1,200.
Et dans les autres villes au nombre de cent trois chacun à raison de 500 fr., ci.	51,500.	.... 50, ci.	5,150.
Total............	67,700.	Total.......	9,250.

Arrêté concernant la connaissance des réclamations dirigées contre les opérations relatives aux élections des juges de paix.

Du 24 vendémiaire an 11. — 16 octobre 1802.

Les Consuls de l'Etat, sur le rapport du ministre de la justice, touchant la question de savoir à qui est dévolue la connaissance

30 fructidor an 10. — 17 septembre 1802.

des réclamations dirigées contre les opérations relatives aux élections des juges de paix;

Considérant que l'arrêté du 19 thermidor dernier, pris en exécution du sénatus-consulte du 16 du même mois, dispose (article 10) que, dans le cas prévu par cet article, les opérations des assemblées électorales seront recommencées, si le gouvernement l'ordonne; d'où il résulte que la confirmation ou l'annulation des opérations attaquées appartient au gouvernement, et que cette attribution, à lui faite sans distinction, des nominations critiquées, embrasse, dans le dernier état de la législation, les opérations relatives aux élections des juges de paix, comme toutes les autres.

Le conseil d'état entendu;

Arrêtent ce qui suit:

Art. 1er. Toutes difficultés relatives à la validité des élections des juges de paix et de leurs suppléans, celles mêmes qui seront antérieures au sénatus-consulte du 16 thermidor an 10, seront décidées par le gouvernement en conseil d'état.

Extrait d'un avis du conseil d'état, approuvé par les consuls, le 29 vendémiaire an 11, sur la manière de procéder au renouvellement des juges de paix.

Le conseil d'état, sur cette question: « comment seront renouvelés par cinquième les juges de paix? »

Est d'avis que le ministre de l'intérieur et le grand juge se réuniront pour désigner, sur le nombre total des cantons de l'Etat, un nombre égal au cinquième de ce total, pris indistinctement sur tous les départemens de l'Etat, de manière qu'une partie seulement des juges de paix d'un arrondissement ou d'un département pourra être comprise dans l'indication du cinquième à renouveler;

Que cette indication ne doit pas se faire cette année pour les cinq renouvellement successifs, mais seulement pour l'an 11; et ainsi de suite d'année en année.

Arrêté qui annulle un jugement rendu par un juge de paix, en matière de grande voirie.

Du 3 brumaire an 11. — 25. octobre 1802.

Les consuls de l'Etat, sur le rapport du ministre de l'intérieur;

Vu les pièces relatives au conflit d'attributions qui s'est élevé entre le préfet du département de la Sarre et le tribunal de paix de la ville de Trèves, à l'occasion d'un jugement rendu par ce tribunal, le 24 thermidor an 10, sur une matière de grande voirie;

Considérant que la contestation qui s'était élevée entre le cit. *Zinck*, homme de loi à Trèves, et le cit. *Geyer*, commissaire de police de cette ville, chargé par le maire de surveiller les travaux des réparations des grandes routes, était purement administrative, puisqu'il s'agissait d'un objet de voirie ;

Considérant que le tribunal de paix de Trèves, qui avait reconnu son incompétence relativement à la connaissance du fond, devait également la reconnaître à l'égard des frais qui n'étaient que l'accessoire.

Le conseil d'état entendu,

Arrêtent :

Art. 1er. Le jugement rendu le 24 thermidor dernier, entre les citoyens *Zinck* et *Geyer*, par le tribunal de paix de la ville de Trèves, est déclaré non-avenu.

2. Les difficultés survenues entre ces deux citoyens, seront portées, instruites et jugées au conseil de préfecture du département de la Sarre.

Loi relative au remplacement des juges de paix et de leurs suppléans, en cas d'empêchement légitime.

Du 16 ventôse an 12. — 7 mars 1804.

Art. 1. En cas d'empêchement légitime d'un juge de paix et de ses suppléans, le tribunal de première instance dans l'arrondissement duquel est située la justice de paix, renverra les parties devant le juge de paix du canton le plus voisin.

2. Ce jugement de renvoi sera rendu à la demande de la partie la plus diligente, sur simple requête, et d'après les conclusions du procureur royal, parties présentes ou dûment appelées.

3. La distance d'une justice de paix à l'autre, est réglée d'après celle de leurs chefs-lieux entre eux.

Extrait du décret du 24 messidor an 12, 13 juillet 1804.

Art. 2. Le tribunal de première instance recevra le serment des juges de paix de son arrondissement et de leurs suppléans.

Extrait du décret sur les cérémonies publiques.

Du 24 messidor an 12. — 13 juillet 1804.

Les juges de paix invités aux cérémonies publiques, marchent après les membres du tribunal de commerce, et avant les commissaires de police. (art. 8 du titre 1er.)

1ᵉʳ. *germinal an* 13. — 22 *mars* 1805.

Extrait du décret concernant les droits réunis, la manière de procéder sur les contraventions, etc.

Du 1ᵉʳ. germinal an 13. — 22 mars 1805.

CHAPITRE IX.

Des contraintes.

43. Art. La régie pourra employer contre les redevables en retard la voie de contrainte.

44. La contrainte sera décernée par le directeur ou receveur de la régie ; elle sera visée et déclarée exécutoire sans frais par le juge de paix du canton où le bureau de perception est établi, et pourra être notifiée par les préposés de la régie.

Le juge de paix ne pourra refuser de viser la contrainte pour être exécutée, à peine de répondre des valeurs pour lesquelles la contrainte aura été décernée.

Décret qui annulle, pour excès de pouvoir, un jugement rendu par un juge de paix, relativement à une concession de mine.

Du 31 janvier 1806.

Vu la demande en concession d'une mine de fer dite *Imbreith*, faite le 17 germinal an 11, par le sieur *Calmuth*, au préfet de la Roër, demande sur laquelle il …

Vu le jugement du 8 germinal an 13, rendu par le juge de paix du canton de Gemund, entre le sieur *Calmuth*, se prétendant seul concessionnaire de la mine d'Imbreith, et les sieurs *Weiss* et *Stappen*, propriétaires de la surface du terrain de ladite mine ; lequel jugement maintient le sieur *Calmuth* en jouissance de la mine dont il s'agit, et condamne ses adversaires à la restitution du minerai qu'ils en avaient tiré, et aux dépens ;

L'arrêté du préfet du département de la Roër, en date du 10 thermidor an 13, qui élève le conflit ;

Considérant que la concession sur laquelle le sieur *Calmuth* fondait son droit à l'exploitation de la mine de fer d'Imbreith, n'est pas prouvée ; que le juge de paix de Gemund, en maintenant ce particulier en possession de ladite mine, a excédé ses pouvoirs, puisqu'il a, de fait, créé une concession qui ne peut être accordée que par l'autorité administrative ;

Nous avons décrété et décrétons ce qui suit :

Art. 1. Le jugement rendu le 8 germinal an 13, par le juge de paix de Gemund, département de Roër, entre le sieur *Calmuth* et les sieurs *Weiss* et *Stappen*, au sujet de la mine d'Imbreith, est considéré comme non-avenu, sauf aux parties à se pourvoir devant l'autorité administrative. . . . .

Extrait du décret portant suppression des cours prévôtales, et tribunaux ordinaires des douanes.

Du 26 avril 1814. (Bull. 6.)

Art. 4. Il sera dressé, par le juge de paix du lieu, assisté du maire de la commune, un état exact des bâtimens et effets mobiliers servant à l'usage des cours prévôtales et tribunaux ordinaires des douanes.

Extrait de la charte constitutionnelle.

Du 4 juin 1814. (Bull. 17.)

Art. 61. La justice de paix est conservée. Les juges de paix, quoique nommés par le Roi, ne sont point inamovibles.

Extrait de l'ordonnance du Roi portant règlement sur les pensions de retraite à accorder aux membres de l'ordre judiciaire.

Du 23 septembre 1814. (Bull. 40.)

Art. 1er. A compter du premier octobre 1814, la totalité du produit des places vacantes, de présidens, de conseillers, conseillers-auditeurs, juges et gens du Roi, des cours, tribunaux et justices de paix, septembre 1806, sur le traitement des fonctionnaires de l'ordre judiciaire, seront affectés à la formation d'un fonds de pensions de retraite et de secours en faveur de ceux qui seront susceptibles d'en obtenir, ou de leurs veuves et orphelins.

Art. 2. Les demandes à fin de pensions seront adressées au chancelier de France.

Art. 4. Les officiers des cours, tribunaux et justices de paix, n'auront droit à la pension de retraite, qu'après trente ans de services publics effectifs, dont au moins dix ans dans l'ordre judiciaire ou à la chancellerie.

Art. 5. Toutefois elle pourra être accordée avant ce terme, à ceux desdits officiers, que des accidens ou des infirmités rendraient incapables de continuer leurs fonctions, ou qui se trouveraient réformés par le fait de la suppression de leur emploi, pourvu qu'ils aient au moins dix années de service dans les cours, tribunaux et justices de paix, ou à la chancellerie.

Art. 6. On comptera comme service effectif tout le temps d'activité dans les fonctions législatives, judiciaires et administratives ressortissant au gouvernement.

Art. 7. La pension acquise après trente ans de service, sera de moitié du traitement.

23 *septembre* 1814.

Elle s'accroîtra du vingtième de cette moitié pour chaque année de service au-delà de trente ans.

Art. 8. La pension accordée avant trente ans de service, et dans les cas prévus par l'article 5, sera du sixième du traitement pour dix ans de service. Elle s'accroîtra d'un soixantième de ce traitement pour chaque année de service au-dessus de dix ans, sans que pour cela elle puisse jamais excéder celle qui est accordée pour trente années.

Art. 10. La quotité de la pension sera réglée dans tous les cas, sur le taux moyen du traitement dont les officiers de justice auront joui pendant les trois dernières années de leur service.

Art. 11. Ladite pension ne pourra être fixée à moins de 200 francs.

Nota. Quelques modifications ont été apportées à cette ordonnance par celles additionnelles et explicatives des 9 janvier, 3 mars et 20 septembre 1815, 14 août 1816, et 2 janvier 1817.

Extrait de la loi relative à la célébration des fêtes et dimanches.

Du 18 novembre 1814. (Bull. 54.)

Art. 1er. Les travaux ordinaires seront interrompus les dimanches et jours de fêtes reconnues par la loi de l'état;

Art. 2. En conséquence il est défendu, lesdits jours, aux marchands d'étaler et de vendre, les ais et volets des boutiques ouverts; 2° aux colporteurs et étalagistes de colporter et d'exposer en vente leurs marchandises dans les rues et places publiques; 3° aux artisans et ouvriers de travailler extérieurement, et d'ouvrir leurs ateliers; 4° aux charretiers et voituriers employés à des services locaux de faire des chargemens dans les lieux publics de leur domicile.

Art. 5. Les contraventions ci-dessus seront jugées par les tribunaux de police simple, et punies d'une amende, qui, pour la première fois, ne pourra pas excéder cinq francs.

Art. 6. En cas de récidive, les contrevenans pourront être condamnés au *maximum* des peines de police.

Extrait de la loi sur les boissons.

Du 8 décembre 1814. (Bull. 60.)

Art. 134. En cas de suspicion de fraude dans l'intérieur de l'habitation des particuliers, les employés pourront faire des visites en se faisant assister du juge de paix, qui sera tenu de déférer à la réquisition par écrit qui lui en sera faite, et qui sera transcrite en tête du procès-verbal.

Art. 138. Les registres portatifs tenus par les employés de la régie seront cotés et paraphés par les juges de paix.

Extrait de la loi sur les octrois.

Du 9 décembre 1814. (Bull. 66.)

Art. 30. Tout individu soupçonné de faire la fraude..., pourra être conduit devant un juge de paix, pour y être interrogé, et la visite de ses effets autorisée, s'il y a lieu.

Art. 58. Les préposés de l'octroi..., sont tenus de prêter serment devant le tribunal civil de la ville dans laquelle ils exerceront, et dans les lieux où il n'y a pas de tribunal, devant le juge de paix. Ce serment est enregistré au greffe.

Art. 78. L'action résultant des procès-verbaux en matière d'octroi, et les questions qui pourront naître de la défense du prévenu, seront de la compétence exclusive, soit du tribunal de simple police, soit du tribunal correctionnel du lieu de la rédaction du procès-verbal, suivant la quotité de l'amende encourue.

Art. 81. S'il s'élève une contestation sur l'application du tarif, ou sur la quotité du droit réclamé, le porteur ou conducteur....., peut se pourvoir devant le juge de paix du canton; mais il ne pourra être entendu qu'en représentant la quittance de la consignation du droit au juge de paix, lequel prononcera sommairement et sans frais, soit en dernier ressort, soit à la charge d'appel, suivant la quotité du droit réclamé.

Art. 82. Dans le cas où les objets saisis seraient sujets à dépérissement, la vente pourra en être autorisée avant l'échéance des délais fixés par loi, par une simple ordonnance du juge de paix sur requête.

Extrait de la loi relative aux douanes.

Du 17 décembre 1814. (Bull. 62.)

Art. 29. Les juges de paix sont seuls compétens, sauf appel s'il y a lieu, pour connaître des contraventions à la loi du 24 avril 1806, et aux réglemens relatifs à la perception des droits sur les sels.

Art. 31. L'individu traduit devant le juge de paix, et reconnu coupable de récidive, doit être renvoyé par ledit juge de paix devant le tribunal correctionnel.

Extrait de l'ordonnance du Roi relative aux actes des greffiers, et exploits des huissiers.

Du 23 décembre 1814. (Bull. 68.)

Art. 1er. Les huissiers feront mention de leurs patentes dans les exploits et autres actes de leur ministère.

Art. 2. Les greffiers et huissiers sont également tenus de faire mention de la patente des particuliers qui y sont soumis, dans tous leurs actes et exploits; le tout sous la peine de 500 francs d'amende prononcée par l'article 37 de la loi du 1er. brumaire an 7. (*Voyez ci-dessus page   le texte de l'article 37.*)

Extrait de la loi sur les finances.

Du 28 avril 1816. (Bull. 81.)

PREMIÈRE PARTIE. — TITRE VII.

Art. 38. Tous actes judiciaires en matière civile, tous jugemens en matière criminelle, correctionnelle ou de police, seront, sans exception, soumis à l'enregistrement sur les minutes ou originaux.

Les greffiers ne seront personnellement tenus de l'acquittement des droits que dans les cas prévus par les articles 7 et 35 de la loi du 22 frimaire an 7. Ils continueront de jouir de la faculté accordée par l'article 37 pour les jugemens et actes y énoncés.

Il sera délivré aux greffiers, par le receveur de l'enregistrement, des récépissés, sur papier non-timbré, des extraits de jugement qu'ils doivent fournir en exécution dudit article 37. Ces récépissés seront écrits sur leurs répertoires.

Art. 42. Seront assujettis au droit fixe d'un franc.

Les actes de notoriété, les avis de parens, Les nominations d'experts hors jugement, les procès verbaux et rapports de gardes...., experts et arpenteurs.

Art. 44. Seront sujets au droit fixe de 3 francs, les compromis, ou nominations d'arbitres,... les transactions,... les jugemens définitifs des juges de paix rendus en dernier ressort....

Art. 48. Seront sujets au droit fixe de 50 francs, les actes de tutelle officieuse....

TITRE IX.

Art. 88. Les cautionnemens des greffiers et huissiers des justices de paix.... sont fixés en raison de la population et du ressort des tribunaux de la résidence de ces fonctionnaires, conformément au tarif annexé à la loi sous les nos. 8 et 9.

DEUXIÈME PARTIE.

Des boissons.

Art. 55. Les débitans de boissons pourront avoir un registre sur papier libre, côté et paraphé par un juge de paix, et les commis seront tenus d'y consigner le résultat de leurs exercices, et les paiemens qui auront été faits.

Art. 126. Même disposition pour les brasseurs.

Art. 224. Tout colporteur ou fraudeur de tabac peut être conduit devant un juge de paix, lequel statuera de suite par une décision motivée, sur son emprisonnement ou sa mise en liberté.

Art. 257. En cas de soupçon de fraude, à l'égard des particuliers non-sujets à l'exercice, les employés ne peuvent faire de visites dans l'intérieur de leurs habitations, qu'en se faisant assister du juge de paix ou de tout autre officier de police, tenu de déférer à la réquisition qui est faite par écrit.

Art. 241. Les registres portatifs des employés de la régie sont cotés et paraphés par les juges de paix.

Extrait de l'ordonnance du Roi sur la garde nationale.

Du 17 juillet 1816. (Bull. 101.)

Art. 26. Sont incompatibles avec le service de la garde nationale les fonctions des magistrats investis du droit de la requérir, tels que.... les juges de paix et leurs suppléans.

TROISIÈME PARTIE.

Des douanes.

Art. 59. Des cotons filés, les tissus et tricots de coton et de laine, et tous autres tissus de fabrique étrangère prohibés, seront recherchés et saisis dans toute l'étendue du royaume.

Art. 6. Les juges de paix, les maires, etc. sont chargés de procéder à cette recherche, et aux saisies dans les villes et endroits de l'intérieur où il n'y a pas de bureau de douanes.

Extrait de la loi sur les douanes.

Du 27 mars 1817. (Bull. 147.)

Art. 14. Le juge de paix, dans l'arrondissement duquel un objet saisi est déposé, connaîtra en première instance de la contravention.

Art. 15. La même compétence a lieu pour les saisies faites dans les bureaux des côtes ou frontières par suite de déclarations ; lesdites saisies n'entraînant que les condamnations établies par les lois des 22 août 1791 et 4 germinal an 2.

Nota. La même compétence leur est attribuée pour les fraudes tentées dans les ports de commerce (art. 35 de la loi du 21 avril 1818.)

Extrait de l'ordonnance du Roi concernant les franchises et contre-seings.

Du 6 août 1817. (Bull. 167.)

Etat n°. 1er. Le contre-seing du ministre et secrétaire d'Etat de la justice opère la franchise envers.... les juges de paix.

Idem. Du procureur-général près la cour royale dans toute l'étendue du ressort de cette cour, mais *sous bandes*. Dans le cas où la lettre serait cachetée, elle sera taxée, et comprise dans les états de crédit ouverts aux différens fonctionnaires de l'ordre judiciaire, par l'article 5 de l'ordonnance, et compris dans l'état n°. 9 annexé à cette ordonnance.

Extrait de l'instruction officielle sur les engagemens volontaires.

Du 20 mai 1818. (Bull. 215.)

Art. 10. Les juges de paix, dans chaque canton, visent les certificats des maires, portant que l'engagé volontaire jouit de ses droits civils ; qu'il est de bonne vie et mœurs, et qu'il n'a été appelé ni pour le service de terre, ni pour celui de mer, ou bien qu'il est libéré de l'un et de l'autre service.

Extrait de l'ordonnance relative à la mise en ferme des biens communaux qui ne seraient pas nécessaires à la dépaissance des troupeaux.

Du 7 octobre 1818. — (Bull. 239.)

Art. 1. Les biens des communautés d'habitans restés en jouissance commune depuis la loi du 10 juin 1793, et que les conseils municipaux ne jugeront pas nécessaires à la dépaissance des troupeaux, pourront être affermés sans qu'il soit besoin de recourir à l'autorisation du Roi, lorsque la durée des baux n'excédera pas neuf années.

Ordonnance qui décide que les procès-verbaux de contravention en matière de police du roulage, sont valablement affirmés devant l'adjoint, au lieu d'être devant le juge de paix.

30 mai 1821.

Louis, etc.

Sur le rapport du comité du contentieux ;

Vu le pourvoi élevé par notre ministre secrétaire d'Etat de l'intérieur contre un arrêté pris en matière de police du roulage par le conseil de préfecture du département de la Meurthe, au profit du sieur *Léonard Brunner*, meunier au moulin de la Machine, canton de Nancy ; ledit pourvoi enregistré au secrétariat général de notre conseil d'état le 8 mai 1820, et tendant à ce qu'il nous plaise annuller ledit arrêté ;

Vu l'avertissement donné le 18 juillet 1820, par l'intermédiaire du préfet du département de la Meurthe, audit *Léonard Brunner* pour qu'il ait à défendre contre ledit pourvoi, s'il s'y croit fondé, auquel avertissement il n'a pas été répondu ;

Vu les procès-verbaux de contravention à la police du roulage dressés les 14, 19 novembre et 1er. décembre 1818, contre ledit *Léonard Brunner*, lesdits procès-verbaux affirmés pardevant l'adjoint au maire de Nancy ;

Vu les condamnations prononcées par le maire de cette ville contre ledit *Léonard Brunner* les 18, 28 novembre et 7 décembre 1818;

Vu la réclamation présentée au conseil de préfecture du département de la Meurthe, le 31 décembre 1818, par ledit *Léonard Brunner*, contre lesdites condamnations;

Vu l'arrêté attaqué du conseil de préfecture du département de la Meurthe du 24 mars 1819, portant annulation des décisions du maire de Nancy, comme étant basées sur des procès-verbaux qui n'ont pas été affirmés devant le juge de paix, et statuant en outre que ledit *Léonard Brunner* est dispensé de payer les amendes auxquelles il a été condamné, et que l'argent lui sera rendu dans le cas où il aurait été consigné;

Vu l'arrêté du préfet de la Meurthe du 6 avril 1819, qui estime qu'il y a lieu d'annuler l'arrêté susdit du conseil de préfecture;

Vu les décrets des 23 juin 1806, 18 août 1810 et 16 décembre 1811;

Vu les autres pièces produites;

Considérant que, par l'article 38 du décret du 23 juin 1806, les maires ont été chargés de prononcer provisoirement, et sauf recours aux conseils de préfecture, sur le fait des contraventions à la police du roulage;

Considérant que, par le décret du 18 août 1810, les procès-verbaux en matière de police de roulage doivent être affirmés devant le juge de paix, mais que, d'après le décret du 16 décembre 1811, relatif aux routes en général, ces procès-verbaux peuvent être affirmés devant les maires ou leurs adjoints; qu'il convient sur-tout d'user de cette faculté, lorsqu'il s'agit de contraventions sur lesquelles les maires ont à prononcer provisoirement, et qu'ainsi, dans le cas particulier, ces procès-verbaux ont été valablement affirmés devant l'adjoint du maire de Nancy;

Notre conseil d'État entendu,

Nous avons ordonné et ordonnons ce qui suit:

Art. 1er. L'arrêté du conseil de préfecture du département de la Meurthe, du 24 mars 1819, est annulé.

2. L'affirmation faite des procès-verbaux de contravention devant l'adjoint au maire de Nancy est déclarée bonne et valable.

3. Le sieur *Léonard Brunner* est renvoyé à se pourvoir de nouveau, et s'il s'y croit fondé, devant ledit conseil de préfecture, contre les décisions du maire de Nancy des 18 et 28 novembre et 7 décembre 1818.

Donné à Paris, le 30e. jour du mois de mai de l'an de grâce 1821, et de notre règne le vingt-sixième.

Signé LOUIS.

Extrait de l'ordonnance du Roi qui fixe le mode d'exécution de la loi du 17 juillet 1819, sur les servitudes imposées à la propriété pour la défense de l'État.

Du 1er. août 1821. (Bull. 475.)

Art. 32. Lorsque les gardes du génie auront connaissance d'une construction ou d'une réparation indûment faite... ils en rendront compte au chef du génie qui requerra soit le juge de paix ou son suppléant, soit le commissaire de police... d'accompagner dans sa visite le garde chargé de constater la contravention.

Extrait de l'ordonnance du Roi portant autorisation de la société d'assurances mutuelles contre l'incendie formée à Nancy pour les départemens de la Meurthe, etc.

Du 22 août 1821. (Bull. 482.)

Art. 16 et 29 des statuts de la compagnie. — La juste valeur des choses assurées est constatée par une estimation de trois experts dont l'un nommé par la direction, l'autre par l'assuré, et le troisième par le juge de paix du canton de la situation de l'immeuble.

Extrait de l'ordonnance du Roi relative à l'administration des hospices et bureaux de bienfaisance.

Du 31 octobre 1821. (Bull. 488.)

Art. 3. Sont de droit membres des conseils de charité, les archevêques et évêques, les premiers présidens et procureurs-généraux des cours... et le plus ancien des juges de paix.

Extrait de la loi relative à la police sanitaire.

Du 3 mars 1822. (Bull. 508.)

Art. 17. Les membres des autorités sanitaires exerceront les fonctions d'officiers de police judiciaire exclusivement, et pour tous crimes, délits et contraventions dans l'enceinte et les parloirs des lazarets et autres lieux réservés. Dans les autres parties du ressort de ces autorités, ils les exerceront concurremment avec les officiers ordinaires, pour les crimes, délits et contraventions en matière sanitaire.

20. Les marchandises et autres objets déposés dans les lazarets et autres lieux réservés qui n'auront pas été réclamés dans le délai de deux ans, seront vendus aux enchères publiques.

Ils pourront, s'ils sont périssables, être vendus avant ce délai, en vertu d'une ordonnance du président du tribunal de commerce, ou, à défaut, du juge de paix.

EXTRAIT
DES CINQ CODES.

EXTRAIT DU CODE CIVIL.

LIVRE Iᵉʳ. — TITRE II.

Des actes de l'État civil.

Art. 70. L'officier de l'état civil se fera remettre l'acte de naissance de chacun des époux. Celui des époux qui serait dans l'impossibilité de se le procurer, pourra le suppléer, en rapportant un acte de notoriété délivré par le juge de paix du lieu de sa naissance, ou par celui de son domicile.

71. L'acte de notoriété contiendra la déclaration faite par sept témoins, de l'un ou de l'autre sexe, parens ou non parens, des prénoms, nom, profession et domicile du futur époux, et de ceux de ses père et mère, s'ils sont connus; le lieu, et, autant que possible, l'époque de sa naissance, et les causes qui empêchent d'en rapporter l'acte. Les témoins signeront l'acte de notoriété avec le juge de paix, et s'il en est qui ne puissent ou ne sachent signer, il en sera fait mention.

72. L'acte de notoriété sera présenté au tribunal de première instance du lieu où doit se célébrer le mariage. Le tribunal, après avoir entendu le procureur du Roi, donnera ou refusera son homologation, selon qu'il trouvera suffisantes ou insuffisantes les déclarations des témoins, et les causes qui empêchent de rapporter l'acte de naissance.

LIVRE Iᵉʳ. — TITRE IV.

Des absens.

Art. 126. Ceux qui auront obtenu l'envoi provisoire, ou l'époux qui aura opté pour la continuation de la communauté, devront faire procéder à l'inventaire du mobilier et des titres de l'absent, en présence du procureur du Roi près le tribunal de première instance, ou d'un juge de paix requis par ledit procureur du Roi. Le tribunal ordonnera, s'il y a lieu, de vendre tout ou partie du

Extrait du Code civil.

mobilier. Dans le cas de vente, il sera fait emploi du prix, ainsi que des fruits échus. Ceux qui auront obtenu l'envoi provisoire pourront requérir, pour leur sûreté, qu'il soit procédé, par un expert nommé par le tribunal, et la visite des immeubles, à l'effet d'en constater l'état. Son rapport sera homologué en présence du Procureur du Roi ; les frais en seront pris sur les biens de l'absent.

LIVRE Ier. — TITRE V.
Du mariage.

Art. 155. En cas d'absence de l'ascendant auquel eût dû être fait l'acte respectueux, il sera passé outre à la célébration du mariage, en représentant le jugement qui aurait été rendu pour déclarer l'absence, ou, à défaut de ce jugement, celui qui aurait ordonné l'enquête, ou, s'il n'y a point encore eu de jugement, un acte de notoriété délivré par le juge de paix du lieu où l'ascendant a eu son dernier domicile connu. Cet acte contiendra la déclaration de quatre témoins appelés d'office par ce juge de paix.

LIVRE Ier. — TITRE VIII.
De l'adoption et de la tutelle officieuse.

Art. 353. La personne qui se proposera d'adopter, et celle qui voudra être adoptée, se présenteront devant le juge de paix du domicile de l'adoptant, pour y passer acte de leurs consentemens respectifs.

363 Le juge de paix du domicile de l'enfant dressera procès-verbal des demandes et consentemens relatifs à la tutelle officieuse.

LIVRE Ier. — TITRE X.
De la minorité, de la tutelle et de l'émancipation.

Art. 390. Après la dissolution du mariage arrivée par la mort naturelle ou civile de l'un des époux, la tutelle des enfans mineurs et non émancipés appartient de plein droit au survivant des père et mère.

391. Pourra néanmoins le père nommer à la mère survivante et tutrice un conseil spécial, sans l'avis duquel elle ne pourra faire aucun acte relatif à la tutelle. Si le père spécifie les actes pour lesquels le conseil sera nommé, la tutrice sera habile à faire les autres sans son assistance.

392. Cette nomination de conseil ne pourra être faite que de l'une des manières suivantes : 1° Par acte de dernière volonté ; 2° Par une déclaration faite ou devant le juge de paix, assisté de son greffier, ou devant notaires.

397. Le droit individuel de choisir un tuteur parent, ou même étranger, n'appartient qu'au dernier mourant des père et mère.

3g8. Ce droit ne peut être exercé que dans les formes prescrites par l'article 392, et sous les exceptions et modifications ci-après.

SECT. IV. *De la tutelle déférée par le conseil de famille.*

Art. 405. Lorsqu'un enfant mineur et non émancipé restera sans père ni mère, ni tuteur élu par ses père ou mère, ni ascendans mâles, comme aussi lorsque le tuteur de l'une des qualités ci-dessus exprimées se trouvera ou dans le cas des exclusions dont il sera parlé ci-après, ou valablement excusé, il sera pourvu par un conseil de famille à la nomination d'un tuteur.

406. Ce conseil sera convoqué, soit sur la réquisition et à la diligence des parens du mineur, de ses créanciers ou d'autres parties intéressées, soit même d'office et à la poursuite du juge de paix du domicile du mineur : toute personne pourra dénoncer à ce juge de paix le fait qui donnera lieu à la nomination d'un tuteur.

407. Le conseil de famille sera composé, non compris le juge de paix, de six parens ou alliés pris, tant dans la commune où la tutelle sera ouverte, que dans la distance de deux myriamètres, moitié du côté paternel, moitié du côté maternel, et en suivant l'ordre de proximité dans chaque ligne.

Le parent sera préféré à l'allié du même degré, et parmi les parens du même degré, le plus âgé à celui qui le sera moins.

408. Les frères germains du mineur et les maris des sœurs germaines sont seuls exceptés de la limitation de nombre posée en l'article précédent.

S'ils sont six ou au-delà, ils seront tous membres du conseil de famille, qu'ils composeront seuls, avec les veuves d'ascendans et les ascendans valablement excusés, s'il y en a.

409. Lorsque les parens ou alliés de l'une ou de l'autre ligne se trouveront en nombre insuffisant sur les lieux, ou dans la distance désignée par l'article 407, le juge de paix appellera soit des parens ou alliés domiciliés à de plus grandes distances, soit dans la commune même, des citoyens connus pour avoir eu des relations habituelles d'amitié avec le père ou la mère du mineur.

410. Le juge de paix pourra, lors même qu'il y aurait sur les lieux un nombre suffisant de parens ou alliés, permettre de citer, à quelque distance qu'ils soient domiciliés, des parens ou alliés plus proches parens en degrés, ou de même degrés que les parens ou alliés présens; de manière toutefois que cela s'opère en retranchant quelques-uns de ces derniers, et sans excéder le nombre réglé par les précédens articles.

411. Le délai pour comparaître sera réglé par le juge de paix à jour fixe, mais de manière qu'il y ait toujours, entre la citation notifiée et le jour indiqué pour la réunion du conseil, un intervalle de trois jours au moins, quand toutes les parties citées résideront dans la commune, ou dans la distance de deux myriamètres. —Toutes les fois que, parmi les parties citées, il s'en trouvera de do-

miciliées au-delà de cette distance, le délai sera augmenté d'un jour par trois myriamètres.

412. Les parens, alliés ou amis, ainsi convoqués, seront tenus de se rendre en personne, ou de se faire représenter par un mandataire spécial. Le fondé de pouvoir ne peut représenter plus d'une personne.

413. Tout parent, allié ou ami, convoqué, et qui, sans excuse légitime, ne comparaîtra point, encourra une amende qui ne pourra excéder cinquante francs, et sera prononcée sans appel par le juge de paix.

414. S'il y a excuse suffisante, et qu'il convienne, soit d'attendre le membre absent, soit de le remplacer, en ce cas, comme en tout autre ou l'intérêt du mineur semblera l'exiger, le juge de paix pourra ajourner l'assemblée ou la proroger.

415. Cette assemblée se tiendra de plein droit chez le juge de paix, à moins qu'il ne désigne lui-même un autre local. La présence des trois quarts au moins de ses membres convoqués sera nécessaire pour qu'elle délibère.

416. Le conseil de famille sera présidé par le juge de paix, qui y aura voix délibérative, et prépondérante en cas de partage.

421. Lorsque les fonctions du tuteur seront dévolues à une personne de l'une des qualités exprimées aux sections 1re, 11 et 111 du présent chapitre, ce tuteur devra, avant d'entrer en fonctions, faire convoquer, pour la nomination du subrogé tuteur, un conseil de famille composé comme il est dit dans la section IV. S'il s'est inséré dans la gestion avant d'avoir rempli cette formalité, le conseil de famille convoqué, soit sur la réquisition des parens, créanciers ou autres parties intéressées, soit d'office par le juge de paix, pourra, s'il y a eu dol de la part du tuteur, lui retirer la tutelle, sans préjudice des indemnités dues au mineur.

446. Toutes les fois qu'il y aura lieu à une destitution de tuteur, elle sera prononcée par le conseil de famille, convoqué à la diligence du subrogé tuteur, ou d'office par le juge de paix. Celui-ci ne pourra se dispenser de faire cette convocation, quand elle sera formellement requise par un ou plusieurs parens ou alliés du mineur, au degré de cousin germain, ou à des degrés plus proches.

455. Les père et mère, tant qu'ils ont la jouissance propre et légale des biens du mineur, sont dispensés de vendre les meubles, s'ils préfèrent de les garder pour les remettre en nature. Dans ce cas, ils en feront faire, à leurs frais, une estimation à juste valeur, par un expert qui sera nommé par le subrogé tuteur, et prêtera serment devant le juge de paix. Ils rendront la valeur estimative de ceux des meubles qu'ils ne pourraient représenter en nature.

477. Le mineur, même non marié, pourra être émancipé par son père, ou, à défaut de père, par sa mère, lorsqu'il aura atteint l'âge de quinze ans révolus. Cette émancipation s'opérera par la

seule déclaration du père ou de la mère, reçue par le juge de paix assisté de son greffier.

479. Lorsque le tuteur n'aura fait aucune diligence pour l'émancipation du mineur dont il est parlé dans l'article précédent, et qu'un ou plusieurs parens ou alliés de ce mineur, au degré de cousin germain ou à des degrés plus proches, le jugeront capable d'être émancipé, ils pourront requérir le juge de paix de convoquer le conseil de famille pour délibérer à ce sujet. Le juge de paix devra déférer à cette réquisition.

LIVRE III. — TITRE Ier.

Des successions.

Art. 819. Si tous les héritiers sont présens et majeurs, l'apposition des scellés sur les effets de la succession n'est pas nécessaire, et le partage peut être fait dans la forme et par tel acte que les parties intéressées jugent convenables. Si tous les héritiers ne sont pas présens, s'il y a parmi eux des mineurs ou des interdits, le scellé doit être apposé dans le plus bref des délais, soit à la requête des héritiers, soit à la diligence du procureur du Roi près le tribunal de première instance, soit d'office par le juge de paix dans l'arrondissement duquel la succession est ouverte.

LIVRE III. — TITRE II.

Des donations entre vifs, et des testamens.

Art. 985. Les testamens faits dans un lieu avec lequel toute communication interceptée, à cause de la peste ou autre maladie contagieuse, pourront être faits devant le juge de paix, ou devant l'un des officiers municipaux de la commune, en présence de deux témoins.

991. Si le bâtiment aborde dans un port étranger dans lequel se trouve un consul de France, ceux qui auront reçu le testament seront tenus de déposer l'un des originaux, clos ou cacheté, entre les mains de ce consul, qui le fera parvenir au ministre de la marine; et celui-ci en fera faire le dépôt au greffe de la justice de paix du lieu du domicile du testateur.

EXTRAIT
DU CODE DE PROCÉDURE CIVILE.
PREMIÈRE PARTIE.
PROCÉDURE DEVANT LES TRIBUNAUX.
LIVRE PREMIER.
De la Justice de Paix.
TITRE PREMIER.
Des citations.

Art. 1er. Toute citation devant les juges de paix contiendra la date des jour, mois et an, les nom, profession et domicile du demandeur, les nom, demeure et immatricule de l'huissier, les nom et demeure du défendeur; elle énoncera sommairement l'objet et les moyens de la demande, et indiquera le juge de paix qui doit connaître de la demande, et le jour et l'heure de la comparution.

2. En matière purement personnelle ou mobilière, la citation sera donnée devant le juge du domicile du défendeur; s'il n'a pas de domicile, devant le juge de sa résidence.

3. Elle le sera devant le juge de la situation de l'objet litigieux, lorsqu'il s'agira, — 1°. Des actions pour dommages aux champs, fruits et récoltes; — 2°. Des déplacemens de bornes, des usurpations de terres, arbres, haies, fossés et autres clôtures, commis dans l'année; des entreprises sur les cours d'eau, commises pareillement dans l'année, et de toutes autres actions possessoires; — 3°. Des réparations locatives; — 4°. Des indemnités prétendues par le fermier ou locataire pour non-jouissance, lorsque le droit ne sera pas contesté; et des dégradations alléguées par le propriétaire.

4. La citation sera notifiée par l'huissier de la justice de paix du domicile du défendeur; en cas d'empêchement, par celui qui sera commis par le juge : copie en sera laissée à la partie; s'il ne se trouve personne en son domicile, la copie sera laissée au maire ou adjoint de la commune, qui visera l'original sans frais. — L'huissier de la justice de paix ne pourra instrumenter pour ses parens en ligne directe, ni pour ses frères, sœurs, et alliés au même degré.

5. Il y aura un jour au moins entre celui de la citation et le jour indiqué pour la comparution, si la partie citée est domiciliée dans la distance de trois myriamètres. — Si elle est domiciliée au-

delà de cette distance, il sera ajouté un jour par trois myriamètres. — Dans le cas où les délais n'auront point été observés, si le défendeur ne comparaît pas, le juge ordonnera qu'il sera réassigné, et les frais de la première citation seront à la charge du demandeur.

6. Dans les cas urgens, le juge donnera une cédule pour abréger les délais, et pourra permettre de citer, même dans le jour et à l'heure indiqués.

7. Les parties pourront toujours se présenter volontairement devant un juge de paix; auquel cas il jugera leur différend, soit en dernier ressort, si les lois ou les parties l'y autorisent, soit à la charge de l'appel, encore qu'il ne fût le juge naturel des parties, ni à raison du domicile du défendeur, ni à raison de la situation de l'objet litigieux. — La déclaration des parties qui demanderont jugement, sera signée par elles, ou mention sera faite si elles ne peuvent signer.

TITRE II.

Des audiences du juge de paix, et de la comparution des parties.

8. Les juges de paix indiqueront au moins deux audiences par semaine : ils pourront juger tous les jours, même ceux de dimanches et fêtes, le matin et l'après-midi. — Ils pourront donner audience chez eux, en tenant les portes ouvertes.

9. Au jour fixé par la citation, ou convenu entre les parties, elles comparaîtront en personne ou par leurs fondés de pouvoir, sans qu'elles puissent faire signifier aucune défense.

10. Les parties seront tenues de s'expliquer avec modération devant le juge, et de garder en tout le respect qui est dû à la justice : si elles y manquent, le juge les y rappellera d'abord par un avertissement; en cas de récidive, elles pourront être condamnées à une amende qui n'excédera pas la somme de dix francs, avec affiches du jugement, dont le nombre n'excédera pas celui des communes du canton.

11. Dans le cas d'insulte ou irrévérence grave envers le juge, il en dressera procès-verbal, et pourra condamner à un emprisonnement de trois jours au plus.

12. Les jugemens, dans les cas prévus par les précédens articles, seront exécutoires par provision.

13. Les parties ou leurs fondés de pouvoir seront entendus contradictoirement. La cause sera jugée sur-le-champ, ou à la première audience; le juge, s'il le croit nécessaire, se fera remettre les pièces.

14. Lorsqu'une des parties déclarera vouloir s'inscrire en faux, déniera l'écriture, ou déclarera ne pas la reconnaître, le juge lui en donnera acte : il paraphera la pièce, et renverra la cause devant les juges qui doivent en connaître.

15. Dans le cas où un interlocutoire aurait été ordonné, la cause sera jugée définitivement, au plus tard dans le délai de quatre

mois du jour du jugement interlocutoire : après ce délai, l'instance sera périmée de droit; le jugement qui serait rendu sur le fond, sera sujet à l'appel, même dans les matières dont le juge de paix connaît en dernier ressort, et sera annulé. sur la réquisition de la partie intéressée. — Si l'instance est périmée par la faute du juge, il sera passible des dommages et intérêts.

16. L'appel des jugemens de la justice de paix ne sera pas recevable après les trois mois, à dater du jour de la signification faite par l'huissier de la justice de paix, ou tel autre, commis par le juge.

17. Les jugemens des justices de paix, jusqu'à concurrence de trois cents francs, seront exécutoires par provision, nonobstant l'appel, et sans qu'il soit besoin de fournir caution : les juges de paix pourront, dans les autres cas, ordonner l'exécution provisoire de leurs jugemens, mais à la charge de donner caution.

18. Les minutes de tout jugement seront portées par le greffier sur la feuille d'audience, et signées par le juge qui aura tenu l'audience, et par le greffier.

TITRE III.

Des jugemens par défaut, et des oppositions à ces jugemens.

Art. 19. Si, au jour indiqué par la citation, l'une des parties ne comparaît pas, la cause sera jugée par défaut, sauf la réassignation dans le cas prévu dans le dernier alinéa de l'article 5.

20. La partie condamnée par défaut, pourra former opposition, dans les trois jours de la signification faite par l'huissier du juge de paix ou autre qu'il aura commis. — L'opposition contiendra sommairement les moyens de la partie, et assignation au prochain jour d'audience, en observant toutefois les délais prescrits pour les citations : elle indiquera les jour et heure de la comparution, et sera notifiée ainsi qu'il est dit ci-dessus.

21. Si le juge de paix sait par lui-même, ou par les représentations qui lui seraient faites à l'audience par les proches, voisins ou amis du défendeur, que celui-ci n'a pu être instruit de la procédure, il pourra, en adjugeant le défaut, fixer, pour le délai de l'opposition, le temps qui lui paraîtra convenable, et, dans le cas où la prorogation n'aurait été ni accordée d'office ni demandée, le défaillant pourra être relevé de la rigueur du délai et admis à opposition, en justifiant qu'à raison d'absence ou de maladie grave, il n'a pu être instruit de la procédure.

22. La partie opposante qui se laissera juger une seconde fois par défaut, ne sera plus reçue à former une nouvelle opposition.

TITRE IV.

Des jugemens sur les actions possessoires.

Art. 23. Les actions possessoires ne seront recevables qu'autant qu'elles auront été formées dans l'année du trouble, par ceux qui, depuis une année au moins, étaient en possession paisible par eux ou les leurs, à titre non précaire.

24. Si la possession ou le trouble sont déniés, l'enquête qui sera ordonnée ne pourra porter sur le fond de droit.

25. Le possessoire et le pétitoire ne seront jamais cumulés.

26. Le demandeur au pétitoire ne sera plus recevable à agir au possessoire.

27. Le défendeur au possessoire ne pourra se pourvoir au pétitoire qu'après que l'instance sur le possessoire aura été terminée : il ne pourra, s'il a succombé, se pourvoir qu'après qu'il aura pleinement satisfait aux condamnations prononcées contre lui. — Si néanmoins la partie qui les a obtenues était en retard de les faire liquider, le juge du pétitoire pourra fixer, pour cette liquidation, un délai, après lequel l'action au pétitoire sera reçue.

TITRE V.

Des jugemens qui ne sont pas définitifs, et de leur exécution.

Art. 28. Les jugemens qui ne seront pas définitifs, ne seront point expédiés, quand ils auront été rendus contradictoirement et prononcés en présence des parties. Dans le cas où le jugement ordonnerait une opération à laquelle les parties devraient assister, il indiquera le lieu, le jour et l'heure, et la prononciation vaudra citation.

29. Si le jugement ordonne une opération par des gens de l'art, le juge délivrera à la partie requérante, cédule de citation pour appeler les experts; elle fera mention du lieu, du jour, de l'heure, et contiendra le fait, les motifs et la disposition du jugement relative à l'opération ordonnée. — Si le jugement ordonne une enquête, la cédule de citation fera mention de la date du jugement, du lieu, du jour et de l'heure.

30. Toutes les fois que le juge de paix se transportera sur le lieu contentieux, soit pour en faire la visite, soit pour entendre les témoins, il sera accompagné du greffier, qui apportera la minute du jugement préparatoire.

31. Il n'y aura lieu à l'appel des jugemens préparatoires qu'après le jugement définitif, et conjointement avec l'appel de ce jugement; mais l'exécution des jugemens préparatoires ne portera aucun préjudice aux droits des parties sur l'appel, sans qu'elles soient obligées de faire, à cet égard, aucune protestationn réserve. — L'appel des jugemens interlocutoires est permis avant que le jugement définitif ait été rendu. Dans le cas, il sera donné expédition du jugement interlocutoire.

TITRE VI.

De la mise en cause des garans.

Art. 32. Si, au jour de la première comparution, le défen-

de procédure civile.

deur demande à mettre garant en cause, le juge accordera délai suffisant en raison de la distance du domicile du garant; la citation donnée au garant sera libellée, sans qu'il soit besoin de lui notifier le jugement qui ordonne sa mise en cause.

33. Si la mise en cause n'a pas été demandée à la première comparution, ou si la citation n'a pas été faite dans le délai fixé, il sera procédé, sans délai, au jugement de l'action principale, sauf à statuer séparément sur la demande en garantie.

TITRE VII.

Des enquêtes.

Art. 34. Si les parties sont contraires en faits de nature à être constatés par témoins, et dont le juge de paix trouve la vérification utile et admissible, il ordonnera la preuve et en fixera précisément l'objet.

35. Au jour indiqué, les témoins, après avoir dit leurs noms, profession, âge et demeure, feront le serment de dire vérité, et déclareront s'ils sont parens ou alliés des parties et à quel degré, et s'ils sont leurs serviteurs ou domestiques.

36. Ils seront entendus séparément, en présence des parties, si elles comparaissent; elles seront tenues de fournir leurs reproches avant la déposition, et de les signer; si elles ne savent ou ne le peuvent, il en sera fait mention : les reproches ne pourront être reçus après la déposition commencée, qu'autant qu'ils seront justifiés par écrit.

37. Les parties n'interrompront point les témoins : après la déposition, le juge pourra, sur la réquisition des parties, et même d'office, faire aux témoins les interpellations convenables.

38. Dans tous les cas où la vue du lieu peut être utile pour l'intelligence des dépositions, et spécialement dans les actions pour déplacement de bornes, usurpations de terres, arbres, haies, fossés ou autres clôtures, et pour entreprises sur les cours d'eau, le juge de paix se transportera, s'il le croit nécessaire, sur le lieu, et ordonnera que les témoins y seront entendus.

39. Dans les causes sujettes à l'appel, le greffier dressera procès-verbal de l'audition des témoins : cet acte contiendra leurs noms, âge, profession et demeure, leur serment de dire vérité, leur déclaration s'ils sont parens, alliés, serviteurs ou domestiques des parties, et les reproches qui auraient été fournis contre eux. Lecture de ce procès-verbal sera faite à chaque témoin pour la partie qui le concerne ; il signera sa déposition, ou mention sera faite qu'il ne sait ou ne peut signer. Le procès-verbal sera, en outre, signé par le juge et le greffier. Il sera procédé immédiatement au jugement, ou au plus tard à la première audience.

40. Dans les causes de nature à être jugées en dernier ressort, il ne sera point dressé de procès-verbal; mais le jugement énoncera les noms, âge, professions et demeures des témoins, leur serment, leur déclaration s'ils sont parens, alliés, serviteurs ou domestiques des parties, les reproches et le résultat des dépositions.

TITRE VIII.

Des visites des lieux et des appréciations.

Art. 41. Lorsqu'il s'agira, soit de constater l'état des lieux, soit d'apprécier la valeur des indemnités et dédommagemens demandés, le juge de paix ordonnera que le lieu contentieux sera visité par lui en présence des parties.

42. Si l'objet de la visite ou de l'appréciation exige des connaissances qui soient étrangères au juge, il ordonnera que les gens de l'art, qu'il nommera par le même jugement, feront la visite avec lui, et donneront leur avis : il pourra juger sur le lieu même, sans désemparer. Dans les causes sujettes à l'appel, procès-verbal de la visite sera dressé par le greffier, qui constatera le serment prêté par les experts. Le procès-verbal sera signé par le juge, par le greffier et par les experts; et si les experts ne savent ou ne peuvent signer, il en sera fait mention.

43. Dans les causes non sujettes à l'appel, il ne sera point dressé de procès-verbal ; mais le jugement énoncera les noms des experts, la prestation de leur serment, et le résultat de leur avis.

TITRE IX.

De la récusation des juges de paix.

Art. 44. Les juges de paix pourront être récusés, — 1°. Quand ils auront intérêt personnel à la contestation ; — 2°. Quand ils seront parens et alliés d'une des parties, jusqu'au degré de cousin germain inclusivement ; — 3°. Si, dans l'année qui a précédé la récusation, il y a eu procès criminel entre eux et l'une des parties ou son conjoint, ou ses parens et alliés en ligne directe ; — 4°. S'il y a procès civil existant entre eux et l'une des parties ou son conjoint ; — 5°. S'ils ont donné un avis écrit dans l'affaire.

45. La partie qui voudra récuser un juge de paix, sera tenue de former la récusation et d'en exposer les motifs par un acte qu'elle fera signifier, par le premier huissier requis, au greffier de la justice de paix, qui visera l'original. L'exploit sera signé, sur l'original et la copie, par la partie ou son fondé de pouvoir spécial. La copie sera déposée au greffe, et communiquée immédiatement au juge par le greffier.

46. Le juge sera tenu de donner, au bas de cet acte, dans le délai de deux jours, sa déclaration par écrit, portant, ou son acquiescement à la récusation, ou son refus de s'abstenir, avec ses réponses au moyen de récusation.

47. Dans les trois jours de la réponse du juge qui refuse de s'abstenir, ou faute par lui de répondre, expédition de l'acte de récusation, et de la déclaration du juge, s'il y en a, sera envoyée par le greffier, sur la réquisition de la partie la plus diligente, au procureur du Roi près le tribunal de première instance dans le ressort duquel la justice de paix est située ; la récusation y sera

de procédure civile.

jugée en dernier ressort dans la huitaine, sur les conclusions du procureur du Roi, sans qu'il soit besoin d'appeler les parties.

LIVRE II.

Des tribunaux inférieurs.

TITRE PREMIER.

De la conciliation.

Art. 48. Aucune demande principale, introductive d'instance entre parties capables de transiger, et sur des objets qui peuvent être la matière d'une transaction, ne sera reçue dans les tribunaux de première instance, que le défendeur n'ait été préalablement appelé en conciliation devant le juge de paix, ou que les parties n'y aient volontairement comparu.

49. Sont dispensées du préliminaire de la conciliation, — 1°. Les demandes qui intéressent l'état et le domaine, les communes, les établissemens publics, les mineurs, les interdits, les curateurs aux successions vacantes; — 2°. Les demandes qui requièrent célérité; — 3°. Les demandes en intervention ou en garantie; — 4°. Les demandes en matière de commerce; — 5°. Les demandes de mise en liberté, celles en main-levée de saisie ou opposition, en paiement de loyers, fermages ou arrérages de rentes ou pensions, celle des avoués en paiement de frais; — 6°. Les demandes formées contre plus de deux parties, encore qu'elles aient le même intérêt; — 7°. Les demandes en vérification d'écriture, en désaveu, en règlement de juge, en renvoi, en prise à partie; les demandes contre un tiers saisi, et en général sur les saisies, sur les offres réelles, sur la remise des titres, sur leur communication, sur les séparations de biens, sur les tutelles et curatelles, et enfin toutes les causes exceptées par les lois.

50. Le défendeur sera cité en conciliation. — 1°. En matière personnelle et réelle, devant le juge de paix de son domicile; s'il y a deux défendeurs, devant le juge de l'un d'eux, au choix du demandeur; — 2°. En matière de société autre que celle de commerce, tant qu'elle existe, devant les juges du lieu où elle est établie; 3°. En matière de succession, sur les demandes entre héritiers, jusqu'au partage inclusivement; sur les demandes qui seraient intentées par les créanciers du défunt avant le partage; sur les demandes relatives à l'exécution des dispositions à cause de mort, jusqu'au jugement définitif devant le juge de paix du lieu où la succession est ouverte.

51. Le délai de la citation sera de trois jours au moins.

52. La citation sera donnée par un huissier de la justice de paix du défendeur; elle énoncera sommairement l'objet de la conciliation.

53. Les parties comparaîtront en personne; en cas d'empêchement, par un fondé de pouvoir.

54. Lors de la comparution, le demandeur pourra expliquer, même augmenter sa demande, et le défendeur former celles qu'il jugera convenables : le procès-verbal qui en sera dressé contiendra les conditions de l'arrangement, s'il y en a, dans le cas contraire, il fera sommairement mention que les parties n'ont pu s'accorder. — Les conventions des parties insérées au procès-verbal, ont force d'obligation privée.

55. Si l'une des parties défère le serment à l'autre, le juge de paix le recevra, ou fera mention du refus de le prêter.

56. Celle des parties qui ne comparaîtra pas, sera condamnée à une amende de dix francs ; et toute audience lui sera refusée jusqu'à ce qu'elle ait justifié de la quittance.

57. La citation en conciliation interrompra la prescription, et fera courir les intérêts ; le tout pourvu que la demande soit formée dans le mois, à dater du jour de la non-comparution ou de la non-conciliation.

58. En cas de non-comparution de l'une des parties, il en sera fait mention sur le registre du greffe de la justice de paix, et sur l'original ou la copie de la citation, sans qu'il soit besoin de dresser procès-verbal.

LIVRE II. — TITRE XIV.

Des rapports d'experts.

Art. 302. Lorsqu'il y aura lieu à un rapport d'experts, il sera ordonné par un jugement, lequel énoncera clairement les objets de l'expertise.

303. L'expertise ne pourra se faire que par trois experts, à moins que les parties ne consentent qu'il soit procédé par un seul.

304. Si, lors du jugement qui ordonne l'expertise, les parties se sont accordées pour nommer les experts, le même jugement leur donnera acte de la nommination.

305. Si les experts ne sont pas convenus par les parties, le jugement ordonnera qu'elle seront tenues d'en nommer dans les trois jours de la signification ; sinon, qu'il sera procéder à l'opération par les experts qui seront nommés d'office par le même jugement. — Ce même jugement nommera le juge-commissaire qui recevra le serment des experts convenus ou nommés d'office : pourra néanmoins le tribunal ordonner que les experts prêteront leur serment devant le juge de paix du canton où ils procéderont.

LIVRE II. — TITRE XXIV.

Des matières sommaires.

Art. 404. Seront réputés matières sommaires, et instruits comme tels. — Les appels des juges de paix; — Les demandes pures et personnelles, à quelque somme qu'elles puissent monter, quand il y a titre, pourvu qu'il ne soit pas contesté; — Les demandes formées sans titres, lorsqu'elles n'excèdent pas mille francs; — Les demandes provisoires ou qui requierent célérité; — Les demandes en paiement de loyers, et fermages et arrérages de rentes.

LIVRE II. — TITRE XXV.

Procédures devant les tribunaux de commerce.

Art. 427. Si une pièce produite est méconnue, déniée ou arguée de faux, et que la partie persiste à s'en servir, le tribunal renverra devant les juges qui doivent en connaître, et il sera sursis au jument de la demande principale. — Néanmoins, si la pièce n'est relative qu'à un des chefs de la demande, il pourra être passé outre au jugement des autres chefs.

428. Le tribunal pourra, dans tous les cas, ordonner, même d'office, que les parties seront entendues en personnes, à l'audience, ou dans la chambre, et, s'il y a empêchement légitime, commettre un des juges, ou même un juge de paix, pour les entendre, lequel dressera procès-verbal de leurs déclarations.

LIVRE IV. — TITRE III.

De la prise à partie.

Art. 509. La prise à partie contre les juges de paix, contre les tribunaux de commerce ou de première instance, ou contre quelqu'un de leurs membres, et la prise à partie contre un conseiller à une cour royale ou à une cour d'assises, seront portées à la cour royale du ressort.

LIVRE V. — TITRE VII.

Des saisies arrêts ou oppositions.

Art. 571. Le tiers-saisi assigné fera sa déclaration, et l'affirmera au greffe; s'il est sur les lieux, sinon devant le juge de paix de son domicile, sans qu'il soit besoin, dans ce cas, de réitérer l'affirmation au greffe.

LIVRE V. — TITRE VIII.

Des saisies-exécutions.

Art. 583. Toute saisie-exécution sera précédée d'un commandement à la personne ou au domicile du débiteur, fait au moins un jour avant la saisie, et contenant notification du titre, s'il n'a déjà été notifié.

584. Il contiendra élection de domicile jusqu'à la fin de la poursuite, dans la commune où doit se faire l'exécution, si le créancier n'y demeure; et le débiteur pourra faire à ce domicile élu, toutes significations, même d'offres réelles ou d'appel.

585. L'huissier sera assisté de deux témoins français, majeurs, non parens ni alliés de parties ou de l'huissier, jusqu'au degré de cousin issu de germain inclusivement, ni leurs domestiques ; il énoncera sur le procès-verbal leurs noms, professions et demeures : les témoins signeront l'original et les copies. La partie poursuivante ne pourra être présente à la saisie.

586. Les formalités des exploits seront observées dans les procès-verbaux de saisie-exécution : ils contiendront itératif commandement, si la saisie est faite en la demeure du saisi.

587. Si les portes sont fermées, ou si l'ouverture en est refusée, l'huissier pourra établir gardien aux portes pour empêcher le divertissement ; il se retirera sur-le-champ, sans assignation, devant le juge de paix, ou, à son défaut, devant le commissaire de police, et dans les communes où il n'y en a pas, devant le maire, et à son défaut, devant l'adjoint, en présence desquels l'ouverture des portes, même celle des meubles fermans, sera faite, au fur et à mesure de la saisie. L'officier qui se transportera, ne dressera point de procès-verbal ; mais il signera celui de l'huissier, lequel ne pourra dresser du tout qu'un seul et même procès-verbal.

588. Le procès-verbal contiendra la désignation détaillée des objets saisis : s'il y a des marchandises, elles seront pesées, mesurées ou jaugées, suivant leur nature.

589. L'argenterie sera spécifiée par pièces et poinçons, et elle sera pesée.

590. S'il y a des deniers comptans, il sera fait mention du nombre et de la qualité des espèces : l'huissier les déposera au lieu établi pour les consignations, à moins que le saisissant et la partie saisie, ensemble les opposans, s'il y en a, ne conviennent d'un autre dépositaire.

591. Si le saisi est absent, et qu'il y ait refus d'ouvrir aucune pièce ou meuble, l'huissier en requerra l'ouverture ; et, s'il se trouve des papiers, il requerra l'apposition des scellés par l'officier appelé pour l'ouverture.

592. Ne pourront être saisis, 1°. Les objets que la loi déclare immeubles par destination ; — 2°. Le coucher nécessaire des saisis, ceux de leurs enfans vivant avec eux, les habits dont les saisis sont vêtus et couverts ; — 3°. Les livres relatifs à la profession du saisi, jusqu'à la somme de trois cents francs, à son choix ; — 4°. Les machines et instrumens servant à l'enseignement, pratique ou exercice des sciences et arts, jusqu'à concurrence de la même somme, et au choix du saisi ; — 5°. Les équipemens des militaires, suivant l'ordonnance et le grade ; — 6°. Les outils des artisans nécessaires à leurs occupations personnelles ; — 7°. Les farines et menues denrées nécessaires à la consommation du saisi et de sa famille, pendant un mois ; — 8°. Enfin, une vache, ou trois brebis, ou deux chèvres, aux choix du saisi, avec les pailles, fourrages et grains nécessaires pour la litière et la nourriture desdits animaux pendant un mois.

593. Lesdits objets ne pourront être saisis pour aucune créance,

même celle de l'état, si ce n'est pour alimens fournis à la partie saisie, ou sommes dues aux fabricans ou vendeurs desdits objets, ou à celui qui aura prêté pour les acheter, fabriquer ou réparer; pour fermages et moissons des terres à la culture desquelles ils sont employés; loyers des manufactures, moulins, pressoirs, usines dont ils dépendent, les loyers des lieux servant à l'habitation personnelle du débiteur. — Les objets spécifiés sous le n° 2 du précédent article, ne pourront être saisis pour aucune créance.

594. En cas de saisie d'animaux et ustensiles servant à l'exploitation des terres, le juge de paix pourra, sur la demande du saisissant, le propriétaire et le saisi entendus, ou appelés, établir un gérent à l'exploitation.

617. La vente sera faite au plus prochain marché public, aux jour et heure ordinaires des marchés, ou un jour de dimanche: pourra néanmoins le tribunal permettre de vendre les effets en un autre lieu plus avantageux. Dans tous les cas, elle sera annoncée un jour auparavant, par quatre placards au moins, affichés, l'un au lieu où sont les effets, l'autre à la porte de la maison commune, le troisième au marché du lieu, et s'il n'y en a pas, au marché voisin, le quatrième à la porte de l'auditoire de la justice de paix; et si la vente se fait dans un lieu autre que le marché ou le lieu où sont les effets, un cinquième placard sera apposé au lieu où se fera la vente. La vente sera, en outre, annoncée par la voix des journaux, dans les villes où il y en a.

618. Les placards indiqueront les lieux, jour et heure de la vente, et la nature des objets sans détail particulier.

616. L'apposition sera constatée par exploit, auquel sera annexé un exemplaire du placard.

LIVRE V. — TITRE IX.

De la saisie des fruits pendans par racine, ou de la saisie-brandon.

Art. 626. La saisie brandon ne pourra être faite que dans les six semaines qui précéderont l'époque ordinaire de la maturité des fruits; elle sera précédée d'un commandement, avec un jour d'intervalle.

627. Le procès-verbal de saisie contiendra l'indication de chaque pièce, sa contenance et sa situation, et deux au moins de ses tenans et aboutissans, et la nature des fruits.

628. Le garde champêtre sera établi gardien, à moins qu'il ne soit compris dans l'exclusion portée par l'article 598; s'il n'est présent, la saisie lui sera signifiée: il sera aussi laissé copie au maire de la commune de la situation, et l'original sera visé par lui. — Si les communes sur lesquels les biens sont situés, sont contiguës ou voisines, il sera établi un seul gardien autre néanmoins qu'un garde champêtre: le visa sera donné par le maire de commune du chef lieu de l'exploitation; et s'il n'y en a pas par le maire de la commune où est située la majeure partie des biens.

629. La vente sera annoncée par placards affichés, huitaine au moins avant la vente, à la porte du saisi, à celle de la maison commune, et s'il n'y en a pas, au lieu ou s'apposent les actes de l'autorité publique ; au principal marché du lieu, et s'il n'y en a pas, au marché le plus voisin, et à la porte de l'auditoire de la justice de paix.

LIVRE V. — TITRE XII.
De la saisie immobilière.

Art. 676. Copie entière du procès-verbal de saisie sera, avant l'enregistrement, laissée au greffier des juges de paix, et aux maires ou adjoints des communes de la situation de l'immeubles saisi, si c'est une maison ; si ce sont des biens ruraux, à ceux de la situation des bâtimens, s'il y en a ; et s'il n'y en a pas, à ceux de la situation de la partie des biens à laquelle la matrice du rôle de la contribution foncière attribue le plus de revenus : les maires ou adjoints et greffiers viseront l'original du procès-verbal, lequel fera mention des copies qui auront été laissées.

684. Extrait pareil à celui prescrit par l'article précédent imprimé en forme de placard, sera affiché, — 1°. A la porte du domicile du saisi ; — 2°. A la principale porte des édifices saisis ; — 3°. A la principale place de la commune où le saisi est domicilié, de celle de la situation des biens, et de celle du tribunal où la vente se poursuit ; — 4°. Au principal marché desdites communes, et lorsqu'il n'y en a pas, aux deux marchés les plus voisins ; — 5°. A la porte de l'auditoire du juge de paix de la situation des bâtimens, et s'il n'y a pas de bâtimens, à la porte de l'auditoire de la justice de paix où se trouve la majeure partie des biens saisis ; — 6°. Aux portes extérieures des tribunaux du domicile du saisi, de la situation des biens, et de la vente.

LIVRE V. — TITRE XV.
De l'emprisonnement.

Art. 780. Aucune contrainte par corps ne pourra être mise à exécution qu'un jour après la signification, avec commandement, du jugement qui l'a prononcé. — Cette signification sera faite par un huissier commis par ledit jugement ou par le président du tribunal de première instance du lieu où se trouve le débiteur. — La signification contiendra aussi élection de domicile dans la commune où siége le tribunal qui a rendu ce jugement, si le créancier n'y demeure pas.

781. Le débiteur ne pourra être arrêté, — 1°. Avant le lever et après le coucher du soleil ; — 2°. Les jours de fête légale ; — 3°. Dans les édifices consacrés au culte, et pendant les exercices religieux seulement ; — 4°. Dans le lieu et pendant la tenue des séances des autorités constituées ; — 5°. Dans une maison quelconque, même dans son domicile, à moins qu'il eût été ainsi ordonné par le juge de paix du lieu, lequel juge de paix devra, dans ce cas, se transporter dans la maison avec l'officier ministériel.

SECONDE PARTIE.

LIVRE PREMIER. — TITRE X.

Des avis de parens.

Art. 882. Lorsque la nomination d'un tuteur n'aura pas été faite en la présence du juge de paix, elle lui sera notifiée, à la diligence du membre de l'assemblée qui aura été désigné par elle: ladite notification sera faite dans les trois jours de la délibération, outre un jour par trois myriamètres de distance entre le lieu où s'est tenue l'assemblée et le domicile du tuteur.

883. Toutes les fois que les délibérations du conseil de famille ne seront pas unanimes, l'avis de chacun des membres qui la composent sera mentionné dans le procès-verbal. Le tuteur, subrogé-tuteur ou curateur, même les membres de l'assemblée, pourront se pourvoir contre la délibération; ils formeront leur demande contre les membres qui auront été d'avis de la délibération, sans qu'il soit nécessaire d'appeler en conciliation.

884. La cause sera jugée sommairement.

885. Dans tous les cas où il s'agit d'une délibération sujette à homologation, une expédition de la délibération sera présentée au président, lequel, par ordonnance au bas de ladite délibération, ordonnera la communication au ministère public, et commettra un juge pour en faire le rapport à jour indiqué.

886. Le procureur du Roi donnera ses conclusions au bas de ladite ordonnance; la minute du jugement d'homologation sera mise à la suite desdites conclusions sur le même cahier.

887. Si le tuteur, ou autre chargé de poursuivre l'homologation, ne le fait dans le délai fixé par la délibération, ou, à défaut de fixation, dans le délai de quinzaine, un des membres de l'assemblée pourra poursuivre l'homologation contre le tuteur, et aux frais de celui-ci, sans répétition.

888. Ceux des membres de l'assemblée qui croiront devoir s'opposer à l'homologation, le déclareront par acte extrajudiciaire, à celui qui est chargé de la poursuivre: et s'ils n'ont pas été appelés, ils pourront former opposition au jugement.

889. Les jugemens rendus sur la délibération du conseil de famille seront sujets à l'appel.

LIVRE II. — TITRE PREMIER.

De l'apposition des scellés après décès.

Art. 907. Lorsqu'il y aura lieu à l'apposition des scellés après décès, elle sera faite par les juges de paix, et à leur défaut, par leurs suppléans.

908. Les juges de paix et leurs suppléans se serviront d'un sceau particulier, qui restera entre leurs mains, et dont l'empreinte sera déposée au greffe du tribunal de première instance.

909. L'apposition des scellés pourra être requise, — 1º. Par tous ceux qui prétendront droit dans la succession ou dans la communauté; — 2º. Par tous créanciers fondés en titre exécutoire, ou autorisés par une permission, soit du président du tribunal de première instance, soit du juge de paix du canton où le scellé doit être apposé; — 3º. Et en cas d'absence, soit du conjoint, soit des héritiers ou de l'un d'eux, par les personnes qui demeuraient avec le défunt, et par ses serviteurs et domestiques.

910. Les prétendans-droit, et les créanciers mineurs émancipés pourront requérir l'apposition des scellés sans l'assistance de leur curateur. — S'ils sont mineurs non émancipés, et s'ils n'ont pas de tuteur, ou s'il est absent, elle pourra être requise par un de leurs parens.

911. Le scellé sera apposé, soit à la diligence du ministère public, soit sur la déclaration du maire ou adjoint de la commune, et même d'office par le juge de paix; — 1º Si le mineur est sans tuteur, et que le scellé ne soit pas requis par un parent; — 2º. Si le conjoint, ou si les héritiers ou l'un d'eux, sont absens; — 3º. Si le défunt était dépositaire public; auquel cas le scellé ne sera apposé que pour raison de ce dépôt et sur les objets qui le composent.

912. Le scellé ne pourra être apposé que par le juge de paix des lieux ou par ses suppléans.

913. Si le scellé n'a pas été apposé avant l'inhumation, le juge constatera, par son procès-verbal, le moment où il a été requis de l'apposer, et les causes qui ont retardé, soit la réquisition, soit l'apposition.

914. Le procès-verbal d'apposition contiendra, — 1º. La date des an, mois, jour et heure; — 2º. Les motifs de l'apposition; — 3º. Les noms, profession et demeure du requérant, s'il y en a, et son élection de domicile dans la commune où le scellé est apposé; s'il y demeure; — 4º. S'il n'y a pas de partie requérante, le procès-verbal énoncera que le scellé a été apposé d'office, ou sur le réquisitoire, ou sur la déclaration de l'un des fonctionnaires dénommés dans l'article 911; — 5º. L'ordonnance qui permet le scellé, s'il en a été rendu; — 6º. Les comparutions et dire des parties; — 7º. La désignation des lieux, bureaux, coffres, armoires, sur les ouvertures desquels le scellé a été apposé; — 8º. Une description sommaire des effets qui ne sont pas mis sous les scellés; — 9º. Le serment, lors de la clôture de l'apposition, par ceux qui demeurent dans le lieu, qu'ils n'ont rien détourné, vu ni su qu'il ait été rien détourné directement ni indirectement; — 10º. L'établissement du gardien présenté, s'il a les qualités requises; sauf, s'il ne les a pas, ou s'il n'en est pas présenté, à en établir un d'office par le juge de paix.

915. Les clés des serrures sur lesquelles le scellé a été apposé, resteront, jusqu'à sa levée, entre les mains du greffier de la justice de paix, lequel fera mention, sur le procès-verbal, de la remise qui lui en aura été faite; et ne pourront, le juge ni le greffier, aller, jusqu'à la levée, dans la maison où est le scellé, à peine

de procédure civile. 207

d'interdiction, à moins qu'ils n'en soient requis, ou que leur transport n'ait été précédé d'une ordonnance motivée.

916. Si, lors de l'apposition, il est trouvé un testament ou autres papiers cachetés, le juge de paix en constatera la forme extérieure, le sceau et la suscription, s'il y en a, paraphera l'enveloppe avec les parties présentes, si elles le savent ou le peuvent, et indiquera les jour et heure où le paquet sera par lui présenté au président du tribunal de première instance ; il fera mention du tout sur son procès-verbal, lequel sera signé des parties, sinon mention sera faite de leur refus.

917. Sur la réquisition de toute partie intéressée, le juge de paix, fera, avant l'apposition du scellé, la perquisition du testament dont l'existence sera annoncée ; et, s'il le trouve, il procédera ainsi qu'il est dit ci-dessus.

918. Aux jour et heure indiqués, sans qu'il soit besoin d'aucune assignation, les paquets trouvés cachetés seront présentés par le juge de paix au président du tribunal de première instance, lequel en fera l'ouverture, en constatera l'état et en ordonnera le dépôt, si le contenu concerne la succession.

919. Si les paquets cachetés paraissent, par leur suscription, ou par quelque autre preuve écrite, appartenir à des tiers, le président du tribunal ordonnera que ces tiers seront appelés dans un délai qu'il fixera, pour qu'ils puissent assister à l'ouverture : il la fera au jour indiqué, en leur présence, ou à leur défaut ; et si les paquets sont étrangers à la succession, il les leur remettra sans en faire connaître le contenu, ou les cachetera de nouveau pour leur être remis à leur première réquisition.

920. Si un testament est trouvé ouvert, le juge de paix en constatera l'état, et observera ce qui est prescrit en l'article 916.

921. Si les portes sont fermées, s'il se rencontre des obstacles à l'apposition des scellés, s'il s'élève, soit avant, soit pendant le scellé, des difficultés, il y sera statué en référé par le président du tribunal. A cet effet, il sera sursis et établi par le juge de paix garnison extérieure, même intérieure, si le cas y échet, et il en référera sur-le-champ au président du tribunal. — Pourra néanmoins le juge de paix, s'il y a péril dans le retard, statuer par provision, sauf à en référer ensuite au président du tribunal.

922. Dans tous les cas où il sera référé par le juge de paix au président du tribunal, soit en matière de scellé, soit en autre matière, ce qui sera fait et ordonné sera constaté sur le procès-verbal dressé par le juge de paix ; le président signera ses ordonnances sur ledit procès-verbal.

923. Lorsque l'inventaire sera parachevé, les scellés ne pourront être apposés, à moins que l'inventaire ne soit attaqué, et qu'il ne soit ainsi ordonné par le président du tribunal. — Si l'apposition des scellés est requise pendant le cours de l'inventaire, les scellés ne seront apposés que sur les objets non inventoriés.

924. S'il n'y a aucun effet mobilier, le juge de paix dressera un procès-verbal de carence. — S'il y a des effets mobiliers qui soient

nécessaires à l'usage des personnes qui restent dans la maison, ou sur lesquels le scellé ne puisse être mis, le juge de paix fera un procès-verbal contenant description sommaire desdits effets.

925. Dans les communes où la population est de vingt mille âmes et au-dessus, il sera tenu, au greffe du tribunal de première instance, un registre d'ordre pour les scellés, sur lequel seront inscrits, d'après la déclaration que les juges de paix de l'arrondissement seront tenus d'y faire parvenir dans les vingt-quatre heures de l'apposition, 1°. les noms et demeures des personnes sur les effets desquelles le scellé aura été apposé; 2°. le nom et la demeure du juge qui a fait l'apposition; 3°. le jour où elle a été faite.

TITRE II.

Des oppositions aux scellés.

Art. 926. Les oppositions aux scellés pourront être faites, soit par une déclaration sur le procès-verbal de scellé, soit par exploit signifié au greffier du juge de paix.

927. Toutes oppositions à scellé, contiendront, à peine de nullité, outre les formalités communes à tout exploit, 1°. Election de domicile dans la commune ou dans l'arrondissement de la justice de paix où le scellé est apposé, si l'opposant n'y demeure pas; — 2°. L'énonciation précise de la cause de l'opposition.

TITRE III.

De la levée du scellé.

Art. 928. Le scellé ne pourra être levé et l'inventaire fait que trois jours après l'inhumation s'il a été apposé auparavant, et trois jours après l'apposition si elle a été faite depuis l'inhumation, à peine de nullité de procès-verbaux de levée de scellés et inventaire, et des dommages et intérêts contre ceux qui les auront faits et requis : le tout, à moins que, pour des causes urgentes et dont il sera fait mention dans son ordonnance, il n'en soit autrement ordonné par le président du tribunal de première instance. Dans ce cas, si les parties qui ont droit d'assister à la levée ne sont pas présentes, il sera appelé pour elles, tant à la levée qu'à l'inventaire, un notaire nommé d'office par le président.

929. Si les héritiers ou quelques-uns d'eux sont mineurs non émancipés, il ne sera pas procédé à la levée des scellés, qu'ils n'aient été, ou préalablement pourvus de tuteurs, ou émancipés.

930. Tous ceux qui ont le droit de faire apposer les scellés pourront en requérir la levée, excepté ceux qui ne les ont fait apposer qu'en exécution de l'article 909, n°. 3 ci-dessus.

931. Les formalités, pour parvenir à la levée des scellés, seront, — 1°. Une réquisition à cet effet, consignée sur le procès-verbal du juge de paix; — 2°. Une ordonnance du juge, indicative des jour et heure où la levée sera faite; — 3°. Une sommation d'assister à cette levée faite au conjoint survivant, aux présomptifs héritiers, à l'exécuteur testamentaire, aux légataires universels et à

de procédure civile.

titre universel s'ils sont connus, et aux opposans. — Il ne sera pas besoin d'appeler les intéressés demeurant hors de la distance de cinq myriamètres; mais on appellera pour eux, à la levée de l'inventaire, un notaire nommé d'office par le président du tribunal de première instance. — Les opposans seront appelés au domicile par eux élu.

932. Le conjoint, l'exécuteur testamentaire, les héritiers, les légataires universels et ceux à titre universel, pourront assister à toutes les vacations de la levée du scellé et de l'inventaire, en personne ou par un mandataire. — Les opposans ne pourront assister, soit en personne, soit par un mandataire, qu'à la première vacation : ils seront tenus de se faire représenter, aux vacations suivantes, par un seul mandataire pour tous, dont ils conviendront, sinon il sera nommé d'office par le juge. — Si parmi ces mandataires se trouvent des avoués près le tribunal de première instance du ressort, ils justifieront de leurs pouvoirs par la représentation du titre de leur partie, et l'avoué le plus ancien, suivant l'ordre du tableau des créanciers fondés en titre authentique, assistera de droit pour tous les opposans; si aucun des créanciers n'est fondé en titre authentique, l'avoué le plus ancien des opposans fondés en titre privé assistera. L'ancienneté sera définitivement réglée à la première vacation.

933. Si l'un des opposans avait des intérêts différens de ceux des autres, ou des intérêts contraires, il pourra assister en personne, ou par un mandataire particulier, à ses frais.

934. Les opposans, pour la conservation des droits de leur débiteur, ne pourront assister à la première vacation, ni concourir au choix d'un mandataire commun pour les autres vacations.

935. Le conjoint commun en biens, les héritiers, l'exécuteur testamentaire, et les légataires universels, ou à titre universel, pourront convenir du choix d'un ou deux notaires, et d'un ou deux commissaires-priseurs ou experts; s'ils n'en conviennent pas, il sera procédé, suivant la nature des objets, par un ou deux notaires, commissaires-priseurs ou experts, nommés d'office par le président du tribunal de première instance. Les experts prêteront serment devant le juge de paix.

936. Le procès-verbal de levée contiendra, 1° la date; 2° les noms, profession, demeure et élection de domicile du requérant; 3°. l'énonciation de l'ordonnance délivrée pour la levée; 4°. l'énonciation de la sommation prescrite par l'article 931 ci-dessus; 5°. les comparutions et dire des parties; 6°. la nomination des notaires, commissaires-priseurs et experts qui doivent opérer; 7°. la reconnaissance des scellés, s'ils sont sains et entiers : s'ils ne le sont pas, l'état des altérations, sauf à se pourvoir ainsi qu'il appartiendra pour raison desdites altérations; 8°. les réquisitions à fin de perquisitions, le résultat desdites perquisitions, et toutes autres demandes sur lesquelles il y aura lieu de statuer.

937. Les scellés seront levés successivement; et à fur et à me-

sure de la confection de l'inventaire : ils seront réapposés à la fin de chaque vacation.

938. On pourra réunir les objets de même nature, pour être inventoriés successivement suivant leur ordre; ils seront, dans ce cas, replacés sous les scellés.

939. S'il est trouvé des objets et papiers étrangers à la succession et réclamés par des tiers, ils seront remis à qui il appartiendra; s'ils ne peuvent être remis à l'instant, et qu'il soit nécessaire d'en faire la description, elle sera faite sur le procès-verbal des scellés, et non sur l'inventaire.

940. Si la cause de l'apposition des scellés cesse avant qu'ils soient levés, ou pendant le cours de leur levée, ils seront levés sans description.

EXTRAIT

DU CODE DE COMMERCE.

LIVRE PREMIER. — TITRE II.

Des livres de commerce.

Art. 16. En cas que les livres, dont la représentation est offerte, requise ou ordonnée, soient dans deux lieux éloignés du tribunal saisi de l'affaire, les juges peuvent adresser une commission rogatoire au tribunal de commerce du lieu, ou déléguer un juge de paix pour en prendre connaissance, dresser un procès-verbal du contenu et l'envoyer au tribunal saisi de l'affaire.

LIVRE PREMIER. — TITRE VI.

Des commissionnaires.

Art. 103. Le voiturier est garant de la perte des objets à transporter, hors les cas de la force majeure. — Il est garant des avaries autres que celles qui proviennent du vice propre de la chose ou de la force majeure.

104. Si, par l'effet de la force majeure, le transport n'est pas effectué dans le délai convenu, il n'y a pas lieu à indemnité contre le voiturier pour cause de retard.

105. La réception des objets transportés et le paiement du prix de la voiture éteignent toute action contre le voiturier.

106. En cas de refus ou contestation pour la réception des ob-

jets transportés, leur état est vérifié et constaté par des experts nommés par le président du tribunal de commerce, ou, à son défaut, par le juge de paix, et par ordonnance au pied d'une requête. — Le dépôt ou séquestre, et ensuite le transport dans un dépôt public, peut en être ordonné. — La vente peut en être ordonnée en faveur du voiturier, jusqu'à concurrence du prix de la voiture.

LIVRE II. — TITRE IV.
Du capitaine.

Art. 234. Si, pendant le cours du voyage, il y a nécessité de radoub, ou d'achat de victuailles, le capitaine, après l'avoir constaté par un procès-verbal signé des principaux de l'équipage, pourra, en se faisant autoriser en France par le tribunal de commerce, ou, à défaut, par le juge de paix, chez l'étranger par le consul français, ou, à défaut, par le magistrat des lieux, emprunter sur le corps et quille du vaisseau, mettre en gage ou vendre des marchandises jusqu'à concurrence de la somme que les besoins constatés exigent. — Les propriétaires, ou le capitaine qui les représente, tiendront compte des marchandises vendues, d'après le cours des marchandises de même nature et qualité dans le lieu de la décharge du navire, à l'époque de son arrivée.

242. Le capitaine est tenu, dans les vingt-quatre heures de son arrivée, de faire viser son registre, et de faire son rapport; — Le rapport doit énoncer; — Le lieu et le temps de son départ; — La route qu'il a tenue; — Les hasards qu'il a courus; — Les désordres arrivés dans le navire, et toutes les circonstances remarquables de son voyage.

243. Le rapport est fait au greffe devant le président du tribunal de commerce. — Dans les lieux où il n'y a pas de tribunal de commerce, le rapport est fait au juge de paix de l'arrondissement. — Le juge de paix, qui a reçu le rapport, est tenu de l'envoyer, sans délai, au président du tribunal de commerce le plus voisin. — Dans l'un et l'autre cas, le dépôt en est fait au greffe du tribunal de commerce.

245. Si, pendant le cours du voyage, le capitaine est obligé de relâcher dans un port français, il est tenu de déclarer au président du tribunal de commerce du lieu, les causes de sa relâche. — Dans les lieux où il n'y a pas de tribunal de commerce, la déclaration est faite au juge de paix du canton. — Si la relâche forcée a lieu dans un port étranger, la déclaration est faite au consul de France, ou, à son défaut, au magistrat du lieu.

246. Le capitaine qui a fait naufrage, et qui s'est sauvé seul ou avec partie de son équipage, est tenu de se présenter devant le juge du lieu, ou, à défaut de juge, devant toute autre autorité civile, d'y faire son rapport, de le faire vérifier par ceux de son équipage qui se seraient sauvés, et se trouveraient avec lui, et d'en lever expédition.

LIVRE II. — TITRE XII.

Du jet et de la contribution.

Art. 414. L'état des pertes et dommages est fait dans le lieu du déchargement du navire, à la diligence du capitaine et par experts. — Les experts sont nommés par le tribunal de commerce, si le déchargement se fait dans un port français. — Dans les lieux où il n'y a pas de tribunal de commerce, les experts sont nommés par le juge de paix. — Ils sont nommés par le consul de France, et, à son défaut, par le magistrat du lieu, si la décharge se fait dans un port étranger. — Les experts prêtent serment avant d'opérer.

LIVRE III. — TITRE Ier.

De la faillite.

Art. 449. Dès que le tribunal de commerce aura connaissance de la faillite, soit par la déclaration du failli, soit par la requête de quelque créancier, soit par la notoriété publique, il ordonnera l'apposition des scellés : expédition du jugement sera sur-le-champ adressée au juge de paix.

450. Le juge de paix pourra aussi apposer les scellés sur la notoriété acquise.

451. Les scellés seront apposés sur les magasins, comptoirs, caisses, portefeuilles, livres, registres, papiers, meubles et effets du failli.

452. Si la faillite est faite par des associés réunis en société collective, les scellés seront apposés, non-seulement dans le principal manoir de la société, mais dans le domicile séparé de chacun des associés solidaires.

453. Dans tous les cas, le juge de paix adressera sans délai au tribunal de commerce, le procès-verbal de l'apposition des scellés.

454. Par le même jugement qui ordonnera l'apposition des scellés, le tribunal de commerce déclarera l'époque de la faillite ; il nommera un de ses membres commissaire de l'ouverture de la faillite, et un ou plusieurs agens, suivant l'importance de la faillite, pour remplir, sous la surveillance du commissaire, les fonctions qui leur sont attribuées par la présente loi.

Dans le cas où les scellés auraient été apposés par le juge de paix, sur la notoriété acquise, le tribunal se conformera au surplus des dispositions ci-dessus prescrites, dès qu'il aura connaissance de la faillite.

462. Si, après la nomination des agens et la prestation du serment, les scellés n'avaient point été apposés, les agens requerront le juge de paix de procéder à l'apposition.

463. Les livres du failli seront extraits des scellés et remis par le juge de paix aux agens, après avoir été arrêtés par lui : il constatera sommairement par son procès-verbal l'état dans lequel ils se trouveront.

Les effets du portefeuille qui seront à courte échéance, ou susceptibles d'acceptation, seront aussi extraits des scellés par le juge de paix, décrits et remis aux agens pour en faire le recouvrement : le bordereau en sera remis au commissaire.

486. Aussitôt après leur nomination, les syndics provisoires requerront la levée des scellés, et procéderont à l'inventaire des biens du failli. Ils seront libres de se faire aider pour l'estimation par qui ils jugeront convenable, conformément à l'article 937 du Code de procédure civile. Cet inventaire se fera par les syndics à mesure que les scellés seront levés, et le juge de paix y assistera et le signera à chaque vacation.

487. Le failli sera présent ou dûment appelé à la levée des scellés et aux opérations de l'inventaire.

EXTRAIT

DU CODE D'INSTRUCTION CRIMINELLE.

LIVRE PREMIER.

De la police judiciaire, et des officiers de police qui l'exercent.

CHAPITRE PREMIER.

De la police judiciaire.

Art. 8. La police judiciaire recherche les crimes, les délits et les contraventions, en rassemble les preuves, et en livre les auteurs aux tribunaux chargés de les punir.

9. La police judiciaire sera exercée sous l'autorité des cours royales, et suivant les distinctions qui vont être établies,
Par les gardes champêtres et les gardes forestiers,
Par les commissaires de police,
Par les maires et les adjoints de maire,
Par les procureurs du Roi et leurs substituts,
Par les juges de paix,
Par les officiers de gendarmerie,
Par les commissaires généraux de police,
Et par les juges d'instruction.

10. Les préfets des départemens, et le préfet de police à Paris, pourront faire personnellement, ou requérir les officiers de police judiciaire, chacun en ce qui le concerne, de faire tous les actes nécessaires à l'effet de constater les crimes, délits et contraventions,

et d'en livrer les auteurs aux tribunaux chargés de les punir, conformément à l'article 8 ci-dessus.

CHAPITRE II.

Des maires, des adjoints de maire, et des commissaires de police.

Art. 11. Les commissaires de police, et dans les communes où il n'y en a point, les maires, au défaut de ceux-ci, les adjoints de de maire, rechercheront les contraventions de police, même celles qui sont sous la surveillance spéciale des gardes forestiers et champêtres, à l'égard desquels ils auront concurrence et même prévention.

Ils recevront les rapports, dénonciations et plaintes qui seront relatifs aux contraventions de police.

Ils consigneront, dans les procès-verbaux qu'ils rédigeront à cet effet, la nature et les circonstances des contraventions, le temps et le lieu où elles auront été commises, les preuves ou indices à la charge de ceux qui en seront présumés coupables.

12. Dans les communes divisées en plusieurs arrondissemens, les commissaires de police exerceront ces fontions dans toute l'étendue de la commune où ils sont établis, sans pouvoir alléguer que les contraventions ont été commises hors de l'arrondissement particulier auquel ils sont préposés.

Ces arrondissemens ne limitent ni ne circonscrivent leurs pouvoirs respectifs, mais indiquent seulement les termes dans lesquels chacun d'eux est plus spécialement astreint à un exercice constant et régulier de ses fonctions.

13. Lorsque l'un des commissaires de police d'une même commune se trouvera légitimement empêché, celui de l'arrondissement voisin est tenu de le suppléer, sans qu'il puisse retarder le service pour lequel il sera requis sous prétexte qu'il n'est pas le plus voisin du commissaire empêché, ou que l'empêchement n'est pas légitime ou n'est pas prouvé.

14. Dans les communes où il n'y qu'un commissaire de police, s'il se trouve légitimement empêché, le maire, ou, au défaut de celui-ci, l'adjoint de maire le remplacera, tant que durera l'empêchement.

15. Les maires ou adjoints de maire remettront à l'officier par qui sera rempli le ministère public près le tribunal de police, toutes les pièces et renseignemens dans les trois jours au plus tard, y compris celui où ils ont reconnu le fait sur lequel ils ont procédé.

CHAPITRE III.

Des gardes champêtres et forestiers.

Art. 16. Les gardes champêtres et les gardes forestiers considérés comme officiers de police judiciaire, sont chargés de rechercher, chacun dans le territoire pour lequel ils auront été assermentés, délits et les contraventions de police qui auront porté atteinte aux propriétés rurales et forestières.

Ils dresseront des procès-verbaux à l'effet de constater la nature, les circonstances, le temps, le lieu des délits et des contraventions, ainsi que les preuves et les indices qu'ils auront pu en recueillir.

Ils suivront les choses enlevées dans les lieux où elles auront été transportées, et les mettront en séquestre; ils ne pourront néanmoins s'introduire dans les maisons, ateliers, bâtimens, cours adjacentes et enclos, si ce n'est en présence soit du juge de paix, soit de son suppléant, soit du commissaire de police, soit du maire du lieu, soit de son adjoint; et le procès-verbal qui devra en être dressé, sera signé par celui en présence duquel il aura été fait.

Ils arrêteront et conduiront devant le juge de paix ou devant le maire, tout individus qu'ils auront surpris en flagrant délit, ou qui sera dénoncé par la clameur publique, lorsque ce délit emportera la peine d'emprisonnement, ou une peine plus grave.

Ils se feront donner, pour cet effet, main-forte par le maire ou par l'adjoint de maire du lieu, qui ne pourra s'y refuser.

17. Les gardes champêtres et forestiers sont, comme officiers de police judiciaire, sous la surveillance du procureur du Roi, sans préjudice de leur subordination à l'égard de leurs supérieurs dans l'administration.

18. Les gardes forestiers de l'administration, des communes et des établissemens publics, remettront leurs procès-verbaux au conservateur, inspecteur ou sous-inspecteur forestier, dans le délai fixé par l'article 15.

L'officier qui aura reçu l'affirmation, sera tenu, dans la huitaine, d'en donner avis au procureur du Roi.

19. Le conservateur, inspecteur ou sous-inspecteur, fera citer les prévenus ou les personnes civilement responsables devant le tribunal correctionnel.

20. Les procès-verbaux des gardes champêtres des communes, et ceux des gardes champêtres et forestiers des particuliers, seront, lorsqu'il s'agira de simples contraventions, remis par eux dans le délai fixé par l'article 15, au commissaire de police de la commune chef-lieu de la justice de paix, ou au maire dans les communes où il n'y a point de commissaire de police; et lorsqu'il s'agira d'un délit de nature à mériter une peine correctionnelle, la remise sera faite au procureur du Roi.

21. Si le procès-verbal a pour objet une contravention de police, il sera procédé par le commissaire de police de la commune chef-lieu de la justice de paix, par le maire, ou, à son défaut, par l'adjoint de maire, dans les communes où il n'y a point de commissaire de police, ainsi qu'il sera réglé au chapitre 1er., titre 1er., du livre 2 du présent Code.

CHAPITRE IV.

Des procureurs du Roi et de leurs substituts.

SECTION PREMIÈRE.

De la compétence des procureurs du Roi relativement à la police judiciaire.

Art. 22. Les procureurs du Roi sont chargés de la recherche et de la poursuite de tous les délits dont la connaissance appartient aux tribunaux de police correctionnelle, ou aux cours d'assises.

23. Sont également compétens pour remplir les fonctions déléguées par l'article précédent, le procureur du Roi du lieu du crime ou délit, celui de la résidence du prévenu, et celui du lieu où le prévenu pourra être trouvé.

24. Ces fonctions, lorsqu'il s'agira de crimes ou de délits commis hors du territoire français, dans les cas énoncés articles 5, 6 et 7, seront remplies par le procureur du Roi du lieu où il pourra être trouvé, ou par celui de sa dernière résidence connue.

25. Les procureurs du Roi et tous autres officiers de police judiciaire, auront, dans l'exercice de leurs fonctions, le droit de requérir directement la force publique.

26. Le procureur du Roi sera, en cas d'empêchement, remplacé par son substitut, ou, s'il a plusieurs substituts par le plus ancien.

S'il n'a pas de substitut, il sera remplacé par un juge commis à cet effet par le président.

27. Les procureurs du Roi seront tenus, aussitôt que les délits parviendront à leur connaissance, d'en donner avis au procureur-général près la cour royale, et d'exécuter ses ordres relativement à tous actes de police judiciaire.

28. Ils pourvoiront à l'envoi, à la notification et à l'exécution des ordonnances qui seront rendues par le juge d'instruction, d'après les règles qui seront ci-après établies au chapitre des juges d'instruction.

Sect. II. Mode de procéder des procureurs du Roi dans l'exercice de leurs fonctions.

Art. 29. Toute autorité constituée, tout fonctionnaire ou officier public, qui, dans l'exercice de ses fonctions, acquerra la connaissance d'un crime ou d'un délit, sera tenu d'en donner avis sur-le-champ au procureur du Roi près le tribunal dans le ressort duquel ce crime ou délit aura été commis, ou dans lequel le prévenu pourrait être trouvé, et de transmettre à ce magistrat tous les renseignemens, procès-verbaux et actes qui y sont relatifs.

30. Toute personne qui aura été témoin d'un attentat, soit contre la sûreté publique, soit contre la vie ou la propriété d'un individu, sera pareillement tenue d'en donner avis au procureur

d'instruction criminelle. 217

du Roi, soit du lieu du crime ou délit, soit du lieu où le prévenu pourra être trouvé.

31. Les dénonciations seront rédigées par les dénonciateurs, ou par leurs fondés de procuration spéciale, ou par le procureur du Roi, s'il en est requis; elles seront toujours signées par le procureur du Roi à chaque feuillet, et par les dénonciateurs ou par leurs fondés de pouvoir.

Si les dénonciateurs ou leurs fondés de pouvoir ne savent ou ne veulent pas signer, il en sera fait mention.

La procuration demeurera toujours annexée à la dénonciation, et le dénonciateur pourra se faire délivrer, mais à ses frais, une copie de sa dénonciation.

32. Dans tous les cas de flagrant délit, lorsque le fait sera de nature à entraîner une peine afflictive ou infamante, le procureur du Roi se transportera sur le lieu, sans aucun retard, pour y dresser les procès-verbaux nécessaires à l'effet de constater le corps du délit, son état, l'état des lieux, et pour recevoir les déclarations des personnes qui auraient été présentes, ou qui auraient des renseignemens à donner.

Le procureur du Roi donnera avis de son transport au juge d'instruction, sans être toutefois tenu de l'attendre pour procéder ainsi qu'il est dit au présent chapitre.

33. Le procureur du Roi pourra aussi, dans le cas de l'art. précédent, appeler à son procès-verbal, les parens, voisins ou domestiques présumés en état de donner des éclaircissemens sur le fait; il recevra leurs déclarations qu'ils signeront : les déclarations reçues en conséquence du présent article et de l'article précédent, seront signées par les parties, ou, en cas de refus, il en sera fait mention.

34. Il pourra défendre que qui que ce soit sorte de la maison, ou s'éloigne du lieu, jusqu'après la clôture de son procès-verbal.

Tout contrevenant à cette défense sera, s'il peut être saisi, déposé dans la maison d'arrêt : la peine encourue pour la contravention sera prononcée par le juge d'instruction sur les conclusions du procureur du Roi, après que le contrevenant aura été cité et entendu; ou par défaut, s'il ne comparaît pas, sans autre formalité ni délai, et sans opposition ni appel.

La peine ne pourra excéder dix jours d'emprisonnement et cent francs d'amende.

35. Le procureur du Roi se saisira des armes et de tout ce qui paraîtra avoir servi ou avoir été destiné à commettre le crime ou le délit, ainsi que de tout ce qui paraîtra en avoir été le produit, enfin de tout ce qui pourra servir à la manifestation de la vérité : il interpellera le prévenu de s'expliquer sur les choses saisies qui lui seront représentées; il dressera du tout procès-verbal, qui sera signé par le prévenu, ou mention sera faite de son refus.

36. Si la nature du crime ou du délit est telle que la preuve puisse vraisemblablement être acquise par les papiers ou autres pièces et effets en la possession du prévenu, le procureur du Roi

se transportera de suite dans le domicile du prévenu pour y faire la perquisition des objets qu'il jugera utiles à la manifestation de la vérité.

37. S'il existe, dans le domicile du prévenu, des papiers ou effets qui puissent servir à conviction ou à décharge, le procureur du Roi en dressera procès-verbal et se saisira desdits effets ou papiers.

38. Les objets saisis seront clos et cachetés, si faire se peut, ou s'ils ne sont pas susceptibles de recevoir des caractères d'écriture, ils seront mis dans un vase ou dans un sac sur lequel le procureur du Roi attachera une bande de papier qu'il scellera de son sceau.

39. Les opérations prescrites par les articles précédens, seront faites en présence du prévenu s'il a été arrêté; et s'il ne veut ou ne peut y assister, en présence d'un fondé de pouvoir qu'il pourra nommer. Les objets lui seront présentés à l'effet de les reconnaître et de les parapher, s'il y a lieu; et au cas de refus, il en sera fait mention au procès-verbal.

40. Le procureur du Roi, audit cas de flagrant délit, et lorsque le fait sera de nature à entraîner peine afflictive ou infamante, fera saisir les prévenus présens contre lesquels il existerait des indices graves.

Si le prévenu n'est pas présent, le procureur du Roi rendra une ordonnance à l'effet de le faire comparaître; cette ordonnance s'appelle *mandat d'amener*.

La dénonciation seule ne constitue pas une présomption suffisante pour décerner cette ordonnance contre un individu ayant domicile.

Le procureur du Roi interrogera sur-le-champ le prévenu amené devant lui.

41. Le délit qui se commet actuellement, ou qui vient de se commettre, est un flagrant délit.

Sera aussi réputé flagrant délit, le cas où le prévenu est poursuivi par la clameur publique, et celui où le prévenu est trouvé saisi d'effets, armes, instrumens ou papiers faisant présumer qu'il est auteur ou complice, pourvu que ce soit dans un temps voisin du délit.

42. Les procès-verbaux du procureur du Roi, en exécution des articles précédens, seront faits et rédigés en la présence, et revêtus de la signature du commissaire de police de la commune dans laquelle le crime ou le délit aura été commis, ou du maire, ou de l'adjoint du maire, ou de deux citoyens domiciliés dans la même commune.

Pourra, néanmoins le procureur du Roi, dresser les procès-verbaux sans assistance de témoins, lorsqu'il n'y aura pas possibilité de s'en procurer de suite.

Chaque feuillet du procès-verbal sera signé par le procureur du Roi et par les personnes qui y auront assisté. En cas de refus ou d'impossibilité de signer de la part de celles-ci, il en sera fait mention.

43. Le procureur du Roi se fera accompagner au besoin d'une

ou de deux personnes présumées par leur art ou profession capables d'apprécier la nature et les circonstances du crime ou délit.

44. S'il s'agit d'une mort violente, ou d'une mort dont la cause soit inconnue et suspecte, le procureur du Roi se fera assister d'un ou de deux officiers de santé qui feront leur rapport sur les causes de la mort et sur l'état du cadavre.

Les personnes appelées, dans les cas du présent article et de l'article précédent, prêteront, devant le procureur du Roi, le serment de faire leur rapport et de donner leur avis en leur honneur et conscience.

45. Le procureur du Roi transmettra sans délai au juge d'instruction, les procès-verbaux, actes, pièces et instrumens dressés ou saisis en conséquence des articles précédens, pour être procédé ainsi qu'il sera dit au chapitre *des juges d'instruction*; et cependant le prévenu restera sous la main de la justice *en état de mandat d'amener*.

46. Les attributions faites ci-dessus au procureur du Roi pour les cas de flagrant délit, auront lieu aussi toutes les fois que, s'agissant d'un crime ou délit, même non flagrant, commis dans l'intérieur d'une maison, le chef de cette maison requerra le procureur du Roi de le constater.

47. Hors les cas énoncés dans les articles 32 et 46, le procureur du Roi, instruit, soit par une dénonciation, soit par toute autre voie, qu'il a été commis dans son arrondissement un crime ou un délit, ou qu'une personne qui en est prévenue se trouve dans son arrondissement, sera tenu de requérir le juge d'instruction d'ordonner qu'il en soit informé, même de se transporter, s'il est besoin, sur les lieux, à l'effet d'y dresser tous les procès-verbaux nécessaires, ainsi qu'il sera dit au chapitre des *juges d'instruction*.

CHAPITRE V.

Des officiers de police auxiliaires du procureur du Roi.

Art. 48. Les juges de paix, les officiers de gendarmerie, les commissaires-généraux de police, recevront les dénonciations de crimes ou de délits commis dans les lieux où ils exercent leurs fonctions habituelles.

49. Dans les cas de flagrant délit, ou dans les cas de réquisition de la part d'un chef de maison, ils dresseront les procès-verbaux, recevront les déclarations des témoins, feront les visites et les autres actes qui sont, auxdits cas, de la compétence des procureurs du Roi; le tout dans les formes et suivant les règles établies au chapitre *des procureurs du Roi*.

50. Les maires, adjoints de maires et les commissaires de police recevront également les dénonciations, et feront les actes énoncés en l'article précédent, en se conformant aux mêmes règles.

51. Dans les cas de concurrence entre les procureurs du Roi et les officiers de police énoncés aux articles précédens, le procureur du Roi fera les actes attribués à la police judiciaire; s'il a été pré-

vénu, il pourra continuer la procédure, ou autoriser l'officier qui l'aura commencée à la suivre.

52. Le procureur du Roi exerçant son ministère dans les cas des articles 32 et 46, pourra, s'il le juge utile et nécessaire, charger un officier de police auxiliaire de partie des actes de sa compétence.

53. Les officiers de police auxiliaires renverront sans délai les dénonciations, procès-verbaux et autres actes par eux faits dans les cas de leur compétence, au procureur du Roi, qui sera tenu d'examiner sans retard les procédures, et de les transmettre avec les réquisitions qu'il jugera convenables au juge d'instruction.

54. Dans le cas de dénonciation de crimes ou délits autres que ceux qu'ils sont directement chargés de constater, les officiers de police judiciaire transmettront aussi sans délai au procureur du Roi les dénonciations qui leur auront été faites, et le procureur du Roi les remettra au juge d'instruction avec son réquisitoire.

DISTINCTION II.

De l'instruction.

§. II. — *Des plaintes.*

Art. 63. Toute personne qui se prétendra lésée par un crime ou délit, pourra en rendre plainte, et se constituer partie civile devant le juge d'instruction, soit du lieu du crime ou délit, soit du lieu de la résidence du prévenu, soit du lieu où il pourrait être saisi.

64. Les plaintes qui auraient été adressées au procureur du Roi, seront par lui transmises au juge d'instruction avec son réquisitoire ; celles qui auraient été présentées aux officiers auxiliaires de police, seront par eux envoyées au procureur du Roi, et transmises par lui au juge d'instruction, aussi avec son réquisitoire.

65. Les dispositions de l'article 31 concernant les dénonciations, seront communes aux plaintes.

§. III. — *De l'audition des témoins.*

Art. 71. Le juge d'instruction fera citer devant lui les personnes qui auront été indiquées par la dénonciation, par la plainte, par le procureur du Roi ou autrement, comme ayant connaissance, soit du crime ou délit, soit de ses circonstances.

72. Les témoins seront cités par un huissier, ou par un agent de la force publique, à la requête du procureur du Roi.

73. Ils seront entendus séparément et hors de la présence du prévenu, par le juge d'instruction assisté de son greffier.

74. Ils représenteront, avant d'être entendus, la citation qui leur aura été donnée pour déposer, et il en sera fait mention dans le procès-verbal.

75. Les témoins prêteront serment de dire toute la vérité, rien que la vérité ; le juge d'instruction leur demandera leurs noms,

prénoms, âge, état, profession, demeure, s'ils sont domestiques, parens, ou alliés des parties, et en quel degré : il sera fait mention de la demande et des réponses des témoins.

76. Les dépositions seront signées du juge, du greffier et du témoin, après que lecture lui en aura été faite, et qu'il aura déclaré y persister.

Si le témoin ne veut ou ne peut signer, il en sera fait mention.

Chaque page du cahier d'information sera signée par le juge et par le greffier.

77. Les formalités prescrites par les trois articles précédens, seront remplies, à peine de cinquante francs d'amende contre le greffier, même, s'il y a lieu, de prise à partie contre le juge d'instruction.

78. Aucun interligne ne pourra être fait : les ratures et les renvois seront approuvés et signés par le juge d'instruction, par le greffier et par le témoin, sous les peines portées en l'article précédent. Les interlignes, ratures et renvois non approuvés seront réputés non avenus.

79. Les enfans de l'un et de l'autre sexe, au-dessous de l'âge de quinze ans, pourront être entendus par forme de déclaration et sans prestation de serment.

80. Toute personne citée pour être entendue en témoignage, sera tenue de comparaître et de satisfaire à la citation ; sinon elle pourra y être contrainte par le juge d'instruction qui, à cet effet, sur les conclusions du procureur du Roi, sans autre formalité ni délai, et sans appel, prononcera une amende qui n'excédera pas cent francs, et pourra ordonner que la personne citée sera contrainte par corps à venir donner son témoignage.

81. Le témoin ainsi condamné à l'amende sur le premier défaut, et qui, sur la seconde citation, produira devant le juge d'instruction des excuses légitimes, pourra, sur les conclusions du procureur du Roi, être déchargé de l'amende.

82. Chaque témoin qui demandera une indemnité sera taxé par le juge d'instruction.

83. Lorsqu'il sera constaté, par le certificat d'un officier de santé, que des témoins se trouvent dans l'impossibilité de comparaître sur la citation qui leur aura été donnée, le juge d'instruction se transportera en leur demeure quand ils habiteront dans le canton de la justice de paix du domicile du juge d'instruction.

Si les témoins habitent hors du canton, le juge d'instruction pourra commettre le juge de paix de leur habitation à l'effet de recevoir leur déposition ; et il enverra au juge de paix les notes et instructions qui feront connaître les faits sur lesquels les témoins devront déposer.

84. Si les témoins résident hors de l'arrondissement du juge d'instruction, celui-ci requerra le juge d'instruction de l'arrondissement dans lequel les témoins sont résidans de se transporter auprès d'eux pour recevoir leurs dépositions.

Dans le cas où les témoins n'habiteraient pas le canton du juge d'instruction ainsi requis, il pourra commettre le juge de paix de leur habitation à l'effet de recevoir leurs dépositions, ainsi qu'il est dit dans l'article précédent.

85. Le juge qui aura reçu les dépositions en conséquence des articles 83 et 84 ci-dessus, les enverra closes et cachetées au juge d'instruction du tribunal saisi de l'affaire.

86. Si le témoin, auprès duquel le juge se sera transporté, dans les cas prévus par les trois articles précédens, n'était pas dans l'impossibilité de comparaître sur la citation qui lui avait été donnée, le juge décernera un mandat de dépôt contre le témoin et l'officier de santé qui aura délivré le certificat ci-dessus mentionné.

La peine portée en pareil cas sera prononcée par le juge d'instruction du même lieu, et sur la réquisition du procureur du Roi, en la forme prescrite par l'article 80.

CHAPITRE VII.

Des Mandats de comparution, de dépôt, d'amener et d'arrêt.

Art. 98. Les mandats d'amener, de comparution, de dépôt et d'arrêt, seront exécutoires dans tout le territoire du royaume.

Si le prévenu est trouvé hors de l'arrondissement de l'officier qui aura délivré le mandat de dépôt ou d'arrêt, il sera conduit devant le juge de paix ou son suppléant, et à leur défaut, devant le maire ou l'adjoint de maire, ou le commissaire de police du lieu, lequel visera le mandat, sans pouvoir en empêcher l'exécution.

99. Le prévenu qui refusera d'obéir au mandat d'amener, ou qui, après avoir déclaré qu'il est prêt à obéir, tentera de s'évader, devra être contraint.

Le porteur du mandat d'amener emploiera, au besoin, la force publique du lieu le plus voisin.

Elle sera tenue de marcher, sur la réquisition contenue dans le mandat d'amener.

109. Si le prévenu ne peut être saisi, le mandat d'arrêt sera notifié à sa dernière habitation; et il sera dressé procès-verbal de perquisition.

Ce procès-verbal sera dressé en présence des deux plus proches voisins du prévenu que le porteur du mandat d'arrêt pourra trouver: ils le signeront, ou, s'ils ne savent et ne veulent pas signer, il en sera fait mention, ainsi que de l'interpellation qui en aura été faite.

Le porteur du mandat d'arrêt fera ensuite viser son procès-verbal par le juge de paix ou son suppléant, ou, à son défaut, par le maire, l'adjoint et le commissaire de police du lieu, et lui en laissera copie.

Le mandat d'arrêt et le procès-verbal seront ensuite remis au greffe du tribunal.

LIVRE II.

DE LA JUSTICE.

TITRE PREMIER.

Des tribunaux de police.

CHAPITRE PREMIER.

Des tribunaux de simple police.

Art. 137. Sont considérés comme contraventions de police simple, les faits qui, d'après les dispositions du quatrième livre du Code pénal peuvent donner lieu, soit à quinze francs d'amende ou au-dessous, soit à cinq jours d'emprisonnement ou au-dessous, qu'il y ait ou non confiscation des choses saisies et qu'elle qu'en soit la valeur.

138. La connaissance des contraventions de police est attribuée aux juges de paix et aux maires, suivant les règles et les distinctions qui seront ci-après établies.

§. Ier. — *Du tribunal du juge de paix, comme juge de police.*

Art. 139. Les juges de paix connaîtront exclusivement,
1°. Des contraventions commises dans l'étendue de la commune chef-lieu du canton;
2°. Des contraventions dans les autres communes de leur arrondissement, lorsque, hors les cas où les coupables auront été pris en flagrant délit, les contraventions auront été commises par des personnes non domiciliées et non présentes dans la commune; ou lorsque les témoins qui doivent déposer n'y sont pas résidans ou présens;
3°. Des contraventions à raison desquelles la partie qui réclame conclut pour ses dommages et intérêts à une somme indéterminée ou à une somme de quinze francs;
4°. Des contraventions forestières poursuivies à la requête des particuliers;
5°. Des injures verbales;
6°. Des affiches, annonces, ventes, distributions ou débits d'ouvrages écrits ou gravures contraires aux mœurs;
7°. De l'action contre les gens qui font le métier de deviner et pronostiquer, ou d'expliquer les songes.

140. Les juges de paix connaîtront aussi, mais concurremment avec les maires, de toutes autres contraventions commises dans leur arrondissement.

141. Dans les communes dans lesquelles il n'y a qu'un juge de paix, il connaîtra seul des affaires attribuées à son tribunal.

Les greffiers et les huissiers de la justice de paix feront le service pour les affaires de police.

142. Dans les communes divisées en deux justices de paix ou plus, le service au tribunal de police sera fait successivement par chaque juge de paix, en commençant par le plus ancien : il y aura dans ce cas, un greffier particulier pour le tribunal de police.

143. Il pourra aussi, dans le cas de l'article précédent, y avoir deux sections pour la police; chaque section sera tenue par un juge de paix, et le greffier aura un commis assermenté pour le suppléer.

144. Les fonctions du ministère public, pour les faits de police, seront remplies par le commissaire du lieu où siégera le tribunal ; en cas d'empêchement du commissaire de police, ou s'il n'y en a point, elles seront remplies par le maire qui pourra se faire remplacer par son adjoint.

S'il y a plusieurs commissaires de police, le procureur général près la cour royale nommera celui ou ceux d'entre eux qui feront le service.

145. Les citations pour contravention de police seront faites à la requête du ministère public ou de la partie qui réclame.

Elles seront notifiées par un huissier; il en sera laissé copie au prévenu ou à la personne civilement responsable.

146. La citation ne pourra être donnée à un délai moindre que vingt-quatre heures outre un jour par trois myriamètres, à peine de nullité tant de la citation que du jugement qui serait rendu par défaut. Néanmoins cette nullité ne pourra être proposée qu'à la première audience avant toute exception et défense.

Dans les cas urgens les délais pourront être abrégés et les parties citées à comparaître même dans le jour et à heure indiquée, en vertu d'une cédule délivrée par le juge de paix.

137. Les parties pourront comparaître volontairement et sur un simple avertissement, sans qu'il soit besoin de citation.

148. Avant le jour de l'audience, le juge de paix pourra, sur la réquisition du ministère public ou de la partie civile, estimer ou faire estimer les dommages, dresser ou faire dresser des procès-verbaux, faire ou ordonner tous actes qui exigeront célérité.

149. Si la personne citée ne comparaît pas au jour et à l'heure fixés par la citation, elle sera jugée par défaut.

150. La personne condamnée par défaut ne sera plus recevable à s'opposer à l'exécution du jugement, si elle ne se présente à l'audience indiquée par l'article suivant, sauf ce qui sera ci-après réglé sur l'appel et le recours en cassation.

151. L'opposition au jugement par défaut pourra être faite par déclaration en réponse au bas de l'acte de signification, ou par acte notifié dans les trois jours de la signification, outre un jour par trois myriamètres.

L'opposition emportera de droit citation à la première audience après l'expiration des délais, et sera réputé non avenue si l'opposant ne comparaît pas.

152. La personne citée comparaîtra par elle-même ou par un fondé de procuration spéciale.

153. L'instruction de chaque affaire sera publique à peine de nullité.

Elle se fera dans l'ordre suivant :

Les procès-verbaux, s'il y en a, seront lus par le greffier.

Les témoins, s'il en a été appelé par le ministère public ou la partie civile, seront entendus, s'il y a lieu; la partie civile prendra ses conclusions.

La personne citée proposera sa défense et fera entendre ses témoins si elle en a amené ou fait citer, et si, aux termes de l'article suivant, elle est recevable à les produire.

Le ministère public résumera l'affaire et donnera ses conclusions.

La partie citée pourra proposer ses observations.

Le tribunal de police prononcera le jugement dans l'audience où l'instruction aura été terminée, et, au plus tard, dans l'audience suivante.

154. Les contraventions seront prouvées, soit par procès-verbaux ou rapports, soit par témoins à défaut de rapports et procès-verbaux, ou à leur appui.

Nul ne sera admis, à peine de nullité, à faire preuve par témoins outre ou contre le contenu aux procès-verbaux ou rapports des officiers de police ayant reçu de la loi le pouvoir de constater les délits ou les contraventions jusqu'à inscription de faux. Quant aux procès-verbaux et aux rapports faits par des agens, préposés ou officiers, auxquels la loi n'a pas accordé le droit d'en être crus jusqu'à inscription de faux, ils pourront être débattus par des preuves contraires, soit écrites, soit testimoniales, si le tribunal juge à propos de les admettre.

155. Les témoins feront à l'audience, sous peine de nullité, le serment de dire toute la vérité, rien que la vérité, et le greffier en tiendra note ainsi que de leurs noms, prénoms, âge, profession et demeure, et de leurs principales déclarations.

156. Les ascendans ou descendans de la personne prévenue, ses frères et sœurs ou alliés en pareil degré, la femme ou son mari, même après le divorce prononcé, ne seront ni appelés ni reçus en témoignage; sans néanmoins que l'audition des personnes ci-dessus désignée puisse opérer une nullité, lorsque, soit le ministère public, soit la partie civile, soit le prévenu, ne se sont pas opposés à ce qu'elles soient entendues.

157. Les témoins qui ne satisferont pas à la citation, pourront y être contraints par le tribunal, qui, à cet effet et sur la réquisition du ministère public, prononcera dans la même audience, sur le premier défaut, l'amende; et en cas d'un second défaut, la contrainte par corps.

158. Le témoin ainsi condamné à l'amende sur le premier défaut, et qui, sur la seconde citation, produira, devant le tribunal des excuses légitimes, pourra, sur les conclusions du ministère public, être déchargé de l'amende.

Si le témoin n'est pas cité de nouveau, il pourra volontairement comparaître par lui ou par un fondé de procuration spéciale, à l'audience suivante, pour présenter ses excuses et obtenir, s'il y a lieu, décharge de l'amende.

159. Si le fait ne présente ni délit ni contravention de police, le tribunal annulera la citation et tout ce qui aura suivi, et statuera par le même jugement sur les demandes en dommages-intérêts.

160. Si le fait est un délit qui emporte une peine correctionnelle ou plus grave, le tribunal renverra les parties devant le procureur du Roi.

161. Si le prévenu est convaincu de contravention de police, le tribunal prononcera la peine et statuera par le même jugement sur les demandes en restitution et en dommages-intérêts.

162. La partie qui succombera sera condamnée aux frais, même envers la partie publique.

Les dépens seront liquidés par le jugement.

163. Tout jugement définitif de condamnation sera motivé, et les termes de la loi appliquée y seront insérés à peine de nullité.

Il y sera fait mention s'il est rendu de dernier ressort ou en première instance.

164. La minute du jugement sera signée par le juge qui aura tenu l'audience dans les vingt-quatre heures au plus tard, à peine de vingt-cinq francs d'amende contre le greffier, et de prise à partie, s'il y a lieu, tant contre le greffier que contre le président.

165. Le ministère public et la partie civile poursuivront l'exécution du jugement, chacun en ce qui le concerne.

§. II. — *De la juridiction des maires comme juges de police.*

Art. 166. Les maires des communes non chefs-lieux de canton, connaîtront concurremment avec les juges de paix de contraventions commises dans l'étendue de leur commune par les personnes prises en flagrant délit, ou par des personnes qui résident dans la commune ou qui y sont présentes, lorsque les témoins y seront aussi résidans ou présens, et lorsque la partie réclamante conclura pour ses dommages-intérêts à une somme déterminée qui n'excèdera pas celle de quinze francs.

Ils ne pourront jamais connaître des contraventions attribuées exclusivement aux juges de paix par l'article 139, ni d'aucune des matières dont la connnaissance est attribuée aux juges de paix considérés comme juges civils.

167. Le ministère public sera exercé auprès du maire, dans les matières de police, par l'adjoint; en l'absence de l'adjoint, ou lorsque l'adjoint remplacera le maire comme juge de police, le ministère public sera exercé par un membre du conseil municipal,

qui sera désigné à cet effet par le procureur du Roi pour une année entière.

168. Les fonctions de greffier des maires dans les affaires de police, seront exercées par un citoyen que le maire proposera, et qui prêtera serment en cette qualité au tribunal de police correctionnelle. Il recevra pour ses expéditions les émolumens attribués aux greffiers du juge de paix.

169. Le ministère des huissiers ne sera pas nécessaire pour les citations aux parties; elles pourront être faites par un avertissement du maire qui annoncera au défendeur le fait dont il est inculpé, le jour et l'heure où il doit se présenter.

170. Il en sera de même des citations aux témoins; elles pourront être faites par avertissement qui indiquera le moment où leur déposition sera reçue.

171. Le maire donnera son audience dans la maison commune; il entendra publiquement les parties et les témoins.

Seront, au surplus, observées les dispositions des articles 153 et suivans, concernant l'instruction et le jugement au tribunal du juge de paix.

§. III. — *De l'appel des jugemens de police.*

Art. 172. Les jugemens rendus en matière de police pourront être attaqués par la voie de l'appel, lorsqu'ils prononceront un emprisonnement, ou lorsque les restitutions et autres réparations civiles excéderont la somme de cinq francs outre les dépens.

173. L'appel sera suspensif.

174. L'appel des jugemens rendus par le tribunal de police sera porté au tribunal correctionnel. Cet appel sera interjeté dans les dix jours de la signification de la sentence à personne ou domicile; il sera suivi et jugé dans la même forme que les appels des sentences des justices de paix.

175. Lorsque sur l'appel le procureur du Roi ou l'une des parties le requerra, les témoins pourront être entendus de nouveau, et il pourra même en être entendu d'autres.

176. Les dispositions des articles précédens sur la solennité de l'instruction, la nature des preuves, la forme, l'authenticité et la signature du jugement définitif, et la condamnation aux frais, ainsi que les peines que ces articles prononcent, seront communes aux jugemens rendus sur l'appel, par les tribunaux correctionnels.

177. Le ministère public et les parties pourront, s'il y a lieu, se pourvoir en cassation contre les jugemens rendus en dernier ressort par le tribunal correctionnel sur l'appel des jugemens de police.

Le recours aura lieu dans la forme et dans les délais qui seront prescrits.

178. Au commencement de chaque trimestre, les juges de paix

et les maires transmettront au procureur du Roi l'extrait des jugemens de police qui auront été rendus dans le trimestre précédent, et qui auront prononcé la peine d'emprisonnement. Cet extrait sera délivré sans frais par le greffier.

Le procureur du Roi le déposera au greffe du tribunal correctionnel.

Il en rendra un compte sommaire au procureur général près la cour royale.

TITRE TROISIÈME.

Des manières de se pourvoir contre les arrêts ou jugemens.

CHAPITRE PREMIER.

Des nullités de l'instruction et du jugement.

Art. 407. Les arrêts et jugemens rendus en dernier ressort, en matière criminelle, correctionnelle ou de police, ainsi que l'instruction et les poursuites qui les auront précédés, pourront être annulés dans les cas suivans, et sur des recours dirigés d'après les distinctions qui vont être établies.

§. II. — *Matières correctionnelles et de police.*

Art. 413. Les voies d'annulation exprimées en l'article 408 sont, en matière correctionnelle et de police, respectivement ouvertes à la partie poursuivie pour un délit ou une contravention, au ministère public et à la partie civile, s'il y en a une, contre tous arrêts ou jugemens en dernier ressort, sans distinction de ceux qui ont prononcé le renvoi de la partie ou sa condamnation.

Néanmoins, lorsque le renvoi de cette partie aura été prononcé, nul ne pourra se prévaloir contre elle de la violation ou omission des formes prescrites pour assurer sa défense.

414. La disposition de l'article 411 est applicable aux arrêts et jugemens en dernier ressort rendus en matière correctionnelle et de police.

§. III. — *Dispositions communes aux deux paragraphes précédens.*

Art. 415. Dans les cas où, soit la cour de cassation, soit une cour royale, annulera une instruction, elle pourra ordonner que les frais de la procédure à recommencer seront à la charge de l'officier ou juge instructeur qui aura commis la nullité.

Néanmoins la présente disposition n'aura lieu que pour des fautes très-graves, et à l'égard seulement des nullités qui seront commises deux ans après la mise en activité du présent Code.

CHAPITRE III.

Des crimes commis par des juges, hors de leurs fonctions et dans l'exercice de leurs fonctions.

SECTION PREMIÈRE.

De la poursuite et instruction contre des juges, pour crimes et délits par eux commis hors de leurs fonctions.

Art. 479. Lorsqu'un juge de paix, un membre de tribunal correctionnel ou de première instance, ou un officier chargé du ministère public près l'un de ses tribunaux, sera prévenu d'avoir commis, hors de ses fonctions, un délit emportant une peine correctionnelle, le procureur général près la cour royale le fera citer devant cette cour, qui prononcera sans qu'il puisse y avoir appel.

480. S'il s'agit d'un crime emportant peine afflictive ou infamante, le procureur général près la cour royale et le premier président de cette cour désigneront, le premier, le magistrat qui exercera les fonctions d'officier de police judiciaire; le second, le magistrat qui exercera les fonctions de juge d'instruction.

481. Si c'est un membre de la cour royale, ou un officier exerçant près d'elle le ministère public, qui soit prévenu d'avoir commis un délit ou un crime hors de ses fonctions, l'officier qui aura reçu les dénonciations ou les plaintes, sera tenu d'en envoyer de suite des copies au ministre de la justice, sans aucun retard de l'instruction, qui sera continuée comme il est précédemment réglé, et il adressera pareillement au ministre une copie des pièces.

482. Le ministre de la justice transmettra les pièces à la cour de cassation, qui renverra l'affaire, s'il y a lieu, soit à un tribunal de police correctionnelle, soit à un juge d'instruction, pris l'un et l'autre hors du ressort de la cour à laquelle appartient le membre inculpé. — S'il s'agit de prononcer la mise en accusation, le renvoi sera fait à une autre cour royale.

SECT. II. *De la poursuite et instruction contre des juges et tribunaux autres que les membres de la cour de cassation, les cours royales et les cours d'assises, pour forfaiture et autres crimes ou délits relatifs à leurs fonctions.*

Art. 483. Lorsqu'un juge de paix ou de police, ou un juge faisant partie d'un tribunal de commerce, un officier de police judiciaire, un membre de tribunal correctionnel ou de première instance, ou un officier chargé du ministère public près l'un de ces juges ou tribunaux, sera prévenu d'avoir commis, dans l'exercice de ses fonctions, un délit emportant une peine correctionnelle, ce délit sera poursuivi et jugé comme il est dit à l'article 479.

484. Lorsque des fonctionnaires de la qualité exprimée en l'article précédent seront prévenus d'avoir commis un crime empor-

tant la peine de forfaiture ou autre plus grave, les fonctions ordinairement dévolues au juge d'instruction et au procureur du Roi, seront immédiatement remplies par le premier président et le procureur général près la cour royale, chacun en ce qui le concerne, ou par tels autres officiers qu'ils auront respectivement et spécialement désignés à cet effet. — Jusqu'à cette délégation, et dans le cas où il existerait un corps de délit, il pourra être constaté par tout officier de police judiciaire; et pour le surplus de la procédure, on suivra les dispositions générales du présent Code.

TITRE SEPTIÈME.

De quelques objets d'intérêt public et de sûreté générale.

CHAPITRE III.

Des moyens d'assurer la liberté individuelle contre les détentions illégales, ou autres actes arbitraires.

Art. 615. En exécution des articles 77, 78, 79, 80, 81, et 82 de l'acte des constitutions de l'État, du 22 frimaire an 8, quiconque aura connaissance qu'un individu est détenu dans un lieu qui n'a pas été destiné à servir de maison d'arrêt, de justice ou de prison, est tenu d'en donner avis au juge de paix, au procureur du Roi ou à son substitut, ou au juge d'instruction, ou au procureur général près la cour royale.

616. Tout juge de paix, tout officier chargé du ministère public, tout juge d'instruction, est tenu d'office, ou sur l'avis qu'il en aura reçu sous peine d'être poursuivi comme complice de détention arbitraire, de s'y transporter aussitôt, et de faire mettre en liberté la personne détenue; ou, s'il est allégué quelque cause légale de détention, de la faire conduire sur-le-champ devant le magistrat compétent.

Il dressera du tout son procès-verbal.

617. Il rendra, au besoin, une ordonnance dans la forme prescrite par le présent Code.

En cas de résistance, il pourra se faire assister de la force nécessaire; et toute personne requise est tenue de prêter mainforte.

CHAPITRE V.

De la prescription.

Art. 639. Les peines portées par les jugemens rendus pour contraventions de police seront prescrites après deux années révolues, savoir, pour les peines prononcées par arrêt ou jugement en dernier ressort, à compter du jour de l'arrêt; et à l'égard des peines prononcées par les tribunaux de première instance, à compter du jour où ils ne pourront plus être attaqués par la voie de l'appel.

640. L'action publique et l'action civile pour contravention de police seront prescrites après une année révolue, à compter du jour où elle aura été commise, même lorsqu'il y aura eu procès-verbal, saisie, instruction ou poursuite, si, dans cet intervalle, il n'est point intervenu de condamnation; s'il y a eu jugement définitif de première instance, de nature à être attaqué par la voix de l'appel, l'action publique et l'action civile se prescriront après une année révolue, à compter de la notification de l'appel qui en aura été interjeté.

641. En aucun cas, les condamnés par défaut ou par coutumace, dont la peine est prescrite, ne pourront être admis à se présenter pour purger le défaut ou la coutumace.

642. Les condamnations civiles portées par les arrêts ou par les jugemens rendus en matière criminelle, correctionnelle ou de police, et devenus irrévocables, se prescriront d'après les règles établies par le Code civil.

643. Les dispositions du présent chapitre ne dérogent point aux lois particulières relatives à la prescription des actions résultantes de certains délits ou de certaines contraventions.

EXTRAIT
DU CODE PÉNAL.
LIVRE III.
Sect. ii. *Attentats à la liberté.*

Art. 114. Lorsqu'un fonctionnaire public, un agent ou un préposé du gouvernement, aura ordonné ou fait quelque acte arbitraire et attentatoire soit à la liberté individuelle, soit aux droits civiques d'un ou de plusieurs citoyens, soit à la charte, il sera condamné à la peine de la dégradation civique. — Si néanmoins il justifie qu'il a agi par ordre de ses supérieurs pour des objets du ressort de ceux-ci, et sur lesquels il leur était dû obéissance hiérarchique, il sera exempt de la peine, laquelle sera, dans ce cas, appliquée seulement aux supérieurs qui auront donné l'ordre.

119. Les fonctionnaires publics chargés de la police administrative ou judiciaire qui auront refusé ou négligé de déférer à une réclamation légale tendant à constater les détentions illégales et arbitraires, soit dans les maisons destinées à la garde des détenus, soit partout ailleurs, et qui ne justifieront pas les avoir dénoncées à l'autorité supérieure, seront punis de la dégradation civique, et tenus des dommages-intérêts, lesquels seront réglés comme il est dit dans l'article 117.

Extrait

120. Les gardiens et concierges des maisons de dépôt, d'arrêt, de justice ou de peine, qui auront reçu un prisonnier sans mandat ou jugement, ou sans ordre provisoire du gouvernement; ceux qui l'auront retenu, ou qui auront refusé de le représenter à l'officier de police ou au porteur de ses ordres, sans justifier de la défense du procureur du Roi ou du juge; ceux qui auront refusé d'exhiber leurs registres à l'officier de police, seront, comme coupables de détention arbitraire, punis de six mois à deux ans d'emprisonnement, et d'une amende de seize francs à deux cents francs.

121. Seront, comme coupables de forfaiture, punis de la dégradation civique, tous officiers de police judiciaire, tous procureurs généraux ou du Roi, tous substituts, tous juges, qui auront provoqué, donné ou signé un jugement, une ordonnance ou un mandat, tendant à la poursuite personnelle ou accusation, soit d'un ministre, soit d'un membre de la chambre des pairs, de la chambre des députés ou du conseil d'état, sans les autorisations prescrites par les lois de l'état, ou qui, hors le cas de flagrant délit ou de clameur publique, auront, sans les mêmes autorisations, donné ou signé l'ordre ou le mandat de saisir ou arrêter un ou plusieurs ministres ou membres de la chambre des pairs, de la chambre des députés ou du conseil d'état.

122. Seront aussi punis de la dégradation civique, les procureurs généraux ou du Roi, les substituts, les juges ou les officiers publics qui auront retenu ou fait retenir un individu hors les lieux déterminés par le gouvernement ou par l'administration publique, ou qui auront traduit un citoyen devant une cour d'assises ou une cour spéciale (1), sans qu'il ait été préalablement mis légalement en accusation.

SECT. III. *Coalition des fonctionnaires.*

Art. 123. Tout concert de mesures contraires aux lois, pratiqué soit par la réunion d'individus ou de corps dépositaires de quelque partie de l'autorité publique, soit par députation ou correspondance entre eux, sera puni d'un emprisonnement de deux mois au moins et de six mois au plus, contre chaque coupable, qui pourra de plus être condamné à l'interdiction des droits civiques, et de tout emploi public, pendant dix ans au plus.

124. Si, par l'un des moyens exprimés ci-dessus, il a été concerté des mesures contre l'exécution des lois ou contre les ordres du gouvernement, la peine sera le bannissement. — Si ce concert a eu lieu entre les autorités civiles et les corps militaires ou leurs chefs, ceux qui en seront les auteurs ou provocateurs, seront punis de la déportation; les autres coupables seront bannis.

125. Dans le cas où ce concert aurait eu pour objet ou résultat

---

(1) Loi du 20 décembre 1815. Art. 8. « *Les cours prévôtales connaîtront des crimes qui étaient attribués aux cours spéciales par le Code d'instruction criminelle.* »

du Code pénal.

d'un complot attentatoire à la sûreté intérieure de l'état, les coupables seront punis de mort, et leurs biens seront confisqués.

126. Seront coupables de forfaitures, et punis de la dégradation civique. — Les fonctionnaires publics qui auront, par délibération, arrêté de donner des démissions dont l'objet ou l'effet serait d'empêcher ou de suspendre soit l'administration de la justice, soit l'accomplissement d'un service quelconque.

SECT. IV. *Empiétement des autorités administratives et judiciaires.*

Art. 127. Seront coupables de forfaiture, et punis de la dégradation civique. — 1°. Les juges, les procureurs-généraux ou du Roi, ou leurs substituts, les officiers de police, qui se seront immiscés dans l'exercice du pouvoir législatif, soit par des réglemens contenant des dispositions législatives, soit en arrêtant ou en suspendant l'exécution d'une ou de plusieurs lois, soit en délibérant sur le point de savoir si les lois seront publiées ou exécutées. — 2°. Les juges, les procureurs généraux ou du Roi, ou leurs substituts, les officiers de police judiciaires, qui auraient excédé leur pouvoir en s'immisçant dans les matières attribuées aux autorités administratives, soit en faisant des réglemens sur ces matières, soit en défendant d'exécuter les ordres émanés de l'administration, ou qui, ayant permis ou ordonné de citer des administrateurs pour raison de l'exercice de leurs fonctions, auraient persisté dans l'exécution de leurs jugemens ou ordonnances, nonobstant l'annulation qui en aurait été prononcée, ou le conflit qui leur aurait été notifié.

§. III. — *Des faux en écritures publiques ou authentiques, et de commerce ou de banque.*

Art. 145. Tout fonctionnaire ou officier public qui, dans l'exercice de ses fonctions, aura commis un faux, — Soit par fausses signatures, — Soit par altération des actes, écritures ou signatures, — Soit par supposition des personnes, — Soit par des écritures faites, ou intercalées sur des registres ou d'autres actes publics, depuis leur confection ou clôture, — Sera puni des travaux forcés à perpétuité.

146. Sera aussi puni des travaux forcés à perpétuité, tout fonctionnaire ou officier public qui, en rédigeant des actes de son ministère, en aura frauduleusement dénaturé la substance ou les circonstances, soit en écrivant des conventions autres que celles qui auraient été tracées ou dictées par les parties, soit en constatant comme vrais des faits faux, ou comme avoués des faits qui ne l'étaient pas.

SECT. II. *De la forfaiture et des crimes et délits des fonctionnaires publics dans l'exercice de leurs fonctions.*

Art. 166. Tout crime commis par un fonctionnaire public dans ses fonctions, est une forfaiture.

167. Toute forfaiture pour laquelle la loi ne prononce pas de peines plus graves, est punie de la dégradation civique.

168. Les simples délits ne constituent point les fonctionnaires en forfaiture.

173. Tout juge, administrateur, fonctionnaire ou officier public, qui aura détruit, supprimé, soustrait ou détourné les actes et titres dont il était dépositaire en cette qualité, ou qui lui auront été remis ou communiqués à raison de ses fonctions, sera puni des travaux forcés à temps. — Tous agens, préposés ou commis, soit du gouvernement, soit des dépositaires publics, qui se seront rendus coupables des mêmes soustractions, seront soumis à la même peine.

§. II. — *Des concussions commises par des fonctionnaires publics.*

Art. 174. Tous fonctionnaires, tous officiers publics, leurs commis ou préposés, tous percepteurs des droits, taxes, contributions, deniers, revenus publics ou communaux, et leurs commis ou préposés, qui se seront rendus coupables du crime de concussion, en ordonnant de percevoir ou exigeant ou recevant ce qu'ils savaient n'être pas dû, ou excéder ce qui était dû pour droits, taxes, contributions, deniers ou revenus, ou pour salaires ou traitemens, seront punis, savoir : les fonctionnaires ou les officiers publics, de la peine de la réclusion; et leurs commis ou préposés, d'un emprisonnement de deux ans au moins et de cinq ans au plus. — Les coupables seront de plus condamnés à une amende dont le *maximum* sera le quart des restitutions et des dommages-intérêts, et le *minimum* le douzième.

§. III. — *Des délits de fonctionnaires qui se seront ingérés dans les affaires ou commerces incompatibles avec leur qualité.*

Art. 175. Tout fonctionnaire, tout officier public, tout agent du gouvernement qui, soit ouvertement, soit par actes simulés, soit par interposition de personnes, aura pris ou reçu quelqu'intérêt que ce soit, dans les actes, adjudications, entreprises ou régies dont il a ou avait, au temps de l'acte, en tout ou en partie, l'administration ou la surveillance, sera puni d'un emprisonnement de six mois au moins et de deux ans au plus, et sera condamné à une amende qui ne pourra excéder le quart des restitutions et des indemnités, ni être au-dessous du douzième. — Il sera de plus déclaré à jamais incapable d'exercer aucune fonction publique. — La présente disposition est applicable à tout fonctionnaire ou agent du gouvernement qui aura pris un intérêt quelconque dans une affaire dont il était chargé d'ordonnancer le paiement, ou de faire la liquidation.

176. Tout commandant des divisions militaires, des départemens ou des places et villes, tout préfet ou sous-préfet, qui aura, dans l'étendue des lieux où il a droit d'exercer son autorité, fait ouvertement, ou par des actes simulés, ou par interposition de

personnes, le commerce des grains, grenailles, farines, substances farineuses, vins ou boissons, autres que ceux provenant de ses propriétés, sera puni d'une amende de cinq cents francs au moins et de dix mille francs au plus, et de la confiscation des denrées appartenantes à ce commerce.

§. IV. — *De la corruption des fonctionnaires publics.*

Art. 177. Tout fonctionnaire public de l'ordre administratif ou judiciaire, tout agent ou préposé d'une administration publique, qui aura agréé des offres ou promesses, ou reçu des dons ou présens pour faire un acte de sa fonction ou de son emploi, même juste, mais non sujet à salaire, sera puni du carcan, et condamné à une amende double de la valeur des promesses agréées ou des choses reçues, sans que ladite amende puisse être inférieure à deux cents francs. — La présente disposition est applicable à tout fonctionnaire, agent ou préposé de la qualité ci-dessus exprimée, qui, par offres ou promesses agréées, dons ou présens reçus, se sera abstenu de faire un acte qui entrait dans l'ordre de ses devoirs.

178. Dans le cas où la corruption aurait pour objet un fait criminel emportant une peine plus forte que celle du carcan, cette peine plus forte sera appliquée aux coupables.

179. Quiconque aura contraint ou tenté de contraindre par voies de fait ou menaces, corrompu ou tenté de corrompre par promesses, offres, dons ou présens, un fonctionnaire, agent ou préposé, de la qualité exprimée en l'article 177, pour obtenir, soit une opinion favorable, soit des procès-verbaux, états, certificats ou estimations contraires à la vérité, soit des places, emplois, adjudications, entreprises ou autres bénéfices quelconques, soit enfin tout autre acte du ministère du fonctionnaire, agent ou préposé, sera puni des mêmes peines que le fonctionnaire, agent ou préposé corrompu. — Toutefois, si les tentatives de contrainte ou corruption n'ont eu aucun effet, les auteurs de ces tentatives seront simplement punis d'un emprisonnement de trois mois au moins et de six mois au plus, et d'une amende de cent francs à trois cents francs.

180. Il ne sera jamais fait au corrupteur restitution des choses par lui livrées, ni de leur valeur : elles seront confisquées au profit des hospices des lieux où la corruption aura été commise.

181. Si c'est un juge prononçant en matière criminelle, ou un juré qui s'est laissé corrompre, soit en faveur, soit au préjudice de l'accusé, il sera puni de la réclusion, outre l'amende ordonnée par l'article 177.

182. Si par l'effet de la corruption, il y a eu condamnation à une peine supérieure à celle de la réclusion, cette peine, quellequ'elle soit, sera appliquée au juge ou juré coupable de corruption.

183. Tout juge ou administrateur qui se sera décidé par faveur pour une partie ou par inimitié contre elle, sera coupable de forfaiture et puni de la dégradation civique.

§. V. — *Des abus d'autorité.*

PREMIÈRE CLASSE. *Des abus d'autorités contre les particuliers.*

Art. 184. Tout juge, tout procureur général ou du Roi, tout substitut, tout administrateur ou tout autre officier de justice ou de police, qui se sera introduit dans le domicile d'un citoyen hors les cas prévus par la loi et sans les formalités qu'elle a prescrites, sera puni d'une amende de seize francs au moins et de deux cents francs au plus.

185. Tout juge ou tribunal, tout administrateur ou autorité administrative, qui, sous quelque prétexte que ce soit, même du silence ou de l'obscurité de la loi, aura dénié de rendre la justice qu'il doit aux parties, après en avoir été requis, et qui aura persévéré dans son déni, après avertissement ou injonction de ses supérieurs, pourra être poursuivi, et sera puni d'une amende de deux cents francs au moins et de cinq cents francs au plus, et de l'interdiction de l'exercice des fonctions publiques depuis cinq ans jusqu'à vingt.

186. Lorsqu'un fonctionnaire ou un officier public, un administrateur, un agent ou un préposé du gouvernement ou de la police, un exécuteur des mandats de justice ou jugemens, un commandant en chef ou en sous-ordre de la force publique, aura, sans motif légitime, usé ou fait user de violences envers les personnes, dans l'exercice ou à l'occasion de l'exercice de ses fonctions, il sera puni selon la nature et la gravité de ces violences, et en élevant la peine suivant la règle posée par l'article 198 ci-après.

187. Toute suppression, toute ouverture de lettres confiées à la poste, commise ou facilitée par un fonctionnaire ou un agent du gouvernement ou de l'administration des postes, sera puni d'une amende de seize francs à trois cents francs. Le coupable sera, de plus, interdit de toute fonction ou emploi public pendant cinq ans au moins et dix ans au plus.

DEUXIÈME CLASSE. *Des abus d'autorité contre la chose publique.*

Art. 188. Tout fonctionnaire public, agent ou préposé du gouvernement, de quelque état et grade qu'il soit, qui aura requis ou ordonné, fait requérir ou ordonner l'action ou l'emploi de la force publique contre l'exécution d'une loi, ou contre la perception d'une contribution légale, ou contre l'exécution soit d'une ordonnance ou mandat de justice, soit de tout autre ordre émané de l'autorité légitime, sera puni de la réclusion.

189. Si cette réquisition ou cet ordre ont été suivis de leur effet, la peine sera la déportation.

190. Les peines énoncées aux articles 188 et 189, ne cesseront d'être applicables aux fonctionnaires ou préposés qui auraient agi par ordre de leurs supérieurs, qu'autant que cet ordre aura été donné par ceux-ci pour des objets de leur ressort, et sur lesquels il leur était dû obéissance hiérarchique; dans ce cas, les peines portées

ci-dessus ne seront appliquées qu'aux supérieurs qui les premiers auront donné cet ordre.

§. VII. —*De l'exercice de l'autorité publique illégalement anticipé ou prolongé.*

Art. 196. Tout fonctionnaire public qui sera entré en exercice de ses fonctions sans avoir prêté le serment, pourra être poursuivi, et sera puni d'une amende de seize francs à cent cinquante francs.

197. Tout fonctionnaire public révoqué, destitué, suspendu ou interdit légalement, qui, après en avoir eu la connaissance officielle, aura continué l'exercice de ses fonctions, ou qui, étant électif ou temporaire, les aura exercées après avoir été remplacé, sera puni d'un emprisonnement de six mois au moins et de deux ans au plus, et d'une amende de cent francs à cinq cents francs. Il sera interdit de l'exercice de toute fonction publique pour cinq ans au moins et dix ans au plus, à compter du jour où il aura subi sa peine : le tout sans préjudice des plus fortes peines portées contre les officiers ou les commandans militaires par l'article 93 du présent Code.

Disposition particulière.

Art. 198. Hors le cas où la loi règle spécialement les peines encourues pour crimes ou délits commis par les fonctionnaires ou officiers publics, ceux d'entre eux qui auront participé à d'autres crimes ou délits qu'ils étaient chargés de surveiller ou de réprimer, seront punis comme il suit : — S'il s'agit d'un délit de police correctionnelle, ils subiront toujours le *maximum* de la peine attachée à l'espèce de délit ; — Et s'il s'agit de crimes emportant peine afflictive, ils seront condamnés, savoir : — A la réclusion, si le crime emporte contre tout autre coupable la peine du bannissement ou du carcan ; — Aux travaux forcés à temps, si le crime emporte contre tout autre coupable la peine de la réclusion ; — Et aux travaux forcés à perpétuité, lorsque le crime emportera contre tout autre coupable la peine de la déportation ou celle des travaux forcés à temps. — Au-delà des cas qui viennent d'être exprimés, la peine commune sera appliquée sans aggravation.

§. II. — *Outrages et violences envers les dépositaires de l'autorité et de la force publique.*

Art. 222. Lorsqu'un ou plusieurs magistrats de l'ordre administratif ou judiciaire auront reçu, dans l'exercice de leurs fonctions, ou à l'occasion de cet exercice, quelque outrage par parole tendant à inculper leur honneur ou leur délicatesse, celui qui les aura ainsi outragés sera puni d'un emprisonnement d'un mois à deux ans. — Si l'outrage a eu lieu à l'audience d'une cour ou d'un tribunal, l'emprisonnement sera de deux à cinq ans.

223. L'outrage fait par gestes ou menaces à un magistrat dans l'exercice ou à l'occasion de l'exercice de ses fonctions, sera puni d'un mois à six mois d'emprisonnement : et si l'outrage a eu lieu à l'audience d'une cour ou d'un tribunal, il sera puni d'un emprisonnement d'un mois à deux ans.

224. L'outrage fait par paroles, gestes ou menaces à tout officier ministériel, ou agent dépositaire de la force publique, dans l'exercice ou à l'occasion de l'exercice de ses fonctions, sera puni d'une amende de seize francs à deux cents francs.

225. La peine sera de six jours à un mois d'emprisonnement, si l'outrage mentionné en l'article précédent a été dirigé contre un commandant de la force publique.

226. Dans le cas des articles 222, 223 et 225, l'offenseur pourra être, outre l'emprisonnement, condamné à faire réparation, soit à la première audience, soit par écrit; et le temps de l'emprisonnement prononcé contre lui ne sera compté qu'à dater du jour où la réparation aura eu lieu.

227. Dans le cas de l'article 224, l'offenseur pourra de même, outre l'amende, être condamné à faire réparation à l'offensé; et, s'il retarde ou refuse, il y sera contraint par corps.

228. Tout individu qui, même sans armes, et sans qu'il en soit résulté de blessures, aura frappé un magistrat dans l'exercice de ses fonctions ou à l'occasion de cet exercice, sera puni d'un emprisonnement de deux à cinq ans. — Si cette voie de fait a eu lieu à l'audience d'une cour ou d'un tribunal, le coupable sera puni du carcan.

229. Dans l'un et l'autre des cas exprimés en l'article précédent, le coupable pourra de plus être condamné à s'éloigner, pendant cinq à dix ans, du lieu où siége le magistrat, et d'un rayon de deux myriamètres. — Cette disposition aura son exécution à dater du jour où le condamné aura subi sa peine. — Si le condamné enfreint cet ordre avant l'expiration du temps fixé, il sera puni du bannissement.

230. Les violences de l'espèce exprimée en l'article 228, dirigées contre un officier ministériel, un agent de la force publique, ou un citoyen chargé d'un ministère de service public, si elles ont eu lieu pendant qu'ils exerçaient leur ministère ou à cette occasion, seront punies d'un emprisonnement d'un mois à six mois.

231. Si les violences exercées contre les fonctionnaires et agens désignés aux articles 228 et 230, ont été la cause d'effusion de sang, blessures ou maladie, la peine sera la réclusion; si la mort s'en est suivie dans les quarante jours, le coupable sera puni de mort.

232. Dans le cas même où ces violences n'auraient pas causé d'effusion de sang, blessures ou maladie, les coups seront punis de la réclusion, s'ils ont été portés avec préméditation ou guet-apens.

233. Si les blessures sont du nombre de celles qui portent le caractère de meurtre, le coupable sera puni de mort.

§ V. — *Bris de scellés et enlèvement de pièces dans les dépôts publics.*

249. Lorsque des scellés apposés soit par ordre du gouvernement, soit par suite d'une ordonnance de justice rendue en quelque matière que ce soit, auront été brisés, les gardiens seront punis, pour simple négligence, de six jours à six mois d'emprisonnement.

250. Si le bris des scellés s'applique à des papiers et effets d'un individu prévenu ou accusé d'un crime emportant la peine de mort, des travaux forcés à perpétuité, ou de la déportation, ou qui soit condamné à l'une de ces peines, le gardien négligent sera puni de six mois à deux ans d'emprisonnement.

251. Quiconque aura, à dessein, brisé des scellés apposés sur des papiers ou effets de la qualité énoncée en l'article précédent, ou participé au bris des scellés, sera puni de la réclusion ; et si c'est le gardien lui-même, il sera puni des travaux forcés à temps.

252. À l'égard de tous autres bris de scellés, les coupables seront punis de six mois à deux ans d'emprisonnement ; et si le gardien lui-même, il sera puni de deux à cinq ans de la même peine.

253. Tout vol commis à l'aide d'un bris de scellé, sera puni comme vol commis à l'aide d'effraction.

254. Quant aux soustractions, destruction et enlèvement de pièces ou de procédures criminelles, ou d'autres papiers, registres, actes et effets contenus dans des archives, greffes ou dépôts publics, ou remis à un dépositaire public en cette qualité, les peines seront, contre les greffiers, archivistes, notaires ou autres dépositaires négligens, de trois mois à un an d'emprisonnement, et d'une amende de cent francs à trois cents francs.

255. Quiconque se sera rendu coupable des soustractions, enlèvement ou destruction mentionnés en l'article précédent, sera puni de la réclusion. — Si le crime est l'ouvrage du dépositaire lui-même, il sera puni des travaux forcés à temps.

256. Si le bris des scellés, les soustractions, enlèvemens ou destructions de pièces ont été commis avec violences envers les personnes, la peine sera, contre toute personne, celle des travaux forcés à temps, sans préjudice de peines plus fortes, s'il y a lieu, d'après la nature des violences et des autres crimes qui y seraient joints.

§. VII. — *Usurpation de titres ou fonctions.*

Art. 258. Quiconque, sans titre, se sera immiscé dans des fonctions publiques, civiles ou militaires, ou aura fait les actes d'une de ces fonctions, sera puni d'un emprisonnement de deux à cinq ans, sans préjudice de la peine de faux, si l'acte porte le caractère de ce crime.

259. Toute personne qui aura publiquement porté un costume, un uniforme ou une décoration qui ne lui appartenait pas, ou qui se sera attribué des titres royaux qui ne lui auraient pas été légalement conférés, sera punie d'un emprisonnement de six mois à deux ans.

LIVRE IV.

Contraventions de police et peines.

(Loi décrétée le 20 février 1810. Promulguée le 2 mars suivant.)

CHAPITRE PREMIER.

Des peines.

Art. 464. Les peines de police sont, — L'emprisonnement, — L'amende, — Et la confiscation de certains objets saisis.

465. L'emprisonnement, pour contravention de police, ne pourra être moindre d'un jour, ni excéder cinq jours, selon les classes, distinctions et cas ci-après spécifiés. — Les jours d'emprisonnement sont des jours complets de vingt-quatre heures.

466. Les amendes pour contravention pourront être prononcées depuis un franc jusqu'à quinze francs inclusivement, selon les distinctions et classes ci-après spécifiées, et seront appliquées au profit de la commune où la contravention aura été commise.

467. La contrainte par corps a lieu pour le paiement de l'amende. — Néanmoins le condamné ne pourra être, pour cet objet, détenu plus de quinze jours, s'il justifie de son insolvabilité.

468. En cas d'insuffisance des biens, les restitutions et les indemnités dues à la partie lésée sont préférées à l'amende.

469. Les restitutions, indemnités et frais entraîneront la contrainte par corps, et le condamné gardera prison jusqu'à parfait paiement : néanmoins, si ces condamnations sont prononcées au profit de l'état, les condamnés pourront jouir de la faculté accordée par l'article 467, dans le cas d'insolvabilité prévu par cet article.

470. Les tribunaux de police pourront aussi, dans les cas déterminés par la loi, prononcer la confiscation, soit des choses saisies en contravention, soit des choses produites par la contravention, soit des matières ou des instrumens qui ont servi ou étaient destinés à la commettre.

CHAPITRE II.

Contraventions et peines.

SECTION PREMIÈRE.

Première classe.

Art. 471. Seront punis d'amende, depuis un franc jusqu'à cinq francs inclusivement, — 1°. Ceux qui auront négligé d'entretenir, réparer ou nettoyer les fours, cheminées ou usines où l'on fait usage du feu; — 2°. Ceux qui auront violé la défense de tirer, en certains lieux, des pièces d'artifices; — 3°. Les aubergistes et autres qui, obligés à l'éclairage, l'auront négligé, ceux qui auront négligé de nettoyer les rues ou passages, dans les communes où ce soin est laissé à la charge des habitans; — 4°. Ceux qui auront embarrassé la voie publique, en y déposant ou y laissant, sans nécessité, des matériaux ou des choses quelconques qui empêchent ou diminuent la liberté ou la sûreté du passage; ceux qui, en contravention aux lois et réglemens, auront négligé d'éclairer les matériaux par eux entreposés ou les excavations par eux faites dans les rues et places; — 5°. Ceux qui auront négligé ou refusé d'exécuter les réglemens ou arrêtés concernant la petite voirie, ou d'obéir à la sommation émanée de l'autorité administrative, de réparer ou démolir les édifices menaçant ruine; — 6°. Ceux qui auront jeté ou exposé au-devant de leurs édifices, des choses de nature à nuire par leur chute, ou par des exhalaisons insalubres; — 7°. Ceux qui auront laissé dans les rues, chemins, places, lieux publics, ou dans les champs, des coutres de charrues, pinces, barres, barreaux ou autres machines, ou instrumens ou armes dont puissent abuser les voleurs et autres malfaiteurs; — 8°. Ceux qui auront négligé d'écheniller dans les campagnes ou jardins où ce soin est prescrit par la loi ou les réglemens; — 9°. Ceux qui, sans autre circonstance prévue par les lois, auront cueilli ou mangé, sur le lieu même, des fruits appartenans à autrui; — 10°. Ceux qui, sans autre circonstance, auront glané, râtelé ou grapillé dans les champs non encore entièrement dépouillés et vidés de leurs récoltes, ou avant le moment du lever ou après celui du coucher du soleil; — 11°. Ceux qui, sans avoir été provoqués, auront proféré contre quelqu'un des injures, autres que celles prévues depuis l'article 367 jusques et compris l'article 378; — 12°. Ceux qui imprudemment auront jeté des immondices sur quelque personne; — 13°. Ceux qui, n'étant ni propriétaires, ni usufruitiers, ni locataires, ni fermiers, ni jouissant d'un terrain ou d'un droit de passage, ou qui n'étant agens ni préposés d'aucune de ces personnes, seront entrés ou auront passés sur ce terrain ou sur partie de ce terrain s'il est préparé ou ensemencé; — 14°. Ceux qui auront laissé passer leurs bestiaux ou leurs bêtes de trait, de charge ou de monture, sur le terrain d'autrui, avant l'enlèvement de la récolte.

472. Seront, en outre, confisqués, les pièces d'artifice saisies dans le cas du n°. 2, de l'article 471, les coutres, les instrumens et les armes mentionnés dans le n°. 7 du même article.

473. La peine d'emprisonnement, pendant trois jours au plus pourra de plus être prononcée, selon les circonstances, contre ceux qui auront tiré des pièces d'artifice, contre ceux qui auront glané, râtelé ou grapillé en contravention au n°. 10 de l'article 471.

474. La peine d'emprisonnement contre toutes les personnes mentionnées en l'article 471, aura toujours lieu, en cas de récidive, pendant trois jours au plus.

Sect. II. Deuxième classe.

Art. 475. Seront punis d'amende, depuis six francs jusqu'à dix francs inclusivement, — 1º. Ceux qui auront contrevenu aux bans de vendanges ou autres bans autorisés par les réglemens; — 2º. Les aubergistes, hôteliers, logeurs ou loueurs de maisons garnies, qui auront négligé d'inscrire de suite, et sans aucun blanc, sur un registre tenu régulièrement, les noms, qualités, domicile habituel, dates d'entrée et de sortie de toute personne qui aurait couché ou passé une nuit dans leurs maisons; ceux d'entre eux qui auraient manqué à représenter ce registre aux époques déterminées par les réglemens, ou lorsqu'ils en auraient été requis, aux maires, adjoints, officiers ou commissaires de police, ou aux citoyens commis à cet effet; le tout sans préjudice des cas de responsabilité mentionnés en l'article 73 du présent Code, relativement aux crimes ou aux délits de ceux qui, ayant logé ou séjourné chez eux, n'auraient pas été régulièrement inscrits; — 3º. Les rouliers, charretiers, conducteurs de voitures quelconques ou de bêtes de charge, qui auraient contrevenu aux réglemens par lesquels ils sont obligés de se tenir constamment à portée de leurs chevaux, bêtes de trait ou de charge et de leurs voitures, et en état de les guider ou conduire; d'occuper un seul côté des rues, chemins ou voies publiques; de se détourner ou ranger devant toutes autres voitures, et, à leur approche, de leur laisser libre au moins la moitié des rues, chaussées, routes et chemins; — 4º. Ceux qui auront fait ou laissé courir les chevaux, bêtes de trait, de charge ou de monture, dans l'intérieur d'un lieu habité, ou violé les réglemens contre le chargement, la rapidité ou la mauvaise direction des voitures; — 5º. Ceux qui auront établi ou tenu dans les rues, chemins, places ou lieux publics, des jeux de loterie ou d'autres jeux de hasard; — 6º. Ceux qui auront vendu ou débité des boissons falsifiées; sans préjudice des peines plus sévères qui seront prononcées par les tribunaux de police correctionnelle, dans le cas où elles contiendraient des mixtions nuisibles à la santé; — 7º. Ceux qui auraient laissé divaguer des fous ou des furieux étant sous leur garde, ou des animaux malfaisans ou féroces; ceux qui auront excité ou n'auront pas retenu leurs chiens, lorsqu'ils attaquent ou poursuivent les passans, quand même il n'en résulte aucun mal ni dommage; — 8º. Ceux qui auraient jeté des pierres ou d'autre corps durs ou des immondices contre les maisons, édifices et clôtures d'autrui, ou dans les jardins ou enclos, et ceux aussi qui auraient volontairement jeté des corps durs ou des immondices sur quelqu'un; — 9º. Ceux qui, n'étant propriétaires, usufruitiers, ni jouissant d'un terrain ou d'un droit de passage, y sont entrés et y ont passé dans le temps où ce terrain était chargé de grains en tuyau, de raisins ou autres fruits mûrs ou voisins de la maturité; — 10º. Ceux qui auraient fait ou laissé passer des bestiaux, animaux de trait, de charge ou de monture, sur le terrain d'autrui, ensemencé ou chargé d'une récolte, en quelque saison que ce soit, ou dans un bois taillis appartenant à autrui; — 11°. Ceux qui auraient refusé de recevoir les espèces et monnaies nationales, non fausses ni altérées, selon la valeur pour laquelle elles ont cours; 12°. — Ceux qui, le pouvant, auront refusé ou négligé de faire les travaux, le service, ou de prêter les secours dont ils auront été requis, dans les circonstances d'accidents, tumultes, naufrage, inondation, incendie ou autres calamités, ainsi que dans les cas de brigandages, pillages, flagrant délit, clameur publique ou d'exécution judiciaire; — 13°. Les personnes désignées aux articles 284 et 288 du présent Code.

476. Pourra, suivant les circonstances, être prononcé, outre l'amende portée en l'article précédent, l'emprisonnement pendant trois jours au plus, contre les rouliers, charretiers, voituriers et conducteurs en contravention; contre ceux qui auront contrevenu à la loi par la rapidité, la mauvaise direction ou le chargement des voitures ou des animaux; contre les vendeurs et débitans de boissons falsifiées; contre ceux qui auraient jeté des corps durs ou des immondices.

477. Seront saisis et confisqués, 1°. les tables, instrumens, appareils des jeux ou des loteries établis dans les rues, chemins et voies publiques, ainsi que les enjeux, les fonds, denrées, objets ou lots proposés aux joueurs, dans le cas de l'article 476; 2°. les boissons falsifiées, trouvées appartenir au vendeur et débitans de boissons seront répandues; 3°. les écrits ou gravures contraires aux mœurs : ces objets seront mis sous le pilon.

478. La peine de l'emprisonnement pendant cinq jours ou plus, sera toujours prononcée, en cas de récidive, contre toutes les personnes mentionnées dans l'article 475.

SECT. III. — *Troisième classe.*

Art. 479. Seront punis d'une amende de onze à quinze francs inclusivement, — 1°. Ceux qui, hors les cas prévus depuis l'article 434 jusques et compris l'article 562, auront volontairement causé du dommage aux propriétés mobilières d'autrui; — 2°. Ceux qui auront occasionné la mort ou la blessure des animaux ou bestiaux appartenans à autrui, par l'effet de la divagation de fous ou furieux, ou d'animaux malfaisans ou féroces, ou par la rapidité ou la mauvaise direction ou le chargement excessif de voitures, chevaux, bêtes de trait, de charge ou de monture; — 3°. Ceux qui auront occasionné les mêmes dommages par l'emploi ou l'usage d'armes sans précaution ou avec maladresse, ou par jet de pierres ou d'autres corps durs; — 4°. Ceux qui auront causé les mêmes accidens par la vétusté, la dégradation, le défaut de réparation ou d'entretien des maisons ou édifices, ou par l'encombrement ou l'excavation, ou telles autres œuvres, dans ou près les rues, chemins, places ou voies publiques, sans les précautions ou signaux ordonnés ou d'usage; — 5°. Ceux qui auront de faux poids ou de fausses mesures dans leurs magasins, boutiques, ateliers ou maisons de commerce, ou dans les halles, foires ou marchés, sans préjudice des peines qui seront prononcées par les tribunaux de police correctionnelle contre ceux qui auraient fait usage de ces faux poids ou de ces fausses mesures; — 6°. Ceux qui emploieront des poids différens de ceux qui sont établis par les lois en vigueur ; — 7°. Les gens qui font le métier de deviner ou pronostiquer, ou d'expliquer les songes; — 8°. Les auteurs ou complices de bruits ou tapages injurieux ou nocturnes, troublant la tranquillité des habitans.

480. Pourra, selon les circonstances, être prononcée la peine d'emprisonnement pendant cinq jours au plus, — 1°. contre ceux qui auront occasionné la mort ou la blessure des animaux ou bestiaux appartenans à autrui, dans les cas prévus par le n°. 3 du précédent article; 2°. contre les possesseurs de faux poids et de fausses mesures ; 3°. contre ceux qui emploient des poids ou des mesures différens de ceux que la loi en vigueur a établis; 4°. contre les interprètes de songes ; 5°. contre les auteurs ou complices de bruits ou tapages injurieux ou nocturnes.

481. Seront, de plus, saisis et confisqués, 1°. les faux poids, les fausses mesures, ainsi que les poids et les mesures différens de ceux que la loi a établis ; 2°. les instrumens, ustensiles et costumes servant ou destinés à l'exercice du métier de devin, pronostiqueur, ou interprètes de songes.

482. La peine d'emprisonnement pendant cinq jours aura toujours lieu, pour récidive, contre les personnes et dans les cas mentionnés en l'article 476.

Disposition commune aux trois sections ci-dessus.

Art. 483. Il y a récidive dans tous les cas prévus par le présent livre, lorsqu'il a été rendu contre le contrevenant, dans les douze mois précédens, un premier jugement pour contravention de police dans le ressort du même tribunal.

Disposition générale.

Art. 484. Dans toutes les matières qui n'ont pas été réglées par le présent Code, et qui seront régies par des lois et réglemens particuliers, les cours et les tribunaux continueront de les observer.

FIN.

www.ingramcontent.com/pod-product-compliance
Lightning Source LLC
Chambersburg PA
CBHW072103220426
43664CB00013B/1983